Segelroute der DAGMAR AAEN

mit Arved Fuchs und seiner Crew

········ Icesail-Expedition von April 1991 bis April 1995 = 28.000 sm

– – – Sea, Ice & Mountains-Expedition von April 1995 bis Juli 1996 = 22.000 sm

Arved Fuchs

Abenteuer zwischen Tropen und ewigem Eis

Sea, Ice & Mountains

ARVED
FUCHS

ABENTEUER

ZWISCHEN TROPEN UND EWIGEM EIS

SEA, ICE & MOUNTAINS

Delius Klasing Verlag

Die Deutsche Bibliothek – CIP-Einheitsaufnahme

Fuchs, Arved:
Abenteuer zwischen Tropen und ewigem Eis : Sea, Ice & Montains /
Arved Fuchs. – Delius Klasing, 1996
ISBN 3-7688-0970-6

ISBN 3-7688-0970-6

Fotos: Arved Fuchs und Till Gottbrath
Karten: Karin Buschhorn
Schutzumschlaggestaltung: Ekkehard Schonart
Satz: Utesch Satztechnik GmbH, Hamburg
Gesamtherstellung: Graphischer Großbetrieb Pößneck
Printed in Germany 1996

Dem Andenken Bezal Jesudason gewidmet

Inhalt

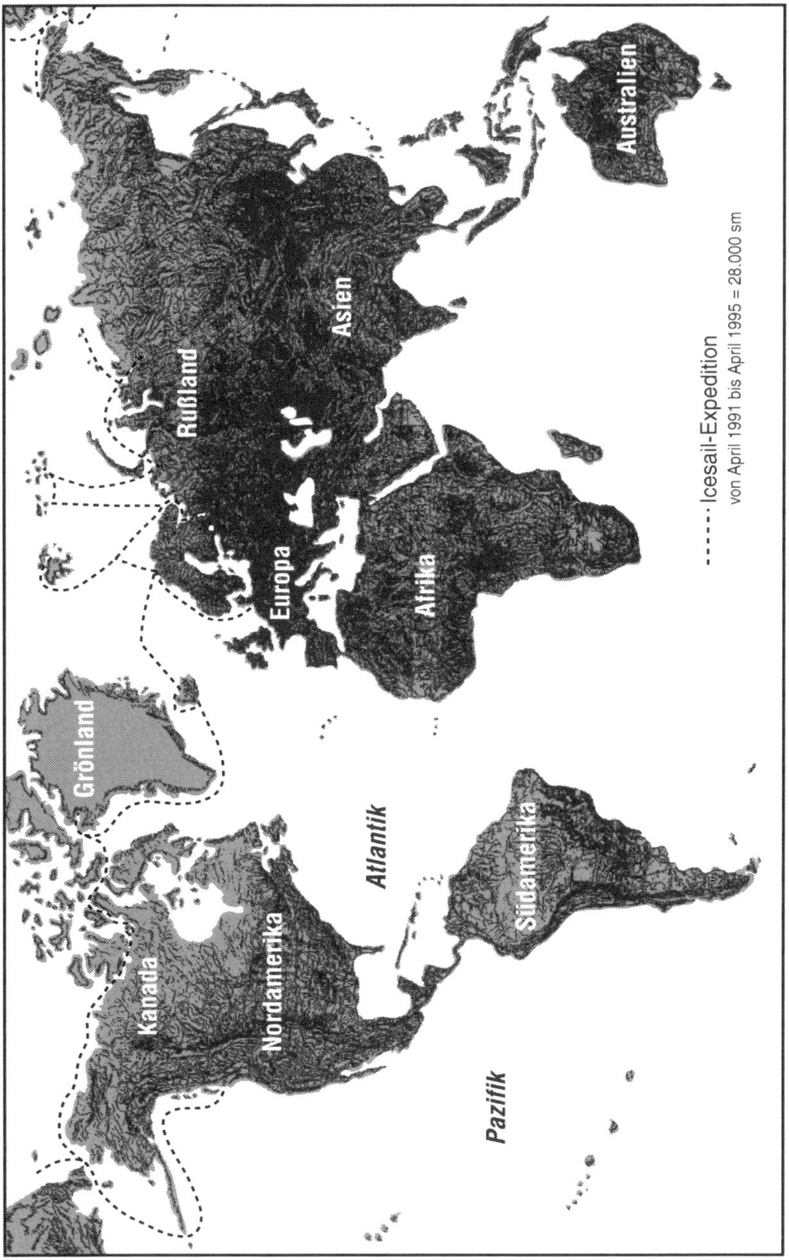
Rußland
Asien
Australien
Europa
Afrika
Grönland
Atlantik
Kanada
Nordamerika
Südamerika
Pazifik
Icesail-Expedition
von April 1991 bis April 1995 = 28.000 sm

Prolog

Ob ein Mensch sich in seiner Umgebung wohl fühlt oder nicht, ist neben anderen Aspekten zu einem großen Teil durch die Gewohnheit bestimmt. Die Menschen in dem sibirischen Ort Prowidenija machen zumindest nicht den Eindruck, als wären sie unglücklich – sie sind ihre Umgebung eben gewohnt, im Gegensatz zu uns. Während wir von den qualmenden Schloten, den rissigen, bleiernen Farben der zerbröckelnden Häuserfassaden und schlammigen Straßen in eine leichte Form der Depression stürzen, machen die Einwohner der Ortschaft einen ganz munteren Eindruck. Dabei waren wir vorbereitet, wußten, was auf uns zukommt. Die meisten der sibirischen Städte und Siedlungen sind austauschbar, sehen aus wie Prowidenija: Häuserblocks in Plattenbauweise, die vielleicht in den sechziger Jahren einmal gut in Farbe gewesen sein mögen. Schlammige, von Schlaglöchern durchfurchte Straßen, auf denen röhrende LKWs sich einen Weg bahnen, Ratten, die fast ohne Scheu um Häuserekken trippeln, eingemummte Kinder, deren frische und offene Gesichter die einzige Farbe in diese eintönige Welt streuen. Farben prägen unsere Welt, in Prowidenija dominiert Grau.

Wir hatten andere sibirische Orte gesehen, Narjan Mar, Dickson oder Igarka am Jenissei-Fluß. In Igarka hatten wir sogar neun Monate lang den sibirischen Winter bei Temperaturen bis zu –58° Celsius verbracht. Wir glaubten uns also gewappnet, meinten, durch nichts mehr irritiert werden zu können, und werden dennoch auf dem linken Bein erwischt. Es ist der 3. August 1994, als wir uns mit der DAGMAR AAEN dem Hafen von Prowidenija nähern. Stunden vorher haben wir uns über Funk angemeldet. Als wir nur noch wenige Meilen vom Hafen entfernt sind, kommt uns eilig ein Hafenschlepper entgegengedampft. Durch die Erfahrung früherer Schlepperbegegnungen in Rußland vorsichtig geworden, hängen wir alle Fender außenbords, derer wir habhaft werden können. Dadurch verläuft die Begegnung mit dem Schiff glimpflich für uns. Ein wohlbeleibter, bärtiger und freundlich dreinschauender Mann springt, für seine Leibesfülle behende, zu uns an Bord, begleitet von einigen Uniformierten sowie unserem alten Weggefährten Slava Melin. Slava ist Russe und hat in den vergangenen Monaten kaum etwas anderes getan, als für uns sämtliche Genehmigungen einzuholen. Er ist von Moskau eingeflogen, um uns bei den örtlichen Behörden zu unterstützen und uns natürlich auf der Weiterfahrt zu begleiten. Er ist ein alter Freund, der die Reise der DAGMAR AAEN schon seit mehreren Jahren begleitet. Der Dicke stellt sich mir auf englisch offiziell als Lotse und Hafenkapitän vor, sein Name sei Arkadyi. Die Uniformierten blicken derweil streng und regungslos in die Runde, ein Gesichtsausdruck, der Zöllnern und Beamten der Einwanderungsbehörden auf der ganzen Welt eigen zu sein scheint und in dieser Form auch nur bei ihnen anzutreffen ist. Es besteht Lotsenpflicht! Na klar, denn das bringt Devisen. Notwendig ist das für ein Schiff wie die DAGMAR AAEN sicher nicht, schon gar nicht bei einem Tiefwasserhafen wie Prowidenija, aber das sind halt die Bestimmungen. Slava freut sich unbändig, wieder unter uns zu sein; die Freude beruht auf Gegenseitigkeit. Unter den mißbilligenden Blicken der Uniformierten umarmen wir uns, klopfen uns gegenseitig auf die Schultern und vergessen für einen kleinen Moment die Anwesenheit der geballten Ordnungskräfte an Bord. Mit langsamer Fahrt gleitet die DAGMAR AAEN an rostenden Schiffswracks und baufälligen Kaianlagen entlang. Ein großer Eisbrecher, die MURMANSK, liegt an einem Ende der Pier, mehrere Frachtschiffe liegen vor Anker. Wir finden eine Stelle an einer zerborstenen Betonpier, an der uns keine Moniereisen wie rostige Spieße bedrohlich entgegenragen, und machen schließlich fest. Ratten huschen verschreckt aus ihren Verstecken, Kohlenstaub beginnt sich über das Deck und die Aufbauten zu legen.

Menschenverachtende Tristesse, Schmutz und Dreck überall! Die Menschen flüchten sich in ihr Zuhause, das den Möglichkeiten entsprechend nett und sauber ist. Aber schon das Treppenhaus sieht in der Regel aus, als sei gerade ein Abbruchunternehmen bei der Arbeit. Die dafür verantwortliche Verwaltung übt sich immer noch in Selbstgefälligkeit und Arroganz. Es ist wie das Eintauchen in eine trübe, graue Ursuppe.

Jetzt kommt die große Stunde der Uniformierten. Während auf der Pier Wachen aufgezogen sind, damit ja keiner von uns auf die Idee kommt, voreilig an Land zu springen, beginnen wir in der Messe damit, Papiere auszubreiten. Slava dolmetscht, füllt seitenweise Formulare aus, während wir anderen bemüht sind, freundlich zu lächeln, aufmunternd und zustimmend zu nicken, Tee zu servieren und uns ansonsten ganz in Demut zu hüllen. Uniformen und Wichtigtuerei als Makulatur, um zu verdecken, daß längst die Zeit an Ort und Staat vorbeigelaufen ist. Auch diese Prozedur hat irgendwann einmal ein Ende, zumindest für heute. Ein Vorstellungsgespräch bei den Grenzschutztruppen ist für die nächsten Tage geplant, und Arkadyi verabschiedet sich mit der vielversprechenden und von uns wohl verstandenen Ankündigung, daß wir uns sicher in den nächsten Tagen häufiger sehen werden.

Zwischenzeitlich ist es dunkel geworden, Feierabend, man will nach Hause. Endlich sind wir unter uns. Slava kramt aus seinem Gepäck eine kleine Flasche Wodka, wir füllen die Gläser und prosten uns zu. Zunächst erzählen wir den bisherigen Verlauf der Reise seit Dutch Harbor, wo das Schiff den letzten Winter verbracht hat. Wir berichten ihm von der langen Überfahrt von Dutch Harbor nach Vancouver, wo wir als Gäste des Maritime Museums zwei Wochen lang blieben. Zwei Wochen, in denen nicht nur das Schiff gründlich überholt wurde, sondern in denen auch viel Zeit für Unternehmungen und Begegnungen war. Dann die Weiterreise durch die „Inside Passage“, die vielen Fjorde, Inseln und Buchten, die überhaupt nur mit einem Boot zu erreichen sind. Die milden Frühsommerabende, die wir gemeinsam mit amerikanischen und kanadischen Fischern verbrachten, die Paddeltouren, die Ruinen der Siedlungen der Haida-Indianer auf den Queen Charlotte-Inseln, die Wanderung über den Chilkoot-Pfad, die Fahrt entlang der gewaltigen Gletscher von Glacier Bay und die uns ständig begleitenden Buckel- und Killerwale, schließlich die Weiterfahrt in den

Prince Williams-Sund, das Eintreffen auf der Kodiakinsel, die Shumagininseln, die Kette der Aleuten – Erlebnisse, Eindrücke, die an anderer Stelle erzählt werden müssen. Endlich im Juli die Rückkehr nach Dutch Harbor. Nachdem dort letzte Vorräte und Brennstoff für Öfen und Motor übernommen wurden, die Weiterfahrt nach Norden durch die Beringsee, unterbrochen von Besuchen auf den Pribilofs und der St. Lawrence-Insel. Von dort nach Prowidenija waren es nur noch 60 Seemeilen. Jetzt sind wir hier.

Slava hat aufmerksam zugehört und nur einige Zwischenfragen gestellt. Es ist ihm deutlich anzumerken, daß er gern diese Etappe, die weder extrem noch entbehrungsreich, sondern einfach nur schön und abwechslungsreich gewesen ist, mitgemacht hätte. Aber wäre er derweil nicht in Moskau gewesen, hätte er nicht mit Bürokraten gefeilscht – wir wären jetzt nicht hier, da man uns sonst niemals eine Genehmigung erteilt hätte. Slava hat in der Zwischenzeit sicher einen größeren Beitrag zur Expedition geleistet als wir an Bord. Und auch er erzählt seine „Abenteuer" in russischen Amtsstuben. Die Probleme mit der Verwaltung des „Nördlichen Seeweges", kurz NSR genannt, die mit allen Mitteln versucht, uns von unserem Vorhaben, die Nordküste Sibiriens zu befahren, abzubringen. Er berichtet und redet sich dabei spürbar die Enttäuschung und Frustration über die sture und abweisende Haltung der russischen Verwaltung von der Seele. Trotzdem gelingt es ihm, alle Genehmigungen und Formulare zu bekommen – sehr zum Ärger der Verwaltung der NSR, die jetzt nur noch schwache Argumente gegen eine abschließende Zusage hat. Aber Papier ist geduldig, und die Mühlen der Bürokratie mahlen in aller Regel langsam, die der russischen besonders. Selbst mit allen ordnungsgemäß gestempelten und genehmigten Papieren gibt es noch Mittel und Wege, uns Steine in den Weg zu legen, orakelt Slava voll düsterer Vorahnung. Nachdem die erste Wiedersehensfreude ein wenig verflogen ist, merke ich, daß Slava sich Sorgen macht. Aber weil er, wie es seine Art ist, uns nicht mit seinen Befürchtungen belasten will, rückt er nur bruchstückhaft mit Einzelheiten heraus: Der russische Abenteurer Dmitri Spharov habe landesweit über Rundfunk und Fernsehen mehrfach dazu aufgerufen, unsere Expedition zu boykottieren. Er selbst lasse zur Zeit nämlich ein geeignetes Boot bauen und wolle damit als erster mit einer russischen Mannschaft die Nordostpassage durchsegeln. Dieses, so Spharov, sei eine nationale Aufgabe, die zuerst von Russen bewältigt werden müsse. Die deutsche Expedition habe bereits einige Rekorde aufgestellt – die russische Arktis den Russen! Spharov ist ein Veteran unter den russischen Abenteurern. Zur Zeit des kommunistischen Regimes hochdekoriert und als Held der Arbeit gefeiert, kennt ihn im Lande jeder. Sein Wort hat Gewicht und findet auch bei höheren Stellen Gehör. Wir sollen das noch zu spüren bekommen. Gerade der nationale Klang seines Anspruches fällt in Rußland auf fruchtbaren Boden. Das angeknackste Selbstwertgefühl der ehemaligen Großmacht kann ein wenig Balsam gut vertragen. Die alte selbstgefällige und immer wieder spürbare Einschätzung: „Im Westen haben sie zwar mehr Geld, aber wir sind besser" treibt volle Blüten. In Prowidenija wird es als offenes Geheimnis gehandelt, daß wir nicht losfahren werden. Aber so leicht geben wir uns nicht geschlagen.

Am nächsten Tag regnet es in Strömen. Straßen, Wege und Kaianlagen haben sich in einen Brei aus Kohlenstaub, Kies und Morast verwandelt. Die schwarzen Fußstapfen ziehen sich durch das ganze Schiff, trotz Fußabweiser und Feudel, die an Deck liegen. Der feine Schmutz und Ruß findet seinen Weg überall hin. Wie verabredet besuchen wir Arkadyi in seinem Büro. Das Gebäude, in dem es sich befindet, sieht genauso baufällig aus wie alle anderen. Im Inneren ist es sauber, es riecht nach strengen Reinigungsmitteln. Wie wir erfahren, sitzt in dem Gebäude nicht nur die Hafenverwaltung, sondern auch die Nachfolgeorganisation des KGB. Arkadyi empfängt uns in seinem kleinen Büro, an dessen Wänden Eis- und Seekarten sowie Kalender der Murmansk- und der Far East-Shipping Company hängen, Bilder von gewaltigen nuklear getriebenen Eisbrechern, stapelweise Papiere auf dem Schreibtisch und natürlich ein Telefon. Arkadyi behandelt uns ausgesprochen freundlich. Da sein Englisch den nunmehr folgenden Verhandlungen offenbar nicht gewachsen ist, spricht er mit Slava auf russisch. Ich höre zu, verstehe aber kein Wort. Als ich nach zehn Minuten immer noch nicht in die Geheimnisse dieses Gespräches eingeweiht werde, frage ich nach, werde aber von Slava zum Schweigen aufgefordert. Das fällt mir schwer. Nach rund einer halben Stunde und einigen Telefonaten informiert Slava mich schließlich. Er sieht dabei nicht glücklich aus. Eine der Auflagen für das Durchfahren der Nordostpassage oder des nördlichen Seeweges, wie die Russen sagen, besteht in der Mitnahme eines russischen Eislotsen. Diese Regelung ist uns seit langem bekannt, und ich hatte eingewilligt, einen Lotsen mitzuführen. Schon in den vergangenen Jahren hatten wir in Sibirien einen Lotsen mitnehmen müssen. Laut Vertrag soll dieser Lotse aus Murmansk bereits vor Ort sein. Für Hin- und Rückflug, Unterkunft, Verpflegung und Ausrüstung haben natürlich wir zu sorgen – neben den ohnehin anfallenden Lotsengebühren, versteht sich. Laut Vertrag scheint alles perfekt. Ich habe mich dazu verpflichtet, einige tausend Dollar für den Lotsen auszugeben, die Murmansk Shipping Company verpflichtet sich, den Lotsen zu stellen. Ich bin gelinde gesagt überrascht, als ich höre, daß der Lotse sich noch in Murmansk befindet und auch noch keine Arrangements für einen Flug nach Prowidenija gemacht worden sind. Es war vereinbart, daß der Eislotse am 3. August in Prowidenija auf uns warten sollte. Wer – wie wir – weiß, daß eine Reise von Murmansk bis nach Prowidenija wegen der schlechten Flugverbindungen nicht selten bis zu drei Wochen dauert, kann erahnen, wie mir zumute ist. Ich lasse Slava übersetzen, daß wir auf keinen Fall solange warten können. Wir sind nur nach Prowidenija gekommen, um einzuklarieren und den Lotsen zu übernehmen. Jeder weitere Tag in Prowidenija kostet uns wertvolle Zeit. Wir alle wissen, daß die Eisverhältnisse an der sibirischen Nordküste im Moment relativ günstig sind. Mit einem Schiff wie der DAGMAR AAEN hat man nur dann eine Chance im Eis, wenn man zum richtigen Zeitpunkt an der richtigen Stelle ist. Das heißt im Klartext: Wir müssen umgehend weiter, mit oder ohne Lotsen.

Nachdem Slava dies ebenso knapp wie deutlich übersetzt hat, wirkt Arkadyi leicht verschnupft und läßt mich über Slava wissen, daß er unser Freund sei, Verständnis für uns habe, wir aber auch Verständnis für seine Situation haben müßten. Was er damit meint, sollen wir noch erfahren. Fest steht, wie mir Slava dolmetscht, daß Arkadyi uns unter keinen Umständen ohne Genehmigung aus Moskau auslaufen läßt, und die gibt es eben nur, wenn ein Lotse an Bord ist. Er läßt auch keinen Zweifel daran, daß er uns ein Marineboot nachsenden würde, sollten wir einfach bei Nacht und Nebel auslaufen. Es heißt, gute Miene zum bösen Spiel machen.

Vom Schiff aus telefoniert Slava mit unserer Inmarsat-Anlage erst mit Murmansk und dann mit Moskau. Endlose Telefonate, wovon jede Minute sechzehn Mark kostet, und die außer der Erkenntnis, daß man sich nicht zuständig fühle oder gerade keine neue Information habe, nichts bringen. Zuvor hatte Slava versucht, über das öffentliche Telefonnetz mit Moskau zu sprechen. Zwischen Moskau und Prowidenija liegen neun Stunden Zeitunterschied. Wenn also in Prowidenija der Arbeitstag beginnt, ist er in Moskau gerade am Ausklingen. Nach 18 Uhr vermittelt aber die Telefonzentrale in Prowidenija keine Gespräche mehr, weil dann nämlich Feierabend ist. Ohne Inmarsat wären wir quasi von der Außenwelt abgeschnitten. Damit hat man in Moskau auch offenbar gerechnet. Denn laut Slava scheint die Überraschung über unseren Anruf einigermaßen groß zu sein.

Ich kenne die Hinhaltetaktik der Verwaltung aus Dickson, wo wir 1992 fast fünf Wochen festhingen. Ich weiß, daß man zwar bestimmt, aber immer schön freundlich bleiben muß. Wir versuchen es mit Wodkatrinken. Nicht etwa unter uns, sondern mit Arkadyi und dessen Freunden. Wir laden sie zu einem Ausflug mit der DAGMAR AAEN ein, ein Vorschlag, der freudig angenommen wird. Bei solchen Gelegenheiten bricht die russische Gastfreundschaft wieder durch. Jeder bringt etwas zu essen und zu trinken mit, alle sind bester und ausgelassenster Stimmung und freuen sich über das ausnahmsweise sonnige Wetter. Alle Probleme und Sorgen scheinen vergessen – nur in uns brüten sie hinter einer aufgesetzten Feiertagsfassade weiter. Der Wodka fließt in Strömen, Arkadyi wird immer redseliger, lädt mich allen Ernstes ein, doch im kommenden Winter zum Wintersport nach Prowidenija zu kommen. Nebenbei verspricht er, uns zu helfen. Am nächsten Tag – es regnet wieder in Strömen – hat sich seine Stimmung proportional zum Wetter verschlechtert, vielleicht ist auch der Kater daran schuld.

Die Zeit läuft uns davon, jeden Tag dasselbe Spiel. Morgens marschieren wir zu Arkadyis Büro, nachmittags erneut, ohne daß sich etwas ändert. Wir beschließen, andere Maßnahmen zu ergreifen. Bei einem Gespräch, an dem ich nicht teilnehmen darf, bietet Slava Arkadyi einen größeren Dollarbetrag an, sozusagen unter Freunden, um damit die Bearbeitung unseres Anliegens zu beschleunigen. Das wirkt! Arkadyi ist mehr als geneigt, dieses Angebot anzunehmen, und bereits am nächsten Tag teilt er uns mit, daß er einen Lotsen für uns gefunden habe. Ich bin entzückt. Dann können wir ja fahren, ist meine spontane Reaktion, ich werde aber sofort eines Besseren belehrt. Zunächst muß Moskau sich damit einverstanden erklären, denn obwohl unser stolzer Hafenkapitän sich gern das Zubrot verdienen möchte, ist er dennoch nicht bereit, ein Risiko einzugehen. Wieder liegt ein Wochenende dazwischen, da wird natürlich auch in Moskau und Prowidenija nicht gearbeitet.

An einem dieser öden Wartetage begegnet uns Roger, ein junger Amerikaner. Roger ist schon seit einigen Wochen in Prowidenija. Er hatte den Versuch unternommen, von Alaska aus die Beringstraße mit einem Kajak zu überqueren und war auf der russischen Diomedes-Insel vom Militär aufgebracht worden. Er wurde zurückgeschickt und flog daraufhin erneut von Nome aus mit seinem Kajak nach Prowidenija, um mit dem Segen der Behörden von dort aus nach Japan zu paddeln. Der Segen läßt auf sich warten – schon viele Wochen. Dennoch ist er guten Mutes, hat eine private Unterkunft gefunden und erteilt den Einwohnern Kajakunterricht. Er freut sich, uns zu treffen, um Erfahrungen auszutauschen, und wir freuen uns ohnehin über jede Ablenkung. Obwohl die Chancen für Roger nicht gut stehen, will er weiterhin abwarten. Mich beeindruckt die Bestimmtheit und Gelassenheit, mit der er ganz allein sein Projekt voranzutreiben versucht.

Die täglichen Eisinformationen, die wir per Wetterfax aus Alaska bekommen oder im Abstand von einigen Tagen über Inmarsat aus Hamburg von der dortigen Eiszentrale erhalten, lassen uns schier verzweifeln. Es gibt einen schmalen eisfreien Wasserstreifen entlang der Nordküste, und das jetzt schon seit rund zwei Wochen. Wir wissen aber, daß eine Änderung der Windrichtung diesen Wasserstreifen innerhalb weniger Stunden schließen kann. Nach Norden hin breitet sich nur das grenzenlose Polarmeer aus mit seinem unerschöpflichen Reservoir an Eisfeldern. Am 13. August scheint endlich alles geregelt. Wir haben Anatoly, unseren neuen Eislotsen aus Prowidenija, kennengelernt und einen Vertrag mit ihm abgeschlossen. Arkadyi hat daraufhin ein Gutachten erstellt, das die DAGMAR AAEN als eisgängiges Schiff ausweist. Alles Unterlagen und Formalitäten, die wir bereits von den vorangegangenen Jahren noch vorliegen hatten. Moskau kann sich noch immer nicht zu einem „Ja“ durchringen, immerhin aber zu einem „Nein, aber ...“. Die Verlockungen der Dollar sind jetzt zum Glück so groß für Arkadyi, daß er dieses als ein „Ja mit Einschränkungen“ interpretiert. Ich atme tief durch, bekomme aber sofort einen Hustenanfall, als Arkadyi uns mitteilt, daß am Freitag kein Schiff ausläuft (alter Aberglaube), und man am Wochenende keine Schiffe abfertige. Montag würden wir noch benötigen, um letzte Formalitäten abzuwickeln, und Dienstag, ja wirklich, am Dienstag dürften wir dann auslaufen. Mir verschlägt's die Sprache, Slava ringt um seine Fassung. Wir versuchen ihn umzustimmen, da jeder Tag, jede Stunde zählt. Umsonst. Entweder wir warten, oder es läuft gar nichts. Wir sind geschlagen. Deprimiert und gelangweilt verbringen wir ein weiteres Wochenende in Prowidenija. Am Montag erneuter Besuch im Büro, ich finde den Weg dorthin trotz Schlaglöcher und fehlender Gullydeckel schon im Schlaf mit verbundenen Augen. Arkadyi ist aufgeräumter Stimmung. Nachdem einige tausend Dollar den Besitzer gewechselt haben, unterzeichnet er ein paar Dokumente – nicht ohne uns vorher noch kräftig zu ermahnen, nichts Ungesetzliches zu tun – und entläßt uns. Der Verzicht auf eine passende Erwiderung bereitet mir fast körperliche Schmerzen. Am nächsten Morgen kommt Anatoly an Bord, Arkadyi und einige neu hinzugewonnene Bekannte stehen an der Pier, um uns zu verabschieden. Der Dieselmotor wird angelassen, die Leinen losgeworfen. Arkadyi winkt, ruft mir auf englisch zu, daß ich in ihm einen guten Freund in Prowidenija habe. Ja wirklich! Ich verkneife mir die Erwiderung, bin einfach froh, daß wir hier fort sind.

Ich blicke in die Gesichter der Crew. Chris Nelson, Henryk Wolski, Slava, Jörn Bohlmann, Kai Meibaum, Ragna Koch. Wir sind ein eingespieltes Team, haben schon viele gemeinsame Abenteuer durchlebt. Ich sehe den Gesichtern den Frust an über die vertane Zeit, aber auch die Erleichterung darüber, daß es endlich losgeht. Während die öde Kulisse dankbarerweise von den Bergen geschluckt wird, nimmt uns der Schwell der Beringsee langsam auf. Wir spülen mit dem Deckwaschschlauch den Schmutz und wohl auch die Erinnerung an die zurückliegenden Wochen von Bord. Endlich sind wir auf dem Weg nach Norden. Es ist der 16. August.

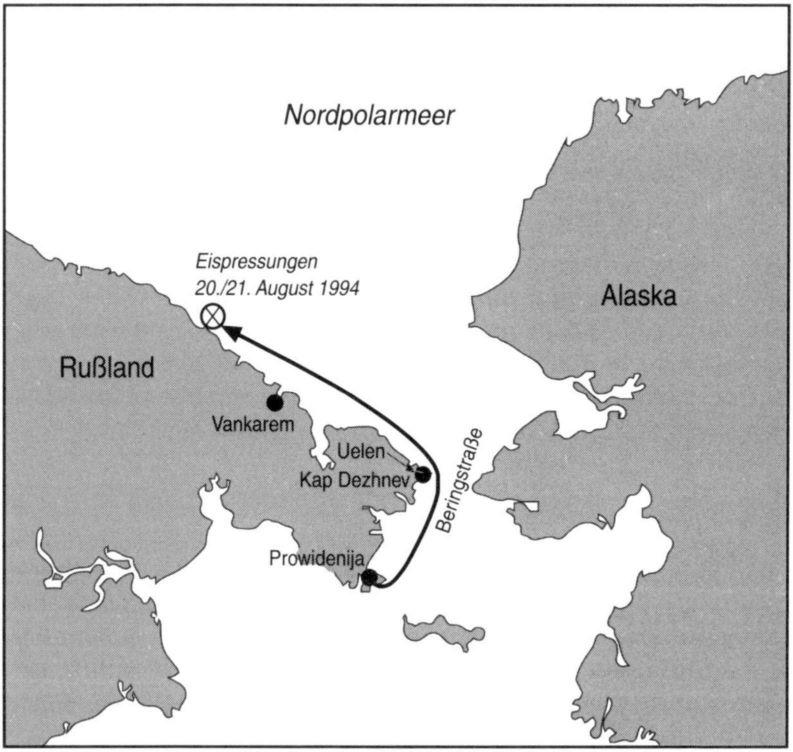
Nordpolarmeer
Eispressungen
20./21. August 1994
Alaska
Rußland
Vankarem
Uelen
Kap Dezhnev
Beringstraße
Prowidenija

Auf Messers Schneide

Ein Schiff, egal wie groß oder klein, stellt für den Seefahrer weit mehr dar als nur einen Gegenstand. Vielleicht mag man die gleiche Verbindung noch in der Fliegerei finden, zwischen dem Piloten und seinem Flugzeug. In beiden Fällen bildet sich so etwas wie eine Zweckgemeinschaft. Das Schiff bzw. das Flugzeug ist der Überlebensgarant für den Menschen in einer ihm ansonsten fremden und feindlich gesonnenen Umgebung. Das ist aber noch nicht alles. Es hat nichts mit Pathos zu tun, wenn ich sage, daß sich zwischen Schiff und Besatzung eine Freundschaft herausbildet. Der Seemann segelt, navigiert, malt und pflegt sein Schiff, ist stolz darauf. Es wird ihm ein guter „Freund", mit dem er durch dick und dünn zu gehen bereit ist. Schiff und Besatzung bilden eine Einheit. Der eine ist ohne den anderen nutzlos. Das Schiff ermöglicht überhaupt erst die Reise über die Weltmeere, aber ein Schiff ohne Crew liegt nutzlos im Hafen herum und verkommt. „Ein Schiff mag im Hafen zwar sicher sein, aber dafür ist es nicht gebaut!" heißt es, und da ist viel Wahres dran. Erst das Zusammenwirken beider Faktoren lassen etwas Lebendiges, lassen eine Eigendynamik entstehen. Beide sind auf Gedeih und Verderb aufeinander angewiesen. Fast ausnahmslos ist das Schiff, auf dem man sich befindet, ein „gutes" Schiff, und nachsichtig versucht man, die kleinen oder großen Mängel durch Vorteile auszugleichen. Auch Flüche und harte Worte bei der Arbeit beeinträchtigen dieses Verhältnis nicht. Jedes Schiff hat seine Eigenarten. Es kann störrisch und bockig wie ein Maultier sein und zugleich gutmütig und kämpferisch im schlechten Wetter die Geschicke des Seefahrers zum Guten lenken. Sie geben und schenken sich beide nichts, und doch sind sie füreinander verantwortlich. Denn anders als bei Landfahrzeugen gibt es einen ausgemachten Feind: die See. Kein Seemann hat jemals das Meer geliebt. Er hat es immer als gnadenlosen, ihn verhöhnenden Gegner gefürchtet. Die verklärte Seefahrerromantik entsteht nicht auf den Schiffen, sondern an Land; die Liebe zum Meer nicht auf hoher See, sondern beim Spaziergang am Strand. Der Voreigner der DAGMAR AAEN, der Däne Niels Bach, sagte einmal: „Schiffe haben ihre Schicksale, sie greifen auch in andere Schicksale ein. Es laufen feine Zauberfäden zwischen der Beschaffenheit eines Schiffes und der menschlichen Seele." Ich war wohl doch ein wenig naiv, als ich beim Kauf der DAGMAR AAEN glaubte, daß ich es fortan allein sein würde, der die Geschicke und den Werdegang des Schiffes bestimmen würde. Auf die Reiseplanung mag das ja weitestgehend zutreffen. In meinen Entscheidungen auf See bin ich hingegen nicht so frei, wie ich glaubte. Die DAGMAR AAEN ist für mich nicht irgendein Gegenstand. Mein Verhalten, meine Entscheidungen haben etwas mit Verantwortung gegenüber dem Schiff und natürlich noch vorrangig mit Verantwortung gegenüber der Crew zu tun.

Die DAGMAR AAEN stellt mit ihren 64 Jahren eine Art Persönlichkeit dar. Ich fühle mich ihr gegenüber verpflichtet – so wie ich mich jedem Schiff, auf dem ich fahre, verpflichtet fühle. Es ist als Schiffsführer meine Pflicht – sowohl vom seemännischen wie auch moralischen Standpunkt aus – alles zu tun, um Schiff und Besatzung heil an den Bestimmungsort zu bringen. Diesem Ziel sind alle anderen Überlegungen und Ziele unterzuordnen. Deshalb betrachte ich auch ein wenig mit Sorge die Entwicklung bei Hochseeregatten wie etwa dem BOC Einhand um die Welt-Rennen. Hier ist das Schiff tatsächlich zu einem Hochleistungs-Wegwerfartikel degeneriert. Immer leichter, immer schneller und fragiler werden die Boote. Nach dem Rennen sind sie verbraucht und schon wieder veraltet. Mit Seemannschaft im Sinne eines Joseph Conrads hat das nichts zu tun. Materialien werden bis an ihre Grenze und oft genug darüber hinaus belastet, von den Menschen an Bord ganz zu schweigen. Der Herausgeber des renommierten englischen Segelmagazins „Yachting Monthly", Geoff Pack, schrieb unlängst in seinem Editorial zum gerade laufenden BOC Einhand um die Welt-

Rennen: *„The present BOC Challenge singlehanded round-the-world yacht race has turned into something of a demolition derby with vessels stranded, sunk, dismasted, decks stove in, booms and rudders broken, countless knockdowns and many retirements. There seems to have been a drama every week.*" Das heutige BOC Challenge hat sich in so etwas wie ein Abbruch-Derby gewandelt, mit gestrandeten, gesunkenen, entmasteten Schiffen, zerbrochenen Bäumen und Rudern, mit unzähligen Unfällen und Ausscheidungen. Es scheint so, als ob jede Woche ein Drama passieren würde. – Auch Todesfälle bzw. seither Vermißte und aufwendige Rettungsaktionen gingen einher. So sehr ich den Mut und auch das seglerische Können der Regattaszene respektiere, so sicher glaube ich, daß dieser Weg unweigerlich in ein ähnliches Desaster führen wird wie 1979 das Fastnet Rock-Rennen, in dem viele Menschen den Tod fanden. Die See – ähnlich wie die Polarregionen – ist gnadenlos. Sie nimmt Leid, Untergang und Tod gleichgültig auf. Menschlicher Hochmut zerbricht dabei ebenso wie die dünnen High-Tech-Gebilde. Sportliche Erfolge und auch Rekorde dürfen eben nicht um jeden Preis gefordert werden. Das zumindest ist unser Verständnis von Sport, Abenteuer und Seemannschaft.

Wenn wir uns jetzt zum zweiten Mal innerhalb eines knappen Jahres der Beringstraße nähern, wissen wir um die Gefahren und Risiken, die auf uns lauern. Am 30. September 1993 hatten wir die Beringstraße in südlicher Richtung durchfahren. Damals waren wir müde und ausgelaugt. Es war uns gelungen, in nur einer Saison ohne fremde Hilfe die Nordwestpassage zu durchfahren. Die DAGMAR AAEN war erst das dritte Schiff überhaupt, dem das gelungen war, zudem ist sie mit Abstand das älteste gewesen. Schwerste Eispressungen und anhaltende Stürme mit bis zu 70 Knoten Windgeschwindigkeiten hatten unsere letzten Reserven gefordert. Wir hatten die See und die Kälte satt, fühlten uns zerschlagen, schmutzig und müde. Aber wir waren durch! Das weckte die Lebensgeister, ließ uns neue Energien spüren. Die Situation in diesem Jahr ist dagegen eine völlig andere. Wir sind bestens ausgeruht. Soviel geschlafen wie in den letzten beiden Wochen haben wir schon lange nicht mehr. Aber wir sind nicht so entspannt, wie wir es trotz aller Strapazen im Jahr zuvor waren. Die Schwierigkeiten, das wissen wir, liegen nördlich der Straße, und damit wächst die Anspannung. Der völlig willkürliche und unnötige Aufenthalt in Prowidenija hat uns über zwei wertvolle Wochen gekostet. Diese empfindliche Zeiteinbuße mindert nicht nur unsere Chancen drastisch, sondern erhöht auch das Gefahrenpotential erheblich. Insgesamt haben wir nur zwischen sechs bis acht Wochen Zeit, die Passage zu durchqueren – vorausgesetzt, das Eis läßt uns. Danach bricht unmittelbar der Winter an. Wir beginnen unsere Gratwanderung, fest entschlossen, unserem Verständnis von Seemannschaft treu zu bleiben und entsprechende Sicherheitsreserven einzuplanen, das Risiko im Griff zu behalten. Ob das immer gelingt, werden wir sehen.

Wir halten uns dicht unter Land. Die düsteren Felsen von Kap Dezhnev tauchen aus den wallenden Nebelschwaden auf. Wir stehen auf dem nassen Deck unter triefenden und tropfenden Segeln. Obwohl es nicht regnet, ist die Feuchtigkeit des Nebels allgegenwärtig, kriecht durch Öffnungen und Verschlüsse, läßt einen frieren, obwohl es gar nicht so kalt ist. Wie ein Bollwerk erhebt sich herrisch und ehrfurchtgebietend das Kap empor. Eine weiße Steinsäule hebt sich vor dem dunklen Hintergrund selbst auf die Entfernung ab. Ein Denkmal an den Kosaken Dezhnev, der dieses düstere wolkenverhangene Kap entdeckt hatte. Kurz darauf ändern wir unseren Kurs in nordwestliche Richtung. Der Ort Uelen taucht hinter einem Dunstschleier auf. Auch hier qualmende Schlote. Wir sind froh, weit genug fort zu sein, um keine Details zu erkennen. Prowidenija ist uns noch zu gegenwärtig. In gewissen Abständen werden wir über UKW von Militärposten angesprochen, die nach unserer Identität, Kurs und Geschwindigkeit fragen. Als wir uns mit Namen und Rufzeichen melden, weiß man sofort Bescheid und läßt uns passieren. Das wiederholt sich alle paar Stunden. Die militärische Radarüberwachung ist so nah an Alaska offenbar lückenlos. In Prowidenija und wohl auch in Uelen soll es ganze Bataillone gegeben haben, die dort während des Kalten Kriegs stationiert waren. Die verwahrlosten Militärbaracken hatten wir selbst gesehen. Das meiste Kriegsgerät soll aber angeblich in einer Nacht- und Nebelaktion auf Schiffe verladen und an andere Orte verschafft worden sein.

Anatoly, unser Eislotse, führt die Funkgespräche. Trotz des ganzen Verdrusses, den wir in Prowidenija erlebt haben, ist er ein echter

Glücksgriff. Anatoly ist Kapitän von Beruf, hat jahrelang große Eisbrecher geführt und macht nicht den Eindruck, als daß er sich so leicht durch irgend etwas aus der Ruhe bringen ließe. Anders als unsere früheren Eislotsen nimmt er seine Aufgabe sehr ernst. Man merkt ihm auch an, daß er Interesse und Freude an der Reise hat, und mit einem erstaunlichen Einfühlungsvermögen findet er innerhalb weniger Tage seinen Weg in die Bordgemeinschaft und die Herzen der Crew. Stundenlang steht er an Deck, löst durchgefrorene Rudergänger am Steuer ab, versucht, so gut es sein Englisch eben erlaubt, mit jedem zu reden und bemüht sich ständig, über Funk Wetter- und Eisinformationen einzuholen. Die unvermeidliche Zigarette im Mundwinkel, steht er wie angewurzelt an Deck, als wäre er schon immer dabei gewesen. Mit ihm haben wir wirklich einen weiteren Experten an Bord, der sich in jeder Hinsicht für uns verwenden wird.

Gelegentlich werden wir durch ein Prusten aufgeschreckt: Grauwale, die den Sommer in arktischen Gewässern verbringen, um sich dort vollzufressen. Bei den ersten Walen, die wir gesichtet hatten, stand das ganze Schiff kopf. Kameras klickten und surrten, und jeder war von dem Anblick eines dieser riesigen Meeressäuger überwältigt. Inzwischen haben wir so viele Wale gesichtet, daß kaum noch jemand beim Ausruf „Wal – da bläst er!“ aus der Geborgenheit seiner warmen Koje kriecht. Täglich sehen wir mehrere dieser Tiere und sind selbst erstaunt, wie schnell man derartige Naturschauspiele als selbstverständlich hinnimmt. Erfreulich ist der Umstand, daß die Schutzmaßnahmen offenbar gegriffen haben. Mit Ausnahme der Ureinwohner, denen dieses Recht zugesprochen wurde, macht keiner mehr Jagd auf diese friedlichen Riesen. Zumindest gilt das für diesen Teil der Erde. In anderen Gegenden läßt sich leider feststellen, daß der Walfang offenbar wieder durch einige Nationen forciert wird.

Plötzlich tauchen vereinzelte, scheinbar harmlose, verwitterte und schmutzig graue Brocken auf, denen man noch nicht aus dem Weg zu gehen braucht. Sie poltern am stahlgepanzerten Rumpf der DAGMAR AAEN entlang, zersplittern, wirbeln herum und treiben im Kielwasser achteraus. Das sind die ersten Vorboten des Eises. Der nächsten Armada gehen wir schon geflissentlich aus dem Weg. Ständig steht jetzt eine Wache auf dem Vorschiffpoller, hält sich mit klammen Fingern am Fockstag fest und zeigt mit dem anderen Arm dem Rudergänger den Weg um die Eisplatten herum. Der Übergang geht schneller als erwartet vonstatten. Haben eben noch Seegang und Wind die Bewegung des Schiffes bestimmt, so tritt plötzlich eine fast unnatürliche Ruhe ein. Das Eis erstickt alle Bewegungen der See. Die Wasseroberfläche ist spiegelglatt. Wir bergen die Segel. Vor uns eine gleitende Linie, die so stark strahlt, daß das helle Licht wie eine Nebelwand am Himmel erscheint. Zeit für mich, den Weg über die Wanten in die Eistonne oben im Mast zu suchen. Von dort hat man den besten Ausblick. Was von Deck aus und auch auf dem Radar wie eine ununterbrochene Eiskante aussieht, weist von der Masttonne zahlreiche Lücken, Kanäle und Rinnen auf. Je dichter man an die Eiskante kommt, desto besser lassen sich mögliche Passagen erkennen. Mit langsamer Fahrt bahnen wir uns polternd und stoßend einen Weg durch dieses Labyrinth. Dahinter wieder große Flächen offenen Wassers. Noch weicht das Eis immer wieder zurück, läßt uns passieren. Wie lange noch?

Unsere Eisinformationen sind mehrere Tage alt. Die russische Verwaltung beginnt erst in diesen Tagen, ihren Eisdienst in Pewek einzurichten. Lange war man sich unschlüssig, ob das dieses Jahr überhaupt geschehen solle, da mangels Geld die Schiffahrt zum Erliegen gekommen war. Aber die Ortschaften an der sibirischen Küste brauchen Diesel für die Stromerzeugung, die Fahrzeuge, zum Heizen. Und der läßt sich nur mit Schiffen in ausreichender Menge transportieren. Im letzten Moment hat man sich deshalb doch dazu durchgerungen, die Eiszentrale zu bemannen. Zwei Eisbrecher, die MURMANSK und die ADMIRAL MAKAROV, sind bereits seit einigen Tagen im Eis. Anatoly gelingt es, Funkkontakt mit der MURMANSK herzustellen. Die Informationen, die er erhält, sind gelinde gesagt dürftig. Wir haben einen Vertrag mit der Verwaltung der NSR, der uns ständig aktualisierte Eisberichte zusichert. Die Berichte, die wir vom Eisbrecher oder aus Pewek heute wie auch an den folgenden Tagen erhalten, sind allesamt austauschbar: „Schwerste Eisverhältnisse, Durchkommen unmöglich, fordern Sie dringend auf, unverzüglich die Rückreise anzutreten". Die Verwaltung der NSR hat einen langen Arm, den wir wieder einmal zu spüren bekommen. Nachdem man uns in Prowidenija nicht hat festhalten können, versucht man es jetzt anders. Die Informationen, die wir über Funk bekommen, sind zum Teil nachweisbar falsch. Ansonsten gibt man vor, keine Informationen zu haben, wartet mit Schauergeschichten auf und versucht, uns nach allen Regeln der Kunst „weichzukochen".

Anatoly ist zutiefst verärgert. Er, der nach seiner aktiven Fahrtzeit in Prowidenija eine wichtige Beraterfunktion in Schiffahrtsfragen innehat, ist es gewohnt, daß er auf seine Fragen Antworten erhält. Er kennt die Mechanismen, den Filz und die betreffenden Leute in Pewek und auf den Eisbrechern persönlich. Die Antworten auf seine Funktelegramme bleiben aber entweder aus oder verfallen in einen immer geharnischteren Tonfall. Neue Eiskarten, die wir per Wetterfax aus Alaska erhalten, zeigen, daß sich die Eislage im Vergleich zu den untätig verbrachten Tagen in Prowidenija zu verschlechtern beginnt. Der Wind hat nach langer Zeit auf nördliche Richtung gedreht und schiebt damit die gesamte Eiskalotte Richtung Küste. Diese Küste ist unter Seefahrern gefürchtet. Es gibt dort nirgendwo einen Hafen oder auch nur eine schützende Bucht. Die See ist bis dicht unter Land tief, so daß das Eis sich ungehindert auf die Küste schieben kann. Schiffe, die zwischen Land und Eis erwischt werden, werden in der Regel zerdrückt, sofern sie nicht eigens dafür gebaut sind. Solange das Eis ungehindert in eine Richtung ziehen kann, gibt es für Schiffe eine Chance, Rinnen im Eis auszunutzen, um dem zerstörerischen Druck auszuweichen. Läuft das Eis hingegen auf einer Küste auf, kann es nicht mehr ausweichen. Der Druck, den die nachfolgenden Eisfelder aufbauen, ist unbeschreiblich. Viele tausend Tonnen schwere Schollen werden, wie von Geisterhand bewegt, aufs Land gedrückt, in die Höhe gehebelt, zerdrückt, gestapelt und aufgerieben. Es ist ein Inferno, das dort losbricht, ich kenne diese Situation nur zu gut. Auch in der Nordwestpassage hatten wir schwere Eispressungen zu überstehen. Die Ruderanlage am Schiff war damals zerstört worden, wir waren sogar vorbereitet, das Schiff notfalls zu verlassen. Es war eine schlimme Situation. Aber die Nordwestpassage ist ein Innenfahrwasser. Dort gibt es unzählige Inseln, Fjorde und Buchten, die einzelnen vereisten Wasserflächen sind nicht so gigantisch groß. Die sibirische Nordküste ist hingegen nach Norden völlig offen. Das

Polarmeer mit seinem ultraharten, mehrjährigen Eis hält dort ein unerschöpfliches Reservoir bereit. Deshalb ist die Windänderung auf Nord für uns von so großer Bedeutung. Bevor wir weiterfahren, entschließe ich mich zu einem Erkundungsflug.

Wir liegen gestoppt zwischen einigen losen Eisbrocken, die träge in der Sonne dümpeln. Innerhalb einer Stunde verwandelt sich unser Schlauchboot in ein Wasserflugzeug. Diese Konstruktion hatten wir vor einigen Jahren zufällig in Italien gesehen und ein Exemplar für die DAGMAR AAEN erworben. Das Schlauchboot, das wir ansonsten ganz normal mit Außenborder als Beiboot einsetzen, hat eingearbeitete Fundamente, die einen Nirostahlrahmen aufnehmen können, in dem sich zwei Sitze, Motor, Tank und Halterungen für die Tragflächen befinden. Dieselbe Konstruktion findet an Land bei Ultralight-Flugzeugen Verwendung. In den Steuerbordwanten transportieren wir die dazugehörigen Tragflächen, die zusammengelegt und aufgerollt aussehen, als führe man dort eine Spiere mit einem Toppsegel. Nachdem der Rahmen durch Sicherungsbolzen fest mit dem Boot verbunden ist, wird der zweiflüglige Propeller montiert, und anschließend reichen wir Chris, unserem Piloten, von Bord aus vorsichtig die Tragflächen an. Auch sie sind mit einigen Handgriffen montiert, nur das Entfalten zur vollen Spannweite ist vom Schiff aus ein wenig mühselig, aber viele Male geübt.

Nach einer Stunde läuft der Flugmotor zur Probe. Während Chris sich in seinen Survivalanzug zwängt, lege ich ihm ein UKW-Handfunkgerät, ein kleines GPS, eine EPIRB-Boje, die im Notfall über Satelliten einen Notruf auslöst und zugleich die Position angibt, zurecht. Eine Seekarte, Notproviant, ein Schlafsack und ein Kompaß folgen, danach ein Uhrenvergleich und die Besprechung der Flugroute – Chris ist startbereit. Es ist vereinbart, daß er nur zu einem ersten kurzen Erkundungsflug startet, dem dann, sofern erforderlich, weitere folgen sollen. Das Wetter ist von einer trügerischen Ruhe und Wärme. Kein Luftzug ist zu spüren. Im Licht der tiefstehenden Sonne wirken die Eisfelder wie Miniaturausgaben von Kontinenten mit Gebirgen, Städten, Tälern und aus Schmelzwasser bestehenden Meeren. Durch die unmittelbare Nähe der Eiskontinente wird das dazwischen liegende Seewasser zäh und ölig. Wie bei einem gekühlten Anisschnaps bilden sich feine Eiskristalle und

Schlieren, lassen es zu einem milchigen Eisbrei werden, der durch ineinander verschachtelte Sechsecke zu bestehen scheint. Wie Milchglasscheiben wirken diese eckigen Teller, die sich mit anderen verbinden und an den Verbindungsnähten kleine Wundränder entstehen lassen. Noch kann sich Chris mit seiner Polaris einen Weg durch dieses dünne Neueis bahnen. Er findet eine freie Wasserfläche, ein letzter Check seines Fluggerätes, und mit lautem Röhren beschleunigt unser „Flying Dingi“, um sich scheinbar mühelos über die Gesetze der Schwerkraft hinwegzusetzen. Stetig gewinnt es an Höhe, Chris dreht einen Kreis um die DAGMAR AAEN und macht sich dann auf den Weg entlang der Küste, Richtung Westen. Wie spielend er auf diese Art und Weise die Eisbarrieren überbrückt! Eine Zeitlang beneide ich ihn, der wie alle Flieger anscheinend ohne Schwierigkeit allen Hindernissen entflieht. Wir hingegen sind eisgebunden und warten sehnsüchtig auf Chris' Rückkehr mit hoffentlich guten Nachrichten – Zweckoptimismus.

Dreißig Minuten vergehen, schließlich eine Dreiviertelstunde. Mit Ferngläsern suchen wir den Himmel ab, lauschen nach dem vertrauten Motorengeräusch. Nichts! Nach einer Stunde beginne ich, mir ernsthaft Sorgen zu machen. Ein technischer Defekt? Vergaservereisung? Chris ist ein erfahrener und souveräner Pilot, trotzdem nagende Ungewißheit. Nebel zieht auf, das Barometer beginnt zu fallen. Es ist still geworden an Deck. Es gibt Momente, da glaubt man, die Stille physisch spüren zu können. Außer leisen Windgeräuschen oder einem gelegentlichen Knistern im Eis ist nichts zu hören. Eine Stunde dreißig Minuten. Selbst wenn der Tank bis zum Rand voll ist, reicht das Benzin höchstens noch für fünfzehn bis zwanzig Minuten. Reizt er das Tankvolumen bis zum Schluß aus oder ist ihm was passiert? Was können wir tun, wenn dies der Fall ist? Das Eis um uns treibt immer mehr zusammen, es wird schwierig für ihn sein, eine Landebahn auf dem Wasser zu finden. Überall ist plötzlich Eis. Eine Stunde fünfundvierzig Minuten. Jedes verfügbare Fernglas sucht den Himmel ab, die anderen lauschen entweder am Funkgerät oder nach einem sich nähernden Motorengeräusch. Mir ist kalt und heiß zugleich. Nach meiner Berechnung müßte der Sprit längst alle sein. Eine Stunde fünfzig: Plötzlich ein Punkt, wie ein Insekt auf dem Okular des Fernglases. Wir sehen ihn, bevor wir ihn hören. Wenige Minuten später ist er über uns. Der Motor stottert. In Sekundenschnelle hat sich Chris für eine Rinne im Eis entschieden. Er drosselt den Motor, geht in den Sinkflug über und setzt auf. Der Motor stottert noch zwei, drei Takte, stirbt ab. Uns fällt ein ganzer Steinbruch vom Herzen ... Sachte schieben und drängen wir Eisschollen beiseite, um uns an den Flieger heranzubugsieren. Bis wir heran sind, hat Chris sich losgeschnallt.

„Sorry to keep you waiting“, ist das erste, was er sagt, und dann erzählt er. Schon unmittelbar nach dem Start sei ihm klar geworden, daß es nur diesen einen Flug geben würde. Aus der Luft konnte er deutlich sehen, daß die gesamte Eiskalotte aus dem Norden in Bewegung geraten ist. Er hat nach einem Durchschlupf gesucht, die volle Reichweite des Fluges ausgenutzt, um eindeutig Auskunft zu erteilen, Informationen zu bekommen, die uns die Russen entweder nicht geben können oder wollen, und die für uns lebenswichtig sind. Chris wußte, wir müssen jetzt und heute, noch in dieser Stunde eine Entscheidung treffen. Von der Richtigkeit dieser Entscheidung hängt alles ab, daher die Suche nach größtmöglicher Information. Ich verstehe ihn, hätte in seiner Situation nicht anders gehandelt. Es sind Menschen wie Chris, die den Ausgang einer solchen Expedition maßgeblich beeinflussen, Menschen, die gewohnt sind, auch in schwierigen und gefahrvollen Situationen abzuwägen, vielleicht auf den ersten Blick unpopuläre Maßnahmen zu ergreifen und bereit sind, dafür Risiken auf sich zu nehmen, um letztlich einen guten Ausgang herbeizuführen. Die Eislage ist hoffnungslos. Wir könnten vielleicht noch 10 Meilen weiter vorstoßen, aber was hätten wir damit gewonnen?

Während die anderen damit beginnen, in fieberhafter Eile die Polaris zu demontieren, bekommen wir Besuch von zwei Tschukschen, die mit einem kleinen Boot zwischen den Eisfeldern fischen und jagen. Slava spricht mit ihnen. Ja, sie bestätigen, was wir schon wußten. Noch vor ein paar Tagen war hier offenes Wasser, die ganze Küste entlang. Jetzt, und sie weisen dabei zum Himmel, wird das Wetter schlecht. Kein guter Ort, um einen Sturm aus Norden zu erwarten. Man braucht kein Prophet zu sein, um das Unheil zu spüren. Das Barometer setzt seinen rapiden Absturz fort. Am Himmel haben sich Zirren gebildet, die Sonne sieht blaß und wäßrig aus.

Sobald die Polaris an Bord ist, laufen wir in die Richtung zurück, aus der wir gekommen sind. Wir halten uns dicht unter Land, weil dort am ehesten offenes Wasser zu finden ist. Ich will in die Lagune von Vankarem fahren, dort müßten wir vor dem Eis sicher sein. Aber bis dorthin sind es noch 60 Meilen.

Es ist der 20. August. Während sich die Dämmerung herabsenkt, boxen wir uns mit der DAGMAR AAEN durch die Eisfelder. Brutale Stöße lassen den Schiffskörper erzittern. Wir können jetzt keine Rücksicht aufs Material nehmen, wir müssen so schnell es geht zurück ins offene Wasser. Die Dringlichkeit unseres Handelns entspringt einem Gespür für die Gefahr. Es ist nicht nur das Aufziehen des schlechten Wetters. Es ist das Eis. Es sieht anders aus. Es bewegt sich anders. Es erwacht aus seiner scheinbaren Lethargie. Mir kommt es vor wie ein Raubtier, daß seine Beute umschleicht, bevor es zum tödlichen Sprung ansetzt. Keine Chance mehr, die Bucht von Vankarem zu erreichen. Immer schneller beginnt das Eis zu treiben, wir brauchen eine Zuflucht. Aber wo? Wir halten nach Alteisschollen Ausschau. Das sind Eisfelder, die schon mehrere Jahre alt sind und durch wiederholte Tau- und Gefrierprozesse besonders dick und hart geworden sind. Glasharte, meterstarke Bollwerke, an denen die jüngeren Eisfelder wie Wachs zerrieben werden.

Eine solche Scholle mit einer Ausbuchtung suchen wir. Dort hinein wollen wir die DAGMAR AAEN legen, sozusagen einen Schutzwall aus Eis vor dem Eis aufsuchen. Dunkelheit senkt sich herab. Längst heult der Wind in der Takelage, es hat zu schneien angefangen. Im Kegel unseres Suchscheinwerfers ziehen die fliehenden Lichter der Schneeflocken waagerecht wie eng gebündelte Kondensstreifen. In Minutenschnelle ist das Deck von einer weißen, rutschigen Schicht bedeckt. Es gibt Alteisschollen, sogar in bedrohlichen Mengen und Ausmaßen. Aber keine, die für uns erreichbar wäre oder eine Bucht aufweist, in die wir das Schiff manövrieren könnten. Geräusche wie auf dem Verschiebebahnhof, wenn Eis auf Eis prallt. Endlich eine Eisscholle mit einer Einbuchtung. Nicht das, was wir suchen, denn es ist letztjähriges, junges Eis. Egal, wir müssen nehmen, was wir kriegen können. Wir manövrieren den Bug des Schiffes in die Bucht hinein und stemmen den Steven mit Maschinenkraft gegen die Eiskante. Zwei Leute springen aufs Eis, nehmen die Anker an, mit denen wir die DAGMAR AAEN vertäuen wollen. Beruhigt sehe ich, daß die Eisränder unserer Bucht ohne größere Vorsprünge sind, über die punktuell Druck auf eine Planke ausgeübt werden könnte. Wie eine Rampe zieht sich das Eis schräg nach unten ins Wasser, der schwere Rumpf des Schiffes rasiert alle Unebenheiten ab, legt sich gleichmäßig gegen die angepaßte Kante. Eine zweite Eisscholle treibt von achtern heran. Noch während die anderen mit dem Ankergeschirr beschäftigt sind, verschließt dieses Eisfeld unsere Bucht, schiebt sich unter den Rumpf der DAGMAR AAEN und hebelt das ganze Achterschiff aus dem Wasser. Langsam gleitet das Schiff empor und legt sich vollends auf die Eisplatte. Es mag bedrohlich aussehen, aber vorerst sind wir sicher. Die Masse des Eises wirkt wie ein Bollwerk. Wie das Beiboot eines großen Schlachtschiffes segelt die DAGMAR AAEN huckepack auf einer Eisinsel. Brechend und berstend bahnt sich unser eisiger Schutzhafen seinen Weg durch die umgebenden Eisfelder.

Wie gigantische Wundränder schwellen dort, wo die Eisfelder zusammenprallen, längliche Eishügel auf. Das Heulen des Windes läßt mich auf den Windmesser schauen. Nachdem ich den Schnee vom Instrument abgewischt habe, muß ich schützend die Hand davor halten, so dicht fallen die Flocken. 45 Knoten Wind. Genau aus Nord. Längst sind die Vorboten des Eises auf die Küste aufgelaufen, werden vermutlich gerade mit unbändiger Gewalt auf den Strand hinaufgeschoben, wie Bulldozer einen Wall von Sand und Geröll vor sich herschiebend. Irgendwann hat es sich so tief eingegraben, daß es sich selbst vom nachfolgendem Eis nicht mehr bewegen läßt. Der Druck, der sich dadurch aufbaut, pflanzt sich zurück ins Packeis. Das Eis kann nicht mehr ausweichen, es drängt und preßt sich aneinander, es stöhnt, knirscht, pfeift und kracht. Zwischendurch tritt gänzlich unerwartet Stille ein, nur um nach kurzer Pause mit noch größerer Wut und Gewalt das Zerstörungswerk fortzusetzen. Seit der Rückkehr von Chris sind etwa zehn Stunden vergangen. Anatoly ist seither nicht einmal unter Deck gewesen. Wir haben nur wenig miteinander gesprochen, aber wir sind uns in der Einschätzung der Lage einig. Einen besseren Platz konnten wir nicht finden. Es hat keinen Zweck, gegen das Eis anzugehen. Man muß die wenigen Möglichkeiten, die einem das Eis läßt, nutzen, sich defensiv verhalten. Nur dann hat man eine Chance.

Es ist etwa Mitternacht, als unser Schutzhafen plötzlich zerbricht. Es passiert einfach so, ohne vorherige Ankündigung. Auch der Wind war nicht stärker, der Druck des Eises schien sich nicht gesteigert zu haben. Es war nicht einmal mit einem Krachen verbunden. Wie ein Spiegel, den man auf den Boden fallen läßt, zerspringt unsere Scholle in Einzelteile, die sofort auseinanderdriften, ihre eigenen Wege gehen. Wieder sind zwei Mann auf dem Eis, zerren hastig die Anker hinter den Eisverhauen hervor und hechten ins Klüvernetz, bevor das driftende Eis sich zu weit entfernt hat. Rasselnd beginnt sich die Ankerwinde zu drehen. Das Schiff rutscht zurück ins Wasser. Es gibt Momente im Leben, die brennen sich einem unauslöschbar in die Erinnerung ein. Obwohl die Flut von Absonderlichkeiten, mit denen das Gedächtnis überlaufen wird, größer wird, je länger man lebt, und viele der neueren Eindrücke schnell durch aktuellere überlagert werden: Ganz gleich, was ich in meinem Leben noch alles erleben werde, diese Nacht vom 20. auf den 21. August 1994 werde ich niemals in ihrer Intensität und ihren Schrecken vergessen. Die Bilder, die sich bei mir festgesetzt haben, sind schwarzweiß. Ich brauche nur die Augen zu schließen und stehe mittendrin im Geschehen. Lächerliche Details, wie etwa ein Baumstamm, der auf rätselhafte Weise unsere Drift mitmacht, mal verschwindet, um dann plötzlich aus einer anderen Richtung wieder aufzutauchen. Ich sehe den Stamm in allen Einzelheiten genau vor mir.

Anders als bei den Pressungen in der Nordwestpassage, wo es in Intervallen immer mal wieder Pausen gab, befindet sich das Eis hier in ununterbrochener Aufruhr. Die Drift des Eises ist gegenläufig zueinander. Sie vollzieht sich in Wirbeln und Drehungen, geht mal nach Süden, mal nach Norden, Osten oder Westen. Es ist keine homogene, fließende Bewegung. Es ist Chaos, Zerstörung, Untergangsstimmung. Wie eine Prozession ziehen vier, fünf Meter hohe Eisrücken in unmittelbarer Nähe an uns vorbei, während wir uns auf Gegenkurs befinden. Glashartes Alteis donnert gegen den Rumpf. Entsetzt tritt der Rudergänger vom Steuerrad zurück, das sich wie wild zu drehen beginnt, als eine Scholle das Ruderblatt herumdrückt. Die wirbelnden Speichen des Rades würden ihm sofort den Arm brechen. Als nächstes wird das Ruder zerstört. Das Eis schiebt und drückt es über den Anschlag hinweg, reißt dabei die Verankerungen der Rudermaschine heraus, bricht ein Drittel des Ruderblattes ab, als wäre es aus Sperrholz. Dabei ist es massive Eiche. Das ganze Achterschiff wird emporgehoben, um danach wieder fallengelassen zu werden. Jetzt ist das Vorschiff dran. Wie bergan stürme ich auf dem schrägen Deck nach vorn, um zu sehen, wo das Eis ansetzt. Der stahlbewehrte Steven gräbt sich in die Eiskante und hält dem Druck stand. Jetzt schiebt sich von Steuerbord ein großer Eisbrocken heran. Er setzt nicht etwa in der Wasserlinie an, sondern oben am Schanzkleid. Relingstützen knacken, geben aber nicht nach. Der Klotz versucht es weiter unten, drückt den ganzen Rumpf auf die Seite, so daß auf Backbord Schnee und Eis aufs Deck wandern. Wir wissen aus Erfahrung, daß die DAGMAR AAEN erheblichen Eisdruck aushalten kann und immer versuchen wird, nach oben auszuweichen. Aber bei diesen meterhohen Eisverhauen besteht die Gefahr, daß sie an Deck einsteigen, das Schiff überlaufen und unter Wasser drücken. Es hat dann keine Chance, sich dem zerstörerischen Druck zu entziehen. Mit Kettensägen rücken wir den Eisbrokken zu Leibe. Dabei spürt man deutlich die unterschiedlichen Härtegrade des Eises. Das mehrjährige Eis läßt sich selbst mit Motorsägen nur langsam und schwerfällig zerteilen.

Mit einem Mal wird das Schiff von 50 Grad Backbord auf 50 Grad Steuerbord herumgeworfen. Wer sich nicht rechtzeitig festhält, wird umgeworfen. Wie aus dem Nichts taucht plötzlich wieder der Baumstamm auf. Alles um uns herum dreht sich, schiebt sich drüber und drunter. Erschrocken stelle ich fest, daß wir Fahrt achteraus machen. Gegen das querstehende Ruder, gegen die Schraube. Machtlos sehen wir zu, wie unter dem gewaltigen Druck eine Planke nachgibt. Ich höre es knacken, sehe von oben zu, wie sich das Eis in den Rumpf frißt. Wieder legt sich das Schiff auf die Seite, entgeht dadurch Schlimmerem. Aber ich sehe die tiefe Beule, die das Eis hinterlassen hat. Was für ein unglaublicher Druck gehört dazu, eine fast 6 Zentimeter starke Eichenplanke derart einzudrücken. Durch das Zurückfedern des Holzes schließt sich das Loch wieder, aber keine Frage, die Planke ist eingedrückt. An anderer Stelle wird die Eishaut aus Aluminium vom Rumpf abgeschält.

Die Speichen des Ruderrades wirbeln von einer Seite zur anderen, als würde ein unsichtbarer Rudergänger am Rad drehen. Es ist eine Frage der Zeit, bis uns das Eis überläuft und zerstört. Aber anders als in der Nordwestpassage könnten wir hier nicht einfach zu Fuß über das Eis an Land gehen. Das gesamte Eis hat sich in einzelne Brocken aufgeteilt, die sich ständig hin und her und um die eigene Achse wälzen. Jeder Versuch, zu Fuß zu entkommen, würde mit einer Tragödie enden. Mir ist klar, nur das Schiff kann uns retten. Langsam dämmert der Tag. Die Drift hat uns dichter unter Land gebracht. Rettung gibt es für Schiff und Besatzung nur noch dicht unter Land. Dort sind mittlerweile überall tiefgehende Eisfelder auf Grund gelaufen. Ich schätze den Tiefgang des Alteises auf etwa vier Meter. Das heißt, dort, wo man unter Land offenes Wasser sehen kann, muß es so flach sein, daß das Packeis aufgrund seines Tiefgangs nicht hingelangen kann. Es ist vorher gestrandet. Die DAGMAR AAEN hat nur 2,60 Meter Tiefgang. Koste es, was es wolle: Wir müssen dorthin! Hinter diesen gestrandeten Schollen können wir vorerst Zuflucht suchen.

Nie hätte ich geglaubt, daß ich das Schiff einmal derart brutal und gnadenlos belasten würde. Trotz des Eises kuppeln wir die Schraube ein. Versuchen, uns mit voller Kraft Richtung Küste zu schieben. Immer wieder schlägt der Propeller gegen Eisblöcke. Wenn ich es rechtzeitig sehe, kuppele ich aus, ansonsten würgt der Motor ab. Unglaublich, daß die Schraube das mitmacht. Zwei Mann sind nur damit beschäftigt, mir zuzurufen, ob der Propeller frei ist. Die anderen stehen vorn am Bug und in den Wanten, um Rinnen im Eis zu suchen. Mit brutaler Gewalt rammen wir die Eisbarrieren, schieben das Vorschiff auf das Eis, bis es unter dem Gewicht zur Seite rutscht und ein Stückchen Weg freigibt.

Krachend und knirschend schiebt sich das angeschlagene Schiff voran. Die Ruderanlage ist derart in Mitleidenschaft gezogen, daß eine Drehung des Steuerrades Schwerstarbeit ist. Die gesamte Ruderanlage ist verbogen, geborsten und teilweise gar nicht mehr vorhanden. Trotzdem läßt sich das Schiff mit den Resten leidlich manövrieren. Aber es ist ein Kraftakt. Ich bin trotz der Kälte schweißgebadet. Ich weiß nicht, wie viele Stunden auf diese Weise vergehen. Zwischendurch sitzen wir wieder völlig fest, müssen abwarten, bis sich der Griff des Eises lockert. Die Gesichter der Crew sind grau vor Müdigkeit und Anspannung. Meines wird nicht anders aussehen. Dann geht es weiter, in kleinen Schritten, aber es geht weiter. Plötzlich tut sich vor uns eine Rinne auf. Mit voller Drehzahl drücke ich den Bug gegen die davor sitzende Eisbarriere. Wie im Zeitlupentempo weichen die Eisbrocken zur Seite, und wir rutschen in den Kanal. Triumphierende Schreie vom Vorschiff. Es geht weiter Richtung Küste, die zum Greifen nahe scheint. Der Eisdruck um uns herum läßt jetzt spürbar nach. Noch eine Barriere und dann noch eine – dann sind wir in offenem Wasser, das bis an den Strand reicht. Es ist hier nur drei Meter tief. An einer gestrandeten Eisscholle machen wir eine Leine fest, das Schiff schwojt herum, liegt ruhig. Ich kuppele aus. Irgendwie müssen wir uns Luft machen, sonst ersticken wir.

Henryk jubelt als erster, wir fallen uns gegenseitig in die Arme. In diesen Minuten herrscht eine Stimmung, ein Jubel, wie ich ihn bislang noch nie erlebt habe. Obwohl wir bei weitem noch nicht in Sicherheit sind – diese erste und wohl entscheidende Runde geht an uns. Wir sind völlig erledigt. Ich hole eine Flasche Rum aus dem Schrank, Kai und Jörn kommen mit Gläsern, einem Kessel mit kochendem Wasser und Zucker. Während wir an Deck stehen und den heißen Grog trinken, können wir gar nicht aufhören zu reden. Wie zur weiteren Aufmunterung läßt der Wind nach, die Wolkendecke reißt auf, und der blaue Himmel kommt zum Vorschein. Wäre nicht dieser undurchdringliche Eisgürtel, aus dem wir vor kurzem entwichen sind, wäre nicht Eis, soweit das Auge reicht, und würden wir nicht unter dem Schock der vergangenen Nacht stehen, die Gegend würde geradezu friedfertig wirken. So, als wäre nichts geschehen!

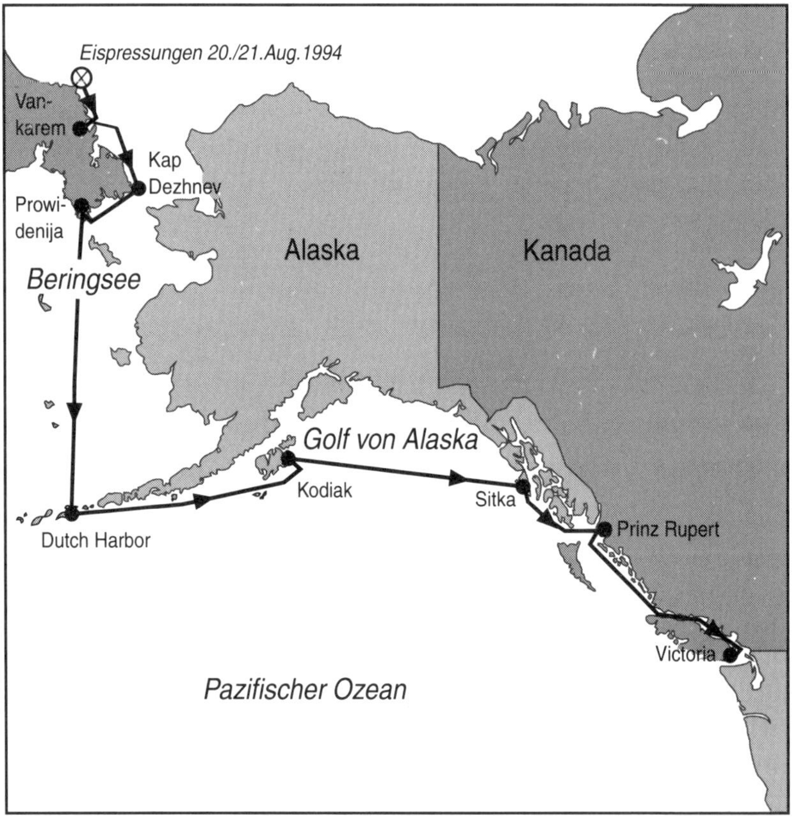
Eispressungen 20./21.Aug.1994
Van-
karem
Kap
Dezhnev
Prowi-
denija
Beringsee
Alaska
Kanada
Golf von Alaska
Kodiak
Sitka
Prinz Rupert
Dutch Harbor
Victoria
Pazifischer Ozean

Der Rückzug

Zur Zeit gibt es für uns nichts zu tun. Nachdem der Adrenalinspiegel abgebaut und sich die Gemüter ein wenig beruhigt haben, tritt die Müdigkeit in den Vordergrund Ich kann jetzt nicht schlafen, also schicke ich alle in die Koje, übernehme die Wache, trage das Logbuch nach oder halte von der Masttonne Ausschau. Wohin ich auch blicke, überall liegt das Eis bis auf den Strand gestapelt. Offenbar haben wir die einzige Stelle mit offenem Wasser gefunden. Vorerst mögen wir hier sicher sein, aber die Sicherheit ist trügerisch. Wir sitzen in der Falle, weil wir nirgendwo hin können. Lediglich die Lebensgefahr ist gebannt, denn wir befinden uns so dicht unter Land, daß wir über Eisbrocken und notfalls im Survivalanzug schwimmend das Land erreichen könnten. Es hilft nichts, wir müssen weiter, sobald der Wind das Eis von der Küste fortschiebt. Nach vier Stunden löst mich Kai bei der Wache ab. Ich falle in einen kurzen, aber erfrischenden Tiefschlaf. Als ich aufwache, höre ich, daß Slava und Anatoly aufgeregt über Funk mit dem Eisbrecher MURMANSK sprechen. Irgend etwas scheint passiert zu sein. Der Eisbrecher steht etwa 16 Seemeilen von uns entfernt. Er liegt in 10/10 Eis bewegungslos fest, auch ihn hat die volle Wucht des Sturmes getroffen. Schlimmer noch, was keiner vermutet hätte, das Eis hat ein großes Leck in den gepanzerten Rumpf gerissen. Einer der Maschinenräume ist acht Meter hoch voll Wasser gelaufen. Mit Zement versucht man, Herr über den Wassereinbruch zu werden. Offenbar nur mit mäßigem Erfolg. Nach vergeblichen Reparaturversuchen muß die MURMANSK von einem anderen Eisbrecher befreit werden und zurück zur Reparatur nach Prowidenija laufen. Die

MURMANSK ist nicht irgendein kleines Schiff, sondern eigens für den Einsatz im Polarmeer gebaut worden und versieht dort seit vielen Jahren ihren Dienst. Anatoly hat das Schwesterschiff befehligt und kennt diesen Typ daher sehr gut. Er kann es kaum glauben, daß sie trotz ihrer 25000 Pferdestärken festliegt und ein Loch in der Bordwand hat. Und indem er das sagt, fährt sein Blick bewundernd über die kleine DAGMAR AAEN. „Jedes andere Schiff dieser Größe, ganz gleich, ob aus Stahl oder Holz, wäre bei diesem Eisdruck zerstört worden", sagt er. Er hat unserem Schiff keine Chance gegeben, und auch jetzt kann er es kaum glauben, daß wir noch schwimmen, nur wenig Wasser machen, und daß Schraube und Ruderanlage – wenn auch stark beschädigt – überhaupt noch funktionsfähig sind. Wir sind uns alle einig: Wenn es so etwas wie einen Held auf dieser Reise gibt, dann ist es die DAGMAR AAEN.

Die anfängliche Freude über das Entkommen aus den Eispressungen weicht am folgenden Tag langsam einer Ernüchterung. Unsere Lage gibt nach sachlicher Analyse keinen Anlaß zur Heiterkeit. Über Wetterfax haben wir neue, offenbar mittels Satellitenaufnahmen gefertigte Eiskarten erhalten. Demnach gibt es kein offenes Wasser mehr. Dieses Bild deckt sich mit dem, das wir uns bei Erkundungsmärschen entlang der Küste machen. Fast überall liegt das Eis bis hoch auf den Strand geschoben. Nur ein ablandiger Wind kann es wieder von der Küste zurückdrängen. Bei einem dieser Erkundungsmärsche entdeckt Anatoly den abgebrochenen Stoßzahn eines Mammuts. In grauer Vorzeit muß es hier ganze Herden dieser riesigen Tiere gegeben haben, für Anatoly jedenfalls ist dieser Fund nicht so überraschend. Auch Walroßknochen, Eisbärschädel und Wirbel von Walen, die wie kleine Stühle verloren in der Tundra stehen, finden wir. Uns wird so richtig bewußt, daß der Sommer vergangen ist. Die Blüten der Tundra sind verwelkt und zu einer formlosen Masse eingesunken. Auf den Tümpeln liegt dünnes, wie Pergament wirkendes Eis. Die zum Brüten in die Arktis gezogenen Seevögel haben sich für den nahenden arktischen Winter längst wieder gemäßigteren Zonen zugewandt. Eine Woche macht in diesen Breiten schon einen großen Unterschied aus. Wir müssen hier raus, wir wollen nicht den Winter über hierbleiben.

In der Nacht zum 23. August setzt leichter ablandiger Wind ein.

Es ist nicht viel, aber ein wenig lockert sich das Eis an der Küste. Vielleicht unsere letzte Chance. Nur ungern verlassen wir unseren scheinbar sicheren Liegeplatz und nehmen entschlossen, aber auch mit einer gehörigen Portion Nervosität den Kampf mit dem Eis wieder auf. Nur knapp eine Stunde später bereuen wir diesen Entschluß schon wieder. Wie bei einem Kaleidoskop verschieben und verschachteln sich die Eisschollen zu immer neuen Konfigurationen. Dort, wo eben noch offenes Wasser war, schiebt sich jetzt wie ein Riegel eine Eisscholle davor. Indem wir den Rinnen folgen, entfernen wir uns wieder von der Küste. Mit Unbehagen stelle ich fest, daß wir uns erneut im Bereich des schweren Polareises befinden, dem wir zuvor nur mit knapper Not entkommen waren. Wie auf ein geheimes Kommando hin schläft der Landwind ein und macht dem Seewind Platz. Der wiederum bringt im Gefolge das Eis zurück. Innerhalb weniger Minuten wird die Situation bedrohlich. Das Schiff wird erneut massiv in die Zange genommen, um ein Haar wird uns das gesamte Schanzkleid eingedrückt. Bekannte Bilder, durchlittene Situationen. Wir sitzen fest, das Schiff wird zum unzähligsten Male in die Höhe gedrückt, stöhnt und ächzt in den Verbänden, daß es mir eiskalt den Rücken runterläuft. Hat denn das nie ein Ende! Richtig wütend macht mich der Umstand, daß wir dieser Gefahr völlig unnötig ausgesetzt sind. Wären wir nur eine Woche früher hier gewesen, wir hätten ungehindert bis nach Pewek fahren können, danach ist offenes Wasser.

Irgendwie überstehen wir und das Schiff auch diesen Tag. Abends, kurz vor Einbruch der Dunkelheit, finden wir abermals dicht unter Land eine flache Stelle, wo das Eis nicht hinkommen kann. Wir sind so dicht, daß wir fast mit dem Steven den Strand berühren. Von unserer Position können wir sogar in der Ferne winzig klein die Häuser von Vankarem sehen. Dennoch dauert es noch zwei Tage, bis wir diese vergleichsweise kurze Strecke durch das Eis bewältigt haben. Das dem Ort vorgelagerte Kap wirkt nochmals wie ein Nadelöhr, aber schließlich haben wir uns auch dort hindurchgeboxt. Wie ein großer Binnensee liegt die schützende Lagune von Vankarem vor uns. Und schon treten neue Probleme auf. Die Einfahrt ist äußerst flach und mit sich ständig ändernden Sandbänken gespickt. Anatoly ist zuversichtlich, den Weg zu finden, er war vor einigen Jahren mit einem Versorgungsschiff hier. Wir steuern nach seinen Angaben, ich beobachte dabei genau das Echolot. Mit ganz langsamer Fahrt suchen wir die Passage in die Lagune. Nachdem wir kurz Grundberührung haben, weicht Anatolys Selbstsicherheit. Über Funk holt er sich von einem Eisbrecher die für die Ansteuerung notwendigen Peilungen. Wir folgen ihnen pedantisch genau – und haben wieder Grundberührung. Jetzt reicht es mir. Anstatt zuzugeben, daß keiner genau weiß, wie sich die Tiefenverhältnisse verändert haben, tut jeder so, als sei er kompetent und wisse genau, wie die Route verläuft. Nur nicht zugeben, daß man etwas nicht weiß! Ich schlage jetzt alle Ratschläge in den Wind. Gemeinsam untersuchen und beurteilen wir die Lage der gestrandeten Eisblökke, die Drift und Stärke der treibenden Eisfelder. Unter vorsichtigem Loten gelingt es uns, ohne weitere Grundberührung die Einfahrt in die Lagune zu finden. Unsere Route liegt auf einem völlig anderen Kurs, als die Peilungen vorgeben. Im Schutz der Lagune werfen wir Anker und haben endlich einen Platz erreicht, wo wir notfalls sogar gefahrlos überwintern könnten.

Ich mache mich zu einem Tauchgang fertig, um das Unterwasserschiff nach Schäden zu untersuchen. Geschützt durch einen Trockentauchanzug springe ich mit Gerät über Bord und lasse mich auf den Grund absinken. Die eisige Kälte des Wassers schneidet anfangs ins ungeschützte Gesicht, nach wenigen Momenten verliert sich aber das Kältegefühl. Die Lagune ist flach, soviel steht fest. Während ich auf dem sandigen Boden knie, sehe ich, daß zwischen dem Kiel des Schiffes und dem Boden der Lagune nur ein halber Meter Wasser Zwischenraum ist. Sorgfältig beginne ich mit der Untersuchung. Der Kiel der DAGMAR AAEN wurde in der Umbauphase in ein U-Profil aus 3 Zentimeter Stahl eingepaßt. Dieser Stahlpanzer erstreckt sich auch über die gesamte Ruderhacke und den Steven. Massiver Stahl, der keinerlei Zeichen irgendwelcher Beanspruchung oder gar Schäden zeigt. Auch die Aufhängung des Ruderblattes ist entsprechend dimensioniert und hat daher keinen Schaden genommen. Einzig das Ruderblatt selbst weist schwere Schäden auf. Das obere Drittel ist abgebrochen, verformt und läßt sich kaum bewegen. Aber, und das ist das eigentlich Erstaunliche, es sitzt sicher und fest und ist, wenn auch eingeschränkt, immer noch einsatzbereit. Am zweiflügeligen Propeller ist nicht einmal eine Scharte zu sehen. Die harte Legierung sowie die massiven stählernen Eisabweiser haben ihn vor jeglichen Schäden bewahrt. In der Wasserlinie sieht es schon anders aus. Die Aluplatten, die den Rumpf gegen das Eis schützen sollen, sind teilweise mit brachialer Gewalt abgerissen und deformiert worden. Am stärksten beschädigt ist die Stelle, an der die Planke eingedrückt ist. Dort macht das Schiff auch Wasser, jedoch so wenig, daß man das Mittschiff nur einmal pro Wache lenzen muß. Obwohl auch andere Stellen schlimm aussehen, scheint es mir, daß außer der einen Planke nichts gebrochen ist. Allerdings ist dringend ein Werftaufenthalt fällig. Keine Frage, zum ersten Mal während der ICESAIL-Expedition hat die DAGMAR AAEN ernsthafte Schäden vorzuweisen. Und trotz dieser Inspektion läßt es sich nicht mit Gewißheit sagen, ob es nicht noch weitere versteckte Schäden gibt. Es grenzt an ein Wunder, daß das Schiff diese enorme Belastung überhaupt ausgehalten hat. Aber es befindet sich jetzt auch bei weitem nicht mehr in einem so eistüchtigen Zustand wie noch vor einigen Tagen. Diese Erkenntnis muß Konsequenzen haben.

Nach der Inspektion fahren wir mit dem Beiboot an Land, um uns im Dorf umzusehen. Die Häuser liegen verstreut auf einer Landzunge, am Strand Boote mit Außenbordern, Netzen und Hunden, die darin nach etwas Freßbarem suchen. Es leben Tschuktschen hier, die Ureinwohner dieser unwirtlichen Region. Freundlich werden wir in eine Hütte eingeladen, an der Wand vergilbte Poster von der Aeroflot und von einem russischen Popsänger. Der Teekessel wird herumgereicht, aus dem ein starker Teesud in einen Becher gegossen wird, der dann nach eigenem Geschmack mit heißem Wasser aufgefüllt und verdünnt wird. Mir schmeckt dieser Tee immer hervorragend. Man hat hier Zeit, wenig Abwechslung und noch seltener Besucher, entsprechend erfreut werden wir aufgenommen. Auch in diesem Ort gibt es eine kleine Militärstation, wo wir uns melden. Auch hier unkomplizierte und unbürokratische Gastfreundlichkeit. Wir dürfen die Dusche benutzen und bereitwillig versucht man, über Funk Wetter- und Eisinformationen für uns einzuholen. Da nicht wir die Auskunftsuchenden sind, sondern die Militärstation, erhalten wir über diesen Umweg tatsächlich zum ersten Mal vernünftige Informationen. Die Prognosen sehen nicht gut für uns aus. Erneute Nordwinde sind angekündigt, ein weiteres Sinken der Temperaturen und damit einsetzende Neueisbildung sind zu erwarten. Kurzum, der Winter hat Einzug gehalten oder steht zumindest unmittelbar bevor. Auch Vankarem liegt weit im Eisgürtel. Bis zur eisfreien Beringstraße ist es noch ein weiter Weg. Ich muß eine Entscheidung treffen, wie wir weiter vorgehen.

Das fällt mir nicht leicht! Zu viele Jahre, zuviel Energie und Herzblut habe ich in das Projekt ICESAIL gesteckt. Und nicht nur ich. Abgesehen von der Crew und den vielen Helfern an Land gibt es auch Sponsoren, die eine hohe Erwartungshaltung haben. Die Medien, die Öffentlichkeit, wie werden sie reagieren? Die DAGMAR AAEN ist versichert. Auch gegen Totalverlust im Eis. Kann es mir da nicht egal sein, was mit dem Schiff passiert? Sicher gibt es noch eine winzige Chance des Durchkommens. Aber zu welchem Preis? Ich besinne mich auf das Wesentliche, auf meine Definition von Seemannschaft und Verantwortung. Ich muß in Zukunft mit der Entscheidung leben, und kein anderer. Bei allem Verständnis für Sponsorenwünsche und auch unter Berücksichtigung vermarktungsstrategischer Gesichtspunkte, nach denen sich eine kleine Schiffskatastrophe natürlich bestens verkaufen würde, ich bleibe davon unbeeinflußt. Vielleicht bin ich ein wenig altmodisch, vielleicht hängt es mit meinem Verständnis von dem zuvor beschriebenen Zusammenwirken von Schiff und Seefahrer zusammen: Die DAGMAR AAEN ist für mich, ist für uns, eben nicht nur ein seelenloses Fortbewegungsmittel. Ich entscheide mich für die Zukunft des Schiffes und damit für den Abbruch der Expedition.

Einen erneuten Versuch, vielleicht im nächsten Jahr, wird es nicht geben. Mit einem Schiff wie der DAGMAR AAEN hat man im Eis nur dann eine faire Chance, wenn man seine Entscheidungen frei treffen und zum richtigen Zeitpunkt an der richtigen Stelle sein kann. Dieser Voraussetzung waren wir durch die korrupte Verwaltung von vornherein enthoben. Als Schiffsführer ist man in Rußland eben nicht frei in seinen Entscheidungen, sondern abhängig von der Eitelkeit, dem Nationaldenken, der desolaten wirtschaftlichen Lage im Land und schließlich von der alles durchwirkenden Bürokratie. Wahrscheinlich hätten wir uns im Vorwege durch entsprechend große Beträge freikaufen können. Aber so, wie wir die Nordpolumrundung ohne Eisbrecherunterstützung durchführen oder aber eben scheitern wollten, wollten wir auch nicht die verschlungenen Wege der Schmiergeldverteilung beschreiten. Es klingt ein wenig nach Schuldzuweisung, nach Ablenken vom eigenen Unvermögen, wenn ich sage, daß wir durchgekommen wären, wenn man uns rechtzeitig losgelassen hätte. Aber die Eiskarten beweisen: Es wäre tatsächlich gegangen. Und das bereits im ersten Jahr der Expedition, 1991. Damals herrschten die günstigsten Eisbedingungen seit vielen Jahren, und auch damals hielt man uns aus fadenscheinigen Gründen zurück. Es ist, wie Alan Villiers es beschreibt: „Das größte Greuel und der größte Schrecken der Bürokratie heißt Individualität, Freidenken und Unternehmungsgeist." Der reaktionären und biederen Nomenklatura in Rußland müssen wir wie ein enormer Stachel im Fleisch gewesen sein. Wir haben letztlich resigniert.

Dennoch ist der Blick zurück kein Blick zurück im Zorn. Der wäre auch völlig unangebracht. Denn der sportliche Ausgang eines Projektes wie der Expedition ICESAIL ist relativ unerheblich im Vergleich zu den Problemen dieses Landes. Aber ICESAIL kommt exemplarische Bedeutung zu, weil sie die Problematik dieser Staaten im Umbruch verdeutlicht. Die Eindrücke und Erlebnisse, die wir in diesen vier Jahren gesammelt haben, sind überwältigend. Stets haben wir das spannende Gefühl gehabt, Zeitzeugen zu sein. Wie etwa beim Putsch in der damaligen Sowjetunion im August 1991. Oder auch beim Umbruch dieses Staatsgefüges und dem Versuch eines Neubeginns. Während der Überwinterung in Igarka hatten wir den Flaggenwechsel von Hammer und Sichel zu den neuen Landesfarben vollzogen.

Expeditionen, wie ich sie verstehe, sind im weitesten Sinne Erlebnisreisen – keine Entdeckungsfahrten, diese Zeit ist endgültig vorbei. Und Erlebnisse gab es in Hülle und Fülle. Ich schließe nicht aus, irgendwann vielleicht nach Rußland zurückzukehren, um den Kreis zu schließen. Es fehlen uns schließlich nur rund 1500 Seemeilen, davon vielleicht 300 durchs Eis. Aber was ist das schon im Vergleich zu den etwa 28000 Seemeilen, die wir während der Expedition zurückgelegt haben. Noch niemals zuvor sind von einer einzigen Expedition die Polarregionen so zusammenhängend bereist worden wie von ICESAIL. Expedition bedeutet auch Reaktion auf veränderte Situationen, so wie wir sie vorgefunden haben.

Zweimal haben wir im Verlauf der Reise das Gefühl gehabt, das Schiff verlassen und aufgeben zu müssen. Es ist viel zu schlimm, als daß ich es nur um des Erfolges willen noch einmal durchmachen möchte. Die Entscheidung, umzudrehen, wird von uns allen an Bord gleichermaßen getragen. Es gibt keine Gegenstimme. In den folgenden Tagen gelingt es uns, durch das Packeis zurück zur Beringstraße zu gelangen. Unser letzter Aufenthalt in Rußland ist wieder Prowidenija, wo wir ausklarieren und Anatoly absetzen müssen. Zudem muß Slava, der kein amerikanisches Visum hat, ebenfalls das Schiff verlassen. Zu allem Unglück verbrüht sich Henryk beim Einlaufen mit einer Kanne siedend heißen Wassers beide Oberschenkel und bricht sich wenig später beim unsicheren Herumlaufen im Hafen den Fuß. Der Fuß wird eingegipst, Henryk ist den Tränen nahe. Nicht wegen des Schmerzes, sondern wegen der Enttäuschung, ebenfalls von hier aus nach Hause fliegen zu müssen. Die Stimmung ist gedrückt. Statt seiner fragt mich Roger, der amerikanische Paddler, der immer noch vergeblich auf seine Genehmigung wartet, ob er mit uns zurücksegeln kann. Ich nehme ihn gern an Bord. Roger erweist sich als ein gutes Crewmitglied, er wird auch in Zukunft mit uns segeln. Der Abschied vom Hafenkapitän verläuft eher frostig. Er ist ganz erstaunt, als er hört, daß wir im nächsten Jahr nicht wiederkommen werden. Seine Trauer ist verständlich, versiegt doch eine neue Einnahmequelle.

Zum dritten Mal durchqueren wir die rauhe Beringsee. Wir stoppen kurz in Dutch Harbor, wo die DAGMAR AAEN den letzten Winter verbracht hatte. Von schweren Herbststürmen verfolgt, geht es quer über den Nordpazifik nach Alaska und weiter nach Victoria in Kanada. Dort endet nach rund 3000 Seemeilen die Rückreise mit dem angeschlagenen Schiff. Kai Meibaum, der schon den letzten Winter auf der DAGMAR AAEN zugebracht hat, erklärt sich bereit, auch diesen Winter zu bleiben. Wir anderen packen unsere Sachen, Anfang Oktober sind wir zurück in Deutschland. Die Expedition ICESAIL ist beendet.

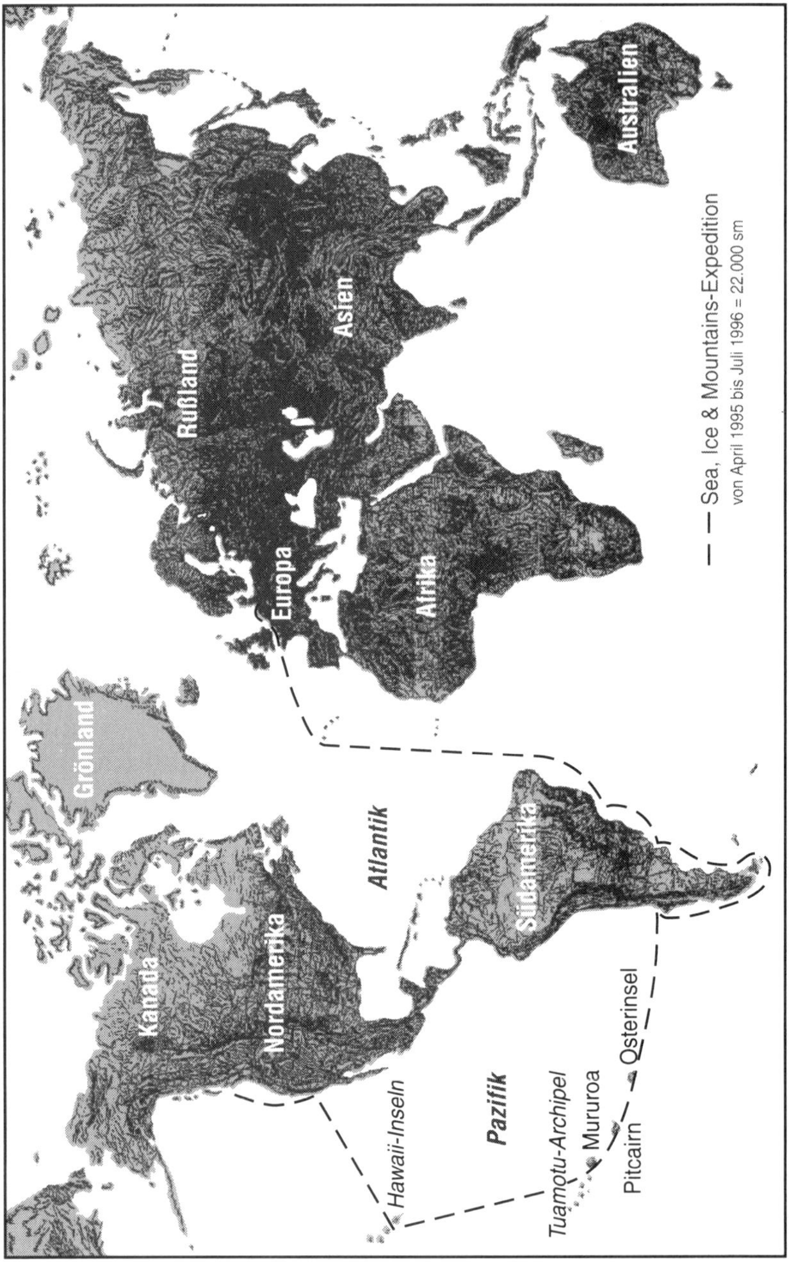
Grönland
Kanada
Nordamerika
Atlantik
Südamerika
Europa
Rußland
Asien
Afrika
Australien
Pazifik
Hawaii-Inseln
Tuamotu-Archipel
Mururoa
Pitcairn
Osterinsel
Sea, Ice & Mountains-Expedition
von April 1995 bis Juli 1996 = 22.000 sm

Zwischenspiel

Man legt ein Projekt wie die Expedition ICESAIL nicht wie einen alten, abgetragenen Hut beiseite. Dafür steckt zuviel Arbeit, zuviel persönliches Engagement darin. Fünf Jahre habe ich dieser Expedition gewidmet. Jeden Tag. Von morgens bis spät in die Nacht. Ohne Pause, immer unter einem gewaltigen Leistungs- und Erwartungsdruck stehend, sowohl in der Öffentlichkeit, den Medien, im Freundeskreis und natürlich gegenüber den Sponsoren. Fünf Jahre sind eine lange Zeit – war es das wert? Nach unserer Rückkehr stieß ich auf viel mehr Verständnis, als ich erwartet hatte. Die Entscheidung, sich für Sicherheit von Schiff und Besatzung und gegen unverantwortliche Risiken auszusprechen, wurde allgemein akzeptiert, auch von den Sponsoren. Ich fand für meine Entscheidung viel mehr Rückendeckung, als ich zu hoffen gewagt hatte. Das hat uns die Rückkehr erleichtert.

Aber die Lücke, die eine so komplexe Expedition wie ICESAIL hinterläßt, ist groß. Gewiß, Arbeit gab es genug. Meine Vortragsreise hielt mich monatelang beschäftigt, und irgendwie war ich auch froh, aus allen Verbindlichkeiten, Verantwortungen und Verträgen entlassen zu sein. Nicht um mich zur Ruhe zu setzen, sondern um einen wohldurchdachten Neuanfang zu starten.

Ich glaube, es gab kaum eine Phase in meinem Leben, in der ich soviel dazugelernt habe wie während ICESAIL. Mein Freundes- und Bekanntenkreis hat sich ungeheuerlich erweitert – aber auch in der einen oder anderen Richtung bereinigt. Illusionen sind verflogen, neue Ideen und Perspektiven entstanden. Denen hänge ich jetzt nach, versuche sie umzusetzen, sie zu erleben. Und ich habe eine wichtige Lehre gezogen: Ich werde in Zukunft leichteren Herzens bereit sein, eine Unternehmung abzubrechen, die zu große Risiken birgt. Ein Abenteuer muß überlebbar sein! Und kein Abenteuer, auch nicht das außergewöhnlichste, ist es wert, Menschenleben zu riskieren. Dennoch werde ich auch in Zukunft nichts unversucht lassen, um ein Projekt erfolgreich abzuschließen. Ich werde einfach schwindelfreier auf dieser Gratwanderung gehen.

ICESAIL ist ein nicht unerheblicher Teil meiner Biographie gewesen, und keine Sekunde davon möchte ich rückblickend missen. Jeder Tag, jede Stunde dieser fünf Jahre waren es wert, gelebt und erlebt zu werden. Und schließlich – das Ende der einen Expedition ist der Beginn einer neuen. Diese Perspektive füllt mich aus, macht mich ganz kribbelig vor Erwartung. Ich kann neu gestalten, alte Fehler eliminieren und dafür ganz sicher neue machen. Ich stehe am Neubeginn, aber nicht an der gleichen Stelle, an der ich vor ICESAIL stand.

Und was wird aus der DAGMAR AAEN? Kai hält unverdrossen die Stellung und wartet geduldig darauf, daß ich ihm irgendwann mitteile, wo es als nächstes hingeht. Er ist bereits seit über einem Jahr ununterbrochen an Bord. Er fragt nicht, er bohrt nicht nach, er hofft nur auf eine interessante Reise. Auch Kai ist auf seine Weise ein tragender Pfeiler eines solchen Expeditionsgerüstes. Und er soll nicht enttäuscht werden. Das neue Projekt schwirrt schon seit langem in meinem Kopf herum. Sieht man sich auf einer Weltkarte die Lage von Victoria an, dann erkennt man unschwer, daß der gesamte pazifische Raum vor einem liegt. Victoria ist geradezu ein idealer Ausgangspunkt für Unternehmungen im Pazifik. Das lockt mich! Allerdings brauchen neue Projekte eine Vorlaufzeit. Sie müssen organisiert und vor allen Dingen auch finanziert werden. Die einzelnen Ziele der Expedition müssen klar umrissen und definiert sein, eine Crew muß gefunden werden, Zeitabläufe unter Berücksichtigung der klimatischen Gegebenheiten erstellt und dargelegt werden. Um einem Projekt dieser Größenordnung das Laufen zu lehren, braucht es normalerweise mindestens ein Jahr Vorbereitung, in der Regel eher mehr. Wir müssen es in weniger als vier Monaten schaffen! Mehr Zeit bleibt mir nicht, um zu recherchieren, Sponsoren zu finden und ein realisierbares Expeditionsprogramm zu erstellen. Ansonsten bleibt nur die Alternative, das Schiff durch den Panamakanal nach Deutschland zurückzusegeln – eine Aussicht, die mich am allerwenigsten begeistern kann. Die DAGMAR AAEN muß nicht zurück nach Deutschland, zumindest nicht um jeden Preis. Wenn schon, dann möchte ich sie auf der klassischen Segelschiffsroute um das Kap Hoorn segeln. Aber auch hier gilt schon das gleiche, was für ICESAIL galt: Es soll eine Reise der gewollten Umwege sein!

Anders als bei ICESAIL aber, bei der stets die Polumrundung als Ganzes im Vordergrund stand, soll sich das neue Projekt mehr mit Einzelprojekten beschäftigen. Es geht um drei große Komplexe: Erstens das Meer. Es fordert uns als Segler heraus und präsentiert uns zugleich eine völlig neue Welt mit anderen Lebensformen, die wir uns bei Tauchgängen erschließen wollen. Zweitens – wieder einmal – das Eis. Auch wenn es für die DAGMAR AAEN zunächst in tropische Gefilde geht – auf der Südhalbkugel gibt es mehr Eis als irgendwo sonst auf der Erde. Deshalb stehen die Kanäle und Fjorde Patagoniens auf dem Reiseplan. Und schließlich drittens die Berge: Die Berge und das Inlandeis Patagoniens, bis heute zum Teil noch niemals begangen, stellen eine Herausforderung ganz besonderer Art dar. Dieses sind die Schwerpunkte der neuen Expedition, die wir entsprechend den Inhalten SEA, ICE & MOUNTAINS nennen.

Die DAGMAR AAEN wird wieder der rote Faden sein. Sie verbindet und verknüpft die einzelnen Projekte, ist uns Transportmittel und schwimmendes Basislager zugleich. Sie ist unser Refugium, stellt aber zugleich hohe Ansprüche. Sie will den unterschiedlichen Gegebenheiten entsprechend richtig gesegelt werden, will unterhalten und gewartet werden, muß sich stets in einem Topzustand befinden. Mit ihr wählen wir die traditionellste Form des Expeditionsreisens. In ein Flugzeug steigen und innerhalb weniger Stunden um den halben Globus fliegen kann heute jeder. Dabei wird der Globus reduziert auf ein Minimum von wenigen Zeiteinheiten, die man eingeengt im Flugzeugsessel verbringt. Die größte aller Naturlandschaften wird dabei völlig ignoriert: die Ozeane, die immerhin zwei Drittel der gesamten Oberfläche ausmachen. Diese Landschaft wollen wir nicht ignorieren, sondern für uns entdecken. Tagelang, wochenlang, wenn es sein muß monatelang. Wer nach Wochen auf See plötzlich eine kleine Insel vor sich auftauchen sieht, die er vorher immer nur als Punkt auf der Seekarte bemerkt hat, der empfindet eine ganz andere Art der Identifizierung als beim Landeanflug in einem Flugzeug. Wie weit entfernt von allen Kontinenten die Osterinsel liegt, wird man nicht begreifen, wenn man einen Atlas zur Hand nimmt. Auch nicht, wenn man sich einfliegen läßt. Man kann es bestenfalls erahnen. Begreifen wird man es erst, wenn man den langen Seeweg bewältigt hat.

Während ich als Beifahrer im Auto sitze und von einem Veranstaltungsort zum anderen hetze, um Vorträge zu halten, skizziere ich die neue Expedition. Zwischen Vorträgen, Pressegesprächen und Essen mit Veranstaltern sitze ich im Hotel und telefoniere, spreche mit meinem Freund Rolf Becker, der mich in allen Medien- und Rechtsfragen berät. Im Büro, in Bad Bramstedt, wo Elke Hoffmann und Brigitte Ellerbrock sitzen, herrscht Hochbetrieb. Ausrüstungs- und Proviantlisten müssen erstellt werden. Eine Crew muß zusammengestellt werden. Bewerbungen gibt mehr als genug – die Kunst besteht darin, die richtigen Interessenten für das Projekt herauszufiltern. Die Teilnehmer müssen nicht nur über bestimmte Qualifikationen verfügen, sondern darüber hinaus soziale Verträglichkeit mitbringen. Sonst klappt es nicht auf so engem Raum.

Verhandlungen mit Unternehmen, die Interesse an einem Sponsoring haben, ziehen sich endlos hin. Ich bin entschlossen, diese Expedition mit oder ohne Sponsor durchzuführen, auch wenn ich sie selbst finanzieren muß. Doch zum Glück kommt es anders. Als erste steigen die „Globetrotter"-Ausrüstungen aus Hamburg mit ins Boot. Wir sind gute alte Bekannte. Peter Lechhart, einer der Firmenchefs, ist selbst auf der DAGMAR AAEN mitgesegelt. Zusammen haben wir auf seinem eigenen Segelboot den Atlantik überquert und viele gemeinsame Bergtouren durchgeführt. Peter hatte Ende der siebziger Jahre gemeinsam mit seinem Partner Klaus Denart, den ich ebenfalls gut kenne, die „Globetrotter"-Ausrüstungen in Hamburg-Wandsbek gegründet. Damals war es ein kleiner Laden, eng und dichtgepackt mit allen möglichen Ausrüstungsutensilien. Es herrschte Pionierstimmung in diesem Laden. Sie hatten eine Marktlücke entdeckt, und der Laden boomte. Seit diesen Pioniertagen haben sich die „Globetrotter" zum Marktführer entwickelt, mit eigener Werbeabteilung, mehreren Geschäften, Versandhandel und aufwendig gestalteten Katalogen. Unser Kontakt ist niemals abgerissen. Ob bei gemeinsam veranstalteten Vorträgen, bei Paddeltouren oder auch bei ICESAIL, immer waren Mitarbeiter der „Globetrotter“ mit dabei. Dieses Mal würden wir die Expedition von Anfang an gemeinsam planen und durchführen. Einen kompetenten Partner hatte ich damit bereits gefunden.

Den Zweiten finde ich erst kurz vor Beginn der Expedition. Über Till Gottbrath, der schon seit Jahren als Fotograf mit im Expeditionsteam ist, erfahre ich, daß die Firma „Jack Wolfskin“ an einer Zusammenarbeit interessiert ist. Das wäre zu schön, um wahr zu sein. „Globetrotter“ und „Jack Wolfskin“ passen zusammen, ergänzen sich auf ganzer Linie und verfolgen gemeinsame Interessen. Rolf Becker führt die Verhandlungen, Ditmar Bosecke und Klaus Denart von den „Globetrottern“ signalisieren grünes Licht. Während unserer abschließenden Pressekonferenz im Hamburger Hafen auf dem FEUERSCHIFF herrscht noch Unsicherheit, ob es mit „Jack Wolfskin“ klappt. Also stelle ich vorerst nur die „Globetrotter“-Ausrüstungen als Sponsor der Expedition SEA, ICE & MOUNTAINS vor. Der Firmenchef von „Jack Wolfskin“, Manfred Hell, und ich sind uns weder irgendwo begegnet, noch haben wir uns telefonisch gesprochen. Trotzdem höre ich von Rolf Becker wenige Tage später, daß „Jack Wolfskin“ sogar als Hauptsponsor in das Projekt eintreten möchte. Ich selbst führe das erste Gespräch mit Manfred Hell erst Wochen später aus einer lauten Telefonzelle in San Francisco, wo wir zwischenzeitlich schon eingelaufen waren. Ich bin mir bewußt, daß uns Manfred Hell mit seiner Entscheidung einen unglaublichen Vertrauensvorschuß gewährt. Das ist im heutigen Geschäftsleben eher ungewöhnlich. Umso erfreulicher finde ich, daß es doch noch so etwas wie Vertrauen und Ehrenkodex gibt. Auch wenn es ums Geld geht! Ich fühle mich dieser Haltung jedenfalls verpflichtet und werde dafür Sorge tragen, daß dieses Vertrauen nicht enttäuscht wird.

Ich kann aufatmen! Die Finanzierung der Expedition ist gesichert. Zudem habe ich als Partner keine branchenfremden Unternehmen gewinnen müssen, sondern habe Outdoor-Experten zur Seite, die nicht nur die Schwierigkeiten solcher Unternehmungen einschätzen können, sondern die uns darüber hinaus auch in allen Ausrüstungsfragen tatkräftig beraten und unterstützen können.

Es ist Anfang April 1995. Mehrere Paletten mit Schiffsausrüstung und Ersatzteilen sind schon seit Wochen per Schiffsfracht nach Seattle unterwegs. Stapelweise Seekarten und Seehandbücher lassen meinen heimatlichen Schreibtisch überquellen. Tauchequipment, Medikamente, elektronische Ersatzteile und Tuben mit Zahnpasta stapeln sich neben tausend anderen Dingen. Trotz aller Routine ist es vor Antritt einer Reise stets turbulent und hektisch. Die Crew der Dagmar Aaen setzt sich aus vielen neuen Gesichtern zusammen. Nach vier Jahren ICESAIL muß sich ein großer Teil der alten Crew zunächst erst einmal wieder wirtschaftlich und privat konsolidieren. Eine Pause ist angesagt, wenngleich einige der alten Garde zu einem späteren Zeitpunkt wieder zusteigen wollen. Die Crew der Dagmar Aaen besteht nun aus teilweise sehr jungen Leuten.

Morgan Meinecke ist mit 22 Jahren der jüngste im Team. Er hat gerade seine Bundeswehrzeit absolviert und möchte, bevor er sich beruflich in irgendeiner Form bindet, etwas ganz anderes machen. Morgan ist Taucher, und das schon seit vielen Jahren, trotz seiner Jugend. Rund 850 Tauchgänge hat er bereits absolviert, hat sämtliche Tauchausbildungen durchlaufen und arbeitet in seiner Freizeit als Padi-Tauchlehrer. Mich hat seine ruhige, bestimmte und bescheidene Art beeindruckt. Andere würden mit ihrer Taucherfahrung protzen, Morgan läßt diese Informationen nur auf Nachfrage raus. Schon bei dem ersten Gespräch wird deutlich, daß er unnötige Risiken scheut. Ich erzähle ihm von einem Wrack, das ich gern betauchen möchte, das aber in einer Tiefe von 75 Metern liegt. Er winkt ab, zu tief, zu gefährlich. Richtige Antwort, denke ich im Stillen. Hasardeure oder Draufgänger kann ich an Bord nicht gebrauchen. Es gibt ohnehin häufig genug brenzlige Situationen, da muß das Risiko nicht durch überflüssige Aktionen erhöht werden. Morgan ist unabhängig, hat über ein Jahr Zeit zur Verfügung und ist willens, es auf der Dagmar Aaen zu verbringen. Wir sind uns schnell einig. Er wird alles, was mit Tauchen auf dieser Expedition zu tun hat, leiten – eine Aufgabe, der er von Anfang an mit Begeisterung, Verantwortungsgefühl und Fachwissen nachgeht. Er checkt und wartet die vorhandene Ausrüstung, erneuert und erweitert dort, wo es erforderlich ist, sucht Verbindungen zu Firmen herzustellen und trotzdem kostengünstig zu operieren. Dabei ist er stets bescheiden und freundlich. Er scheint mir bestens geeignet zu sein. Ich bin froh, jemanden an Bord zu haben, dem ich diese Aufgabe übertragen kann. Es ist nicht gut, wenn sich eine einzige Person immer um alles kümmern muß. Einmal davon abgesehen, daß Morgan über ungleich mehr Taucherfahrung verfügt als ich, bleiben für mich als Schiffsführer und Leiter der Expedition noch genügend andere Aufgaben.

Jörg Nickel ist 26 Jahre alt. Er studiert in Hamburg Biologie mit Schwerpunkt Meeresbiologie. Vor einigen Jahren ist er zum Segeln gekommen und seitdem fasziniert von diesem Sport. Er ist auf Jugendkuttern gesegelt sowie auf der Wolgaster Brigg ROALD AMUNDSEN. Jörg ist, das wird beim ersten Gespräch deutlich, ein vorsichtiger Mensch. Sehr detailliert informiert er sich über alle Einzelheiten. Nicht nur, was den Reiseverlauf angeht, sondern auch über Versicherungen, Kosten für Hin- und Rückflüge zum Schiff und viele andere Dinge mehr. Er erkundigt sich bei anderen, die bereits an Bord gewesen sind, wie das denn so ist, mit „dem Fuchs" zu fahren. Er läßt sich Zeit mit seiner Entscheidung, aber als er sie dann für die Expedition trifft, steht er unerschütterlich dahinter. Jörg ist ein sorgfältiger Planer. Auch diese Eigenschaft schätze ich. Schnell „Ja" sagen, ohne dabei eventuelle Konsequenzen zu überdenken, birgt oftmals Konfliktstoff für die Zukunft. Nachdem Jörgs Entscheidung gefallen ist, wird sie nichts und niemand mehr umstoßen. Er hat zunächst ein Urlaubssemester eingelegt, und im späteren Verlauf der Reise wird er sogar um ein weiteres Freisemester verlängern. Dabei wird er aber seine Studien nicht aus den Augen verlieren. Im Verlauf der Reise will Jörg mit einem Schleppnetz Planktonhols durchführen, um diese wissenschaftlich auszuwerten. Sein besonderes Augenmerk gilt dabei den Ruderfußkrebsen, winzig kleinen Organismen, die es offenbar in allen Weltmeeren gibt. Die Hols werden in kleinen Probebehältern aufbewahrt und später an der Universität ausgewertet. In Intervallen von zweieinhalb Stunden über jeweils einen Zeitraum von 48 Stunden muß er diese Hols durchführen. Das ist anstrengend und zeitaufwendig, da er dabei kaum zum Schlafen kommt. Die 48-Stunden-Einheiten werden an bestimmten, vorher festgelegten Positionen im Ozean wiederholt. Über die Auswertung wird Jörg seine Examensarbeit schreiben.

Thomas Hillebrand aus Wedel wird die Rolle des Smuts, des Kochs, übernehmen. Er ist 31 Jahre alt, gelernter Koch und hat darüber hinaus Lebensmitteltechnologie studiert. Mehr fachlicher Qualifikationen bedarf es schwerlich für die Arbeit an Bord. Allerdings sind hier andere Eigenschaften gefordert als in einer Gourmet-Küche. Der beengte Raum, ein launischer Dieselherd, fehlende Kühlschränke, eine ewig hungrige Crew und dazu Seegang und Schaukelei haben schon manchen guten Koch verzagen und scheitern lassen. Thomas hat alle Ausbildungen abgeschlossen und will, bevor er sich weiter beruflich bindet, ein Jahr lang segeln. Er ist wirtschaftlich unabhängig, Junggeselle und sieht in dieser Reise so etwas wie die Chance seines Lebens: Einmal geplant für einen überschaubaren Zeitpunkt aussteigen, ohne dabei die Realitäten aus den Augen zu verlieren. Seine Rückkehr ins Berufsleben verfolgt er mit dem gleichen Eifer wie die Vorbereitung zu dieser Expedition.

Sigridur Ragna Sverrisdottir – der Einfachheit halber Sigga genannt – stammt aus Island. Im Rahmen der ICESAIL-Expedition hatten wir im Sommer 1993 auf Island ein internationales Jugendcamp organisiert. Dazu war eigens der Dreimastschoner FRIDTJOF NANSEN nach Island gesegelt, um die dreißig jungen Leute aus aller Herren Länder aufzunehmen. Beide Schiffe, die FRIDTJOF NANSEN und die DAGMAR AAEN, segelten gemeinsam vier Wochen um Island, und die Mannschaften beider Schiffe hatten dabei ausgiebig Zeit, sich diese faszinierende Insel anzusehen. Eine der isländischen Teilnehmerinnen war Sigga. Vom Segelbazillus infiziert, schmiß sie kurzerhand ihr Geographie-Studium hin und musterte bei der FRIDTJOF NANSEN als Stammcrew an. Sie blieb gleich ein ganzes Jahr an Bord, machte eine Reise zu den Galapagosinseln mit und kehrte schließlich wieder nach Island zurück. Schon während der Reise zu den Galapagos hatte sie mir einen Brief geschrieben, in dem sie sich als Crewmitglied für die DAGMAR AAEN bewarb. Immer wieder erhielt ich Nachricht von ihr. Als mir auch noch der Kapitän der FRIDTJOF NANSEN, Hans Temme, sagte, daß er sie nur höchst ungern ziehen ließe, weil sie wirklich gut sei, stand für mich der Entschluß fest: Ohne uns vorher persönlich getroffen zu haben, gab ich Sigga mein o. k. Sigga ist 24 Jahre alt und wird auf dieser Reise als Bootsmann(frau) fahren. Sie spricht fließend und nahezu akzentfrei Deutsch und Englisch. Das Deutsch hat sie sich selbst innerhalb des Jahres auf der FRIDTJOF NANSEN beigebracht. Blond, energisch, stets gut gelaunt und überhaupt nicht ängstlich trägt sie die isländische Seefahrerseele in unsere Mitte. Sigga ist ein echter Gewinn! Ich bin froh, sie an Bord zu haben.

Roger Schmidt hatten wir ja in etwas hoffnungsloser Lage in Prowidenija im Jahr zuvor an Bord genommen, nachdem seine geplante Kajaktour von Alaska über die Beringstraße nach Japan, wie auch ICESAIL an der Hinhaltetaktik der Behörden gescheitert war. Roger war uns damals von Anfang an sympathisch. Und da es uns zu diesem Zeitpunkt ohnehin ein wenig an Crew mangelte, gab ich ihm gerne die Zusage, mit uns zurück nach Alaska zu segeln. Auch Roger spricht gut Deutsch. Er war eine Zeitlang in Österreich in einer Familie, sein österreichischer Akzent sorgt immer wieder für Heiterkeitsausbrüche. Er ist ein durchtrainierter Kajakfahrer, der bereits die gesamte Inside Passage von Vancouver bis Sitka allein gepaddelt ist. Im Winter sucht er sich Arbeit in einer Fischfabrik, arbeitet als Bootsbauer auf Werften oder – man höre und staune – verdient sich sein Geld als Musiker an der klassischen Posaune in einem kleinen Ensemble. Roger lockt nicht nur die seglerische Komponente der SEA, ICE & MOUNTAINS-Expedition. Ich habe ihn für die Durchquerung des Patagonischen Inlandeises vorgesehen, und diese Aussicht reizt ihn ganz besonders. Roger ist mit seinen 25 Jahren unglaublich selbständig. Seine Ersparnisse reichen bis Februar 1996. Solange bleibt er bei uns und stärkt das Team durch seine ruhige, besonnene und stets freundliche Art.

Till Gottbrath und ich kennen uns schon seit vielen Jahren. Seit der Zeit, als er als Chefredakteur das Outdoor-Magazin leitete. Inzwischen arbeitet er als freier Journalist und Fotograf und zusätzlich als Outdoor Consultant für Hersteller von Outdoorbekleidung, wie z.B. „Jack Wolfskin“. Till begleitet die Reisen der DAGMAR AAEN schon seit einigen Jahren, ist somit also kein „Neuer“, sondern einer der alten Hasen. Fotografie und Pressearbeit sind seine Schwerpunkte neben der allgemeinen Schiffsarbeit, an der jeder andere natürlich ohnehin mitwirkt. Dazu wird Till bei der Durchquerung des Patagonischen Inlandeises mitmachen. Seine Liste von Bergtouren – zum Teil in schwierigstem Gelände – ist lang. Seine Erfahrung und seine in jeder Situation unerschütterliche gute Laune werden uns gemeinsam helfen, Schwierigkeiten zu überwinden. Zusammen mit Roger und mir wird er das „Eisteam" bilden.

Kai Meibaum hat vielleicht die ungewöhnlichste Karriere auf der Dagmar Aaen gemacht. Als wir im Herbst 1993 nach der Durchfahrung der Nordwestpassage in Dutch Harbor auf den Aleuten zur Überwinterung eintrafen, erwartete uns dort ein junger Schweizer mit langen blonden Haaren und einer dreifachen Kette aus Krallen und Knochen verschiedenster Tiergattungen um den Hals – Kai. Wir waren über einen Freund in Tromsö auf Kai aufmerksam geworden. Eines Tages fuhr bei Gerd Schwalenstöcker in Tromsö ein Mercedes-Wohnmobil vor. Gerd unterhält eine Tischlerei, und da er gerade viel zu tun hatte, fragte er seinen Besucher, ob er was von Holzarbeiten verstünde. Kai Meibaum, wie sich der Besucher vorstellte, verstand was von Holz, und wie! Als gelernter Bootsbauer bei der Schweizer Nobelwerft Bösch hatte Kai nicht nur gelernt, mit Holz umzugehen, sondern auch schwierigste und filigranste Arbeiten durchzuführen.

Gerd stellt hohe Anforderungen an sich und seine Mitarbeiter, von Kai war er begeistert. Es war aber nicht nur sein Fachwissen, sondern sein Charme und auch die Art, sein Leben zu gestalten, was Gerd ansprach. Als er hörte, daß wir nach einem Überwinterer auf der Dagmar Aaen suchten, fragte er spontan Kai, ob er nicht dazu Lust hätte. Kai hatte! Mit einem weinenden und einem lachenden Auge ließ Gerd Kai ziehen. Gleichwertigen Ersatz würde er gewiß so schnell nicht finden, aber was tut man nicht alles für die Dagmar Aaen, so oder so ähnlich äußerte er sich damals telefonisch unserer Elke Hoffmann gegenüber, die seinerzeit ganz allein das Büro leitete. Nachdem er mit seinem Wohnmobil die Strecke von Tromsö nach Bad Bramstedt gefahren war, stellte sich Kai bei Elke vor und schindete dadurch Eindruck, daß er ausschließlich Milch trank – obwohl er ansonsten auch ganz gern mal ein Bier trinkt. Aber solcher Tricks hätte es gar nicht bedurft. Elkes Eindruck deckte sich mit dem von Gerd, und wenige Tage später war Kai bereits auf dem Weg nach

Alaska. Zwar hatte er ursprünglich vorgehabt, mit seiner Freundin nach Südamerika zu fahren, aber das könne man ja auch auf das nächste Jahr verschieben. Seine Freundin sah das offenbar etwas anders, die Trennung ließ jedenfalls nicht lange auf sich warten.

Als wir nach Hause flogen, überließen wir einem völlig Unbekannten das Schiff in einem Hafen, der von schweren Stürmen gezeichnet ist, und wo sich zudem auch allerlei dunkle Gestalten am Rande der Hochseefischerei bewegen. Aber das war genau Kais Metier! Diese „Last Frontier", die rauhen, aber oftmals sehr herzlichen Fischer, die sturmumtoste und urwüchsige Landschaft – das alles sprach ihn an. Innerhalb kürzester Zeit hatte er Anschluß gefunden, wußte aber sehr wohl zu unterscheiden, wem er Vertrauen und wem besser nicht schenken konnte. Im berühmt berüchtigten „Elbowroom", der angeblich viertschlimmsten Kneipe Nordamerikas, hatte er bald sämtliche Herzen dadurch gewonnen, daß er spontan seine Mundharmonikas hervorkramte und mit anderen Musikern zusammen aufspielte. Seine Musikalität – nebenbei spielt er auch noch Dudelsack – ließ ihm insbesondere auch die Herzen der weiblichen Bevölkerung zufliegen. Kai war innerhalb weniger Wochen ein „Einheimischer" geworden, äußerlich wie innerlich, und von Dutch Harbor gar nicht wegzudenken. Die DAGMAR AAEN konnte nicht besser aufgehoben sein, selbst wenn er nicht an Bord war. Dann nämlich wachten mit Argusaugen die Fischer, die Lotsen, die Hafenverwaltung oder seine aleutischen Freunde über das Schiff. Ständig war Besuch an Bord, es wurde musiziert, geredet, gebastelt und gemeinsam gekocht.

Während wir zu Hause die nächste Etappe vorbereiteten, wuchs Kai mehr und mehr mit dem Schiff und dieser Art zu leben zusammen. Als wir im Frühjahr 1994 zurück an Bord kamen, befand sich die DAGMAR AAEN in einem hervorragenden Zustand. Alles, was von einem Mann allein bearbeitet werden konnte, hatte Kai gemacht. Unter Deck war alles abgeschliffen und neu lackiert. Zudem hatte er etliche Ausbesserungsarbeiten an Deck und im Rigg durchgeführt, so daß das Schiff innerhalb weniger Tage seeklar war.

Je näher der Tag unserer Abreise rückte, desto häufiger bekamen wir Besuch an Bord, trafen alle die Menschen ein, mit denen Kai Freundschaft geschlossen hatte. Wir konnten daher seinen Abschiedsschmerz gut verstehen. Aber wir würden im Verlauf des Sommers ja noch einmal wieder vorbeischauen – vielleicht war es ja diese Aussicht, die in Kai schließlich den Entschluß reifen ließ, weiter an Bord zu bleiben. Zunächst wollte er nur bis nach Vancouver mitsegeln, aber noch während wir auf See waren, fragte er vorsichtig bei mir nach, ob er nicht doch bis zurück nach Alaska fahren könnte. Ich hatte bestimmt ganz und gar nichts dagegen einzuwenden. Einen Mann wie Kai bekommt man nicht jeden Tag an Bord, auch wenn für ihn das Leben in einer Gemeinschaft an Bord und auch das Segeln bzw. Betreiben eines Schiffes wie der DAGMAR AAEN neu war. Kai lernte schnell, und mehr noch, er verfiel dieser Art zu reisen genauso wie alle anderen an Bord. Noch vor dem Einlaufen nach Vancouver sprach er mich daher abermals an, ob denn für ihn die Möglichkeit bestünde, den ganzen Sommer mitzufahren. Meinen Segen hatte er, den der russischen Behörden, die seinen Visumsantrag bearbeiten mußten, nach Ablauf einer angemessenen Frist ebenfalls. Kai blieb an Bord! Nicht nur diesen Sommer, sondern auch den nächsten Winter. Als wir nämlich geschlagen aus der russischen Arktis zurück nach Kanada segelten, war es wieder einmal Kai, der von sich aus sagte: „Eigentlich möchte ich den Winter auf dem Schiff verbringen." Ich war ein wenig sprachlos, aber natürlich begeistert. Da Kai zudem das Glück hat, gute Freunde und eine noch bessere Mutter zu haben, die für alles und jedes Verständnis zeigt, blieb es dabei.

Kai verbrachte den zweiten Winter in Folge auf der DAGMAR AAEN. Auch dieser Winter tat sowohl dem Schiff als auch Kai und der Frauenwelt Victorias gut. Langeweile gab es jedenfalls nicht an Bord, soviel ist sicher. Was lag nach einem solchen Winter näher, als der Wunsch, „noch ein Stückchen weiter" mitzufahren ... Dieses Stückchen hat es in sich, nennt sich SEA, ICE & MOUNTAINS, und wie selbstverständlich ist Kai immer noch an Bord. Während ich diese Zeilen schreibe, bereits seit zwei Jahren in Folge. Ach ja, und der dritte Winter ist bereits gesichert. Ich sage nur ein Wort: „Kai". Bis nach Deutschland möchte er schon noch an Bord bleiben, und damit dürfte er dann auch das dritte Jahr auf dem Schiff hinter sich gebracht haben. Kai fährt inzwischen als Steuermann, nebenbei natürlich als Schiffszimmermann, als Bordmusikant und als Tierpräparator, denn auch diese lästige Eigenschaft von ihm soll nicht verschwiegen werden. Wo immer er einen toten Vogel findet, eine überfahrene Ratte oder eine stinkende, in Verwesung übergehende Robbe – er bringt sie zumindest in Teilen an, um sie zu präparieren. Den Ausführungen seiner Mutter nach liegen bei ihr zu Hause ganze Tiefkühltruhen voll mit Kadavern. Aber wie sie selbst sagt: „Man muß ihn schon so nehmen, wie er ist!" Dem stimme ich zu und halte mir zur gegebenen Zeit eben die Nase zu.

Neben dieser neuen Stammcrew werden, soweit verfügbar, noch einige der alten DAGMAR AAEN-Fahrer dazustoßen, um zumindest einige Abschnitte mitzusegeln: Egon Fogtmann aus Dänemark war bis Anfang des Jahres Werkmeister bei dem Motorenhersteller Callesen. Danach hat er sich in den vorzeitigen Ruhestand versetzen lassen, um mehr Zeit zum Reisen und für seine anderen Hobbys zu haben. Ein Umstand, den ich nur in jeder Hinsicht gutheißen kann. Ben Dijkema aus Holland, ein Berufsnautiker und Fluglotse vom Amsterdamer Airport, wird – wie im Jahr zuvor – ebenfalls eine Strecke mitsegeln. Auch Volker Gaese, ein alter Schulfreund von mir, wird das Team auf einer Etappe verstärken. Volker ist das erste Mal auf der DAGMAR AAEN, aber das heißt ja nichts, wie man am Beispiel von Kai sehen kann. Ich würde mich jedenfalls freuen, wenn er öfter dabei wäre. Und, last but not least, natürlich Brigitte Ellerbrock. Aber da Brigitte nicht nur meine „bessere Hälfte" ist, wie man bei uns sagt, sondern zugleich mitverantwortliche Organisatorin, würde ich ihr mit einer simplen Vorstellung als Crewmitglied einfach nicht gerecht werden. Aber egal, wie ich es anpacke – ich werde ihr wahrscheinlich sowieso nicht gerecht. Ohne sie hätte es ICESAIL, hätte es SEA, ICE & MOUNTAINS und andere Expeditionen nicht gegeben. Sie ist für mich ganz einfach eine tragende Säule bei allen Unternehmungen, und nebenbei ist sie natürlich auch Crewmitglied auf der DAGMAR AAEN. Es war schon eine besonders glückliche Fügung, als ich sie kennenlernte. Ich weiß nicht, ob sie das von mir auch immer so vorbehaltlos sagen kann.

In Patagonien werden noch zwei Bergsteiger zum Team stoßen, doch dazu später mehr.

Am 9. April 1995 treffen wir an einem verregneten, trüben Nachmittag in Victoria ein. Ich habe mir eine eitrige Mandelentzündung eingehandelt, habe Fieber und stehe ein wenig abseits des Geschehens. Aber ich bin wieder an Bord. Kai hat alles wieder lackiert und überholt. Petroleumlampen verteilen einen sanften Glanz auf den lackierten Holzflächen. Es ist schlicht und rustikal an Bord, aber gemütlich! Ich fühle mich sofort zu Hause. Die hektische Zeit, die hinter mir liegt, fordert ihren Tribut. Ich spanne ab, bekämpfe meine Angina mit Antibiotika und versuche, den Kopf klar zu bekommen. Es dauert einige Tage, aber dann bin ich dabei. SEA, ICE & MOUNTAINS kann beginnen!

Port Townsend

Wie schon im Jahr zuvor mit Dutch Harbor, hatten wir auch mit Victoria als Winterhafen eine glückliche Wahl getroffen. Egal wie das Wetter wird, der Hafen ist nach allen Seiten hin gut geschützt, die Hafenverwaltung ist freundlich und hilfsbereit, und da man mitten in der Stadt liegt, ist jeder Bereich Victorias mühelos zu Fuß zu erreichen. Es gibt sicher keine nordamerikanische Stadt, die britischer ist als Victoria. Dieses Image wird von den Stadtvätern gepflegt. Die doppelstöckigen Londoner Busse, die Häuser und selbst die unzähligen gemütlichen Pubs wähnen einen für einen Moment in England. Aber natürlich ist es durch und durch Kanada mit ein wenig liebenswerter britischer Kulisse. Trotzdem hat Victoria einen eigenen Charme entwickelt. Es ist Touristenstadt, Regierungssitz British Columbias, hat Sehenswürdigkeiten wie das berühmte Anthropologische Museum anzubieten, Theater, freundliche, Besuchern stets aufgeschlossene Einwohner und ein mildes, meist sonniges Wetter. Reisender, was willst du mehr!

Wie nicht anders zu erwarten, hatte Kai während des Winters zahlreiche Bekanntschaften gesammelt. Eine davon war Andrea, eine junge Deutsche, die vor zwei Jahren ganz allein nach Kanada ausgewandert war. Wir hatten Andrea bereits im Jahr zuvor getroffen, um so größer war für sie die Überraschung, als wir mit der DAGMAR AAEN erneut den Hafen von Victoria anliefen, um jetzt gleich den ganzen Winter hier zu verbringen. Andrea, die aus einem Dorf in Schleswig-Holstein stammt, half Kai, Fuß zu fassen. Sie schliff, malte und werkelte mit unglaublichem Fleiß an der DAGMAR AAEN herum und kochte zwischendurch die tollsten Gerichte. Eine andere deutsche Yacht, die ZIU von Jürgen und Anja aus Ostfriesland lag nur wenige Meter von der DAGMAR AAEN entfernt im Hafen. Jürgen und Anja waren mit ihrer kleinen Yacht von Deutschland durch den Panamakanal gesegelt, dann weiter nach Hawaii und hatten schließlich Victoria angesteuert. Zeit für eine Unterbrechung! Bevor ihre Reise weiter durch die Inside Passage nach Alaska gehen soll, verbringen sie den Winter in dieser kanadischen Stadt. Dave, der Sohn des Hafenkapitäns, hatte sich ebenfalls schnell mit Kai angefreundet, eine Verbindung, die sicherlich nicht von Nachteil war. Andrea, Dave und seine Freundin Susan sagten spontan ihre Hilfe zu, bei dem anstehenden Werftaufenthalt mitzuhelfen. Und Helfer konnten wir wahrhaftig brauchen. Auch Martina Kurzer, die in den vorangegangenen Jahren als Steuerfrau auf der DAGMAR AAEN gefahren ist, hatte ihr Kommen zugesichert. Pünktlich wie immer reiste sie an, um die Überholungszeit mitzumachen, bevor sie ihr eigenes Abenteuer startete: Sie möchte ein Jahr nach Alaska gehen. Ihren Job bei Greenpeace hat sie gekündigt, ihre Ersparnisse zusammengesammelt und ist ohne festen und daher einengenden Plan aufgebrochen, getreu dem Motto: Mal sehen, was kommt. Ein mutiges Vorhaben, und ein spannendes zugleich.

Last but not least waren noch Folker und Meddy Schultheiss mit uns nach Kanada geflogen, um uns für eine Zeitlang dort zu besuchen. Folker und Meddy sind auch Sponsoren von uns, und das schon über viele Jahre hinweg. Aber sie sind weit mehr, als der etwas kühle Ausdruck „Sponsor" vermuten läßt. Über all die Jahre, in denen man gemeinsam an den Expeditionen zu tun hatte, hat sich eine Freundschaft entwickelt, die völlig losgelöst vom Sponsoring zu sehen ist. Beruflich stellen und vertreiben sie sehr erfolgreich die gefriergetrockneten Trekkingmahlzeiten her, die wir an Bord der DAGMAR AAEN als Grundausstattung mitführen. Die Nahrungsmittel sind auch ungekühlt haltbar, nehmen wenig Platz in Anspruch, sind leicht und schmecken zudem gut. Privat haben die beiden nie abgehoben. Sie sind bescheiden, fiebern und eifern mit unseren Reisen mit, sind vielseitig interessiert und immer guter Laune. Ob in Tromsö, im Elbowroom von Dutch Harbor oder jetzt in Victoria – einmal im Jahr stoßen die beiden zum Schiff und bleiben eine Weile bei uns. Diese Tradition wird hoffentlich auch in Zukunft fortgeführt!

Am 14. April ist es soweit. Morgens in aller Frühe werfen wir die Leinen los und bugsieren das Schiff vorsichtig aus dem engen Winterhafen heraus. Trotz der frühen Stunde sind etliche Freunde von Kai an der Pier versammelt. Jürgen und Anja winken ein wenig schlaftrunken aus dem Niedergang, dann sind wir draußen. Es soll nur eine kurze Reise werden. Rund 60 Seemeilen sind es bis Port Townsend, wo die DAGMAR AAEN ihren wohlverdienten Werftaufenthalt bekommen soll. Da Port Townsend in den USA liegt, haben wir beim kanadischen Zoll ausklariert und verlassen damit die kanadischen Hoheitsgewässer. Das Wetter ist sonnig und ruhig, als wir in die Juan de Fuca-Straße einlaufen. Das ist gut so, denn die DAGMAR AAEN läßt sich nur ungern und zudem mittels Notpinne steuern. Allein deshalb waren die morgendlichen Manöver im Hafenbecken Victorias schon Schwerarbeit. Die Schäden, die das Schiff im Eis der russischen Arktis erhalten hat, sind so gravierend, daß wir die Rudermechanik während des Winters bereits ausgebaut hatten, um sie an Land von einer Werkstatt richten und schweißen zu lassen. Diese Arbeit ist erledigt, die Anlage liegt neu gemalt und stabiler denn je an Deck. Einbauen können wir sie noch nicht, da zuvor das gesamte Ruderblatt mit Schaft in der Werft gezogen werden muß, daher also vorerst noch die Notsteuerung.

Gegen Mittag laufen wir in den Hafen von Port Townsend ein. Schnell und unbürokratisch verläuft die Einklarierung. Auch das ist erfreulich, denn die Werftarbeiter stehen schon mit einem Kran bereit, um die DAGMAR AAEN noch bei Hochwasser an Land zu heben. Es herrscht, gelinde gesagt, Aufregung an der Pier. Port Townsend hat eine lange Tradition im Holzschiffbau. Der Hafen ist voll mit Schiffen aller Art, von Fischkuttern über Jollen bis hin zu großen hölzernen Schonern. Man kennt also unterschiedliche Typen, aber ein Haikutter wie die DAGMAR AAEN war noch nicht hier. Man ist einfach gespannt.

Das fach- und sachkundige Interesse ist den Männern am Kai ins Gesicht geschrieben. Hier lerne ich Ernie Baird kennen. Ernie ist ein Bär von einem Mann und gleichzeitig Besitzer der Werft, in der die DAGMAR AAEN in den nächsten Wochen überholt werden soll. Er reicht mir seine Pranke zum Gruß, murmelt einige freundliche Begrüßungsworte, aber zeigt deutlich, daß sein Interesse nicht mir gilt, sondern unserem Schiff. Also halte ich den Mund. Er würde mich wohl auch schwerlich mit Eigenschaften wie „beautiful“ oder „sweet lines“ bedenken. Diese Komplimente gelten dann doch uneingeschränkt der DAGMAR AAEN. Bei dem Kranfahrer bemerke ich ein sorgenvolles Gesicht. Die Größe des Schiffes ist kein Problem, aber das Gewicht! Sie wollen es nicht glauben, daß die DAGMAR AAEN es auf gut und gern siebzig Tonnen Trockengewicht bringt. Und trocken ist sie, denn sämtliche Tanks sind so gut wie leer. Siebzig Tonnen sind aber das äußerste, was der Travellift heben darf. Zudem muß das Schiff nicht nur aus dem Wasser und an Land gestellt werden, sondern noch fast einen Kilometer weiter zur Werft von Ernie gefahren werden. Auch mir ist nicht ganz wohl bei der Vorstellung, aber nun sind wir einmal hier! Um das Gewicht ein wenig zu reduzieren, schaffen wir alle überflüssige Ausrüstung von Bord: die Anker, die gesamte Kette, Schlauchboot, Außenborder, Trossen und was sonst noch irgendwie demontierbar ist. Dann legen sich die Schlingen des Krans behutsam um den Rumpf des Schiffes und ziehen langsam und gleichmäßig an.

Solange die DAGMAR AAEN noch schwimmt, geht es relativ leicht. Erst als sich der Rumpf aus dem Wasser hebt, gehen die dicken grobstolligen Reifen des Krans bedenklich in die Knie. Der Kranfahrer stoppt, verläßt sein Führerhäuschen und berät sich aufgeregt mit seinen Helfern. Sorgenvolle Gesichter. Schließlich teilt er mir mit, daß die Waage des Krans genau dreiundsiebzig Tonnen Gewicht anzeigt. Und das wären immerhin noch drei Tonnen mehr, als mit allen Sondergenehmigungen und zugedrückten Augen statthaft sei. Einen Moment, während die DAGMAR AAEN in den Kranseilen zehn Zentimeter über der Wasseroberfläche hängt, sieht es so aus, als müßten wir uns nach einem anderen Hafen, einer anderen Werft umsehen. Das hätte unglaublich viel Zeit gekostet. Und eine so gute Werft wie die von Ernie soll es landauf, landab nicht geben. Und dann passiert etwas, was es eben nur in einem so kleinen Hafen, der voller Holzschiffnarren steckt, geben kann: „We do it anyway!“ Wie eine verschworene Gemeinschaft sehen wir zu, wie unsere gewichtige Dame langsam von den starken Trossen nach oben gehoben wird. Hält alles? O. k.! Langsam setzt sich der Travellift in Bewegung und fährt mit seiner Last von der Pier fort. Alle halten den

1

1 Die DAGMAR AAEN im schweren Packeis vor Sibirien

2

3

2 Immer wieder versucht das Eis, den Eichenrumpf zu knacken

3 Trotz angebrochener Planke und defekter Ruderanlage übersteht die DAGMAR AAEN auch die schlimmsten Eispressungen

4 Unser „Flying Dingi", die Polaris, im Einsatz

4

5

6

5 Eine Eisscholle als Schutz vor dem Eis – festgemacht müssen wir auf bessere Eisverhältnisse warten

6 Qualmende Schlote, baufällige Häuser und Schmutz – Prowidenija

7

8

7 Zum dritten Mal überqueren wir die stürmische Beringsee

8 Fast täglich begegnen uns in der Nähe der Beringstraße Wale

9 Nach dem Werftaufenthalt in Port Townsend segelt die DAGMAR AAEN neuen Abenteuern entgegen

WEWELSFLETH

10

11

12

10 Segelbergen in luftiger Höhe: die Breitfock wird eingepackt

11 Alle Mann an die Fallen, das Großsege wird gesetzt

DAGMAR AAEN aus der Vogelperspektive:
Blick aus der Masttonne

14 Trotz GPS – der Sextant ist immer wieder im Einsatz. Thomas schießt die Sonne

15 Brigitte löst die Zeisinge vom Klüver

14

15

Atem an. Wohl den Konstrukteuren, die genug Sicherheiten in den Kran eingeplant haben! Im Schneckentempo legt die DAGMAR AAEN die größte Überlandstrecke in ihrer 64jährigen Laufbahn zurück. Ihr scheint das nicht viel auszumachen, unser Adrenalinspiegel dürfte sich dagegen um einiges erhöht haben. Aber endlich erreichen wir unseren Bestimmungsort. Der Platz ist vorbereitet, der Boden mit blauen Plastikplanen abgedeckt. Nach wenigen Minuten steht die DAGMAR AAEN fest aufgepallt auf ebenem Kiel. Nicht nur der Kranfahrer, wir alle atmen erst einmal tief durch. Es ist Abend geworden, ein ereignisreicher Tag!

Gemeinsam mit Ernie und einigen seiner Mitarbeiter gehen wir um den Rumpf des Schiffes herum. Erst jetzt kann man das volle Ausmaß der Schäden, die das Eis hervorgerufen hat, erkennen. Die aus Aluminium bestehende Eishaut ist an einigen Stellen abgerissen. Beim Ruderblatt ist der obere Teil abgebrochen, die Lager des Ruderschafts sind verkantet und verzogen. Auf der Steuerbordseite, etwa Mittschiffs, befindet sich die eingedrückte Planke. Es ist eine tiefe Delle zu sehen. Jetzt an Land sieht der Schaden noch schlimmer aus als unter Wasser. Hier wartet viel Arbeit auf uns. Auch auf der Backbordseite gibt es lose Platten, Dellen und Risse in der Eishaut. Diese Aluminiumverkleidung besteht aus einer speziellen Legierung, die einerseits seewasserbeständig, andererseits auch sehr hart ist. Jede Platte, die auf den Rumpf genagelt ist, ist zweieinhalb Millimeter stark. Dazu kommt im Vorschiffbereich noch ein zusätzlicher Eisschutz aus sechs Millimeter Schiffbaustahl. Diese Stahlplatten haben die größte Belastung auffangen müssen. Gestützt von den massiven Spanten und Planken sind sie vom Eis wie mit einem riesigen Schmiedehammer der Rumpfform in allen Einzelheiten angepaßt worden. Einer der oberarmstarken stählernen Eisabweiser, die den Propeller schützen sollen, hat sich etwas verzogen. Die Schraube selbst ist trotz der harten Schläge im Eis wie durch ein Wunder völlig unversehrt geblieben. Wir haben Ersatzflügel an Bord, werden sie aber nicht brauchen. Da es sich um einen Verstellpropeller handelt, werden wir ihn dennoch in seine Einzelteile zerlegen und gründlich warten. Doch für heute ist Feierabend. Ernie übergibt uns den Schlüssel zu seiner Werkstatt, erlaubt uns ausdrücklich, daß wir alles benutzen dürfen. Verbrauchte Materialien sollen wir auf einen Zettel schreiben, abgerechnet wird später. Dabei kennt er uns gar nicht! Er überläßt uns vertrauensvoll seine Werkstatt samt Gerätschaften und Telefon, ohne zu wissen, ob wir sein Vertrauen rechtfertigen. In diesem guten Klima zieht sich die ganze Werftzeit hin. Nicht ein einziges Mal Verdruß oder Unstimmigkeiten. Im Gegenteil: Während die Schiffbauer noch reichlich Arbeit mit anderen Booten haben, beginnen wir damit, die DAGMAR AAEN zu überholen. Trotzdem ist immer einer der Schiffbauer vor Ort, der uns den einen oder anderen Tip gibt. Wir dürfen sämtliche Arbeiten selbst durchführen und dabei auch noch die Werkzeuge benutzen – das ist wahrhaftig nicht die Regel. Bei vielen Werften darf man heute überhaupt keine Arbeiten mehr selbst durchführen. Die Kosten für Arbeitslöhne steigen dadurch ins Unermeßliche.

Von früh morgens bis spät abends sind wir am Arbeiten. Während ein Teil der Crew alte zerbeulte Aluplatten mit der Flex vom Rumpf trennt, sind andere damit beschäftigt, das Ruder zu ziehen. Wieder andere sitzen in der Takelage, um Tauwerk auszuwechseln, Blöcke zu überholen, das stehende Gut zu labsalben und zu teeren. Das ganze Schiff sieht aus, als sollte es in seine Bestandteile zerlegt werden. Aber mit jedem Tag wird eine kleine Baustelle abgeschlossen, kann ich in meiner schier endlosen Arbeitsliste wieder etwas abstreichen. Nachdem am Rumpf die gebrochene Planke freigelegt ist, beginnt Antonio, einer der Mitarbeiter von Ernie, damit, die schadhafte Planke auszubauen. Wir haben Glück. Es ist tatsächlich nur diese eine Planke kaputt, die darüber- oder darunterliegenden sind unbeschädigt. Das Herausreißen der alten Planke geht noch zügig vonstatten, das Einpassen der neuen hingegen zieht sich hin. Die massive Bohle Hartholz läßt sich nur widerspenstig einfügen. Ernie muß selbst mit Rat und Tat zur Seite stehen, aber schließlich sitzt sie. Die Fugen werden kalfatet, das Holz mit Holzteer konserviert. Anschließend kommt eine Lage Teerfilz darauf, bevor die neuen Aluplatten angepaßt und daraufgenagelt werden. Schließlich mehrere Lagen Farbe, und keiner sieht mehr, daß uns hier das Eis übel mitgespielt hat.

Bei all diesen Arbeiten beobachte ich bei Ernie und seinen Mitarbeitern eine fast ängstliche Sorgfalt. Offenbar spürt man den Druck der Verantwortung, will uns nur mit einem bestens gerüsteten Schiff auf das Abenteuer loslassen. Diese Berufsethik und das Verantwortungsbewußtsein scheint zum Glück vielen Schiffbauern im Blut zu stecken. Die solide Bauweise der DAGMAR AAEN hat schnell im Ort die Runde gemacht. Ständig kommen Leute vorbei, die einen Blick auf Spanten und Planken werfen möchten. In der Presse werden Artikel über dieses „ungewöhnliche“ Schiff veröffentlicht, ein Fischer möchte mir die DAGMAR AAEN sogar abkaufen, und so gibt es auch nach getaner Tagesarbeit nie Langeweile. Die Arbeiten gehen zügig voran. Endlich montieren wir den Ruderschaft, hängen das unglaublich schwere Ruderblatt ein und bauen unter Deck die reparierte Rudermaschine wieder ein. Da alles neu gelagert, gefettet und justiert ist, kann man das Steuerrad jetzt mit nur einem Finger drehen.

Währenddessen haben die anderen das Unterwasserschiff mit zwei Lagen Antifouling gestrichen. Der obere Teil des Rumpfes ist wie bisher in Rot, die Schanz in Weiß gehalten. Am 26. April, meinem Geburtstag, sind wir fertig. Am Nachmittag rollt langsam und behäbig unser alter Freund, der Travellift, herbei. Dieses Mal wird kein großes Aufheben gemacht. Sachte hebt er die DAGMAR AAEN an und transportiert sie genauso unversehrt zum Hafen zurück, wie er sie geholt hat. Nur noch wenige bange Minuten, der leuchtend rote Rumpf glänzt in der Sonne, dann senken sich die Trossen des Krans langsam, und das Schiff hat nach fast zwei Wochen endlich wieder Wasser unter dem Kiel. Die DAGMAR AAEN schwimmt auf, die Tragegurte des Krans werden losgeworfen, und ich starte den Motor. Vorsichtig, um ja keinen Kratzer in die neue Farbe zu bekommen, verholen wir und legen uns an einen Schwimmsteg. Die Werftzeit ist abgeschlossen, das Schiff sieht aus wie neu. Mein schönstes Geburtstagsgeschenk!

Wir bleiben noch bis zum ersten Mai. Die Tage bis dahin verbringen wir mit Segeltraining und Sicherheitseinweisung für die neue Mannschaft. Wachen werden eingeteilt, Mann-über-Bord-Manöver geprobt, und schließlich laden wir die gesamte Werftbesatzung zu einer Segeltour ein. Wind und Wetter meinen es gut mit uns, die DAGMAR AAEN zeigt sich ihren Gästen von der besten Seite. Antonio, der die neue Planke eingesetzt hat, hatte mich vor einigen Tagen gefragt, ob er nicht bis San Francisco mitsegeln könne. Auch Ernie ist von dieser Idee begeistert. Ich berate mich kurz mit der Crew. Alle mögen Antonio, so haben wir ein weiteres Crewmitglied an Bord. Pünktlich zum Auslauftermin trifft Ben aus Holland ein, damit sind wir vollzählig. Frisch verproviantiert, die Tanks mit Brennstoff und Wasser gefüllt, verabschieden wir uns von diesem gastfreundlichen Ort. Unser Schiff befindet sich wieder in einem genauso hervorragenden Zustand wie vor den Eispressungen der Arktis. Es ist weniger die neue Farbe, als vielmehr die Genugtuung darüber, das Schiff allen Widrigkeiten zum Trotz erhalten zu haben. Das Wissen um die unglaubliche Zähigkeit dieses Kutters macht uns stolz. Während wir bei völliger Flaute in die Juan de Fuca-Straße hinausmotoren, richte ich das neue Logbuch ein und schreibe auf die erste Seite:

Montag, 1. Mai 1995

Expedition SEA, ICE & MOUNTAINS

11 Uhr 45: Beginn der Reise.

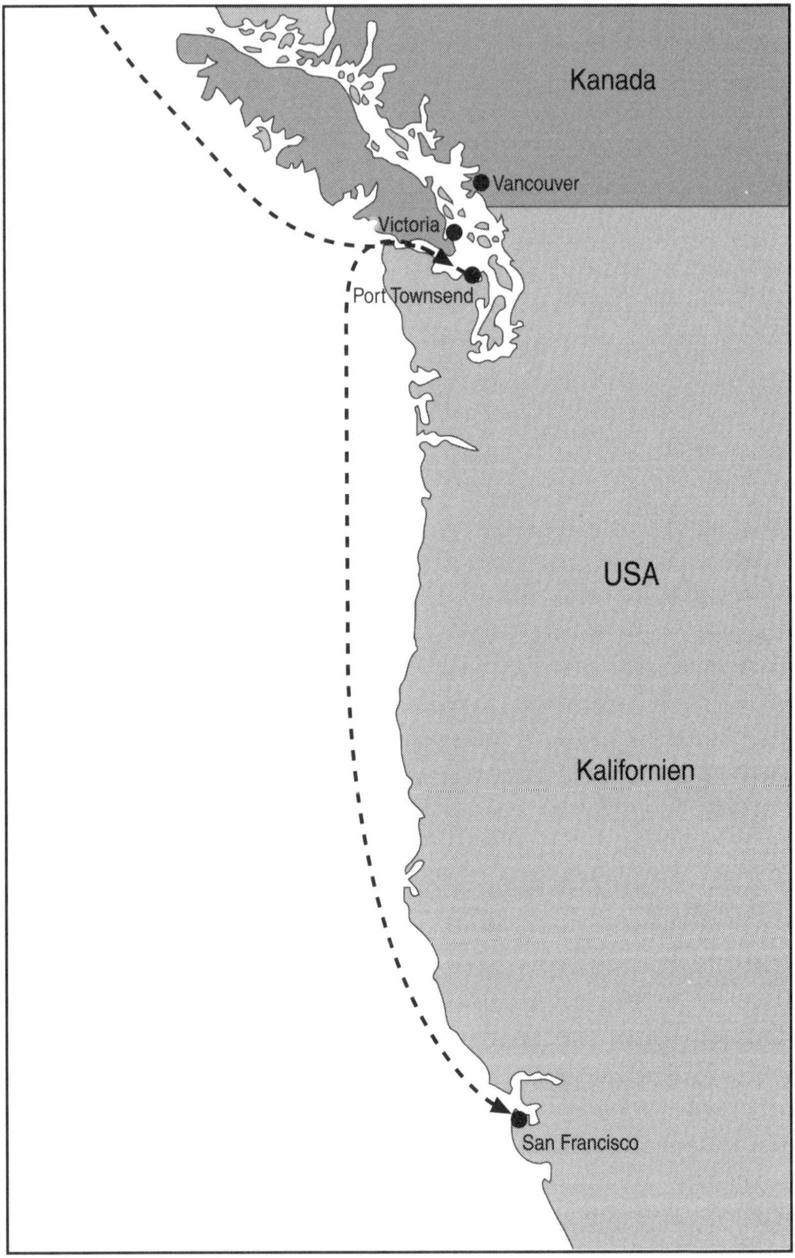
Kanada
Vancouver
Victoria
Port Townsend
USA
Kalifornien
San Francisco

Aufbruch nach San Francisco

Am nächsten Morgen erreichen wir den Pazifik. Zusammen mit einem langen Ozeanschwell kommt der ersehnte Wind aus nordwestlicher Richtung. Noch während wir damit beschäftigt sind, die Segel zu setzen, nimmt der Wind auf 25 Knoten zu – Windstärke 6, für uns ideale Bedingungen.

Die Abläufe auf einem traditionellen, gaffelgetakelten Segelschiff muten für den außenstehenden Betrachter und selbst für geübte Yachtsegler bisweilen ein wenig verworren und umständlich an. Auch wenn die vielen verschiedenen Handgriffe für den Geübten in sich logisch und schlüssig sind, so steht doch außer Frage, daß ein Traditionsschiff arbeitsintensiver ist als moderne, hochgetakelte Yachten, bei denen auf scheinbar geheimnisvolle Weise Groß- und Vorsegel sozusagen per Knopfdruck verschwinden oder wieder aus der Versenkung auftauchen. Automatisierung und Modernisierung im Segelbereich, dagegen ist sicher nichts einzuwenden. Moderne Fahrtenyachten lassen sich mit weniger Crew und geringerem Aufwand schneller und leichter segeln. Aber eigentlich hat, wer sich für das Segeln im allgemeinen entschieden hat, auch immer eine sportliche Variante der Fortbewegung gewählt. Innerhalb dieser Variante gibt es natürlich individuelle Unterschiede.

Der Regattasegler stellt eben ganz andere Ansprüche an sein Schiff als der Fahrtensegler oder ein Traditionssegler. Wer das Segeln auf einem traditionell getakelten Schiff gelernt hat, wird nach kurzer Eingewöhnungszeit in der Lage sein, eine moderne Yacht zu segeln. Umgekehrt ließe sich das sicherlich nicht so ohne weiteres realisieren. An Bord der DAGMAR AAEN befinden sich im Schnitt immer acht bis neun Personen, gelegentlich sind es bis zu zwölf, dann wird es eng. Mindestens sind aber sechs Personen an Bord, um das Schiff auch effektiv segeln zu können. Allein um das Großsegel zu setzen, bedarf es dieser sechs Mann: zwei, die das Klaufall holen und drei, die dasselbe beim Piekfall tun. Der Rudergänger muß zudem darauf achten, daß sich die Gaffel nicht hinter den Dirken verhakt, er muß die Gaffelgeien führen und die Kommandos geben. Bei einem eingespielten Team läuft das Ganze zügig und ohne große Kommentare ab. Da es bei uns an Bord keine Winden gibt, sondern alles direkt über Blöcke und Fallen geht, ist Krafteinsatz und Teamarbeit gefordert. Noch aufwendiger gestaltet sich das Reffen, das bei schlechtem Wetter schnell zu einem „All-Hands-Manöver" geraten kann. Zum Setzen oder Bergen des Klüvers muß stets einer aus der Crew das sichere Deck verlassen und angeleint im Klüvernetz das Segel ein- oder auspacken. Bei schwerem Wetter sind gleich zwei Personen dafür erforderlich, die als Dank für ihren Einsatz samt Klüverbaum und Netz bis zum Hals in die heranrollenden Seen eintauchen. „Witwenmacher" wurde der Klüverbaum zur Zeit der alten Windjammer genannt, da allzuoft ungesicherte Seeleute bei Sturm aus dem Netz gespült wurden. Und nachts auf den Fußpferden einer Rah zu stehen, bei der aufgrund des Hebelarms bei einem rollenden Schiff unglaubliche Beschleunigungskräfte wirken, ist auch nicht jedermanns Sache. Eigentlich bräuchte man beide Arme, um sich festzuhalten, aber schließlich steht man dort oben ja, um ein wild schlagendes Segel zu bergen.

Nein, keine Frage, was das Handling und die Pflegeintensität eines alten Holzschiffes angeht, kann man sicher unterschiedlicher Auffassung sein. Was Seeverhalten und in unserem Falle auch Eistauglichkeit angeht, wohl kaum. Auch wenn ein Gaffelrigg schwieriger zu handhaben ist als ein modernes Yachtrigg, hat uns diese Mehrarbeit nie gestört. Im Gegenteil. Darin liegt vielleicht der besondere Reiz. Wenn ein Gaffelrigg unbequem ist, dann ist Segeln insgesamt ein nasser, teurer und unbequemer Sport. Also, was soll's? Es gibt vielleicht kein rationales Argument für ein altes Schiff. Aber in einer Welt, die von nüchternem Kalkül, Effizienz und Tempo bestimmt ist, fühlen wir uns auf der DAGMAR AAEN wie in einem Reservat, in dem andere Maßstäbe und Werte gelten. Etwas zu tun, von dem viele meinen, daß es unvernünftig und unzeitgemäß sei, hat uns noch nie irritiert. Uns bringt es eben Spaß – nur das zählt.

Wir laufen unter Vollzeug, also Groß, Fock, Klüver und Breitfock. Bei raumen Winden segeln wir 7 bis 8 Knoten, das ist für unsere Verhältnisse schon ganz ordentlich. Nachdem der Wind die 25-Knoten-Marke überschritten hat, binden wir das erste Reff ins Groß und laufen bei unverminderter Geschwindigkeit genau Kurs. Bordroutine macht sich breit. Wir gehen ein Dreiwachensystem. Die erste Wache beginnt um Mitternacht und geht bis 4 Uhr morgens. Danach zieht die 4–8-Wache auf, die ihrerseits wieder von der 8–12-Wache abgelöst wird. Die aufziehende Wache kommt stets 5 Minuten vor Wachantritt an Deck, um sich einen Überblick zu verschaffen und von der noch amtierenden Wache über Wetterentwicklung, Kurse und sonstige für die folgenden Stunden relevanten Dinge informiert zu werden. Dann heißt es „Gode Wach" für die neue Wache und die andere Wache wird mit einem „Gode Ruh" unter Deck geschickt. Eine Wache besteht aus mindestens zwei Personen, wovon die eine Steuermann/-frau und somit verantwortlich ist. Da es keinen Autopiloten gibt, muß die ganze Zeit von Hand gesteuert werden, ganz gleich, wie das Wetter ist. Die Freiwache kann sich jetzt hinlegen, essen oder lesen, sofern nicht wichtige Schiffsarbeiten auf sie warten, die natürlich Vorrang haben. In jedem Fall steht diese Wache vier Stunden lang auf „Standby". Das heißt, wenn Segelmanöver anstehen, die die Deckswache allein nicht bewältigen kann, muß die Freiwache wieder raus.

Um das Schiff sauber zu halten und um besonders auch den Smut zu entlasten, ist jeden Tag einer mit Backschaft dran. Zur Backschaft gehören Geschirrspülen, das gesamte Schiff unter Deck fegen und wischen, die Waschbecken und die Toilette reinigen sowie die Tische und Ablagen abwischen. Jeder an Bord hat seine eigene Koje sowie ein Schapp, in dem er seine privaten Utensilien unterbringen kann – und muß. Herumfliegende Socken oder verschwitzte T-Shirts haben keine lange Lebenserwartung. Entweder fliegen sie über Bord oder wandern als „Sondermüll" in die Maschine, um ihr Dasein als Putzlappen zu fristen. Da diese Spielregeln für alle an Bord gelten und sie nach allgemeiner Auffassung dem Wohlbefinden dienen, hat sie bislang jeder ohne Murren akzeptiert. Smut und

Skipper sind als einzige von der Backschaft befreit. Der Skipper ist zudem wachfrei, was aber keineswegs dazu führt, daß er sich vor Untätigkeit langweilt.

Die Dagmar Aaen verfügt über eine recht umfangreiche Bibliothek. Jeder der an Bord geht, wird dazu ermuntert, soviele Bücher wie möglich mitzubringen. Da wegen der verschiedenen Nationalitäten an Bord die Umgangssprache häufig Englisch ist, gibt es auch eine entsprechende Auswahl an englischsprachiger Literatur. Es ist für jeden etwas dabei, und alle entwickeln sich in kürzester Zeit zu ausgesprochenen Leseratten. Wenn ich an Bord etwas lese, tue ich das mit einer ganz anderen Intensität als etwa zu Hause. Ich habe mehr Zeit und Muße, den Lesestoff auf mich wirken zu lassen. Da in der Regel auch meine Mitsegler das Buch gelesen haben, kann ich mit ihnen darüber sprechen, diskutieren, schmunzeln oder in Einzelfällen auch mal ein Werk verbal zerreißen. Es bleibt einfach mehr hängen. Lesen und viele daraus resultierende Gespräche sind mir deshalb sehr wichtig.

Die Kojen der Dagmar Aaen jagen manch einem schon beim bloßen Anblick klaustrophobische Angstzustände ein. Einige sprechen von ihrer „gemütlichen Kiste“, andere weniger zurückhaltend von ihrem „Sarg“. Hier muß ich die Räumlichkeiten entschieden in Schutz nehmen. Zugegeben, die Kojen sind eng und viel Kopffreiheit bieten sie auch nicht. Trotzdem sind sie, wie übrigens alle nach einer kurzen Eingewöhnungszeit übereinstimmend feststellen, urgemütlich. Wir haben die Kojenform der Fischereischiffe beibehalten. Es handelt sich hierbei um eine Art Schrankkoje. Mittels zweier Schiebetüren gelangt man in sein Allerheiligstes, das nun wirklich das Nonplusultra an Privatsphäre an Bord darstellt. Schiebetürchen auf heißt: „Ich bin gesprächsbereit“, Türen zu: „Laßt mich in Ruhe“. Keiner würde sich jetzt mehr in die Höhle des Löwen wagen. So einfach ist das.

Aus Sicherheitsgründen für Fahrten im Eis ist das Schiff in drei wasserdichte Segmente unterteilt: in Vorschiff, Mittschiff und Achterschiff. Die jeweiligen Sektionen sind nur über Deck zu erreichen. Wer also im Vorschiff wohnt und auf Toilette will, muß wohl oder übel – bei welchem Wetter auch immer – nach draußen und über Deck ins Mittschiff gehen, wo sich unser Pumpklo befindet. Die

Toilette selbst, ein solides Albatros-WC, zeichnet sich nicht nur durch seine Widerstandsfähigkeit aus, mit der es auch den hartnäkkigsten Attacken begegnet, es durch ungebührend viel Toilettenpapier oder sonstige Einführungen zu verstopfen, sondern es ersetzt gleichzeitig auch ein Fitnessgerät an Bord. Seine bemerkenswert schwergängige Pumpe fördert den Bizepswuchs des rechten Oberarms ungemein und würde selbst Arnold Schwarzenegger andächtig innehalten lassen. Aber es funktioniert eben – was von vielen seiner leichtgängigeren Artgenossen aus dem Yachtbereich nicht so ohne weiteres behauptet werden kann. Also lieben wir unser Klo und nörgeln nicht daran herum.

Rustikalität und traditionelle Seemannschaft gepaart mit moderner Navigations- und Kommunikationselektronik stellen eine interessante Symbiose dar. Natürlich gibt es ihn an Bord, und zwar gleich in zweifacher Ausfertigung. Ihn, den jeder gern mit wissendem Kennerblick in die Hand nimmt und dem Laien ob seiner Unwissenheit triumphierend unter die Nase hält – den Sextanten. Kein anderes Gerät an Bord eines Schiffes ist wohl so mystifiziert und wichtigtuerisch herumgereicht worden. Dabei ist auch ein Sextant nichts weiter als ein – zugegebenermaßen genaues – Winkelmeßinstrument. Die größten Schwierigkeiten treten meistens nicht bei der Handhabung mit dem Sextanten selbst auf, sondern bei den anschließend erforderlichen Rechnungen. Das Wissen um die astronomische Navigation wurde früher zu Segelschiffszeiten wie ein Staatsgeheimnis an Bord gehandelt. Verständlich – stellte die Fähigkeit, den Standort eines Schiffes auf hoher See bestimmen zu können, doch oft genug den einzigen Garanten dar, nicht von einer miserabel verpflegten, schlecht behandelten und noch schlechter bezahlten Mannschaft kurzerhand über Bord geworfen zu werden. Auch der aufgebrachteste Seemann wollte schließlich wieder nach Hause kommen. So schikanierte man ungescholten weiter, ließ das gemeine Volk der Seeleute vor dem Mast wohnen und schirmte sich in seiner Herrlichkeit und seiner Machtfülle im Achterschiff ab. Im Zeitalter von GPS, Loran, Radar und was es sonst noch alles gibt hat sich diese Geheimnistuerei von selbst bereinigt. Wenngleich es doch immer noch ungemein wichtig aussieht, wenn man den Sextanten mit Kennermiene zur Hand nimmt. Aber auch wenn die Zeit den Sextanten überholt hat, gehört es für mich zur guten Seemannschaft dazu, mit einem solchen Gerät umgehen zu können. Aber bitte ohne jeden verklärten Mythos. Es bringt schlicht auch ungeheuer viel Spaß, damit zu arbeiten und seine Meßergebnisse – Heinrich der Seefahrer möge mir verzeihen – mittels des an Bord befindlichen GPS zu überprüfen. Moderne Navigationselektronik macht Seefahrt einfach sicherer. Schließlich haben sich auch die Dichte des Verkehrs, die Fahrwasser und die Ansteuerungen zu den Häfen im Verhältnis zu früher geändert. Natürlich können auch elektronische Navigationsgeräte kaputtgehen, aber unser GPS-Zweitgerät, ein kleines, tragbares Teil, hat den Sturz vom Kartentisch schon mehrfach ohne jeden Schaden überstanden. Und Seewasser scheint ihm auch nichts auszumachen. Ich mag mir nicht ausmalen, wie mein Sextant auf eine derartige Mißhandlung reagieren würde. Königsmord ist das einzige, was mir dazu einfällt.

Zu erwähnen wäre noch, daß das gesamte Schiff mittels Dieselöfen beheizbar ist. Das, was einige als einen ungeheuren Luxus und als einsetzende Verweichlichung einstufen, ist neben dem daraus resultierenden Komfort ein Sicherheitsaspekt. Wer bei schlechtem Wetter und arktischer Kälte nach seiner Wache unter Deck kommt, nur um sich in seine klamme Koje zu verholen und vor kalten Füßen nicht einschlafen zu können, der ist nach seiner Freiwache eben nicht so ausgeschlafen und fit wie derjenige, der es warm und trokken gehabt hat und dessen Regenbekleidung in der Zwischenzeit am Ofen getrocknet ist. In den kalten Regionen läuft zumindest der Dickinson-Dieselherd ununterbrochen. In den Tropen kochen wir elektrisch, den Strom dazu liefert uns ein 12-kW-Dieselgenerator. Im Maschinenraum steht nicht nur der Generator, sondern auch ein gediegener Langsamläufer der dänischen Marke Callesen. Dieser Motor wiegt allein sieben Tonnen, überträgt seine 180 Pferdestärken auf den gewaltigen zweiflügeligen Verstellpropeller und ist von einer unglaublichen Solidität und Zuverlässigkeit. Ich hatte den Motor gebraucht gekauft, ihn im Werk für viel Geld grundüberholen und ihn schließlich anstatt eines betagten Glühkopfmotors ins Schiff setzen lassen. Ich habe es nie bereut. Im Gegenteil. So manches Mal, wenn es darum ging, mit äußerster Kraft das Schiff aus bedrohlichen Eisfeldern herauszuboxen, habe ich an die glückliche

Fügung gedacht, die mich gerade diesen Motor auswählen ließ. Und noch ein anderer glücklicher Umstand ging mit dem Motor einher: Egon Fogtmann. Egon, bislang Werkmeister bei dem Motorenhersteller Callesen, fand an dem Schiff, an unserer Art zu reisen und wohl auch an den Leuten Gefallen. Wir sind dicke Freunde geworden und seitdem ist Egon nicht mehr von Bord wegzudenken. Ich wage mal zu behaupten, daß es auf der ganzen Welt keinen besseren Maschinisten als Egon gibt – für uns ist er das auf jeden Fall. Sein trockener Humor und seine unerschütterlich gute Laune haben ihm einen festen Platz in der Stammannschaft gesichert. Zum Glück ist Else, Egons Frau, uns genauso freundschaftlich verbunden und läßt ihren Egon immer wieder monatelang ziehen.

Eine Seewasserentsalzungsanlage vervollständigt den Maschinenraum. Auf diese Weise brauchen wir keine ungebührend großen Wassertanks zu montieren und erweitern unseren Radius nahezu beliebig.

Nachdem der Wind auf 35 Knoten zugenommen hat, binden wir das dritte Reff ins Groß, ansonsten bleiben alle Segel oben. Wind und Wetter haben eine herrliche Konstanz. Die Sonne scheint, der Himmel ist blau und nahezu wolkenfrei, und die lange und hohe Pazifikdünung hebt die Dagmar Aaen immer wieder sanft empor, schiebt sie vor sich her. Rauschefahrt! Mein Lieblingsplatz bei solchem Wetter ist das Klüvernetz. Indem man gut gesichert im Netz liegt, gewinnt man das Gefühl eines außenstehenden und unbeteiligten Betrachters. Tatsächlich hat man das Schiff ja auch verlassen und sieht den Rumpf mit dem schäumenden Steven vor sich, als beeile er sich, einen einzuholen. Die Schiffsbewegungen sind weich, und auch wenn die See dem Klüvernetz mitunter bedrohlich nahe kommt, so heben sich Bug und Klüverbaum doch jedesmal wieder rechtzeitig in die Höhe. Ich bleibe trocken.

In dieser Nacht hören wir auf Kanal 16 den Notruf einer Segelyacht. Es scheint ein japanisches Ehepaar zu sein, das mit ihrer 10-Meter-Yacht ernsthafte Probleme zu haben scheint. Die Stimme der Frau klingt hektisch und überschlägt sich. Sie ist nur schwer zu verstehen. Offenbar ist ihr Mann über Bord gespült worden und hat sich dabei nicht nur Verletzungen, sondern auch Unterkühlungen zugezogen. Er ist bewußtlos, während die Frau zunehmend in Panik gerät. Die amerikanische Coast Guard reagiert prompt auf den Notruf. Da die Frau flehentlich darum bittet, abgeborgen zu werden, wird ein Hubschrauber losgeschickt. Wir selbst befinden uns ca. 20 Seemeilen in Lee des Havaristen. Zu ihm zu gelangen, hieße stundenlanges Gegenanbolzen. Trotzdem biete ich der Coast Guard an, sofort Kurs auf die Yacht zu nehmen, doch man lehnt dankend ab, da der Hubschrauber in Kürze vor Ort eintreffen müsse. Wenig später wird das Ehepaar abgeborgen, die Yacht vorerst sich selbst überlassen. Ein in der Nähe befindlicher Fischer wird sie wenig später auf den Haken nehmen und in den nächsten Hafen schleppen.

Wind und Wetter halten an, bis wir am 7. Mai bei Tagesanbruch die Silhouette der Golden Gate-Brücke auftauchen sehen. Die Stadt scheint noch zu schlafen, als wir unter der von der ersten Morgensonne angestrahlten Brücke durchsegeln. Ein starker Strom setzt seewärts, doch unter Landabdeckung schläft der Wind ein. Wir starten die Maschine, bergen alle Segel und laufen mit langsamer Fahrt in die San Francisco-Bucht ein. Ich kenne San Francisco von einem früheren Besuch her und freue mich auf ein Wiedersehen. Ich mag die Stadt, besonders aber auch die Szenerie: die Golden Gate, die Bucht, die Skyline von San Francisco und den gegenüber liegenden kleinen Ort Sausalito. Ein Bild, das sich mir eingeprägt hat und an das ich mich gern erinnere. Wir haben eine Einladung von dem Maritime Museum in San Francisco erhalten. Mehrfach hatte die Museumsverwaltung in meinem Büro zu Hause nachgefragt, ob es, wie vereinbart, bei dem Besuch bliebe. Wir freuen uns über das offenkundige Interesse und haben den Termin bestätigt. Alles ist bestens organisiert, als wir jetzt die drei Masten der BALCLUTHA, einem betagten Windjammer, und damit den Museumshafen vor uns liegen sehen. Ein freundlicher Museumsbediensteter weist uns einen Liegeplatz zu, nimmt die Leinen an, und wenig später liegen wir an der Museumspier inmitten der historischen Schiffe. Man zeigt uns Duschmöglichkeiten und läßt uns sehr einfühlsam Zeit, bevor es zum offiziellen Teil kommt. Angenehmer kann das Einlaufen in einen Hafen kaum gestaltet werden.

San Francisco

Frisch geduscht und mit einem üppigen Frühstück im Bauch fühlen wir uns fit genug, uns der Großstadt zu stellen. Um die Mittagszeit kommt Dave Hull an Bord, der unseren Besuch vorbereitet hat und jetzt rührend bemüht ist, uns den Aufenthalt so angenehm wie möglich zu gestalten. Die Gastfreundschaft, auf die wir allerorts treffen, ist überwältigend. Die Kunde, daß wir mit der DAGMAR AAEN durch die Nordwestpassage gesegelt sind, ist uns vorausgeeilt. San Francisco war schon immer ein Tor zur Arktis und natürlich zum Pazifik. Expeditionen wurden zusammengestellt und ausgerüstet, oder sie endeten schließlich hier. Walfänger und Robbenschläger segelten von Frisco nach Norden in die Bering- und weiter in die Beaufortsee hinein. Auch wenn inzwischen der Wal- und Robbenfang geächtet und in der heutigen Zeit durch nichts mehr gerechtfertigt ist, so muß man den alten Walfängern trotz der Metzeleien, die sie anrichteten, doch ungeheuren Mut und seemännisches Können bescheinigen. Ökologische Aspekte kannte man damals nicht und Mitleid mit der gequälten Kreatur leider auch nicht. Aber die Fänger selbst schonten sich auch in keinster Weise. Die Lebensbedingungen auf einem Wal- oder Robbenfänger waren nach heutigen Maßstäben schier unglaublich: Ekelerregender, ranziger Gestank, der schmierige Ruß von den Trankochern, fauliges, in leeren Tranfässern gelagertes Trinkwasser und nasse und schimmelige Unterkünfte, die sich die Seeleute nicht nur untereinander, sondern auch mit Herden von Ratten und Kakerlaken teilen mußten. Die Rückkehr war stets ungewiß. Das Packeis schloß die Schiffe immer wieder ein, einige überstanden den langen dunklen Polarwinter, andere nicht. Ganze

Flotten gingen auf diese Art und Weise verloren. Und selbst unter den Seeleuten der Handelsschiffe litten die Walfänger einen schlechten Ruf. Sie wurden wegen ihres Gestanks und Drecks und der Schiffe, die sich scheinbar stets in einem desolaten Zustand befanden, verachtet. Dabei lieferten sie nur das, was die ganze Welt von ihnen erwartete: Öl für die Lampen, Fischbein für Korsetts und Kämme und einen stinkenden Klumpen Amber, der als Grundstoff zur Parfumherstellung benötigt wurde.

Immer wieder stießen wir im Verlauf der ICESAIL-Expedition auf die Spuren der Walfänger. Ob auf Spitzbergen, in Grönland, der kanadischen Arktis, Rußland oder Alaska – stets waren die Walfänger die ersten, die diese einsamen Regionen aufgesucht hatten. Meistens lange vor den großen staatlichen Expeditionen, die mit viel Brimborium verabschiedet wurden und häufig genug durch Selbstherrlichkeit und Inkompetenz mit wehenden Fahnen in den Untergang segelten. Den Rat der eiserfahrenen Walfangkapitäne wollten die Admiralitäten nicht hören. Selbst Persönlichkeiten wie William Scoresby fanden kein Gehör bei den britischen Lords, obwohl sein Interesse bei seinen Reisen schon durchaus wissenschaftlicher Natur und keineswegs nur auf den Walfang beschränkt war.

Einer, der sich nicht in Selbstgefälligkeit übte, sondern die Kompetenz und den Wissensvorsprung der Walfänger erkannte, war der Norweger Roald Amundsen. Als er den Plan faßte, nach der legendären Nordwestpassage zu suchen, stützten sich seine Recherchen fast ausschließlich auf die Erfahrungen alter Walfangkapitäne. Amundsen wurde auch prompt von ihnen unterstützt. Er war unkonventionell, verachtete die sturen und behäbigen Bürokraten und formte sich aus den Fehlern anderer und dem Wissen der wahren Experten eine eigene Strategie. Sehr erfolgreich, wie man heute weiß. Nicht nur, daß es ihm mit seinem Schiff GJÖA erstmals gelang, die Passage zu durchsegeln, er sammelte darüber hinaus viele wissenschaftliche Daten, die für die damalige Zeit von großer Bedeutung waren. Als er nach drei Jahren Expeditionsdauer schließlich in San Francisco einlief, war Amundsen über Nacht ein berühmter Mann geworden. Ursprünglich sah Amundsens Plan vor, mit der GJÖA weiter nach Süden und um das Kap Hoorn herum zu fahren, um auf der alten Segelschiffsroute Europa wieder zu erreichen. Damit hätte er Nord- und Südamerika umrundet. Aus diesem Vorhaben wurde jedoch nichts. Der Erfolg der Durchfahrung der Nordwestpassage wurde so hoch gewertet, daß alle anderen Pläne zurückstehen mußten. Jahrhundertelang hatte man nach einem Seeweg gesucht – Amundsen hatte ihn gefunden. Jetzt wollte man ihn auf dem schnellstmöglichen Weg zurück in Norwegen haben. Die GJÖA blieb, wo sie war, in San Francisco.

Kurz nachdem Dave Hull seinen ersten kurzen Besuch bei uns an Bord beendet hat, kommt ein Norweger mittleren Alters auf uns zu. Er stellt sich mir als Olaf Envig vor, lebe sowohl in Norwegen als auch in San Francisco und nutze gerade die umfangreiche Bibliothek des Maritime Museums zu Studienzwecken. Schnell sind wir im Gespräch. Wir sitzen im behaglichen Vorschiff der DAGMAR AAEN, das seit ihrer Indienststellung im Jahr 1931 unverändert erhalten geblieben ist. Es ist gemütlich hier. Nachgedunkeltes Birkenfurnier, Mahagoni-Einfassungen, alles schlicht und auf Zweckmäßigkeit ausgelegt, aber vielleicht gerade deshalb warm und angenehm. Olaf Envig ist ein Schiffsnarr. Er weiß nicht nur alles über Walfang und Expeditionen, sondern hat selbst schon mehrere historisch bedeutsame Schiffe vor der Verschrottung bewahrt, sie restauriert und wieder in Fahrt gebracht. In seiner Tasche hat er mir ein gerahmtes Bild mitgebracht, das aus dem Jahre 1909 stammt. Es zeigt die GJÖA am Strand von San Francisco, unmittelbar bevor sie an Land gezogen wurde, um fortan im Golden Gate-Park ausgestellt zu werden. An Land eine Schar von Zuschauern, Pferdefuhrwerke, die mittels großer Taljen das Schiff an Land ziehen sollen. Dahinter Amundsens Schiff, das von einem Schlepper an seine Position bugsiert worden ist. Olaf sagt mir, daß dies das letzte und wohl auch einzige Bild sei, das die GJÖA noch im Wasser zeigt. Danach erwartete sie eine weniger ruhmvolle Zeit. Im Golden Gate-Park aufgestellt, war sie ohne fundierte Pflege Wind und Wetter und besonders Pilzbefall und Fäulnis ausgesetzt. Ihr völliger Verfall schien unaufhaltbar. Erst in den siebziger Jahren bildete sich eine Initiative zur Rettung dieses besonderen Schiffes. Sozusagen im letzten Moment wurde sie als Decksfracht auf einen großen Frachter gestellt und trat auf diese Weise nun doch noch die lange Heimreise nach Norwegen an. Dort wurde sie in Bygdöy neben dem Fram-Museum aufgestellt und restauriert, wo sie heute von interessierten Besuchern besichtigt werden kann.

Es sind die offenkundige Ähnlichkeit unserer Dagmar Aaen mit der Gjöa und die vielen Parallelen in der Biographie der beiden Schiffe, die unser Schiff so interessant für die Museumsleute macht. Beides sind ursprünglich Fischereischiffe gewesen. Beide sind sie aus massiver Eiche gebaut, tragen eine Kuttertakelung, haben eine Breitfock und einen Dieselmotor. Die Gjöa ist lediglich einige Meter länger als die Dagmar Aaen. Noch dazu sind wir exakt auf der Amundsenroute durch die Nordwestpassage gefahren, hatten nahezu die gleichen Punkte angelaufen – und das ganze neunzig Jahre nach Amundsen. Im Maritime Museum gibt es noch viele Unterlagen seiner Expedition. Olaf kennt sie alle und ist begeistert von unserer Idee, den alten Amundsenplan aufleben zu lassen und die „Heimreise" rund Kap Hoorn anzutreten. Das heißt, dort wo die Reise der Gjöa zwangsläufig endete, wird sie von uns und der Dagmar Aaen fortgeführt. Nicht auf direktem und kürzestem Weg, denn die Dagmar Aaen wird, wie bisher, ihre eigenen Kurse verfolgen. Es wird eine Reise der bewußten und gewollten Umwege sein, an deren Ende sich aber der Kreis, den Amundsen gedanklich vorgegeben hat, schließen wird. Das Bild der Gjöa hängt seit dem Besuch Olaf Envigs im Vorschiff.

Eine Großstadt ist immer mit Unruhe und Hektik verbunden. So gern wir hier sind und so sehr wir uns über die freundschaftliche Aufnahme freuen, so wenig Ruhephasen gibt es für uns. Das Museum ist geöffnet und ständig strömen Besucher aus aller Welt hinein und bleiben bei ihrem Besuch auch vor der Dagmar Aaen stehen. Gelegentlich machen wir Schiffsführungen. Darüber hinaus gibt es aber auch noch diverse Arbeiten zu erledigen. Der Kompaß muß neu kompensiert werden, also bestellen wir einen Kompensierer und fahren solange in der Bucht Kreise, bis er alle Peilungen genommen hat und eine entsprechende Deviationstabelle aufstellen kann. Da wir auf unserer weiteren Route nach Süden teilweise mit mäßigen bis schwachen Winden zu rechnen haben, habe ich ein weiteres Segel anfertigen lassen, unser Toppsegel. Die Spiere dazu hatte Kai schon während des letzten Winters gebaut. Das Segel hatte ich derweil zu Hause in Auftrag gegeben. Auch hier sind allerlei

Takelarbeiten erforderlich, um es aufzuriggen. Während die Crew mit solchen Arbeiten beschäftigt ist, halte ich Dia-Vorträge im Maritime Museum oder treffe mich mit Journalisten. So haben wir alle gut zu tun. Trotzdem bleibt noch genügend Zeit, um sich die Stadt anzusehen. Ich bin kein Großstadtmensch. Naturlandschaften, fernab vom hektischen Getriebe und der Schnellebigkeit der Städte, empfinde ich als Oase; Großstädte in aller Regel dagegen als einengend und im wahrsten Sinne des Wortes konstruierte Gebilde. Einige Ausnahmen gib es. Hamburg zählt dazu, San Francisco und noch einige andere Städte. Nicht, daß ich in diesen Städten wohnen möchte, aber ich finde sie auf eine angenehme Art und Weise lebendig und interessant. Zudem sind es Hafenstädte, was wohl einen Teil ihres Reizes ausmacht. Ich mag große Märkte, wo das Leben quicklebendig ist, gehandelt, um Preise gefeilscht wird und wo es die tollsten Dinge zu kaufen gibt, Städte, die kosmopolitisch sind, die nicht in sich gekehrt sind, sondern der Welt offen gegenüber stehen. San Francisco ist ein Schmelztiegel, vielleicht konnte gerade deshalb die Hippiebewegung der späten sechziger Jahre hier entstehen. Viele der mittlerweile in die Jahre gekommenen Althippies leben heute noch ein alternatives Leben in ihrer Stadt.

Wir begegnen hier auch Harold Sommer, der einen Schoner sein Eigen nennt, welcher schon seit langem mein Interesse geweckt hat: die WANDERBIRD, ein ehemaliger Elbe-Lotsenschoner, der gegen Ende des letzten Jahrhunderts auf der Stülckenwerft in Hamburg gebaut worden ist. Das Schiff hat einen interessanten und fast lückenlos dokumentierbaren Werdegang hinter sich. Harold hatte das Schiff vor vielen Jahren in völlig heruntergekommenem Zustand gefunden, es erworben und in jahrelanger Arbeit von Grund auf restauriert. Das Resultat ist wahrhaftig sehenswert. Aber Harold, selbst nicht mehr der Jüngste, ist dieser 26 Meter lange Schoner zu groß und zu aufwendig in der Unterhaltung geworden. Er will ihn verkaufen. Schon in Deutschland hatte ich über einen Bekannten von den Verkaufsabsichten gehört. Gemeinsam mit der Presse hatte ich versucht, einen Käufer zu finden, um dieses einzigartige Schiff zurück nach Hamburg zu holen. Die WANDERBIRD befindet sich nicht nur in einem originalgetreuen, sondern auch absolut seetüchtigen Zustand. Man hätte sie ohne weiteres auf eigenem

Kiel nach Hamburg segeln können. Der Preis, den Harold für das Schiff verlangte, macht sich im Vergleich zum Schiff relativ bescheiden aus. Aber zum einen fehlte mir die Zeit, mich intensiv um potentielle Käufer zu kümmern, zum anderen schien keiner interessiert zu sein. Eine vertane Chance! Zwischenzeitlich soll die WANDERBIRD verkauft worden sein, und der jetzige Eigner, ein Amerikaner, will das Schiff zunächst gründlich umbauen – und damit die unwiederbringliche Originalausstattung gegen eine moderne ersetzen, sein gutes Recht. Ich finde es nur bedauerlich, daß man so wenig Sinn für historisch bedeutsame Schiffe bei uns aufbringt. Die WANDERBIRD wäre eine echte Bereicherung und Touristenattraktion des Hamburger oder eines anderen norddeutschen Hafens gewesen!

Die Woche vergeht wie im Fluge. Das Schiff ist voll gebunkert und verproviantiert. Die Takler des Museumshafens kommen immer wieder mit Schäkeln, Tauwerk, Spannschrauben und Haken, die sie uns als Geschenke mit auf die Reise geben. Dermaßen ausgestattet, verabschieden wir uns von unseren Gastgebern und werfen am 15. Mai die Leinen los. Langsam ziehen wir unter Segeln Richtung Golden Gate. Schon jetzt wird die Dünung der offenen See spürbar. Das Schiff hebt und senkt sich, die Küste bleibt immer weiter achteraus. Wir segeln direkt in den Pazifik hinaus. Auf der Großkreisroute wollen wir unser nächstes Ziel ansteuern – die Hawaii-Inseln.

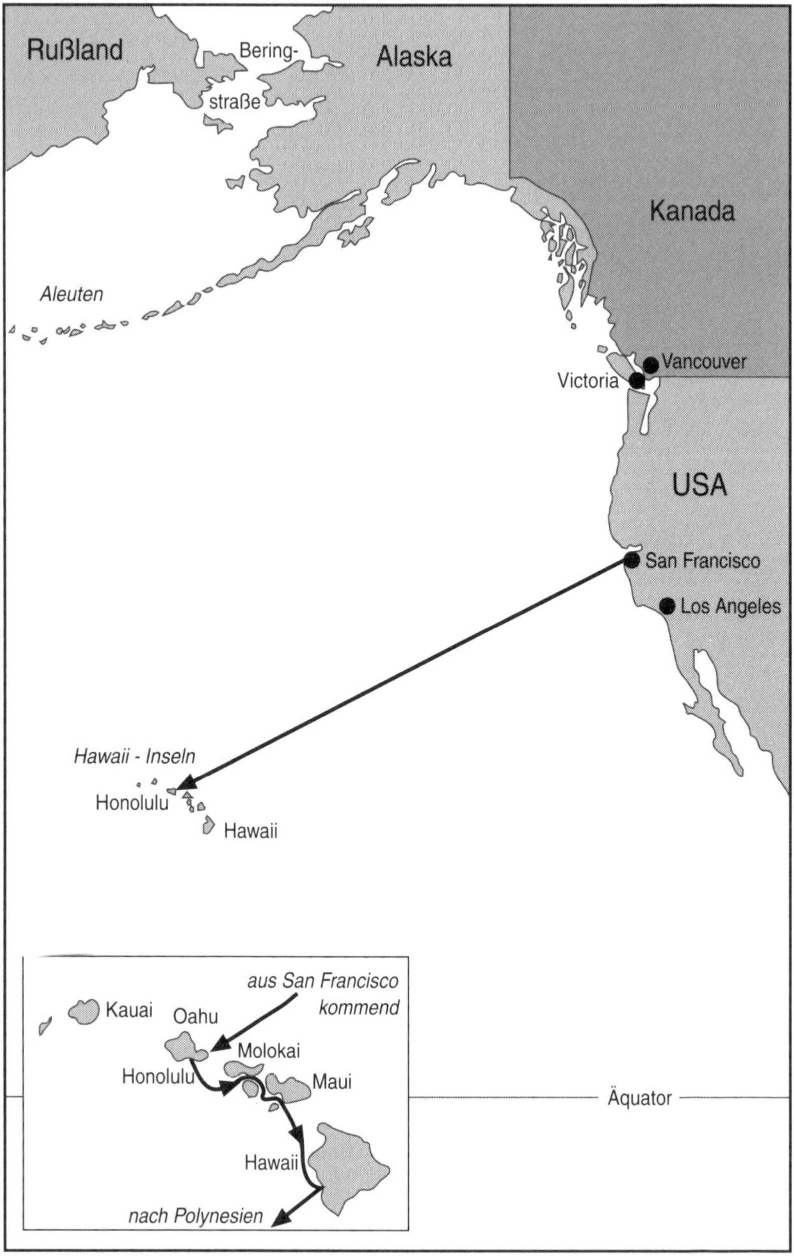
Rußland
Bering-
straße
Alaska
Kanada
Aleuten
Vancouver
Victoria
USA
San Francisco
Los Angeles
Hawaii - Inseln
Honolulu
Hawaii
aus San Francisco
kommend
Kauai
Oahu
Molokai
Honolulu
Maui
Äquator
Hawaii
nach Polynesien

Hawaii

Ich wage zu behaupten, daß in jedem von uns ein kleiner Robinson Crusoe steckt. Dabei meine ich nicht die literarische Vorlage Crusoes, den Matrosen Alexander Selkirk. Selkirk alias Crusoe steht exemplarisch für ein befristetes Aussteigen aus allen gesellschaftlichen Zwängen, für ein Leben auf einer Südseeinsel fernab jeder Zivilisation und damit auch aller Konventionen und Sicherheiten. Was macht diesen Reiz eigentlich aus? Wovon sind Menschen wie Gauguin, Robert Louis Stevenson oder Melville in einem Maße fasziniert gewesen, daß sie fortan ihr Schaffen und Leben dem pazifischen Raum widmeten? Ist es die Sehnsucht nach dem Unbefleckten, dem Unschuldigen, die Suche nach der Harmonie? Sind die zahllosen Südseeatolle tatsächlich eine Art Schlaraffenland, auf denen man von der Hand in den Mund leben kann?

Der Südpazifik ist ganz sicher nicht das Paradies auf Erden, auch er steckt voller Widersprüche, Tücken und Riffe. Den lauen Tropennächten stehen verheerende Wirbelstürme gegenüber, dem Liebreiz Gauguinscher Frauendarstellungen – zur damaligen Zeit – praktizierter Kannibalismus auf anderen Inseln. Trotzdem sind immer wieder Menschen davon gefangen, können sich dem Reiz und auch den Widrigkeiten nicht entziehen. Genausowenig, wie ich die Frage zu beantworten vermag, was mich immer wieder in die Polarregionen zieht, wird man rational erfassen können, warum Menschen vom Südpazifik fasziniert sind. Es ist womöglich gerade die Irrationalität, die die Verlockung ausmacht. Spätestens seit ich von Jack London „Die Fahrt der Snark“ gelesen habe, beschäftigt mich dieses Phänomen. London war zu der Zeit, als er die Reise antrat, schon ein weltberühmter Mann. Nach vielen Schwierigkeiten, die letzlich auch durch das große Erdbeben von San Francisco im Jahre 1906 verursacht wurden, hatte er eine Yacht entworfen und bauen lassen, die er auf den Namen SNARK taufte. Trotz einer Reihe von Fehlschlägen sowie menschlichen und technischen Problemen unternahm Jack London in den Jahren 1907/8 eine Reise durch den südpazifischen Raum. Über diese Reise, die er schließlich aus gesundheitlichen Gründen vorzeitig abbrechen mußte, schrieb er diverse Kurzgeschichten sowie besagtes Buch. Die erste Etappe, die die SNARK von San Francisco nach Honolulu auf der Insel Oahu führte, muß eine Reise voller Zerwürfnisse, technischer Ausfälle sowie menschlicher und fachlicher Unzulänglichkeiten gewesen sein. Als er nach siebenundzwanzig Tagen in Honolulu einlief, waren Schiff und Besatzung offenbar am Ende. Vielleicht ist es gerade diesem Umstand zu verdanken, daß Jack London sich besonders intensiv mit Hawaii auseinandersetzen konnte, da seine Yacht ohnehin vor einer Weiterfahrt aufwendig repariert werden mußte. London war fasziniert von dem, was er sah und erlebte: *„Als Hawaii als das Paradies des Stillen Ozeans bezeichnet wurde, hat man ihm nicht den Namen gegeben, der ihm tatsächlich gebührt. Zum Stillen Ozean sollte man noch die restlichen sieben Meere samt den darinliegenden Inseln hinzufügen. ‚Neapel sehen und sterben' – hier muß es heißen: Hawaii sehen und leben."*

Ich muß gestehen, daß sich mein Wissen über Hawaii bislang auf die wenigen Klischees und Vorstellungen beschränkte, die weitläufig im Umlauf sind: blumenbekränzte Hula-Hula-Mädchen, Palmenstrände, an denen braungebrannte Surfer im halsbrecherischen Tempo die schäumenden Kaskaden der riesigen, sich brechenden Wellen hinabsurfen. Japanischer und mehr noch amerikanischer „Way of Life", Honolulu, Pearl Harbour und Waikiki Beach. Gehört hatte ich wohl auch von Vulkanen, von einer tropischen Vegetation, von der alten hawaiischen Kultur, dem Liebreiz der Menschen im Wesen wie im Erscheinungsbild. Das alles ergab ein ziemlich konfuses und bunt zusammengewürfeltes Bild. Wie immer, wenn ich mir etwas nicht richtig vorstellen kann, weckt das meine Neugierde. Ich begann, mich mit Hawaii etwas eingehender zu beschäftigen und kam zu dem Schluß, daß sich die weite Reise durchaus lohnen werde.

Hawaii sollte sozusagen die erste Etappe, der Einstieg zu unserer Polynesienreise werden. Für die DAGMAR AAEN wie für die Crew ein ungewohntes Reiseziel. Das Schiff ist für die Polarregionen bestens ausgestattet. Für die Tropen läßt sich das leider nicht sagen. Eine Air-condition gibt es selbstverständlich ebensowenig wie etwa einen Kühlschrank oder luftige, weit zu öffnende Skylights, um wenigstens kühlende Luft in den Räumen zirkulieren zu lassen. Die in der Arktis kuscheligen, gemütlichen Kojen erweisen sich schnell als Backröhren, der zum Brotbacken kurzfristig angestellte Dieselherd als Saunaofen. Damit das Pech in den Decksnähten nicht flüssig wird, legen wir Wolldecken auf das Deck und wässern sie ständig, um auf diese Art und Weise Holz und Nähte zu kühlen.

Mit jedem Tag, mit dem wir uns vom amerikanischen Kontinent entfernen und weiter in den Pazifik hinaussteuern, wird es wärmer. Der Übergang zu den Tropen findet langsam statt. Die langen Hosen weichen Shorts, Fleecepullover T-Shirts und die schweren Seestiefel werden ersatzlos gestrichen und verschwinden erstmalig auf der langen Reise der DAGMAR AAEN in den Schapps. Es wird barfuß oder zumindest in Sandalen gelaufen. Haben wir anfangs noch guten Wind gehabt, der uns zügig unserem Ziel entgegensegeln ließ, wird er nach einigen Tagen zusehends schwächer. Die See ist ruhig, das Wetter beständig schön. Das ist für mich eine Situation, mit der ich erst umzugehen lernen muß. Mißtrauisch betrachte ich das Barometer und die Wetterfaxe nach irgendwelchen versteckten Gemeinheiten. Ich brauche eine Weile, bevor ich begriffen habe, daß ich ganz entspannt sein darf. Die Zeit der stürmischen Breiten, in denen man immer auf der Hut und auf plötzliche Wetterverschlechterungen gefaßt sein muß, ist vorerst vorbei. Zumindest zu dieser Jahreszeit dürfen wir uns sicher fühlen.

Allein die Nächte sind es wert, eine solche Reise zu unternehmen. Ganz sicher sind sie eine der Ursachen, die die Faszination des Pazifiks ausmachen. Wann gab es das schon einmal auf unserer Reise, daß wir beim Wachwechsel nach Mitternacht einfach irgendwo an Deck sitzenblieben, statt sofort unter Deck zu gehen, um uns aufzuwärmen? Jetzt gehe ich, nachdem meine 8–12-Wache beendet ist, auf das Vorschiff und setze mich dort in aller Stille hin. Jeden Abend gesellt sich Volker Gaese dazu, der mit mir auf Wache ist.

Volker und ich sind alte Schulfreunde. Der Kontakt zwischen uns ist im Laufe der Jahre nie abgerissen – im Gegenteil, er ist in den letzten Jahren intensiver geworden. Und auch wenn wir beide völlig verschiedene Dinge machen, so haben wir uns dennoch eine Verständnisebene bewahrt – das macht eine gute Freundschaft wohl aus. Geredet hatten wir oft darüber, etwas Gemeinsames zu machen. Jetzt endlich, nach rund zwanzig Jahren, klappt es.

Volker ist in San Francisco dazugestiegen und wird bis Hawaii mitsegeln. Für ihn eine völlig neue Erfahrung und Situation, in die er sich aber sehr schnell einfindet. Diese lauen Tropennächte animieren zum Reden, zum Philosophieren oder auch einfach zum stillen Verweilen. Stundenlang sitzen wir zusammen, trinken dabei ein Bier oder ein Glas Wein. Das Knarren der Takelage, das man in dieser Form nur auf Holzschiffen findet, die gedämpfte Unterhaltung der Wachmannschaft auf dem Achterschiff, das fluoreszierende Plankton, das durch die Bugwelle hochgespült wird und dabei die See illuminiert, das alles ist der Stoff, aus dem die Träume gemacht sind. Die Seele baumelt, die Gedanken fliegen. Es sind Stunden der völlig unkomplizierten, aber dennoch gedanklich kreativen Muße. Mir sind die Gespräche mit Volker wichtig, nicht nur weil damit eine alte Freundschaft neu belebt wird. Dadurch, daß man losgelöst ist von seinem hektischen Umfeld zu Hause in Deutschland, ist man aufnahmebereiter, vielleicht auch flinker und kühner in seinen Gedankengängen. Ich genieße diese Nächte sehr, mehr noch als die Tage. Und auch die können sich sehen lassen. Die ersten Sonnenbrände zeigen sich auf Rücken, Armen und Beinen.

Das Leben an Bord spielt sich an Deck ab. Hier stapeln sich Bücher, Kopfkissen und Schlafsäcke werden zu Rückenstützen umfunktioniert, um beim Lesen eine möglichst gemütliche Position zu haben. Schläft der Wind ein, was leider viel zu häufig passiert, springen einige über Bord und lassen sich von einem Tampen hinterherziehen. Derweil passen andere auf, ob sich irgendwelche verräterischen Rückenflossen zeigen. Dieses Baden auf hoher See hat neben dem Vergnügen noch einen anderen, lehrreichen Aspekt: Selbst wenn man glaubt, das Schiff stünde still, gelingt es auch unserem besten Schwimmer nicht, es einzuholen. Und das, obwohl man gewollt und überlegt ins Wasser gesprungen ist, zudem bei ruhiger

See. Jedem an Bord ist dabei klar geworden, daß eine über Bord gefallene Person aus eigener Kraft keine Chance hat, sich zu retten. Ihr Leben hängt wirklich an einem dünnen Faden und ist nur davon abhängig, wie die Verhältnisse sind und wie reaktionsschnell die Schiffscrew handelt. Nach dieser heilsamen Erfahrung habe ich bei einigen doch mehr Sicherheitsbewußtsein feststellen können.

Während die Tage und die Nächte immer heißer werden, bleibt der Wind zeitweilig völlig aus. Wir liegen bekalmt in einer Flaute auf einer See, die so glatt ist, als habe jemand Öl darauf gekippt. Wir starten die Maschine und motoren solange, bis wir wieder Wind bekommen. Während der ganzen Überfahrt bleibt es sonnig und schön, leider ist der Wind unbeständig und schwach und damit anders, als wir erwartet haben. Erst als wir uns den Hawaii-Inseln nähern, frischt er wieder auf, und der Passat setzt sich endlich durch. Am 31. Mai sichtet die 4–8-Wache die Inseln. Zügig segeln wir durch den Kaiwi-Kanal, passieren dabei ein U-Boot der amerikanischen Marine, halsen und können Kurs Honolulu anliegen.

Grüne Inseln, üppige Vegetation, weiße Strände. Die Skyline der Wolkenkratzer Honolulus wirkt da ein wenig deplaziert. Trotzdem fahren wir dorthin. Im Ala Wai-Bootshafen machen wir schließlich nach 2133 Seemeilen und 16 Tagen, seit wir San Francisco verlassen haben, an der Bunkerpier fest. Obwohl die Mitarbeiter uns sehr freundlich aufnehmen, müssen wir akzeptieren, daß für ein Schiff von der Größe der DAGMAR AAEN kein Liegeplatz mehr frei ist. Roger telefoniert herum und findet schließlich einen freundlichen Agenten, der uns einen Liegeplatz im Museumshafen Downtown Honolulu besorgt. Telefonisch melde ich mich beim Zoll und der Immigration. Da wir von einem US-Hafen kommen, genügt es, morgen bei der Behörde vorstellig zu werden. Nachdem wir Berge von Speiseeis in uns gestopft haben, werfen wir los und verholen in den Haupthafen, in dem sich auch der Museumshafen befindet. Genau gegenüber eines alten Windjammers machen wir fest. Hilfsbereite Hände fangen Festmacherleinen auf, ein leichter Schwell steht in den Hafen hinein – letzte Logbucheintragung, Maschine stop, wir sind angekommen.

Direkt neben uns eine lärmende Kneipe, die den vielsagenden Namen „The Hooters“ trägt. Damen mit silikonverdächtig großer

Oberweite servieren leicht beschürzt eiskaltes Bier – faszinierend anzuschauen, das Bier wie die Bedienung. Knapp fünf Minuten später hat jeder von uns ein großes Glas vor sich stehen. Wie immer, wenn man nach einem langen Seetörn irgendwo ankommt, herrscht ausgelassene Stimmung. Nach dem ersten gemeinsamen Bierchen bilden sich kleine Grüppchen, die sich in alle Himmelsrichtungen zerstreuen. Auch das ist wichtig, daß man nach der Enge an Bord einmal für sich sein kann. Doch die vermeintlichen Annehmlichkeiten einer Großstadt sind schnell erschöpft, die Defizite bald aufgefüllt. Alle an Bord zieht es mit Macht zu dem anderen Hawaii, das nicht von Autos, Kneipen und Scharen fotowütiger Touristen bestimmt ist. „Is this a wooden boat?" „Yes, this is a wooden boat." Ich weiß nicht, wie oft die Frage gestellt und von uns entsprechend beantwortet wird.

Nachts dröhnt die Kneipe, wir müssen schon mal den einen oder anderen Betrunkenen von Deck komplimentieren. Wir sehnen uns nach einer stillen Ankerbucht. Aber zuvor gibt es noch einiges zu tun. Obwohl wir uns lediglich in einem anderen US-Bundesstaat befinden, muß erneut einklariert werden. Die Beamten sind höflich, aber kühl und reserviert. Auch eine Einklarierungsgebühr wird wieder fällig, einige Uniformierte durchsuchen das Schiff nach Rauschgift, dann haben wir Ruhe. Während Volker von Honolulu aus nach Hause fliegt, kommen Brigitte und Till angeflogen. Kurz darauf folgt Karl Regenfelder aus der Schweiz. Karle wird uns auf der kommenden Etappe bis nach Tahiti begleiten. Die Crew ist damit wieder vollzählig. Wir bunkern Diesel, kaufen frischen Proviant und laufen schließlich am 4. Juni wieder aus.

Unser nächstes Ziel ist die Insel Molokai. Der Passat hat sich jetzt voll durchgesetzt, wir müssen ziemlich gegenanbolzen. In den Kanälen zwischen den Inseln steht eine grobe See, die durch 35 bis 40 Knoten Wind aufgeworfen wird. Wie durch eine Düse wird der Wind zwischen die gebirgigen Inseln gepreßt und dabei beschleunigt. Obwohl die Sonne scheint und ein makellos blauer Himmel sich über uns ausbreitet, sind Wind und See nicht zu unterschätzen. Vielleicht sind es gerade der Sonnenschein und der blaue Himmel, die so manchen Sportbootfahrer in trügerischer Sicherheit wägen. Immerhin sind es 45 Meilen bis Kaunakakai auf Molokai. Mehrfach haben wir über Funk Rettungsaktionen bzw. Notrufe verfolgen können. Man sollte das Seegebiet um Hawaii nicht unterschätzen, schließlich befindet man sich mitten im Pazifik.

An einer kleinen Pier können wir festmachen. Nach Kaunakakai kommen keine Touristen. Die Insel wirkt auf den ersten Eindruck ein wenig karg. Freundliche Hawaiianer fahren mit verbeulten uralten Straßenkreuzern vor. Die unvermeidliche Dose Budweiser Bier in der Hand, lehnen sie lässig aus dem Fenster und strahlen uns ein Willkommen entgegen. Wenig später landen unvermittelt die ersten Kokosnüsse bei uns an Deck – ein Geschenk, das wie selbstverständlich abgelegt wird. Bei Einbruch der Dunkelheit besuchen uns einige Hawaiianer und Amerikaner mit Gitarre, Bongotrommel und Mundharmonika und fragen, ob sie an Bord kommen dürfen. Sie sind willkommen. Gemeinsam sitzen wir an Deck, essen Früchte und frisch gebratenen Fisch, den Thomas vorbereitet hat. Die erste Scheu verliert sich, die Instrumente werden ausgepackt, und Jim, mit Vollbart und einem Brustkorb so groß wie ein Faß, beginnt mit sonorer Stimme zu singen und dabei Gitarre zu spielen. Till holt seine Gitarre heraus, Kai die Mundharmonika, und im Handumdrehen haben wir ein ganzes Orchester an Deck versammelt. Ein Abend, der in der Erzählung nach Klischee riecht. Dort erleben wir ihn, aber völlig ungestellt und ungezwungen – einfach nur schön. Sterne glitzern, die Luft ist voller aromatischer Düfte, die sich weiß Gott woraus zusammensetzen.

Zufriedene Menschen, eine liebliche Insel – das war nicht immer so. „Laßt alle Hoffnung fahren“ stand über dem Eingangstor zur Leprakolonie, die einst auf Molokai eingerichtet worden war. Die Krankheit war eingeschleppt worden, und man wußte sich der verheerenden Seuche nur dadurch zu erwehren, daß man die Erkrankten in die Verbannung schickte. Es traf Hawaiianer genauso wie Weiße. Nach einem bakteriologischen Test konnte zweifelsfrei bestimmt werden, ob jemand von der Krankheit befallen war. Nur heilen konnte man sie nicht. Verlief der Test positiv, mußte sich der oder die Betroffene in Honolulu in einer Auffangstation einfinden, um von dort mit einem Schiff die Deportation in die Leprakolonie abzuwarten. Es müssen sich unglaubliche Tragödien abgespielt haben. Menschen, die sich bester Gesundheit wähnten, werden plötzlich einer Krankheit überführt, die sie von einer Stunde zur anderen zu Ausgestoßenen der Gesellschaft werden läßt und dabei jeglicher Rechte und Würde beraubt. Selbst vielleicht äußerlich noch gar nicht gezeichnet, wurde ihnen bei der Ankunft in der Kolonie durch die sie Erwartenden grausam der Spiegel vorgehalten. So oder so ähnlich würden sie selbst in Monaten oder Jahren aussehen. Ohne Hoffnung auf ein Entkommen, weder von der Insel und noch viel weniger von der Krankheit. Alleingelassen mit sich selbst, ihrem Kummer und ihrer Verzweiflung. An der Pier in Honolulu Freunde, Verwandte, mit denen man gestern noch völlig unbefangen zusammengesessen hatte. Dann das Unaussprechliche, eine Trennung für immer. So gab es zu jeder Zeit, zu jeder Epoche Flecken auf der Weste dieses scheinbar makellosen Paradieses. Vor der Ankunft der Weißen und der damit häufig verbundenen Knechtschaft wie auch bis dato unbekannten Krankheiten gab es andere Geißeln. Wie etwa die unerträgliche Herrschaft der alten Götter samt ihren grausamen und tyrannischen Tabus, über deren Erfüllung und Einhaltung die Priester rigoros wachten. Aus einer inneren Stärke und Weisheit heraus schafften die Hawaiianer im Jahre 1819 kurzerhand die alten Götter und Tabus ab. Das ganze Land atmete befreit und erleichtert auf. Das sorgenfreie Leben hat es aber auf Hawaii wohl genauso wenig gegeben wie anderswo auf der Erde.

In den folgenden Tagen werden wir von Hawaiianern eingeladen, uns die Insel anzusehen. Mit Pick-up-Trucks fahren wir über enge, staubige und dennoch von Grün überwucherte Straßen zum Südostende der Insel: steile Klippen, an denen sich die Brandung donnernd bricht, Wasserfälle, die scheinbar aus den Wolken fallen und sich in einem erdrückend satten Grün der Berge und Täler verlieren, schließlich eine kleine Lagune mit einem Sandstrand. Einige Einheimische gehen einem Sport nach, der Hawaii so bekannt gemacht und den keineswegs erst Roby Naish entdeckt hat, dem Wellenreiten. Am Waldrand einige Ruinen von Häusern und einer Kirche samt Friedhof. Ein Tsunami, eine durch ein Seebeben hervorgerufene Riesenwelle, hat in den vierziger Jahren unerwartet diese Bucht überrollt und dabei eine Spur der Verwüstung hinterlassen. Keine Neubauten, am Strand gibt es vereinzelt Wohnwagen und Zelte, in denen die Menschen vorübergehend wohnen. Die Tsunami-Warndienste funktionieren heute einwandfrei, die Leute fühlen sich jetzt sicher.

Einige Tage später laufen wir auf der Insel Maui den Ort Lahaina an. Wir bleiben draußen vor Anker liegen und fahren mit dem Beiboot zum Einchecken. Auch hier Freundlichkeit, aber ein zur Schau getragener hawaiischer Lebensstil. Lahains ist touristisch – und wie! Die Insel ist wieder völlig anders als Molokai, entspricht vielmehr dem Klischee des Tropenparadieses. Wir haben das Gefühl, auf Molokai viel eher etwas von hawaiischer Lebensart erfahren zu haben. Lahaina ist die sterile, wenngleich gelungene und wohlproportionierte Disneyversion von Hawaii. Es wirkt auf uns initiiert. Vielmehr begeistert uns hier die Unterwasserwelt, an der die Zeit und die Entwicklung spurlos vorbeigegangen zu sein scheint.

Big Island, die Hauptinsel Hawaiis, ist unsere letzte Etappe. Sie ist die größte und, wie ich finde, zugleich auch die schönste der Inselgruppe. Ganz Hawaii ist vulkanischen Ursprungs, ein sogenannter Hot Spot. Auf Big Island kann man sein kreatives und zerstörendes Schaffen „live" erleben. 4205 Meter hoch ist der Mauna Kea, und der benachbarte Mauna Loa ist mit 4169 Metern nur geringfügig niedriger. Rechnet man die 5400 Meter dazu, die von ihnen zusätzlich unter Wasser liegen, so sind sie die größten und gewaltigsten Berge der Erde. Es führt eine Straße zum Mauna Kea empor. Und wenn man sie zu Fuß oder mit dem Geländefahrzeug erklimmt, dann sollte man für warme Kleidung sorgen. Es ist empfindlich kühl in der Höhe, der Blick bei gutem Wetter jedoch überwältigend. Auf dem Weg zum Gipfel durchfahren wir verschiedene Klimazonen. Diese Vielseitigkeit des hawaiischen Klimas ist erstaunlich. Während die dem Passat zugewandte Seite tropisch feucht und naß ist, mit Kaskaden von Wasserfällen und üppiger Vegetation, ist die andere Seite der Insel, nur wenige Kilometer entfernt, heiß, trocken und staubig, ohne auch nur einen Tropfen der verschwenderischen Regenfälle der Hamakua-Küste abzubekommen.

Aus dem Flugzeug sieht man die Trennlinie zwischen Feuchtigkeit und Trockenheit wie mit dem Lineal gezogen: auf der einen Seite grau und felsig, auf der anderen Seite grüne üppige Wiesen und Bäume. Einige Höhenmeter bergan ist das Klima, wie es sich ein Landwirt erhofft, feucht, sonnig und milde. Im Südwesten der Insel dann schließlich weitere Vulkankrater oder die wie gewaltige Raupen das Land durchziehenden, erstarrten Lavaströme. Verschüttete Straßen, blubbernde und stinkende Schwefelsümpfe, rotglühende Lava, die sich dampfend ins nahe Meer ergießt. Es ist diese Urwüchsigkeit und das Zusammenprallen so vieler verschiedener Klima- und Vegetationszonen, die mich fesselt. Ein wenig furchteinflößende Schöpfungsgeschichte, ein wenig Paradies, ein wenig Kultur, ein Stückchen naiver Kindheitstraum. Zugegeben, das klingt wie eine Art Potpourri, getreu dem Motto, von allem ein wenig. Macht nichts, man muß schließlich nicht immer alles rational erklären können. Entweder mag man Hawaii oder nicht. Ich mag es!

)er „Witwenmacher", wie der
verbaum unter Seeleuten genannt
l – bei schlechtem Wetter der gefähr-
ste Arbeitsplatz an Bord

17 Tropische Vegetation auf Hawaii: nach dem vielen Eis der vergangenen Jahre ein willkommener Kontrast
(Folgende Doppelseite)

17

18

19

20

18 Zwei Wracks am Außenriff von der Carolineinsel

19 Roger erfrischt sich an einer Kokosnuß

20 Die Äquatortaufe ist gnadenlos, Neptuns Schergen kennen kein Erbarmen

21

21 Südseeidylle: Carolineinsel

22

23

22 Ein großer Thunfisch ist an unsere Schleppangel gegangen

23 Kinder heißen uns mit dem polynesischen Gruß willkommen

24 Bei Tauchgängen eröffnet sich uns eine ganz neue Welt

24

25

26

25 Polynesien pur – Huahine gefällt mir am besten

26 Vor Mopelia haben wir das Wrack des SEEADLERS des berühmten „Seeteufels“ Graf Luckner untersucht und eine Winde gefunden

27 Der Stoff, aus dem die Träume sind: Moorea

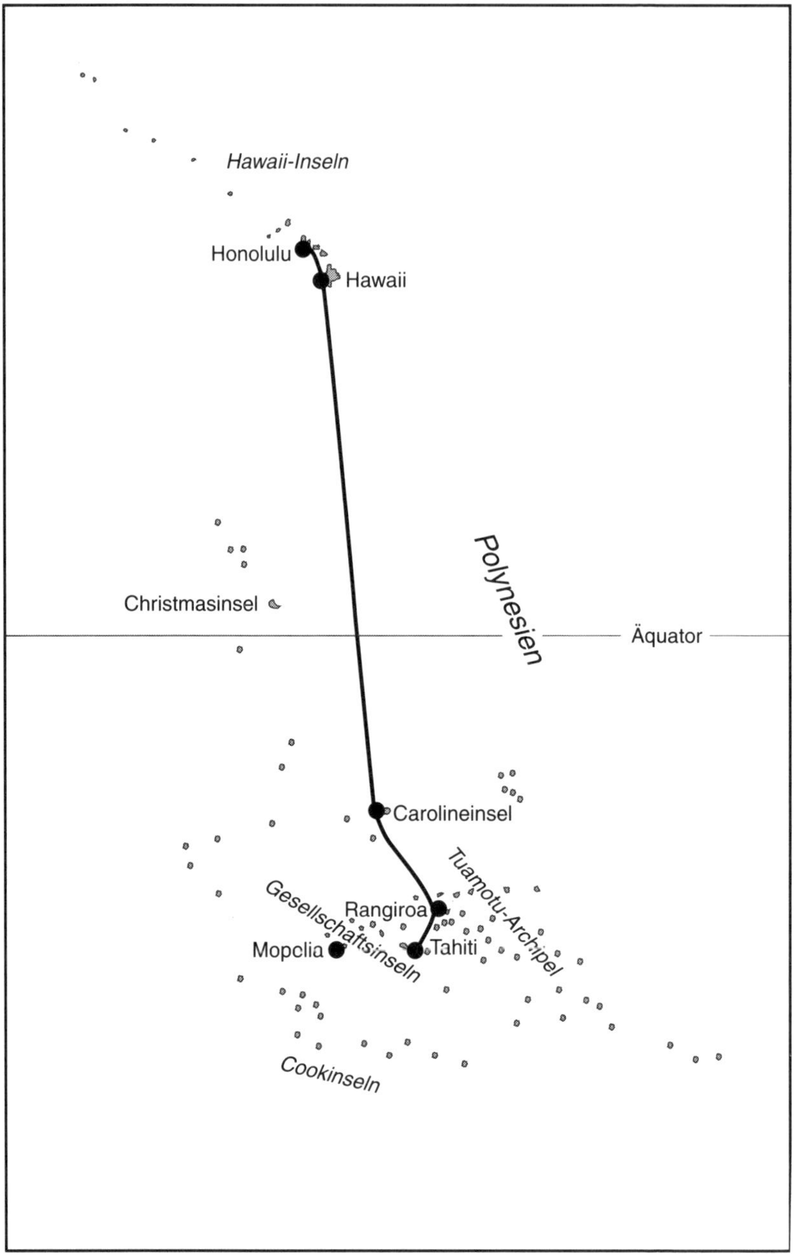
Hawaii-Inseln
Honolulu
Hawaii
Polynesien
Christmasinsel
Äquator
Carolineinsel
Tuamotu-Archipel
Gesellschaftsinseln
Rangiroa
Mopelia
Tahiti
Cookinseln

Die Südsee

Am 19. Juni klarieren wir aus und verlassen den Hafen Honokahau. Außerhalb des schützenden Hafens erwartet uns ein hoher Schwell, der bei einigen an Bord erste Anzeichen von Seekrankheit auftreten läßt. Der längere Landaufenthalt hat die „Seebeine" ein wenig wacklig werden lassen. Es ist erstaunlich, wie unterschiedlich sich die Seekrankheit bei verschiedenen Leuten bemerkbar macht. Dem einen wird massiv schlecht, er muß sich übergeben, ist blaß und phlegmatisch und würde am liebsten die ganze Zeit in seiner Koje liegen und schlafen. Für dieses Opfer hat die Seefahrt jegliche Freude verloren. Während dieser Unglückliche vielleicht bereits am nächsten Morgen frisch ausgeruht aufwacht und sein Organismus sich an die Schaukelei gewöhnt hat, braucht ein anderer womöglich Tage dazu, ist aber vielleicht nur ein wenig müde und hat Kopfschmerzen. Wieder andere bleiben ständig seekrank, einige werden es überhaupt nie. Eine ungerechte Welt! Die Spielarten der Seekrankheit sind wahrhaftig vielfältig, und kaum jemand ist gänzlich frei von ihr. Glücklicherweise sind die Symptome bei den meisten nach einer kurzen Eingewöhnungsphase abgeklungen. Jetzt kann es schaukeln, wie es will, es kümmert sie nicht mehr.

Seekrankheit ist unter anderem, glaube ich, auch eine Sache des Kopfes, der inneren Einstellung. Wer beim Auslaufen ängstlich auf die ersten Anzeichen wartet, wird kaum enttäuscht werden. Ihn trifft es mit aller Macht. Andere, die dagegen angehen, kommen meist glimpflicher davon. Man muß sich und seinem Körper die Chance geben, sich mit den Bewegungen des Schiffes auszusöhnen. Angst und Aufregung verstärken meistens die Symptome. Ich habe

Menschen kennengelernt, die in völlige Lethargie verfallen und die mit sich und ihrem Leben abschließen. Für sie ist die erste Seefahrt meist auch die letzte. Aber zwischen diesem Extrem und den wenigen Glücklichen, die es nicht erwischt, gibt es tausend Varianten. Zudem gibt es Medikamente, die offenbar lindern. Obwohl ich selbst weitestgehend verschont bin von der Seekrankheit, habe ich einmal verschiedene Medikamente ausprobiert, um zu sehen, wie sie auf mich wirken. Ich werde müde davon. Trotzdem, mir ist ein etwas müder, aber ansonsten fitter Rudergänger lieber als einer, der hundeelend über der Reling hängt und zu keinem Job zu bewegen ist. Bei uns an Bord hat jeder seine ganz persönliche Taktik im Umgang mit der Seekrankheit entwickelt, so daß sie die Bordabläufe in keiner Weise beeinträchtigt. Es ist halt nur ein wenig stiller als sonst.

Der Nordostpassat schiebt uns beständig vor sich her. Nachdem sich der Einfluß der Hawaii-Inseln verloren hat, ist die See ruhiger, gleichmäßiger geworden. Unseren Kartenkurs habe ich mit 167 Grad festgelegt. Morgens bei Wachwechsel setzen wir gemeinsam das Toppsegel, das samt einer hölzernen Spiere zum Masttopp hochgezogen wird. Dazu müssen zwei Personen über die Wanten in den Mast klettern, um die Spiere zu führen, während die anderen damit beschäftigt sind, das Fall und die Schot durchzusetzen. Da das Setzen des Toppsegels relativ aufwendig ist, bergen wir es stets vor Einbruch der Dunkelheit, um es dann am nächsten Morgen wieder zu setzen. Gerade bei leichten Winden ist es sehr wirksam. Es bringt uns in der Regel gut einen Knoten zusätzlicher Fahrt.

Am achten Tag seit Verlassen von Hawaii, etwa auf 6 Grad nördlicher Breite, erreichen wir die Mallungen, jenen Gürtel zwischen dem Nordost- und dem Südostpassat, der sich durch Windstille, starke Gewitter und Regengüsse sowie plötzlich auftretende Sturmböen bemerkbar macht. Keine angenehme Gegend. Die Luft ist schwül und drückend. Die T-Shirts kleben einem auf der Haut, die Segel schlagen nervtötend hin und her. Dann plötzlich Gewitterböen, alle Mann an Deck, um Segel zu verkürzen. Der Regen fällt vom Himmel, als habe dort oben jemand ein Schleusentor geöffnet. Eine halbe Stunde später ist alles wieder still. Dampfend verflüchtigt sich das Wasser aus den nassen Decksplanken, die Dümpelei geht weiter – bis zum nächsten Guß.

Noch vor Erreichen des Äquators lassen wir die Doldrums hinter uns. Die „Linie“, wie der Äquator unter Seefahrern genannt wird, erreichen wir am 30. Juni um 9 Uhr morgens. Es ist ein schöner, sonniger Tag mit einer leichten Brise. Kurz vor Erreichen der Linie lasse ich beidrehen. Einige an Bord beobachten dieses Manöver mit gemischten Gefühlen, wohl von bösen Vorahnungen geplagt. Brigitte, Karle, Jörg, Kai, Morgan, Thomas und Roger überqueren zum ersten Mal den Äquator – das bleibt natürlich nicht ohne Folgen. Es gibt düstere Stimmen, die behaupten, Seeleute seien samt und sonders Sadisten; was die Prozedur der Äquatortaufe angeht, läßt sich das wohl nicht ganz von der Hand weisen. Egon, Sigga, Till und ich sind befahren, das heißt mindestens einmal über die Linie gefahren und dabei auch getauft worden – ein Taufschein beweist die Richtigkeit der Behauptung. Wir vier sind uns schnell einig. Mit Belegnägeln bewaffnet drängen wir die anderen kurzerhand in den Maschinenraum, schließen ab, schmeißen zusätzlich den Generator als „Heizung“ an und verstopfen alle Lüftungsschlitze und Skylights. Danach ziehen wir uns vorerst zufrieden an Deck in eine schattige Ecke zurück und halten Kriegsrat.

Die Rollen sind schnell verteilt: Egon wird zur Majestät Neptun erkoren, Sigga zu seiner Gemahlin Thetis, Till zum Barbier und Zeremonienmeister und ich zum Pastoren. Abenteuerliche Kostüme werden hergestellt, auf dem Achterdeck mit Persenning ein Taufbecken eingerichtet, und natürlich wird für das leibliche Wohl der Täuflinge Vorsorge getroffen. Egon ist dabei besonders kreativ. Sein Stärkungsgetränk aus Bilgenwasser, Spüli, Tabasco, Schmieröl, Senf und Haarwaschmittel haut uns schon beim bloßen Anblick um. Nicht von schlechten Eltern sind auch die „Äquatorialen Kanapees“, die Siggas und Tills kulinarischem Nährboden entspringen. Ich weiß nicht, welcher Küchenteufel die beiden geritten hat, aber diese unappetitlichen Klöße aus Mehl, Stevenrohrfett, Zahnpasta, Chilischoten, gehackten Fischköpfen, großzügig mit Tabasco abgeschmeckt, sind ein wahres Feuerwerk äquatorialer Gemeinheiten und lassen auch den hartgesottensten Zeitgenossen erschüttert innehalten. Ich selbst verfasse mit klerikalem Ernst die Tauf- und Anklageschrift, formuliere Taufsprüche und begutachte zwischendurch angewidert die Produkte, die aus der Kombüse an Deck gereicht werden, nicht ohne die eine oder andere Rezeptur mit einzuwerfen. Dankbar wird jeder Vorschlag aufgegriffen. Derweil sitzen die Täuflinge in der Maschine und schwitzen. Die Temperatur dort drinnen dürfte der einer finnischen Sauna entsprechen, und die soll ja sehr gesund sein.

Es ist bereits Mittag, als wir uns endgültig in unsere Kostüme zwängen und unsere Positionen einnehmen. Sigga und Egon thronen achtern auf dem Schanzkleid, davor das mit Seewasser gefüllte Taufbecken, während Till und ich jeweils an den Seiten Platz nehmen. Dann nimmt das Verhängnis seinen Lauf. Mit roten Gesichtern, durchgeschwitzt und nach Luft japsend werden die Täuflinge aus ihrem Verlies entlassen und treten sichtlich erschöpft den Weg an Deck an. Die Anklageschrift, die ich alsdann lautstark verlese, ist genauso haltlos wie niederträchtig, hat aber nachhaltiges Staunen zur Folge. Einer nach dem anderen wird jetzt vorgeholt und auf einen kleinen Klappstuhl ins Taufbecken gesetzt. Jetzt kommt Tills Auftritt: Mit einem breiten Pinsel und Labsal (Konservierungsmittel auf Teer- und Ölbasis) werden die Täuflinge gründlich „eingeseift", mit einem Spachtel rasiert und bekommen zusätzlich gründlich damit die Haare gewaschen. Ihre Hoheiten sehen dem Treiben derweil gelassen zu, bis schließlich Thetis dem Täufling ihren Fuß bzw. ihre Flosse zum Gruße hinhält, auf der ein großer Klumpen Stevenrohrfett klebt. Die Aufforderung, den Fuß zu küssen, wird nur widerwillig wahrgenommen, was selbstredend den Zorn des Barbiers und des Pastoren nach sich zieht. Gemeinsam drücken sie den sich heftig wehrenden Kopf ins schmierige Verhängnis. So etwas macht hungrig und durstig, sagen wir uns, und so muß jeder in einem Zuge einen Becher des unausstehlichen Gesöffs hinunterbringen – es spielen sich dabei unappetitliche Szenen ab.

Auf seinem Dreizack, mit dem Neptun immer wieder nachlassenden Enthusiasmus entfacht, indem er beherzt zupiekst, serviert er zur Abwechslung die unnachahmbaren Kanapees. Der Erfolg ist frappierend, die Gesichtsmimiken einfach nicht zu beschreiben. Kloß um Kloß wandert reihum und in die Münder der geschundenen Delinquenten. Warum es bei solchen Gelegenheiten eigentlich keine Meuterei gegeben hat, frage ich mich im Stillen, aber hier wird anständig und mit stoischer Ergebenheit gelitten. Fällt auch manch einem Essen und Trinken wieder aus dem Gesicht, macht nichts, es ist genügend da. Der Rest ist schnell erzählt. Der Pastor taucht die Köpfe solange unter Wasser, bis ihn sein Gewissen drückt, zerrt die Köpfe an die Luft und fragt den japsenden Täufling, wie viele Flaschen Bier oder ersatzweise Schnaps und Wein er als Buße freiwillig bereit ist zu zahlen. Die erste Antwort fällt nie zur Zufriedenheit Neptuns aus, wie dieser durch ein griesgrämiges Kopfschütteln kundtut. Also wieder unter Wasser, so oft, bis sich die Flaschenzahl auf ein vertretbares Maß gesteigert hat. Der Rest tut nicht mehr weh. Es folgt der Taufspruch, der auf jeden einzelnen individuell zugeschnitten ist, schließlich der Fischname, den keiner Zeit seines Lebens vergessen darf – und endlich, ja endlich die Taufurkunde. Damit sind die Täuflinge innerlich wie äußerlich vom Schmutz der Nordhalbkugel gereinigt und nunmehr im Kreise der Erlauchten aufgenommen. Erleichterung, Flüche, Lachen und die Überlegung breiten sich aus, wann sie selbst und vor allem wen sie das nächste Mal taufen dürfen – mit Nachsicht ist sicherlich nicht zu rechnen.

Nachdem man sich gegenseitig so gut es geht vom Fett und Labsal gereinigt hat, gibt es zu trinken und wenig später auch zu essen. Dieses Mal hat Thomas wieder die Sache in die Hand genommen, und entsprechend schmackhaft ist dann auch die Pizza, die er uns an Deck serviert. Alle sind ausgelassener Stimmung, nachtragen gilt nicht, denn schließlich mußte ja jeder einmal von uns durch diese Prozedur. Ich selbst habe meine Äquatortaufe auf einem Frachter der DDG Hansa Mitte der siebziger Jahre noch sehr lebhaft in Erinnerung. Diese Taufe zog sich über zwei Tage hin und hatte noch etliche zusätzliche Überraschungen zu bieten, die ich der Leidensbereitschaft meiner Mitsegler und Freunde lieber nicht angedeihen lassen möchte. Gegen Abend ist das Deck wieder aufgeklart und bei einer leichten Brise nehmen wir Fahrt auf, nunmehr auf der Südhalbkugel. Damit hat auch zugleich die DAGMAR AAEN ihre Äquatortaufe erhalten. 64 Jahre mußte sie alt werden, bevor sie zum ersten Mal die magische Linie überquerte.

Am 5. Juni sichtet Karle aus der Masttonne Land. Es ist die unbewohnte Carolineinsel, die zum Inselstaat Kiribati gehört und der wir einen Besuch abstatten wollen. Wir sehen die Insel erst, als sie wenige Meilen von uns entfernt liegt. Sie ist flach, mit traumhaft weißen Stränden, dichten Palmenhainen und einem sich an der Wasseroberfläche abzeichnenden Korallenriff. So wie sie vor uns liegt, ist sie der Inbegriff eines Südseeparadieses. Dennoch, als Seefahrer wittere ich zunächst ganz profan Gefahr. Es ist Tag, und es herrscht gute Sicht. Leuchtfeuer oder andere navigatorische Hilfen fehlen vollständig. Da die Insel flach ist, taucht sie auch auf dem Radar erstaunlich spät auf. Was aber ist mit den Schiffen, die weder Radar noch GPS haben, und die sich vielleicht in sicherer Entfernung zu dieser Insel wähnen? Eines steht fest, bei Nacht und schlechten Sichtverhältnissen entdeckt man die Insel erst, wenn es zu spät ist. Das sie umgebende Korallenriff erstreckt sich weit ins Meer. Es würde für ein unangenehmes Erwachen sorgen. Wie bei der gestrandeten Segelyacht, die wir auf der luvwärtigen Seite der Insel entdecken. Gleich dahinter liegt ein zweites Schiff, ein Bergungsschlepper, der – so mutmaßen wir – vielleicht versucht hat, die Yacht zu bergen, und dabei selbst ein Opfer des Riffs geworden ist. Wir werden den Wracks einen Besuch abstatten, vorerst müssen wir aber eine Stelle zum Anlanden finden.

Die Beschreibung im Seehandbuch liest sich wie Robert Louis Stevensons Roman „Die Schatzinsel". Das Atoll hat rein optisch ohnehin alle Attribute, die eine Schatzinsel kennzeichnen. Von einem alten rostigen Stockanker ist die Rede, der die Einfahrt durch das Riff markiert. *„Bei der Annäherung an das Riff lasse man den Anker auf Steuerbord liegen und fahre zügig durch die Brandung in den Riffkanal hinein, der so seicht ist, daß man kaum mit dem Beiboot fahren kann. Alsdann springe man aus dem Boot und ziehe es in dem höchstens knietiefen Wasser hinter sich her. Bevor man an Land geht"*, so ist zu lesen, *„versorge man sich mit einigen kräftigen Stöcken, mit deren Hilfe man die zahlreichen Haie durch gezielte Hiebe mühelos vertreiben kann."* Die Beschreibung trifft den Nagel auf den Kopf. Wie bei einer alten Schatzkarte entdecken wir den Anker, stürzen uns durch die Brandung in den flachen Riffkanal und ziehen das Dingi hinter uns her. Zeit zum Luftholen – und zum Schauen. Um uns herum – wie in einem schlechten Film – Flossen von Schwarz- und Weißspitzenhaien. Sie sind klein, viel zu klein, um in irgendeiner Form gefährlich zu werden, aber trotzdem. Es ist ein komisches

Gefühl, die Haibabys um unsere Füße spaddeln zu sehen. Und die bange Frage bleibt: „Ob die Eltern wohl in der Nähe sind?" Sie sind es offenbar nicht. Jedenfalls gelangen wir ohne weitere Hindernisse an einen blendend weißen Strand. Kokosnüsse liegen herum oder hängen überreif von gebeugten Palmen. Das Wasser in der Lagune hat eine derart intensive Türkisfärbung, daß es fast kitschig wirkt. Muschelschalen, zerbröselt und glattpoliert, Tropikvögel, die ihre Kreise ziehen, leise plätschernde Wellen, die auf den flachen Sandstrand auflaufen. Wirklich das Paradies.

Aber wir sind nicht allein auf der Insel. Erst nachdem unser Blick von dieser verschwenderischen Farbengewalt ein wenig ernüchtert ist, sehen wir Details. Wie zum Beispiel die kleinen roten Tupfer, die sich überall bewegen: Einsiedlerkrebse, nicht zu hunderten oder tausenden, es muß sie gleich millionenfach auf der Insel geben. Es wimmelt davon. Wo immer man seinen Fuß hinsetzt, muß man aufpassen, nicht einen dieser „Hausbesetzer" zu zertreten. Und damit nicht genug! Es gibt da noch ihre „großen Brüder", die durchaus wehrhaften Kokosnußkrabben. Bei dieser Gattung handelt es sich um Landkrebse, die eine recht beachtliche Größe erreichen können. Sie haben furchteinflößende Scheren und ein dickes, fettes Hinterteil. Sie sind überall auf der Insel, lauern hinter Sträuchern und Palmen auf barfüßige Besucher und strecken ihnen drohend die weit geöffneten Scheren entgegen. Sie tun sicher gut daran, denn ihre Größe und mehr noch ihre Schmackhaftigkeit ist ihnen zum Verhängnis geworden. Nicht aber auf der Carolineinsel, wo es keine Menschen und somit auch keine Jäger gibt. Aber auf anderen Inseln sollen sie vom Aussterben bedroht sein, weil sie massenweise in die Kochtöpfe der Hotelrestaurants wandern.

Da wir nur in Sandalen unterwegs sind, betrachte ich sorgenvoll meine Zehen – noch sind es zehn an der Zahl, allen Frostattacken der Arktis und Antarktis zum Trotz. Sollte hier womöglich einer meiner Weggefährten ganz unrühmlich von einer ungehobelten Kokosnußkrabbe abgezwackt werden? Ein furchtbarer Gedanke! Ich nehme mir vor, doppelt vorsichtig zu sein. Aber es sind nicht nur die Krabben: Dornenranken, Stechfliegen und das Fehlen von Frischwasser relativieren den Eindruck vom Paradies sehr schnell. Die Optik ist eben nur die eine Seite. Trotzdem ist es schön.

Wir wandern am Strand in Richtung der zuvor gesichteten Wracks. Die Segelyacht ist von der Brandung weit auf das Riff geschoben worden, so daß wir durch knietiefes Wasser zu ihr hinstapfen können. Der Schlepper liegt auf der luvwärtigen Seite der Insel, genau in der Brandungszone. Ein Blick auf die sich brechenden Seen läßt uns schnell den Gedanken an einen Besuch aufgeben. Anders bei der Yacht. Sie ist leicht zu erreichen. An Bord herrscht ein wirres Durcheinander, aber trotzdem sieht man, daß vor gar nicht langer Zeit Menschen hier gelebt haben. Es müssen schlimme Stunden gewesen sein, die mit einer solchen Strandung verbunden sind. Wir stöbern in feuchten Büchern, entdecken aber nirgends einen Hinweis auf den oder die Eigner bzw. die Crew.

Das Boot ist etwa zehn Meter lang und, soweit wir es beurteilen können, intakt. Unsere Inspektion ergibt, daß sich eine Leine um die Propellerwelle gewickelt und damit den Motor lahmgelegt hat. Da sich Boot und Einrichtungsgegenstände noch in einem recht guten Zustand befinden, schätzen wir, daß das Schiff nicht länger als ein halbes Jahr dort liegt. Die alljährlichen Wirbelstürme hätten ihm sonst wohl schon endgültig den Garaus gemacht. Wie etwa einer anderen Segelyacht am Strand, von der wenig mehr als einige Rumpfteile aus Kunststoff vorhanden sind. Die Insel entpuppt sich als ein wahrer Schiffsfriedhof. Es ist eigenartig, irgendwie haben wir ein beklommenes Gefühl, als wir dort auf der Yacht herumklettern und unter Deck in den Bücherregalen unbekannter Eigner stöbern. Man erwartet, daß plötzlich jemand erstaunt fragt, was man um alles in der Welt auf seinem Schiff zu suchen habe? Aber da ist niemand. An Land einige Sitzkissen, eine zerrissene Plane, die als Sonnen- und Regenschutz gedient haben mag. Wie lange wird es gedauert haben, bis Hilfe eingetroffen ist? Wie schnell kann aus einer harmlosen, als Erholungsfahrt geplanten Reise ein Trauma werden. ORACLE heißt die Yacht, und sie stammt aus San Diego. Bislang habe ich nichts über die Eigner in Erfahrung bringen können.

Wir bleiben zwei Tage vor der Insel beigedreht liegen, um jedem die Möglichkeit zu Landausflügen zu geben. Sie gefällt uns sehr, diese Insel, trotz oder vielleicht gerade weil sie nicht in dieses „Südseetraumbild“ hineinpaßt. Sie ist ein Stück Wildnis mit allen dazugehörenden Widrigkeiten. Aber gerade deshalb ist sie schön und hinterläßt bei uns einen nachhaltigen Eindruck, kein schales „Déjà-vu-Erlebnis“. Man müßte mehr Zeit haben und einen sicheren Ankerplatz finden. Aber den gibt es weit und breit nicht. So können wir nur an der Oberfläche dieser Insel kratzen. Wir finden sogar ein paar alte, verfallene Bauten im Inselinneren. Es müssen also Leute hier gewohnt haben. Die Insel ist groß, wir sehen nur einen kleinen Teil davon. Aber wir sind uns alle einig: Das ist unser „Treasure-Island“, unsere Schatzinsel. Leben so wie Robinson möchte ich nicht auf ihr, aber beeindruckt hat sie mich sehr.

Gewitterböen, eine rauhe See und sintflutartige Regenfälle zwingen uns schließlich, weiterzufahren. Um den Kurs nach Rangiroa auf den Tuamotus anlegen zu können, müssen wir hart an den Wind gehen. Der Wind weht kräftig, so daß es eine ziemlich unangenehme Gegenanbolzerei wird. Am 8. Juli fällt eine Böe mit 43 Knoten ein und reißt eine Klampe samt Belegnagel heraus. Zwei Tage später haben wir Rangiroa in Sicht. Wir fahren an der Küste entlang ostwärts, bis wir schließlich die Einfahrt zur Lagune und damit den Ort Tiputa erreichen. Die Einfahrt selbst ist nicht ohne Risiko. Ein starker Tidenstrom mit einer steilen See setzt durch die Passage. Wir kommen gut durch, beobachten aber kleinere Yachten, die von den Marquesas kommen und erhebliche Schwierigkeiten haben. Einmal in der Lagune drin, wird es ruhig und geschützt. Um 14.38 Uhr fällt der Steuerbordanker auf zwölf Meter Wassertiefe, unmittelbar vor einem Hotel, dessen Terrasse nach kühlen Drinks und gutem Essen aussieht. Wir sind einundzwanzig Tage und 2181 Seemeilen seit Hawaii unterwegs.

Ähnlich wie die Carolineinsel ist Rangiroa flach und erst aus wenigen Kilometern Entfernung zu erkennen. Ein Umstand, der den gesamten Tuamotus, zu denen insgesamt siebundsiebzig Atolle zählen, bei den alten Seefahrern den Spitznamen „Dangerous Islands“ eingehandelt hat. Rangiroa besteht aus einem ringförmigen ovalen, rund siebzig Kilometer langen Atoll, in dessen Mitte eine große Lagune liegt. So groß und weitläufig ist das Atoll, daß man die gegenüberliegende Seite nicht erkennen kann. Das Korallenriff selbst ist nur schmal und in einzelne Motus untergliedert, wie die aus dem Wasser ragenden Inseln genannt werden. Es gibt zwei kleine Siedlungen auf Rangirao, Avatoru die eine und Tiputa die andere. Zwischen den beiden Siedlungen liegt ein Flugplatz, der von Tahiti regelmäßig angeflogen wird. Nachdem wir vor Anker gegangen sind, setzen wir das Beiboot aus und fahren nach Tiputa, um bei der Gendarmerie einzuklarieren. Über knirschenden Muschelkalk ziehen wir das Boot an Land und gehen unter schattigen Bäumen die Hauptstraße entlang. Eine stete Seebrise sorgt für etwas Kühlung, und die vielen verschiedenen Bäume und Sträucher strömen einen verschwenderischen Duft aus. Die Gendarmerie befindet sich ziemlich am Ende des Dorfes, ein kleines Haus mit zwei freundlichen Männern, die nur mit Shorts bekleidet ihrem offenbar nicht sehr stressigen Job nachgehen. Einen überarbeiteten Eindruck machen jedenfalls beide nicht. Obwohl Französisch-Polynesien zu Frankreich gehört und damit letztlich auch zur Europäischen Gemeinschaft, gibt es strenge Vorschriften, Aufenthaltsbegrenzungen und Papierkrieg. Ein leichter Vorgeschmack auf das, was uns in Tahiti erwarten wird. Vorerst fertigen uns die beiden freundlichen Polizisten zügig ab, wünschen uns einen schönen Aufenthalt und entlassen uns mit dem Hinweis, uns unbedingt bei den Behörden in Tahiti zu melden.

Auf Reede in der Lagune liegen neben der Dagmar Aaen noch zahlreiche andere Yachten. Nicht wenige von ihnen kommen aus Europa. Rangiroa liegt auf der klassischen Route der Yachten, die via Panamakanal und Marquesas um die Welt segeln. Ein buntes Treiben füllt die Bucht, Beiboote düsen hin und her, man besucht sich gegenseitig, besichtigt Boote, tauscht Erfahrungen aus. Ein angenehmer Platz. Am Strand eine Hotelanlage mit Terrassen, Café, Restaurant und Bar. Alles irgendwie polynesisch geschmackvoll in die Landschaft eingepaßt, es stört nicht, im Gegenteil. Nach dem Seetörn freuen wir uns über ein reichhaltiges abendliches Essen unter Palmen in dem mit einer guten Küche gesegneten Restaurant. In den nächsten Tagen erforscht jeder auf seine Weise das Atoll, bzw. die Unterwasserlandschaft. Gemeinsam mit Morgan unternehme ich einen Tauchgang am Außenriff. Kai fährt uns mit dem Beiboot durch den Riffkanal nach draußen und wartet dort in einer sehr hoch gehenden Dünung auf unser Auftauchen. Damit lassen wir uns Zeit. Kaum unter Wasser, verliert sich der Schwell, und unter uns breitet sich „the deep blue“ aus, eine scheinbar bodenlose leuchtend blaue Unterwasserwelt. Wir tauchen dichter ans Riff heran und lassen uns langsam weiter absinken. Dann tauchen wir entlang des Riffs Richtung Kanal. Wir brauchen nicht lange zu warten, bis die ersten Haie neben uns auftauchen. Es sind Schwarzspitzenhaie, und auch einige graue Riffhaie sind unter ihnen. Majestätisch patrouillieren sie am Außenriff, einige kommen neugierig ein wenig näher, drehen dann aber wieder ab. Es ist großartig, sie anzusehen.

Die Horrorgeschichten über menschenmordende Bestien haben den Tieren einen verhängnisvollen Stempel aufgedrückt. In jedem Hai, und sei er noch so klein, wittert der Badetourist einen Meuchelmörder. Gewiß, Haie sind Raubtiere und leben davon, daß sie andere Tiere verzehren. Aber Hai ist nicht gleich Hai, und der Mensch ist ganz sicher nicht seine Nahrungsgrundlage. Unfälle werden immer wieder durch Fehlverhalten provoziert, wie etwa bei den unsäglichen Haifütterungen. Ein wenig Gänsehaut soll es schon sein, bitte sehr, aber mehr auch nicht. Auch das Harpunieren von Fischen soll eine ziemlich sichere Methode sein, das Interesse von Haien zu wecken. Es gibt Drohgebahren und Scheinangriffe der Haie, die dem Taucher signalisieren, daß er offenbar ein Revier verletzt. Wer diese mißachtet oder die Signale nicht zu deuten weiß, läuft Gefahr, daß das Tier zu wirksameren Methoden greift. Aber dazu muß es auch groß genug sein, schließlich ist der Mensch kein kleiner Gegner. Ich habe noch nie erlebt, daß ein Hai aggressiv reagiert hätte – ich möchte es ehrlich gesagt auch nicht erleben. Während unseres Tauchganges sind ständig Haie, auch größere, in unserer Nähe. Trotzdem fühlen wir uns nicht gefährdet. Wie die anderen Fische um uns herum offensichtlich auch nicht.

Ein großer Napoleonfisch kommt auf uns zu und aalt sich in der Blasenbahn unserer Lungenautomaten. Fische in ihrem natürlichen Habitat wirken – wen wundert's – völlig anders als auf der Theke eines Fischgeschäftes. Sie wohnen dort unten. Sie haben ein bestimmtes Revier, und vor allen Dingen haben sie Mimiken. Sie sind neugierig, verspielt, zutraulich oder abweisend, in jedem Fall aber sind sie Individualisten, die bestimmt genauso interessant zu beobachten sind wie Papageien, Hunde oder Katzen. Der Napoleonfisch begleitet uns bei unserem Tauchgang. Wir könnten ihn anfassen, wenn wir wollten, tun es aber nicht, weil wir glauben, daß es unnatürlich ist, wild lebende Tiere zu streicheln. Ich habe aber bei anderen Tauchgängen erlebt, wie sich Zackenbarsche oder sogar Muränen genußvoll auf die Seite legten und sich von einem Taucher kraulen ließen. Als Taucher wird man von ihnen als ihresgleichen betrachtet und akzeptiert. Es sind eben Lebewesen, mit Regungen, Empfindungen und Gewohnheiten, keine dumpfen Kreaturen. Das ist nur eine von uns Menschen in die Begriffswelt eingebrachte Vorstellung. Während wir uns in trauter „Dreisamkeit“ Fächerkorallen, Seeanemonen, Skorpionfische und Barrakudas ansehen, ziehen die Haie ungestört ihre Bahnen. Wir filmen sie, wie auch natürlich unseren Freund, den Napoleonfisch.

Vor einigen Wochen hatten wir auf Hawaii mit anderen Tauchern über Gefahren bei Haibegegnungen gesprochen – ein Thema, das unweigerlich immer wieder auftaucht, wenn Taucher unter sich sind. Von „Bangsticks“ war die Rede, Schrotpatronen, die gegen aufdringliche Haie angewandt werden und anderen Schutzmaßnahmen mehr. Morgan brachte es damals auf den Punkt: „Ich halte von all diesen Dingen nichts. Ich meine vielmehr, man muß mit den Tieren klarkommen, wenn man tauchen will, sich mit ihnen arrangieren.“ Recht hat er. Wer martialisch ausgestattet zu einem Tauchgang startet, wird kaum Zeit haben, auch im übertragenden Sinne in die Unterwasserwelt einzutauchen. Und die Frage aller Fragen? Gibt es gefährliche Haibegegnungen? Natürlich gibt es sie! Das hängt eben auch davon ab, wo man taucht und mit was für Haien man es zu tun bekommt. Es gibt Haie, denen ich unter Wasser lieber nicht begegnen möchte. Aber seien wir doch mal ehrlich – es gibt auch viele Menschen, denen man lieber nicht begegnet. Es ist eben alles relativ. Wem das Risiko zu groß ist – kein Mensch zwingt ihn zu tauchen. Nur gegen eines wehre ich mich – die Verteufelung der Spezies Hai, die letztlich dazu führt, daß eine ganze Art in ihrem Bestand gefährdet wird, weil sich der Irrglaube breit macht, daß man sie mit Stumpf und Stiel ausrotten müsse. Taucher, Surfer oder andere Wassersportler müssen lernen, sich richtig zu verhalten – nicht die Haie. Haie sind wie Eisbären oder Löwen Raubtiere. Sie zu verniedlichen oder zu verharmlosen, ist genauso falsch, wie sie zu Ungeheuern hochzustilisieren. Respekt, Umsicht und Zurückhaltung sind die beste Vorsorge vor möglichen Unfällen.

Viel zu schnell vergeht die Zeit. Fast eine Stunde sind wir bereits unter Wasser, der Luftvorrat neigt sich der 50 Bar-Marke zu, Zeit um wieder aufzutauchen. Langsam steigen wir der Wasseroberfläche entgegen, die sich wie eine gläserne Kuppel über uns wölbt. In der hohen Dünung haben wir Schwierigkeiten, Kai auf uns aufmerksam zu machen. Schließlich sieht er unser Winken. Wenig später ist die Ausrüstung im Boot verstaut, und wir erzählen überschwenglich von unseren Erlebnissen. Weitere Tauchgänge in den folgenden Tagen vervollständigen unser Bild von der Unterwasserwelt Rangiroas.

Dann geht es weiter. Unter Vollzeug kreuzen wir um eine kleine Insel in der Lagune herum und nehmen dann Kurs auf den Riffkanal. Zügig segeln wir hindurch und auf die offene See hinaus.

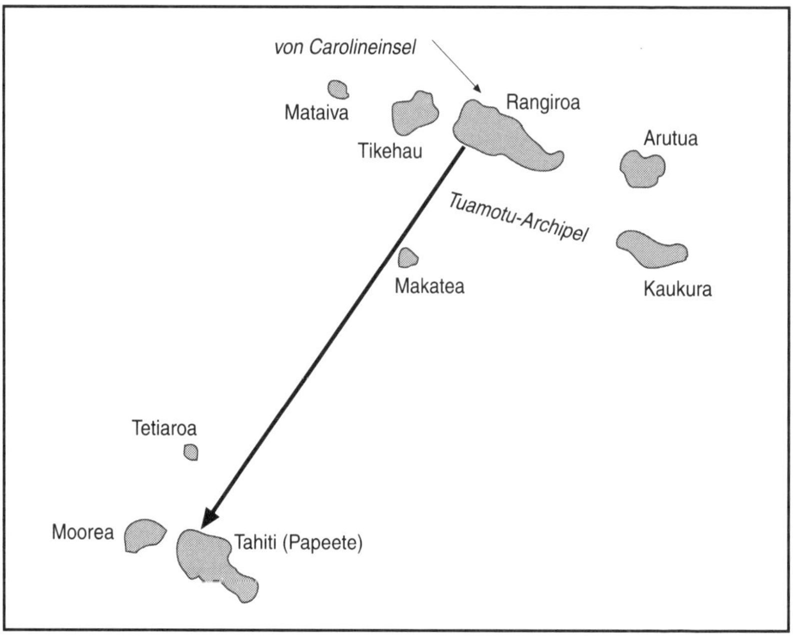

von Carolineinsel
Mataiva
Tikehau
Rangiroa
Arutua
Tuamotu-Archipel
Makatea
Kaukura
Tetiaroa
Moorea
Tahiti (Papeete)

Ein Verwaltungsakt

Von Rangiroa bis Tahiti sind es 218 Seemeilen, die wir bei schweren Gewittern, Sturmböen, Wolkenbrüchen und totalen Flauten zurücklegen. Ständig müssen wir ein- oder ausreffen. Während das Schiff bei den Gewitterböen weit überliegt und rauschende Fahrt macht, dümpeln wir wenig später mit flappenden Segeln in der kabbeligen See. Ohne den Winddruck schlägt die schwere Gaffel nervtötend von einer Seite auf die andere. Blöcke knarren und ächzen, die Schoten der Vorsegel kommen lose, um Sekunden später mit einem Knall wieder steif zu kommen. Das Material leidet stärker als bei Sturm. Also reffen wir aus, setzen jeden verfügbaren Tuchfetzen. Kaum ist die Arbeit beendet, schiebt sich die nächste Gewitterfront mit Sturmböen heran. Wir fangen wieder von vorn an. Toppsegel bergen, Reff einbinden – wie schön kann Segeln doch sein!

Der Himmel ist wolkenverhangen, als wir in der Ferne die Umrisse Tahitis auftauchen sehen. Es wirkt ein wenig düster und fast abweisend. Dieses Bild ändert sich, je näher wir kommen. Üppiges Grün, hohe Berge, Schluchten und Täler, soweit das Auge reicht. Tahiti ist völlig anders als Rangiroa oder die Carolineinsel. Es ist kein Atoll, sondern eine stattliche Insel vulkanischen Ursprungs. Tahiti ist aber nicht nur tropische Landschaft, blaue Lagunen und sonnenbeschienene Palmenhaine. Tahiti, das ist auch Papeete, das ist Großstadt, Autolärm und Verkehr, und es ist besonders eines, wie wir schnell feststellen dürfen: französische Verwaltung.

Der Hafen Papeetes ist durch eine Mole geschützt. Bestimmte Gebiete sind der Marine vorbehalten, die recht umfangreich vertreten ist. Andere Abschnitte des Hafens sind für große Frachtschiffe reserviert, das Ganze macht einen recht geschäftigen Eindruck. Yachten haben die Möglichkeit, sich irgendwo am Boulevard Pomore mit zwei Heckleinen und Buganker hinzulegen, sofern noch genügend Platz vorhanden ist. Einen Yachthafen im eigentlichen Sinne gibt es nicht. Da die DAGMAR AAEN nicht so ganz klein und zudem ein recht schweres Schiff ist, habe ich Bedenken bezüglich des Liegeplatzes. Am Boulevard Pomore festzumachen heißt bei einem aus losem Korallenschutt bestehenden und daher schlecht haltenden Ankergrund quer zur vorherrschenden Windrichtung zu liegen. Vorsichtshalber legen wir uns ganz am Ende der dort verankerten Yachten hin und bringen gleich zwei Anker mit reichlich Kette aus. Die beiden Heckleinen werden einfach an Bäumen belegt, Poller gibt es keine. Die Anker scheinen zu halten, mir gefällt der Platz trotzdem nicht. Ich wundere mich sogar, wie vertrauensvoll einige der Boote, dicht an dicht liegend, festgemacht haben. Der Passat kann recht kräftig wehen, bei dem schlechten Ankergrund keine beruhigende Vorstellung. Aber vorerst bleibt der Wind schwach, und ich mache mich auf den Weg zum Einklarieren. Zwar haben wir das bereits in Rangiroa getan, aber in Papeete muß nochmals einklariert werden.

Der Boulevard Pomore, der sich an der Wasserfront entlangzieht, ist verstopft mit Kraftfahrzeugen aller Art. Motorroller preschen in selbstmörderischem Tempo zwischen den Autos hindurch. Straßencafés, Geschäfte, Banken, Hotels und ein Rotlichtviertel, Papeete hat von allem etwas. Zwei große Kreuzfahrtschiffe liegen an einer Pier. Man hat ihnen unglücklicherweise Masten und Segel verpaßt, um ihnen ein Segelschiffsambiente zu vermitteln – über Geschmack läßt sich streiten. Heerscharen von Passagieren und genausoviel Dienstpersonal bevölkern den Kai. Papeete scheint überzuquellen. Ein Stückchen weiter finden wir das Verwaltungsgebäude. Auf der Vorderseite die Einwanderungsbehörde, um die Hausecke herum der Zoll und schließlich noch die Hafenverwaltung. Mutig treten wir in die Haustür Nummer eins, die der Immigration gehört. Zwei mürrische Beamte in Uniform füllen mit einer altertümlichen Schreibmaschine im Zweifingersuchsystem irgendwelche Formulare aus. Wir warten geduldig, bis wir an der Reihe sind, legen brav unsere Papiere auf den Tisch und bringen in schlechtem Französisch – aber immerhin, der Versuch war da – unser Anliegen vor. Formulare werden ausgefüllt, die Konversation ist eher einsilbig, obwohl – wie wir inzwischen feststellen konnten – die Beamten durchaus der englischen Sprache mächtig sind. Sobald ich aber etwas auf Englisch sage, schütteln sie den Kopf, nein, auf Englisch möchten sie sich nicht mit uns unterhalten. Mir soll es recht sein, so radebreche ich weiter mit meinem Schulfranzösisch und irgendwann sind dann auch alle Papiere ausgefüllt – bis auf eines. Und dieses eine hat es in sich.

Bereits zu Hause hatte ich gehört, daß die Behörden in Papeete von jedem Segler eine Kaution verlangen, die die Höhe eines Rückflugtickets in sein Heimatland beträgt. Alternativ reicht es auch, wenn er ein Rückflugticket vorlegen kann. Aber wer hat das schon, wenn er mit dem Boot nach Tahiti kommt und dort auch nicht gedenkt, die Reise zu unterbrechen. Ich hatte seinerzeit bei der französischen Botschaft angerufen, um mich zu informieren. Dort wußte man zunächst nichts von einer derartigen Regelung. Erst nach mehrmaligem Nachfragen teilte man uns mit, daß es sich bei der Kaution um eine „Kannbestimmung" handelt, die nur in problematischen Fällen verlangt würde. Offenbar sind wir so ein Fall – wie alle anderen Segler im Hafen auch. Ich versuche dem Beamten darzulegen, daß wir zehn Personen an Bord sind, wir einen festen Reiseplan einzuhalten haben und ganz sicher nicht daran denken, für immer hier zu bleiben. Plötzlich kann er Englisch: „Wenn Sie die Kaution nicht hinterlegen, müssen Sie Tahiti innerhalb von vierundzwanzig Stunden verlassen." Ich weise ihn freundlich daraufhin, daß das Schiff unter deutscher Flagge fährt, somit einem Staat der Europäischen Union zuzuordnen sei und dies mit dem neu verbrieften Verständnis eines modernen Europas kaum in Einklang zu bringen sei. Als Antwort knallt er mir einen Zettel auf den Tresen, auf dem fein säuberlich aufgelistet ist, was ein Rückflug in die unterschiedlichen Länder kostet. Nach Deutschland beläuft sich so ein Flug laut Liste auf 1100 US-Dollar. Ich weise den Beamten nochmals höflich darauf hin, daß wir immerhin zehn Personen an Bord seien, und er doch wohl nicht ernsthaft erwarte, daß wir 11 000 US-Dollar in bar hinterlegen. Außerdem, wer trägt schon soviel

Geld in bar mit sich herum? Es würde bedeuten, daß wir eine entsprechende Menge Reiseschecks einlösen oder über Kreditkarten das Geld abheben müssen. Das Geld würden wir schließlich bei der Ausreise wiederbekommen, ist die knappe Antwort. Seine Geduld ist jetzt endgültig am Ende. Er fordert uns auf, bei einer Bank das Geld zu hinterlegen und mit einer entsprechenden Bestätigung wieder zu ihm zu kommen, ansonsten sollten wir umgehend weiterfahren. Von polynesischer Gastfreundschaft scheint der Gute noch nichts gehört zu haben.

Wir gehen ein wenig verdutzt zur zweiten Tür, die dem Zoll gehört. Hier herrscht ein anderer Ton. Freundlich fragt man uns in fließendem Englisch, ob wir irgendwelche anmeldepflichtigen Waren hätten. Wir verneinen und werden weiter zum Hafenmeister geschickt. Sein Büro ist modern eingerichtet, mit PC, Telefonen und Funkgeräten, dagegen mutet das Office der Einwanderungsbehörde wie aus einem Louis de Funès-Film der sechziger Jahre an. Der Hafenmeister ist ein Polynesier, spricht fließend Englisch und informiert uns in knappen Worten über Liegegebühren, Verhaltensweisen im Hafen usw. Dafür, daß man nur vor Anker liegt, zudem ziemlich exponiert, sind die Liegegebühren nicht gerade billig. Duschen oder andere Errungenschaften der Zivilisation stehen ebenfalls nicht zur Verfügung. Der Eindruck, daß Segler hier offenbar ungern gesehene Gäste sind, verdichtet sich immer mehr bei uns.

Nachdem wir uns in einem Straßencafé gestärkt haben, rufe ich die deutsche Honorarkonsulin an. Am Telefon schildere ich ihr die Situation und zeige mich auch verärgert über die Art und Weise, wie mit uns umgegangen wird. Sie verspricht, sich zu informieren und bittet um Rückruf. Der erfolgt am nächsten Tag. Leider habe sie auch nichts ausrichten können, teilt sie mir lakonisch mit. Im übrigen hätte ich diese Regelung ja gekannt, und warum wir überhaupt gekommen wären, wenn ich nicht bereit sei, die Kaution zu zahlen. Das frage ich mich zwischenzeitlich selber auch. Sie räumt immerhin ein, daß man wohl den Eindruck gewinnen könne, daß diese Regelung ausländerfeindlich sei, aber das würde da bestimmt nicht hinterstehen. Vielmehr sei der eigentliche Grund darin zu suchen, daß in der Vergangenheit immer wieder Yachten „hängengeblieben“ seien und wegen der Taifunsaison dann nicht mehr die Inseln verlassen konnten oder wollten. Auf meinen Einwand hin, daß Tahiti mit diesem Problem sicher nicht allein dasteht und andere Nationen schließlich auch damit fertigwerden, verweist sie mich schließlich an den Polizeichef, der sei dafür zuständig.

Nun will ich es wissen. Ich versuche einen Termin bei dem besagten Polizeichef zu bekommen, fahre mehrfach zu seinem Büro und werde ebensooft auf überaus barsche und unfreundliche Art und Weise schon im Vorzimmer abgewiesen. Da wir keineswegs am nächsten Tag Tahiti verlassen möchten, gehe ich zu der Socredo Bank, die mir von der Konsulin empfohlen worden ist. Sie – die Konsulin wie auch die Bank – scheinen sich mit dieser Angelegenheit bislang noch nicht auseinandergesetzt zu haben. Umständlicher geht es nicht: Pässe werden fotokopiert, Formulare ausgefüllt und endlose Telefonate geführt. Am Ende heißt es, daß es doch noch einen weiteren Tag dauern würde. Mir wird das zu blöd, schließlich bin ich nicht hierher gekommen, um die Zeit auf Behörden oder Banken zu verbringen. Selbst wenn man bereit ist, die Kaution zu zahlen, ist das nicht so einfach. Ein anderer Segler empfiehlt mir die West Pac Bank, eine australische Niederlassung. Ich versuche noch einmal, meine Kreditkarte als Sicherheit einzusetzen – alles vergeblich. Das Geld müsse in bar eingezahlt werden. Und das kostet natürlich Bearbeitungsgebühren, in unserem Fall 400 US-Dollar.

Mittels Schecks und Kreditkarten bringen wir die Summe auf. Aber es vergeht ein weiterer Nachmittag, bis geklärt ist, ob die Karten in Ordnung sind. Schließlich türmt sich vor dem Schalterbeamten ein Haufen Dollar auf. Wir quittieren den Empfang, um die Dollars dann umgehend wieder abzuliefern. Nach einer weiteren Bearbeitungszeit bekommen wir schließlich den Nachweis für die Immigration, daß die Kaution hinterlegt ist. Ich frage nach, wie wir das Geld denn wohl wieder ausgezahlt bekommen. Das könne schon ein Problem sein, deutet mir der Bankbedienstete an. Soviele Dollar habe nicht jede Zweigstelle vorrätig, aber man könne uns das Geld auch in polynesischen Francs auszahlen. Meine Geduld ist erschöpft. Was wir wohl um alles in der Welt beim Verlassen des Landes mit polynesischen Francs im Gegenwert von 11 000 US-Dollar anfangen sollen? Er nickt verständnisvoll. Um sicher zu gehen, nenne ich ihm den Tag, an dem wir auf Bora Bora ausklarieren werden, und bitte ihn, dafür Sorge zu tragen, daß man dort rechtzeitig die entsprechende Dollarmenge vorrätig habe. Er verspricht zu helfen. Mittlerweile haben Brigitte und ich drei Tage nichts anderes getan, als uns mit dieser Angelegenheit zu beschäftigen. Am nächsten Tag lege ich dem nicht sehr freundlich dreinschauenden Beamten der Einwanderungsbehörde die Bankbescheinigung auf den Tisch. Die alte Schreibmaschine rattert asthmatisch, danach bekommen wir endlich die Aufenthaltsgenehmigung.

Gewiß, ich habe mich bewußt zum „Agent provocateur" aufgespielt, mich also selbst um einige beschauliche Tage gebracht. Ich hätte ja gleich zahlen können, so wie alle anderen auch. Aber ich wollte es wissen. Auf der einen Seite wirbt Tahiti auf Bootsausstellungen – wie in Friedrichshafen geschehen – um Segler und Besucher. Auf der anderen Seite werden eben diese Leute vor Ort wie ungebetene Gäste behandelt. Die Besucherzahlen sind offenbar rückläufig, mich wundert es nicht. Jeder Segler, der Tahiti anläuft, läßt einiges an Geld auf der Insel. Und in der Regel bleibt es ja nicht beim Besuch der einen Insel. Was wir allein an Geld für Proviant, Schiffsbedarf bis hin zum privaten Verzehr in Restaurants gelassen haben, dürfte das Budget eines Pauschaltouristen um einiges überschritten haben. Von den Hafen- und Liegegebühren ganz zu schweigen, wofür es ja nicht einmal einen Gegenwert wie z. B. Duschen gibt. Im Gegenteil. Meine Bitte, wegen des schlechten Ankergrundes und der ungünstigen Windrichtung das Schiff am Anker schwojen zu lassen, wird brüsk abgelehnt. Auch hier die Aufforderung zu gehen, sie bräuchten keine Besucher.

Einen Tag später tritt ein, was ich befürchtet habe. Während alle mit Ausnahme von Morgan, der wegen einer Fußverletzung die Bordwache übernommen hat, an Land sind, wird es stürmisch. Es dauert nicht lange und die ersten Yachten gehen samt Anker auf Drift. Besonders die größeren Boote sind davon betroffen, einige kollidieren, Anker liegen übereinander und kommen unklar, Morgan wird immer unruhiger. Plötzlich dreht sich auch der Bug der DAGMAR AAEN herum. Dieses sehen und unter Deck springen, so schnell es sein kaputter Fuß erlaubt, ist eins für Morgan. Er startet die Maschine und versucht gegenzuhalten. Aber das Schiff liegt schon quer an der Riffkante, das Ruder setzt mit häßlichem Knarren mehrfach auf. Zwei junge Leute, die einer religiösen Sekte angehören und bibelfest die christlichen Seefahrer zum rechten Glauben bekehren möchten, haben sich den denkbar ungünstigsten Zeitpunkt für ihr Vorhaben ausgesucht. Bei Morgan sind sie genau an der richtigen Adresse. Die Not der Lage offenbar nicht erkennend, lassen sie sich von dem spontan reagierenden Morgan an Deck bitten, aber nicht etwa um ihn zu bekehren, sondern um sofort an die Ankerwinde bzw. zum Kettenstauen eingeteilt zu werden. So groß ist ihre Überraschung, daß sie widerstandslos jeden Job durchführen, während Morgan die Achterleinen loswirft und das Schiff von der Riffkante steuert. Als die Anker geborgen sind und unser Schiff frei ist, nehmen die beiden Jünger schweißgebadet reißaus. Morgans Einladung, doch noch ein wenig zu bleiben, schlagen sie brüsk ab. So hatten sie sich ihre Missionsarbeit offenbar nicht vorgestellt.

Während alle Yachten damit beschäftigt sind, zusätzliche Anker auszubringen, dreht Morgan vorerst einige Runden im Hafen. Alleine das Ankermanöver zu fahren, ist ihm zu unsicher, so entschließt er sich weise für die sicherere Methode und wartet zunächst einmal ab, bis sich das allgemeine Durcheinander gelegt hat. Ein Holländer, der mit seiner 20-Meter-Yacht ebenfalls Probleme hat, setzt, nachdem er weitere Anker ausgebracht hat, zu Morgan über und hilft ihm beim Ankern. Als wir abends zurück an Bord sind, ist Morgan geschafft und sein Bedarf an Ankermanövern vorerst gedeckt. Daß nicht mehr passiert ist, ist zweifellos seiner schnellen und überlegten Handlungsweise zu verdanken. Wir liegen jetzt vor drei Ankern. Ohne Heckleinen hat sich das Schiff in den Wind gedreht, so scheint es zu gehen. Wäre da nicht der Hafenmeister, der uns auffordert, Heckleinen auszubringen oder den Hafen zu verlassen. Mir ist es mittlerweile egal, ich lasse ihn solange reden, bis der Rausschmiß unmittelbar bevorsteht. Dann bringen wir eine Achterleine aus, die aber so lose ist, daß das Schiff trotzdem in den Wind drehen kann. Das scheint vorerst zu genügen. Aber der Spaß am Hierbleiben ist uns ohnehin vergangen.

Nachdem wir das Schiff verproviantiert und gebunkert haben, bereiten wir uns aufs Auslaufen vor. Bevor es soweit ist, nehmen wir uns doch noch einen Tag Zeit und sehen uns auf der Insel um. Sie ist heute noch schön. Wieviel schöner muß sie gewesen sein, als es noch keine einengende Bürokratie gab!

Danach besuche ich das Greenpeace-Schiff RAINBOW WARRIOR, das gerade schwer beschädigt vom Mururoa-Atoll zurückgekommen ist. Frankreich testet wieder Atombomben in Polynesien, die ganze Weltöffentlichkeit läuft dagegen Sturm. Über Funk hatte ich Kontakt mit Greenpeace gehalten und war also über die Stürmung des Schiffes durch Fremdenlegionäre informiert. Eingeschlagene Türen, ein völlig verbogenes Schanzkleid und andere Spuren zeugen vom Vandalismus der Legionäre. Längst haben wir an Bord der DAGMAR AAEN darüber diskutiert. Es ist beschlossene Sache, daß wir uns in den internationalen Protest einreihen. Wir werden daher unsere Reiseroute abändern, um uns unmittelbar vor Mururoa an den Protestaktionen zu beteiligen. Da der Funkverkehr abgehört wird, vereinbare ich mit den Greenpeacern Funkstille. Über Funktelex informiere ich mein Büro in Bad Bramstedt und die wiederum Greenpeace in Hamburg über unsere Pläne.

Die RAINBOW WARRIOR ist derart beschädigt, daß sie zunächst in eine Werft zur Reparatur muß und daher für einige Zeit außer Gefecht gesetzt ist. An Bord des Schiffes sind Polynesier, die die RAINBOW WARRIOR friedlich besetzt haben, um weiteren Aktionen des Militärs vorzubeugen. In der Stadt Demonstrationen, Kundgebungen und Plakatwände, auf denen die polynesische Bevölkerung gegen die neuerlichen Tests und gegen die totale Ignorierung ihrer Bedenken seitens der französischen Regierung demonstriert. Es soll erst der Auftakt zu schwerwiegenden Demonstrationen sein.

Am 20. Juli verlassen wir Papeete, froh, diesen ungastlichen Platz hinter uns zu lassen. Vorausgegangen war natürlich wieder eine Ausklarierung, auch wenn wir nur zur nächsten Insel wollen. Und ich dachte, Rußland sei verbürokratisiert.

Nachdem, wie geplant, Karle von Papeete nach Hause geflogen ist, muß überraschend auch Egon aus familiären Gründen abreisen. Das reißt eine Lücke in die Crew, die weder vom Fachlichen noch vom Menschlichen zu schließen ist. Traurig laufen wir aus dem Hafen aus. Tahiti und Papeete bleibt achteraus, ich schaue nicht zurück. Ich weiß, sollte ich wieder einmal auf dieser Route segeln, um diese Insel werde ich einen großen Bogen machen.

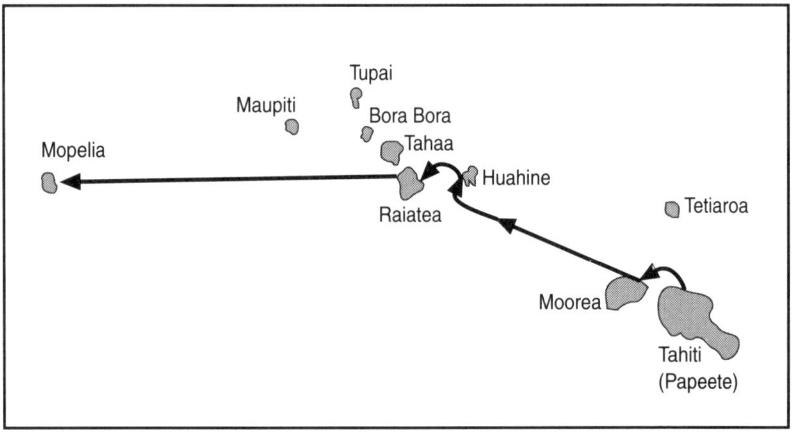
Tupai
Maupiti
Bora Bora
Tahaa
Mopelia
Huahine
Raiatea
Tetiaroa
Moorea
Tahiti
(Papeete)

Mopelia

In meiner Heimatstadt Bad Bramstedt wissen sich noch einige ältere Bürger Geschichten über einen richtigen Grafen zu erzählen, der ein sehr unaristokratisches Auftreten an den Tag legte: Graf Luckner. Der Vater des berühmten Seeteufels lebte lange Zeit in Bimöhlen, einem Dorf unweit meiner Heimatstadt. Der Graf muß einen nachhaltigen Eindruck bei den Bramstedtern hinterlassen haben. Als Junge hörte ich fasziniert die Anekdoten, die man sich über ihn erzählte, wobei immer ein leicht mißbilligender Unterton herauszuhören war. „Der Graf und seine Leute haben sich aufgeführt wie die Vandalen", brachte es damals jemand auf den Punkt. Ein Kind von Traurigkeit ist er wohl tatsächlich nicht gewesen. Wenn er nach Bad Bramstedt ritt, kehrte er meistens im „Holsteinischen Haus" ein, einer großen und zentral gelegenen Wirtschaft. Um in die Gaststube zu gelangen, mußte man über eine große Freitreppe in den ersten Stock gehen, einen Weg, den Luckner auf dem Rücken seines Pferdes zurückzulegen pflegte. Oben am Tresen angekommen, bestellte er zwei große Biere, eines für sich und eines für sein Pferd. Derart unerhörte Taten sorgten in der biederen Kleinstadt für reichlich Gesprächsstoff, was den Grafen nicht störte. Auf der Strecke von Bimöhlen nach Bad Bramstedt lieferte er sich wilde Pferderennen mit seinen Zechkumpanen, veranstaltete ein Springderby über ein auf dem Marktplatz stehendes Denkmal und litt offensichtlich nie an fehlenden Einfällen, wie er sich vergnügen und die Bürger verprellen konnte. Eine Frohnatur, die nichts aus der Ruhe bringen konnte.

Auch sein Sohn, Felix Graf von Luckner, war ein lebenslustiger

Mensch. Am 9. Juni 1881 in Leipzig geboren, büxte er bereits als Quartaner von zu Hause aus und fuhr nach Hamburg, um sich auf einem Segelschiff zu verdingen. Sein Werdegang liest sich wie ein Abenteuerroman: vom Schiffsjungen auf einem Segelschiff zum Tellerwäscher, Leuchtturmwärtergehilfen, Soldaten bei der Heilsarmee, Preisboxer, Fakirgehilfen, amerikanischen Matrosen, deutschen Vollmatrosen, Kneipier – um nur einige Stationen zu nennen. Mit 20 Jahren erwarb er in Lübeck das Steuermannsexamen. Der Zufall will es, daß Luckner mehrfach Menschen vor dem Ertrinken aus dem Hafenbecken rettete, ein Umstand, der selbst Kaiser Wilhelm II. nicht verborgen blieb, so daß er den Grafen persönlich für die zahlreichen Lebensrettungen auszeichnete. Damit war ein wichtiger Kontakt hergestellt. Auf des Kaisers Drängen hin trat Luckner in den aktiven Dienst der kaiserlichen Marine ein. Nachdem er unter anderem auch an der Skagerrak-Schlacht teilgenommen hatte, wurde ihm 1916 das Kommando über ein Dreimast-Vollschiff übertragen, das – als norwegisches Handelsschiff getarnt – ein Hilfskreuzer war. Der Name des Segelschiffes lautete SEEADLER.

Dieses Schiff ist es, das Luckner weltberühmt macht und ihm den Spitznamen „Seeteufel“ einbringt. In den nächsten Monaten kaperte Luckner vierzehn große Handelsschiffe und lehrte die alliierten Handelsschiffe das Fürchten. Es soll das letzte Mal in der internationalen Seekriegsführung sein, daß ein Segelschiff aktiv am Kriegsgeschehen teilnimmt – und zugleich mit solchem Erfolg. Als der „letzte Freibeuter“ wird Luckner bezeichnet, und seine Kaperfahrt bewirkte, daß ein großes Aufgebot alliierter Seestreitkräfte auf seine Spur gesetzt wurde und damit Kräfte band. So sehr verwuchs Luckner mit der Freibeuterideologie, daß er, wenn das Kommando: „Klar Schiff zum Gefecht“ kam, neben der Kriegsflagge und dem Kommandozeichen gleichzeitig den rotweißen Freibeuterwimpel setzen ließ, einen meterlangen roten, schmalen Wimpel, der am Ende einen weißen Totenkopf führt. Luckner wurde zum Inbegriff des Seekriegshelden, übrigens nicht nur in Deutschland, sondern auch bei den damaligen Kriegsgegnern. Erst am 8. Oktober 1917 endete die Fahrt des SEEADLERS auf einem Korallenriff in der Südsee. Ein Tsunami, eine durch ein Seebeben hervorgerufene Riesenwelle, soll das Schiff angeblich aufs Riff gesetzt haben, während es vor Anker lag. Eine Darstellung, die von einigen als „geschönt" abgetan wird. In einer anderen Version des Schiffsverlustes heißt es, daß die gesamte Mannschaft an Land zum Feiern gewesen sei, während der Anker des SEEADLERS zu slippen begann und das Schiff durch die Strömung und die Brandung auf das Riff gesetzt wurde.

Es ist weniger der Umstand, wie und warum der SEEADLER strandete, noch sind es die offenbar erfolgreichen Kriegshandlungen, die mich an dieser Geschichte schon seit langem interessieren. Es ist vielmehr die Art und Weise, wie der Krieg geführt wurde und die Person des Grafen von Luckner. Ihm ging es nicht nur um schnelle militärische Erfolge, sondern um Humanität selbst in einem inhumanen Krieg. Seine Erfolge bauten nicht auf militärische Überlegenheit oder skrupelloses Versenken von Tonnage und Vernichtung von Menschenleben, sondern er setzte auf Kriegslisten.

Wenn er ein fremdes Schiff aufgebracht hatte, sorgte er stets dafür, daß die Besatzung vollzählig auf den SEEADLER übersetzen konnte, bevor er das Schiff versenkte. An Bord des SEEADLERS wurden die Gefangenen genauso bewirtet wie die eigene Mannschaft. Sie durften sich frei an Deck bewegen, und den Offizieren wurde eine eigene Unterkunft zugewiesen. Selbst für die damalige Zeit muß der Ehrenkodex, dem Luckner sich verschrieben hatte, altmodisch gewirkt haben. Aber er drückte dadurch diesem ansonsten mitleidlosen Krieg eine menschliche Note auf. Während sich in Verdun und auf anderen Schlachtfeldern die Menschen gegenseitig zerfetzten, führte Luckner unbeirrt seine Art der Kriegsführung durch, die sich sehr wohl gegen Sachwerte richtete, nicht aber gegen Menschen und schon gar nicht gegen Zivilisten.

Als er ein viel größere Schiff als den SEEADLER durch eine List aufbrachte, ließ er nicht nur zuerst die Mannschaft abbergen, sondern auch einen Steinway-Flügel, ein Harmonium und Teile der komfortablen Saloneinrichtung. Gleichzeitig übernahm er 2000 Kisten „Veuve Cliquot" und fünfhundert Kisten Cognac. Wenig später spielte an Deck des SEEADLERS die aus Cello, Violine, Harmonium und Flügel bestehende Kapelle. Dazu gab es Champagner und Cognac. Obwohl es weit mehr Gefangene als Schiffsbesatzung gab und sich jeder frei bewegen durfte, kam es nicht zu den geringsten Zwischenfällen. Nachdem die Zahl der Gefangenen 263 Personen erreichte und damit die Kapazität des Piratenschiffes überschritten war, setzte Luckner das nächste gekaperte Schiff, die CAMBRONNE, dazu ein, die Gefangenen in die Freiheit zu entlassen. Angeblich sollen den Seeleuten sogar noch die Heuern in deutscher Währung ausgezahlt worden sein, die sie auf ihrem Schiff bekommen hätten. Als er dieses Schiff entließ, riskierte er Enttarnung und Entdekkung, denn bisher wußte ja keiner über den SEEADLER Bescheid. Danach verlagerte Luckner den Kaperkrieg in den Südpazifik. Anfang Oktober 1917 erreichte er nach langer Seereise ein kleines Atoll, das zu Französisch-Polynesien gehört und den Namen Mopelia trägt. Dort wollte Luckner seine Leute ausruhen lassen. Mangelkrankheiten wie Skorbut und Beriberi hatten sich bemerkbar gemacht. Das Atoll versprach frisches Wasser, Obst, Kokosnüsse und jede Menge frischen Fisch. Wenig später dann das Desaster, der SEEADLER wurde durch welchen Grund auch immer aufs Riff gesetzt und ging verloren.

Was auch immer geschehen sein mag in dieser Nacht, das Abenteuer der Freibeuter nahm damit eine ganz andere Qualität an. Mit einem nur sechs Meter langen Rettungsboot segelte Luckner zusammen mit fünf Gefolgsleuten Tausende von Seemeilen über den Pazifik auf der Suche nach einem neuen Schiff, wie einst Kapitän Bligh von der BOUNTY. Es würde den Rahmen sprengen, alle Aben teuer dieser Odyssee aufzuzählen. Luckner und seine Leute landeten schließlich als Kriegsgefangene in Neuseeland, von wo aus sie erfolgreich einen Ausbruchsversuch unternahmen. Später wurden sie allerdings wieder gefangen genommen, und bevor es zu einem weiteren Ausbruchversuch kam, war der Krieg zu Ende. Die auf der Insel Mopelia zurückgebliebenen Seeleute kaperten ihrerseits ein Segelschiff, mit dem sie bis zur Osterinsel gelangten. Dort erlitten sie ein ähnliches Schicksal wie der SEEADLER und wurden auf ein Riff geworfen. Von einem chilenischen Handelsschoner aufgenommen, gelangten sie schließlich nach Chile und später zurück nach Deutschland.

Als Luckner 1919 aus der Kriegsgefangenschaft nach Deutschland zurückkehrte, war er ein weltberühmter Mann. Sein Buch „Seeteufel“ erreichte allein in den USA eine Millionenauflage. Luckner erhielt die höchste deutsche Tapferkeitsauszeichnung, den

Orden „Pour le mérite" und wurde auch international hoch geehrt. So wurde er Ehrenbürger von San Francisco, Miami und Chicago, Ehrenhäuptling der Yosemite-Indianer und Blutsbruder der Maoris auf Neuseeland. Von 1926 bis 1928 unternahm er eine Weltreise auf seinem Viermast-Schoner VATERLAND und 1939 erneut mit seiner Frau, der Schwedin Ingeborg Engström, auf der Yacht SEETEUFEL eine weitere Reise in die Südsee. Wo immer Luckner hinkam, wurde er gefeiert. Seine Reise nahm zeitweilig Züge einer triumphalen Tournee an. Während sich im Deutschland der dreißiger Jahre Kleingeist und die verhängnisvolle nationalsozialistische Ideologie breitmachten, wurde Luckner zu einem Kosmopoliten. Nationalsozialisten forderten ihn auf, seine amerikanischen Ehrungen und Auszeichnungen zurückzugeben. Wenngleich Patriot, weigerte Luckner sich beharrlich. Da er sich offenbar nicht vor ihren Propagandakarren spannen ließ, schlug man andere Saiten an. Luckner wurde bespitzelt, seines militärischen Ranges als Korvettenkapitän enthoben und leistete aus diesem Grunde auch keinen Wehrdienst ab. Während andere seiner ehemaligen Besatzung, wie zum Beispiel sein Erster Steuermann Kircheiß, den Verlockungen der Nazis offenbar erlagen und bei eigenen Reiseberichten immer wieder Deutschtum im Sinne der Nationalsozialisten einfließen ließen, blieb Luckner seinen Grundsätzen treu. Er nahm sogar in Kauf, daß sein Bruder von der Gestapo schwer mißhandelt wurde, und auch beim Verlust seiner beiden Schiffe VATERLAND und SEETEUFEL vermutet man, daß die Nazis die Hand im Spiel hatten. In der Schlußphase des Weltkrieges ist es maßgeblich Luckners Verdienst, daß die Stadt Halle kampflos den Amerikanern übergeben und dadurch vor der völligen Zerstörung bewahrt wurde. Den amerikanischen Soldaten war Graf Luckner wohlbekannt, und so kam es zu der kampflosen Übergabe. Hitler war darüber so erbost, daß er persönlich das Todesurteil gegen Luckner aussprach. Glücklicherweise stand dieser bereits unter dem Schutz der Amerikaner, so daß es nicht mehr zur Vollstreckung kommen konnte.

Diesen Lebensabschnitt finde ich den bemerkenswertesten in Luckners Biographie. Er war ein Mann mit Rückgrat! Kein Opportunist, nicht furchtsam, auch wenn es um seine eigene Sicherheit ging, sondern ein Mensch mit einem Gerechtigkeitsempfinden, mit einem „Standing“, das allen Verlockungen wie auch Anfeindungen standhielt. Das fasziniert mich an dem Menschen Luckner. Gerade in der heutigen Zeit wünsche ich mir mehr solche Menschen, deren Sein und Denken nicht von Karriere und Erfolg geprägt ist, sondern von der Achtung und der Würde des anderen, die wider den Kleingeist und Mief des provinziellen und leider oft auch politisch bornierten Denkens handeln.

Wir wollen Spurensuche betreiben, deshalb laufen wir am 26. Juli die kleine Insel Mopelia an. Hinter uns liegen Besuche auf Moorea, Huahine und Raiatea. Landschaftlich schön sind sie alle, diese Inseln, aber – fest im Griff des Tourismus – ihren ursprünglichen polynesischen Charakter haben sie eingebüßt. Allein Huahine hat sich eine gewisse Ursprünglichkeit bewahrt. Diese Insel, die einst als die Hochburg der alten polynesischen Kultur galt, hat noch viele der alten Altäre und Kultstätten zu bieten und auch die Menschen scheinen der ursprünglichen Wesensart der Polynesier am nächsten zu kommen. Die anderen – obwohl landschaftlich reizvollen Inseln – wirken auf mich ein wenig wie Kulisse, ein bißchen steril. Was nicht heißen soll, daß wir uns dort nicht wohlgefühlt haben. Nur meine ganz persönliche „Trauminsel“, wie so viele Südseereisende einen glauben machen wollen, habe ich dort nicht gefunden.

Mopelia, wenngleich nicht mit der verschwenderischen Landschaft wie die anderen Inseln ausgestattet, gefällt uns wieder sehr gut. Ein fast kreisrundes Atoll, palmenbewachsen mit weißen Sandstränden und eine durch einen Kanal verbundene Lagune: Das ist Mopelia oder Mauphiaa, wie es auch genannt wird. Auf Mopelia leben etwa sechzig Menschen. Schon während wir uns der Insel nähern, sehen wir kleine Boote in der hohen Dünung, dic mit Polynesiern besetzt sind. Freundlich winken sie und kommen uns entgegen, wenn auch nicht wie zu Zeiten Kapitän Cooks mit Auslegerkanus, so doch immerhin mit kleinen Booten, die von Außenbordmotoren angetrieben werden. Die Einfahrt in die Lagune ist sehr schmal, und es setzt ein kräftiger Strom aus ihr heraus. Wir müssen sehr vorsichtig sein, teilen uns die Polynesier mit, aber man könne ohne weiteres in die Lagune einfahren. Wir setzen daraufhin selbst ein Boot aus, um uns die Stelle anzusehen. Sie ist in der Tat eng, und es setzt ein enormer Strom, während von achtern eine hohe Dünung heranrollt und für entsprechende Stromkabbelungen und sogar Brandung sorgt. Nachdem ich die Einfahrt nun kenne, wagen wir es. Unser Beiboot fährt als Lotsenboot voraus, und wir steuern unter Maschine auf die Einfahrt zu. Ich schätze den Strom auf sechs bis sieben Knoten, das heißt wir müssen mit nahezu voller Maschinenleistung fahren. Ein Ausscheren des Bugs würde uns unweigerlich gegen die Riffkante drücken. Dort kann ich bereits jetzt mit einem flüchtigen Blick einige Wrackteile des SEEADLERS erblicken.

Wir durchleben einige spannende Minuten, aber die DAGMAR AAEN schiebt sich stetig und sicher gegen den Strom auf die Lagune zu. Dem Seehandbuch haben wir Peilungen entnommen, und die Polynesier versorgen uns mit weiteren Informationen bezüglich Wassertiefen und Ankergrund. Als wir schließlich in der Lagune sind, ist das Wasser schlagartig ruhig und von einem fast unnatürlich wirkenden Türkis. Auf 16° 47′S und 153° 57′W fällt der Anker in das 16 Meter tiefe Wasser. Drei Kabellängen vom Strand entfernt liegen wir gut geschützt. Am Strand Hütten, Kinder, die im Wasser toben, Palmenhaine und Boote, die im seichten Wasser dümpeln. Hier finden wir Polynesien, wie wir es uns erträumt haben. Ein Boot nähert sich uns, darin Frauen, Männer und Kinder. Vor ihnen liegen reife Kokosnüsse sowie frisch gebratener Fisch. Sie klettern zu uns an Bord, überreichen uns ihre Geschenke und heißen uns ganz offiziell willkommen. So etwas gibt es also doch noch! Vergessen sind die bürokratischen Nervtöter in Papeete. Allein diese Minuten sind es schon wert, den weiten Weg gemacht zu haben.

Ich merke es der Crew an. Keiner, der irgendwie unruhig an Land möchte oder mit irgendwelchen Dingen beschäftigt ist. Wir sitzen einfach alle zusammen an Deck, während sich die Sonne langsam rötlich färbt und hinter dem Horizont versinkt. Till holt seine Gitarre heraus. Unsere Besucher freuen sich über die Musik. Sie hören interessiert zu, lachen und fordern uns immer wieder auf, von ihren Geschenken zu essen. Wir erkundigen uns bei ihnen nach dem Wrack. Sie wissen davon, obwohl es sie nicht sonderlich zu interessieren scheint. Gelegentlich hätten sie beim Schnorcheln am Außenriff Teile des Schiffes gesehen, aber alles sei von den Wirbelstürmen zerstört worden.

Der letzte schwere Wirbelsturm ist 1992 direkt über das Atoll gezogen. Obwohl es rechtzeitig eine Taifunwarnung gab und auch ein Schiff aus Papeete gekommen war, um die Menschen des kleinen Atolls in Sicherheit zu bringen, zog es doch eine Reihe von ihnen vor, auf der Insel zu bleiben. Sie mögen ihre Hartnäckigkeit vielleicht wenig später bereut haben, denn der Sturm war einer der schwersten, an die man sich erinnern konnte. Das Gesicht der Frau wird ernst, als sie langsam, fast widerstrebend von dem Sturmerlebnis erzählt. Nachdem das Schiff, das sie abholen sollte, eilig in der Ferne verschwand, machten sich die Zurückgebliebenen daran, Sturmvorbereitungen zu treffen. Sie waren Hitze gewohnt, aber diese schwüle Windstille lastete mit bleierner Schwere auf ihnen. Kein Windhauch war zu spüren, ein Barometer besaßen sie nicht. Trotzdem wußten sie, daß alle Zeichen auf Sturm standen. Der Kapitän des Schiffes hatte von einem rasant fallenden Luftdruck gesprochen und hatte es eilig gehabt, von hier fortzukommen.

Das Atoll ist flach, es erhebt sich nur wenige Meter über die Meeresoberfläche. Schon hörten sie das ständig zunehmende Donnern der Brandung. Durch die Palmen hindurch konnten sie die hochgehende See wahrnehmen, die sich schäumend und tosend auf das Riff warf. Das waren die Vorboten, denn der Wind hatte bislang immer noch nicht eingesetzt. Obwohl es Tag war, wurde es langsam immer dunkler. Während das Wasser in der Lagune spiegelglatt war und von keinem Luftzug gekräuselt wurde, nahm das Brüllen der Brandung am Außenriff immer mehr zu. Ihre Boote hatten sie inzwischen weit an Land gezogen und zwischen Palmenstümpfen mit starken Seilen vertäut. Die Fenster der Hütten wurden mit Brettern vernagelt, Einrichtungsgegenstände in tiefe Löcher vergraben.

Sie wußten, wenn der Sturm einmal losbrach, wäre es auch mit der Ruhe in der Lagune vorbei. Sie ist groß genug, daß der Wind auf dieser Wasserfläche ebenfalls eine Sturmsee aufwerfen würde. Seewärts hatte die Brandung mittlerweile eine beachtliche Höhe erreicht. Gelegentlich leckten schäumende Seen über die Sanddünen hinweg und versickerten zwischen den Palmen, Wülste aus gelblich weißem Schaum zurücklassend. Sie sahen die Sturmfront kommen. Aufwirbelndes Wasser, von einer Böenwalze hervorgerufen, plötzlich ein infernalisches Kreischen und Heulen in der Luft. Palmenzweige wirbelten umher. Wind, Regen und Sand rasten horizontal über das Atoll, so daß sie ihre Augen schließen mußten und nur zur windabgewandten Seite atmen konnten. Rechtzeitig, bevor der Sturm eingesetzt hatte, hatten sie sich auf der höchsten Erhebung an Palmen angebunden, um nicht fortgeweht zu werden. Solche Gewalt nahm der Sturm an, daß es unmöglich gewesen wäre, sich selbst festzuhalten. Kleinkinder, die mit ihren Eltern auf der Insel geblieben waren, wurden vorsorglich in Eisschränke gesperrt, in die man Luftlöcher geschlagen und dann ebenfalls in ausreichender Höhe über dem Boden an Palmenstümpfen angebunden hatte. Danach sind die Erinnerungen verschwommen. Zwei Tage lang mußten sie auf diese Art und Weise ausharren. Um sie herum das absolute Inferno. Rasende Wogen, die die gesamte Insel überfluteten, Palmen, die von den enormen Windgeschwindigkeiten wie Streichhölzer geknickt wurden. Als das Zentrum des Taifuns schließlich das Atoll passierte, wurde es für eine Weile völlig windstill, ja sogar blauen Himmel konnten sie ausmachen. Aber diese trügerische Ruhe dauerte nicht lange, und weil sie darum wußten, empfanden sie den wieder mit voller Macht einsetzenden Sturm fast als eine Erleichterung. Sie wußten, daß das die Rückseite des Wirbelsturmes war und daß nach seinem Durchzug das Wetter bald besser werden würde. Als der Sturm langsam an Gewalt verlor und schließlich nur noch wenig mehr als eine steife Brise vorhanden war, banden sie sich los und unternahmen erste mühsame Gehversuche. Mopelia war in einigen Bereichen wie umgepflügt. Noch heute sieht man die Verwüstungen, die der Taifun angerichtet hat. Kreuz und quer liegen die abgerissenen oder entwurzelten Palmen übereinander, durcheinander und ineinander verschachtelt. Alle Inselbewohner haben diesen Sturm – den schwersten, an den sie sich erinnern können – wie durch ein Wunder überlebt. Und nachdem das Unwetter einmal abzogen war, nahm man mit polynesischem Gleichmut sein gewohntes Leben wieder auf.

Wir haben unsere Reisezeit so gelegt, daß wir außerhalb der Wirbelsturmsaison in der Südsee sind. Nach diesem Bericht sind wir doppelt froh darüber. Bevor uns unsere Besucher verlassen, laden sie uns ein, an Land zu kommen. Da wir einige Tage hierbleiben wollen, haben wir keine Eile damit, sondern genießen den ruhigen Tropenabend an Deck beim Schein der Petroleumlampen.

Am nächsten Morgen beginnen wir mit Tauchvorbereitungen. Zunächst einmal fahre ich mit Morgan und Roger im Schlauchboot zum Riffkanal, um die Wrackteile zu inspizieren, die wir bei der Einfahrt dort liegen sahen. Zu Fuß stapfen wir durch das seichte Wasser und stehen schließlich vor einigen rostigen Teilen der Takelage eines Segelschiffes. Das muß die Stelle sein, an der der SEEADLER gestrandet ist. Anhand alter Fotos vergleichen wir die Stelle. Die Fotos zeigen das Schiff vor der Einfahrt vor Anker liegend und schließlich als ein zertrümmertes Wrack, von dem die Takelage in grotesk verbogenen Formen herunterhängt. Die Seeleute hatten das Wrack zudem gesprengt, damit es sie bei vorbeifahrenden Schiffen nicht verraten konnte. Wann das Wrack schließlich vom Riff abgerutscht ist, kann uns auch von den Polynesiern keiner erzählen. „Das ist schon lange her", ist alles, was sie dazu sagen. Es spielt auch keine Rolle.

Am äußeren Rande des Riffdaches steht Brandung. Wir entschließen uns daher, mit dem Schlauchboot durch den Riffkanal nach draußen zu fahren und uns seewärts dem Riff zu nähern. Zunächst aber kehren wir zurück an Bord und sprechen den Tauchgang durch. Morgan checkt ein letztes Mal die Ausrüstung. Wir werden zu dritt tauchen, Morgan, Roger und ich. Luftflaschen, Bleigurte, Flossen und Masken werden ins Beiboot gehievt, dann fahren wir schwer beladen los. Der Strom im Riffkanal setzt heute lange nicht so stark wie gestern bei unserer Einfahrt. Wir kommen gut durch und werfen bei etwa fünfzehn Metern Wassertiefe unseren Anker. Mehrmaliges Rucken am Ankerseil, er hält. Wir machen uns fertig, kontrollieren unsere Ausrüstung und springen einer nach dem anderen ins Wasser. In der Schwimmlage nochmals ein kurzer Check, alles o. k.? Jeder gibt das mit Zeigefinger und Daumen geformte O-Signal, das o. k.-Zeichen für Taucher. Dann lassen wir die Luft aus unseren Tarierwesten entweichen, die Bleigurte ziehen uns langsam unter die Wasseroberfläche.

Tiefes, sattes Blau empfängt uns. Wir lassen uns auf zehn Meter Tiefe sinken, geben dann ein wenig Luft ins Jacket und tarieren uns in dieser Tiefe aus. Unter uns eine Canyonlandschaft, die das Korallenriff bildet. Deutlich spüren wir den pulsierenden Schwell, der uns wie Schwebepartikel hin- und herdriften läßt. Die ersten Fische, die wir am Ausgang des Riffkanals sehen, sind Haie, die dort patrouillieren. Sie finden einen reich gedeckten Tisch vor, denn das gesamte Riff wimmelt nur so von Fischen aller Größen, Arten und Farben. Systematisch tauchen wir an der Außenkante der Canyonlandschaft entlang, um uns zunächst einen Überblick zu verschaffen. Plötzlich entdeckt Morgan einen Anker auf dem Meeresgrund. Es ist ein alter Stockanker, so wie er bei Segelschiffen verwendet wurde. Ein Stück weiter finden wir Teile der Ankerkette. Wir folgen ihr, und mit einem Mal liegt das Trümmerfeld von dem, was einst ein stolzes Dreimast-Vollschiff gewesen ist, vor uns: ein Tohuwabohu aus Masten, Spieren, Drähten und rostigem, scharfkantigem Schrott. Vorsichtig schwimmen wir näher und versuchen, die Teile zuzuordnen. Die Stürme haben ganze Arbeit geleistet. Von dem Rumpf sind nur noch Einzelteile vorhanden: zerborstene, verbogene Stahlkonstruktionen, die fest in das Riff eingebacken sind. Mit der Unterwasserkamera halte ich die ersten Eindrücke fest. Wir versuchen, das Trümmerfeld räumlich einzugrenzen, bevor wir uns an eine genauere Untersuchung der Teile machen. Nach fünfundfünfzig Minuten ist unser Luftvorrat nahezu verbraucht. Wir schwimmen zurück zum Dingi und hieven erst uns und dann unsere Ausrüstung ins Boot.

An Bord der DAGMAR AAEN setzen wir den Kompressor in Gang, der blubbernd seinen Dienst aufnimmt, und füllen die Flaschen, während wir uns gleichzeitig über den Tauchgang unterhalten. Wir sind begeistert von der Unterwasserlandschaft, die vorerst einen nachhaltigeren Eindruck auf uns hinterlassen hat als die Wrackteile. Am Nachmittag unternehmen wir den zweiten Tauchgang, bei dem wir direkt in das Trümmerfeld hineintauchen. Daß es sich bei dem Wrack eindeutig um den SEEADLER handelt, ist spätestens bewiesen, als wir eines der beiden Geschütze finden, die das angebliche Handelsschiff an Bord hatte. Es liegt in gut zehn Metern Tiefe auf dem Meeresboden, und obwohl es fest in die Korallen eingewachsen ist, können wir es deutlich erkennen. Das zweite Geschütz des SEEADLERS ist kurz nach seiner Strandung geborgen und nach Tahiti gebracht worden. Dort ist es am Boulevard Pomore ausgestellt, so gut erhalten, als sei es immer noch einsatzbereit. Die Kanone, die hier vor uns liegt, ist eindeutig dasselbe

Modell, von Krupp gefertigt. Unweit der Kanone liegt der Hauptmotor des SEEADLERS. Daß Segelschiffe zu der damaligen Zeit mit einer Maschinenanlage ausgestattet waren, ist die große Ausnahme gewesen. Damit wurde Luckners Schiff zu dem, was es war: ein Wolf im Schafspelz. Dampfer, die zu spät erkannten, daß es sich bei dem Vollschiff nicht um einen friedlichen Handelssegler handelte, sondern um einen Kaperkreuzer, versuchten häufig ihr Heil in der Flucht, indem sie gegen den Wind andampften – dorthin also, wo ihnen ein Segelschiff normalerweise nicht folgen konnte. Erst wenn sie merkten, daß der SEEADLER ihnen mühelos folgte, gaben sie resigniert ihren Fluchtversuch auf und strichen die Flagge. Der Motorblock, ein gewaltiger Koloß, liegt auf der Seite. Von dem ihn ursprünglich umgebenden Maschinenraum ist nichts mehr übrig außer einzelnen verstreut herumliegenden Geräteteilen und jeder Menge Stahlschrott. Selbst nach so langer Zeit sind alle Teile, die man anfaßt, von einer klebrigen, schmierigen Schicht überzogen – offenbar Diesel und Schmieröl, das sich überallhin verteilt hat. Weitere Tauchgänge in den nächsten Tagen folgen, wobei es uns hauptsächlich darum geht, das Gesehene für einen Fernsehfilm festzuhalten, den wir für den Hessischen Rundfunk drehen. Die „Seeadler-Story“ wird dabei eine von insgesamt sechs Folgen sein.

Wir finden haufenweise Munition, fest eingebacken in die Korallen. Hier ist äußerste Vorsicht geboten. Auch nach so langer Zeit im Wasser braucht diese Munition nichts von ihrer Brisanz eingebüßt zu haben. Die Alterung hat sie sehr labil und dadurch extrem gefährlich werden lassen. Als ich vor einigen Jahren an dem Wrack des Schlachtschiffes TIRPITZ in Norwegen getaucht habe, fanden wir Pulverstangen, die, obwohl sie über vierzig Jahre lang im Salzwasser lagen, sofort funkensprühend abbrannten, als wir ein Streichholz dranhielten. Und das, obwohl sie noch tropfnaß waren. Jetzt nehmen wir lediglich eine leere, verbeulte Kartusche mit, die zu den beiden Geschützen gehört haben muß. Bullaugen, Schranktüren, Werkzeuge und Reste der Takelage, das alles liegt ineinander verwoben und von Korallen zugewuchert auf dem Boden. Wir lassen alles, wie es ist, denn das Bergen einzelner Teile hätte unweigerlich die Zerstörung der sie umgebenden Korallen zur Folge.

Bei einem der weiteren Tauchgänge lassen wir uns vom Schlauchboot dort absetzen, wo der Riffkanal mit besagter starker Strömung die Lagune verläßt. Es wird ein „Driftdive", den keiner von uns vergessen wird. Einmal im Wasser, werden wir von der gewaltigen Strömung erfaßt und im Eiltempo in den Kanal hineingezogen. Es gelingt uns, einen Felsvorsprung zu fassen und uns dort festzuhalten. Die Blasenbahn unserer Lungenautomaten wird waagerecht von der Strömung fortgetragen. Wir beobachten Haie, die sich gegen den Strom ankämpfen, um irgendwann resigniert aufzugeben und sich ihrerseits von der Strömung wieder herausspülen zu lassen. Das Wasser ist kristallklar und die Sicht dementsprechend gut. In Etappen lassen wir uns von der Strömung mitreißen, um dann irgendwo wieder einen Vorsprung zu ergreifen und uns zu sammeln. So scharf abgegrenzt wird der Kanal, daß man fast den Eindruck gewinnt, er sei künstlich in das Riff hineingesprengt worden. Ist er aber nicht. Es ist ein Werk der Natur. Gegen Ende des Kanals entdecken wir in größerer Tiefe Teile der Masten sowie den dritten Anker des SEEADLERS. Dieser muß damals geslippt sein und hat damit das Verhängnis ausgelöst. Morgan taucht bis an ihn heran, der Tiefenmesser zeigt dreißig Meter. Über uns ein silbrig glänzender Schwarm von Barrakudas. Unweit davon graue Riffhaie, zehn, fünfzehn Stück an der Zahl. Am Anker befindet sich noch die Kette. Wir folgen ihr und verlassen damit den Kanal und somit auch den Einfluß des starken Stromes. Die Kette endet – wo auch sonst – in dem uns mittlerweile vertrauten Wrackgebiet. Dieser „Driftdive" ist der absolute Höhepunkt. Wir unternehmen noch mehrere Tauchgänge, aber keiner kommt mehr an dieses Erlebnis heran.

Bleibt die Frage nach dem Schatz, den Luckner angeblich auf dem Riff versteckt haben soll. Die Wahrscheinlichkeit, daß es einen Schatz gegeben hat, ist zumindest nicht von der Hand zu weisen. Irgendwo müssen schließlich die Bordkassen und Wertgegenstände der gekaperten Schiffe geblieben sein. Und da Luckner auf seiner Flucht im offenen, sechs Meter langen Boot schwerlich eine Schatztruhe mitgenommen haben wird, ist wohl etwas dran an dem Gerücht, er habe diesen Schatz im flachen Wasser in einer Grotte versteckt. Die Lage des Schatzes soll – so zumindest die Überlieferung – in Luckners Kniekehle eintätowiert worden sein. Die Richtigkeit dieser Behauptung und damit die Lage des Schatzes dürfte sich heute wohl kaum nachweisen lassen. Wir haben uns nicht einmal die Mühe gemacht, nach dem Schatz zu suchen. Ein Korallenriff verändert sich ständig, die verheerenden Wirbelstürme tragen das ihre dazu bei. Eine mögliche kleine Grotte, in der eine Schatztruhe versteckt wurde, kann heute längst fester Bestandteil des Riffs sein. Die eingewachsenen Wrackteile lassen Rückschlüsse zu, wie sich das Riff im Laufe der Jahrzehnte verändert hat. Und überhaupt – wer sagt denn, daß nicht Luckner selbst auf seinen späteren Reisen den Schatz geborgen hat? Schließlich war er selbst es, der das Gerücht gestreut hat. Und wenn es irgendjemanden gab, der beurteilen konnte, ob eine Bergung möglich und lohnenswert war, dann doch wohl er. So lassen wir alles, wie es ist, und hüten uns davor, irgendetwas an dieser großartigen Unterwasserlandschaft zu verändern oder gar zu zerstören. Uns ist schon lange klar geworden, daß der eigentliche Schatz von Mopelia nicht das Wrack oder eine ominöse Schatztruhe, sondern die Insel selbst ist.

Während wir beim Tauchen waren, haben die anderen die Insel zu Fuß oder mit Faltbooten erkundet. Sie ist ein Naturparadies, mit Kolonien brütender Seevögel, mit phantastischen Stränden und einer großartigen Unterwasserwelt. Die Polynesier kommen uns immer wieder besuchen, so wie auch wir auf unseren Strandspaziergängen zu ihnen gehen. Als wir die Insel schließlich wieder verlassen, sind wir voller Eindrücke. Unsere Tauchgänge haben keine neuen spektakulären Erkenntnisse gebracht, aber das sollten sie auch gar nicht. Wir wollten uns lediglich mit einem Stückchen Geschichte auseinandersetzen und uns dabei vor Ort umsehen. Der Aufenthalt auf Mopelia hat uns viel nachhaltiger beeindruckt, als wir es vorher vermutet haben. Der „Seeteufel", wie Luckner genannt wurde, war uns gedanklicher Anreiz und Leitfaden. Die Naturerlebnisse und die Begegnungen mit den Menschen haben die Geschichte an den Rand gedrängt. Mopelia wird uns nicht nur als die Insel des SEEADLERS in Erinnerung bleiben. Sie steht für sich selbst.

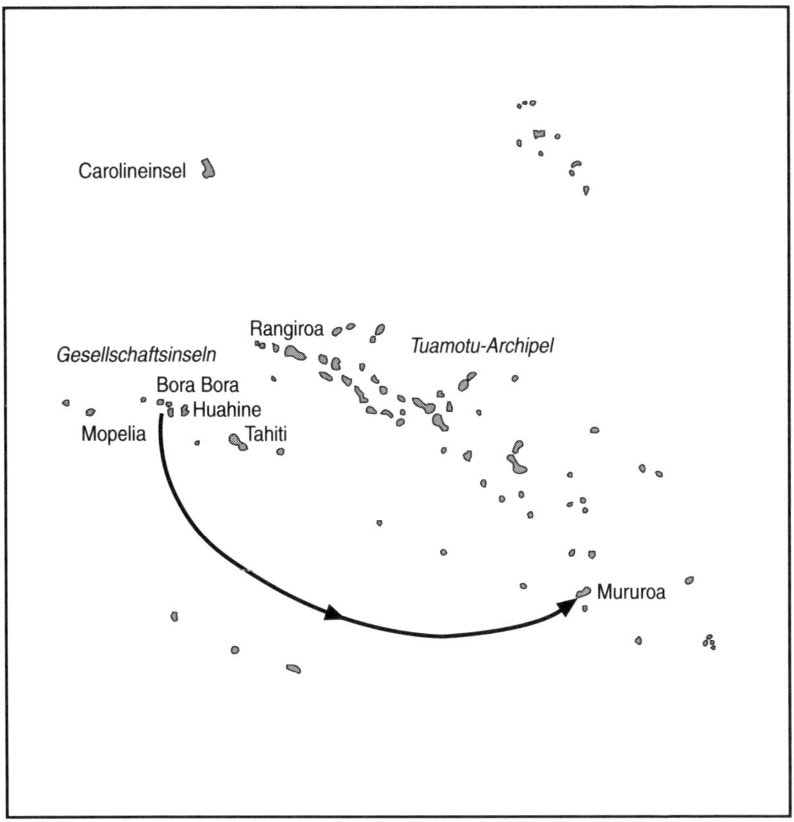
Carolineinsel
Rangiroa
Tuamotu-Archipel
Gesellschaftsinseln
Bora Bora
Huahine
Mopelia
Tahiti
Mururoa

Das polynesische Trauma

Keine der polynesischen Inseln hat den Nimbus des Südseeparadieses so vereinnahmt wie Bora Bora. Allein der Name: Da schwingen Sehnsucht, traumhafte Strände, schöne und liebenswürdige Menschen und eine vollendete Harmonie in allen Lebensbereichen mit. Hollywood hat sicher dazu beigetragen, dieses Bild des unbefleckten Paradieses aufzubauen, aber da ist wohl mehr als nur cineastische Gaukelei. Der Name Bora Bora steht stellvertretend für die fernen Atolle, für die Träume und naiven Vorstellungen von einem sorgenfreien, einfachen Leben fernab von jedem Zivilisationsstreß. Ganz so schlicht und einfach ist das Leben auf Bora Bora in der Realität nicht. Und die Zeiten, in denen Schiffsnägel, bunte Stoffe und wertlose Glasperlen als Zahlungsmittel ausreichten, sind sowieso längst vorbei. Auf Bora Bora regiert kein illustrer Häuptling, sondern der französische Franc. Ganz Französisch-Polynesien ist teuer und Bora Bora noch ein bißchen mehr als die anderen Inseln. Aber damit auch genug von den profanen Dingen. Schon die Annäherung an die Insel, mit ihrem vorgelagerten Riff, auf dem sich schäumend die heranrollenden Seen brechen, verspricht etwas Besonderes: hohe, über und über mit Grün bewachsene Berge, eine geschützte und wunderschöne Lagune, Schiffe vor Anker und im Stil polynesischer Hütten hergerichtete, komfortable Hotelanlagen.

Wir legen uns dort vor Anker, wo auch die meisten anderen Yachten liegen, vor dem Bora Bora Yacht Club. Darunter darf man sich keine moderne Marina vorstellen – Gott sei Dank nicht. Der Yachtclub ist malerisch gelegen – etwas anderes auf dieser Insel zu finden, dürfte auch schwerfallen – und wird von freundlichen Leuten betrieben. Ein kleiner Anleger, an dem man sein Beiboot anbinden kann, einige Mooringtonnen, die gegen geringe Gebühren benutzt werden dürfen, und eine große schattige Veranda, auf der man lekkere Cocktails oder kühles Bier trinken kann und der festen Überzeugung verfällt, jeden Moment müsse Hemingway oder zumindest Marlon Brando vorbeikommen. Statt ihrer treffen wir andere Segler, mit denen wir schnell ins Gespräch kommen, oder den Wirt, der sich bei jedem seiner Gäste erkundigt, ob er irgendwie behilflich sein kann. Wir fühlen uns sofort wohl und bei näherer Betrachtung verstärkt sich bei uns der Eindruck, eine Oase innerhalb des Paradieses gefunden zu haben.

Bora Bora ist eine einzige Touristenhochburg. Die Preise liegen noch um einiges über dem ohnehin gepfefferten Niveau Französisch-Polynesiens, und polynesische Lebensart gibt es, wie wir in einem Reiseführer nachlesen können, „nur noch als Show-Element in den Hotels“. Doch die Hotels besuchen wir nicht, und in dem kleinen Stadtkern von Vaitape fühlen wir uns trotz der vielen Besucher näher an Polynesien und damit wohler als auf dem hektischen Tahiti. Irgendwie hat es seinen dörflichen Charakter erhalten – wären da nicht die Preise. Die sind wirklich hoch, ganz gleich, ob es sich um eine Tüte Milch, Käse oder ein Baguette handelt. Während des Zweiten Weltkrieges war das Atoll ein wichtiger Stützpunkt der Amerikaner. Noch heute zeugen alte Geschütze von dieser Zeit, die zumindest für diese Insel friedlich blieb, da das eigentliche Kriegsgeschehen weiter nordwestlich stattfand. Für die bis dahin recht isoliert lebenden Inselbewohner muß sich beim Aufmarsch der geballten Militärmaschinerie das Leben gründlich geändert haben. Mit der Beschaulichkeit war es vorbei, dafür gab es „Coke“ und „Hamburger“ und jede Menge „GIs“. Letztere waren es dann wohl auch, die den Ruf Bora Boras als Trauminsel nach ihrer Rückkehr in die USA verbreiteten. Eine bessere Promotion konnte es kaum geben. Seit diesen Tagen ernährt sich die Insel nicht mehr vom Fischen, sondern vom nicht abreißenden Touristenstrom.

In dem Yachtclub sind die Segler unter sich. Wir treffen zufällig mit der Crew eines wunderschönen hölzernen Schoners aus Port Townsend zusammen, der neben uns ankert. Sie sind schon fast ein Jahr im Pazifik unterwegs und wissen viel zu berichten. Als wir ihnen erzählen, daß die DAGMAR AAEN in Port Townsend überholt worden ist, gibt es reichlich gemeinsamen Gesprächsstoff. Irgendwann ist die Sonne untergegangen, und ein makelloser Sternenhimmel zieht auf. Fliehende Lichter huschen über die spiegelglatte Lagune, eine leichte Brise und raschelnde Palmenblätter sorgen für angenehme Abkühlung. Die Dusche teile ich mir mit der größten Kakerlake, die ich bisher in meinem Leben gesehen habe. Sie sitzt zu meinen Füßen und schaut mich mit vorwurfsvollem Blick an, den ich mutig erwidere. Dann kommen wir stillschweigend überein, uns gegenseitig zu ignorieren – sie hat schließlich das längere Wohnrecht hier.

Wir genießen diese Tage des Faulenzens, was zugleich auch ein Abschiednehmen ist. Unseren ursprünglichen Plan, noch andere Ziele in Polynesien anzusteuern, lassen wir aus aktuellem Anlaß fallen. Das heißt, ein Ziel gibt es noch: ein Atoll, das einmal genauso traumhaft schön und unberührt gewesen ist wie Mopelia, jetzt aber zu einem nuklearen Alptraum wurde – Mururoa. Eigentlich sind es zwei Atolle, die es betrifft, das andere ist Fangataufa. Mururoa allein hat wohl nicht ausgereicht. Der Hintergrund des Dramas ist bekannt, die Medien im Sommer 1995 überschlagen sich weltweit mit Berichten über die Atombombentests und mit Protestnoten an die verantwortliche französische Regierung. Alles, wie man weiß, ohne Erfolg. Frankreich demonstriert Stärke, zeigt sich unbeeindruckt von dem Protest der Weltöffentlichkeit und noch viel weniger von der Sorge der Menschen, die es zuallerst betrifft, nämlich derjenigen, die im Südpazifik leben. Seit 1966 führt Frankreich auf den beiden Atollen Atomtests durch. Seither soll es mindestens 120 Atomexplosionen gegeben haben, davon allein 41 überirdisch. Wie der Felssockel nach diesen verheerenden Explosionen aussehen mag, bleibt der Spekulation überlassen. Unabhängigen Wissenschaftlern wird der Zutritt verwehrt, und die Militärs sagen stereotyp – na klar –, alles sei absolut sicher. Viele Geologen sind da anderer Auffassung und glauben, daß bereits jetzt durch Risse Radioaktivität entweicht. Sollte der gesamte Sockel auseinanderbrechen, würde dies ein unbeschreibliches ökologisches Desaster bedeuten. Angebote der USA an Frankreich, seine Bomben im wohl sichereren Nevada zu testen, wurden höflich abgelehnt. Proteste und Resolutionen der südpazifischen Staaten, selbst einen von diesen unterzeichneten Vertrag über einen nuklearfreien Pazifik wurden schlicht ignoriert.

Es ist wohl müßig, sich nachträglich darüber Gedanken zu machen, was in den Köpfen eines Präsidenten Chirac oder eines Herrn Juppé vor sich gegangen ist. Es ist passiert, nicht zum ersten Mal, sondern schon seit Jahrzehnten, immer wieder. Ungeachtet aller Proteste, ungeachtet auch politischer und wirtschaftlicher Sanktionen, die „Grande Nation" läßt Muskeln spielen, was bedeutet, daß ihre „Force de Frappe" zur Staatsphilosophie gehört wie das Amen in der Kirche. Immerhin gibt es Beschwichtigungsversuche, hört man, daß diese „paar Male" nun wirklich die „letzten Male" seien, danach wolle man alle Nukleartests einstellen und das Memorandum unterzeichnen, das eine weltweite Ächtung derartiger Tests vorsieht. Wie großzügig! Zunächst also bombt und sprengt und experimentiert man an einem bröckeligen Atoll herum, das mittlerweile die Konsistenz eines Schweizer Käses haben dürfte, und danach schwingt man sich schnell zum opportunen Moralapostel auf und droht anderen Staaten mit erhobenem Finger, sollten sie etwa dergleichen planen. So baut man ganz sicher keine Vertrauensdefizite zwischen modernen Industriestaaten und denen, die es erst werden wollen, ab. Das ist Kolonialgebaren in Reinkultur. Es sei schließlich französischer Grund und Boden, dieses Polynesien, also könne man dort auch tun und lassen, was man wolle. Ist es das wirklich, ich meine französischer Grund und Boden? Wo liegt eigentlich Frankreich, und wo liegt Mururoa? Und wie verhält es sich mit den geschichtlichen Hintergründen?

Tahiti wurde 1842 einfach von Frankreich annektiert und zum Protektorat erklärt. Es gab aber Widerstand unter den Eingeborenen, der in einer Schlacht bei Mahaena durch die überlegenen Kanonen und besser ausgerüsteten französischen Soldaten schnell entschieden wurde. Zu Gunsten der Franzosen, versteht sich. Guerillas haben noch lange danach weitergekämpft, wenngleich auf verlorenem Posten. Aber so einfach ist das: Was heute der Weltöffentlichkeit als französischer Grund und Boden verkauft werden soll, ist schlichtweg den eigentlichen Besitzern mit brachialer Gewalt weggenommen worden. Wie wacklig dieser französische Anspruch selbst heute noch ist, zeigen die nicht abreißenden Protestkundgebungen. Die neuerlichen Atomtests tragen das ihre dazu bei, den Unmut in der Bevölkerung zu schüren. Man kann gewiß argumentieren, daß andere Staaten schließlich auch ihre territorialen Ansprüche auf Eroberungsfeldzüge zurückführen können. Was Unrecht ist, bleibt aber Unrecht und kann nicht durch ein anderes entschuldigt werden. Und vor allen Dingen ist mir keine Nation bekannt, die heute noch – vor einigen Jahrzehnten sah sich Frankreich durchaus in erlauchter Gesellschaft – ihre überseeischen Besitzungen mit Nukleargewalt an den Rand einer Katastrophe drängt. Reichen irgendwelche schwer nachvollziehbaren Eigentumsansprüche am anderen Ende der Welt aus, um ganze Landschaften und Völker einer nicht kalkulierbaren nuklearen Bedrohung auszusetzen? Wie wird das moderne, angeblich geeinte Europa mit seinem gewachsenen moralischen und politischen Anspruch mit einem solchen Alleingang fertig? Wo bleibt eigentlich der qualitative Schritt nach vorn in einem neuen Staatsverständnis, wenn dergleichen immer noch völlig problemlos möglich ist? Aber Polynesien ist ja weit weg. – Wie würden die europäischen Politiker wohl reagieren, wenn Frankreich plötzlich beschließen würde, Atombomben im „Massif Central" zu testen? So nah an dem eigenen Lebensnerv würde es wohl zu einem Politkrimi werden, einmal davon abgesehen, daß Frankreich wohl kaum daran Interesse haben dürfte, dieses Menetekel vom anderen Ende der Welt ins Heimatland zu importieren. So ist es eben einfacher, „sauberer" und politisch realisierbarer.

Es ist etwas anderes, ob man vom fernen sicheren Europa die Meldung den Medien entnimmt, daß in der Südsee erneut Kernwaffen getestet werden, oder ob man sich selbst in der betroffenen Region aufhält. Wir auf der DAGMAR AAEN empfinden die Unerhörtheit dieser Tests und die Betroffenheit ungleich intensiver. Wir sprechen aber auch mit Seglern und Touristen, die zwar ihren Unmut über die geplanten Tests ausdrücken, sich aber lieber nicht ihre harmonische Urlaubsreise kaputt machen lassen wollen, indem sie sich zu intensiv mit der Materie beschäftigen. Nun denn! Als Greenpeace mit Protestaktionen beginnt und für eine Protestflotte wirbt, die sich nach Mururoa aufmachen soll, finden sich nach anfänglichen Beifallsbekundungen nur wenige bereit mitzumachen, und die kommen zumeist aus dem fernen Australien oder Neuseeland. Ein dänisches Boot, die BIFROST, hat sich bereits ganz zu Anfang dem Protest angeschlossen und liegt seitdem in der Nähe Mururoas auf Warteposition, gemeinsam mit dem Veteran der Greenpeace-Flotte, der kleinen Yacht VEGA. Die RAINBOW WARRIOR war bei dem Versuch, in die Lagune von Mururoa einzufahren, gestürmt und dabei schwer beschädigt worden. „Unser gutes Recht", sagen die französischen Militärs – juristisch vielleicht, moralisch wohl kaum. Greenpeace und das französische Militär sind alte, wenngleich nicht „gute" Bekannte. Immer wieder zog Greenpeace nach Mururoa, um gegen neuerliche Tests zu protestieren, bzw. die Vorgänge überhaupt erst in die Köpfe der Weltöffentlichkeit zu hämmern. Seither ist der Name Mururoa zu zweifelhaftem Weltruhm gelangt. Die Auseinandersetzung zwischen der Militärmacht und den mittlerweile zum Ökogiganten avancierten Regenbogenkämpfern eskalierte 1985, als die erste RAINBOW WARRIOR von französischen Agenten im Hafen von Auckland gesprengt und versenkt wurde. Diese unglaubliche Aktion wurde nicht nur dilettantisch durchgeführt, sie führte außerdem dazu, daß ein Fotograf an Bord des Schiffes ums Leben kam. Sie wurde auch zu einem Waterloo für die französische Regierung. Einer derart kriminellen Aktion vor einer empörten Weltöffentlichkeit überführt führte zu einem gewaltigen Prestigeverlust und zu einer massiven Intervention der Neuseeländer. Paris mußte sogar erheblichen Schadensersatz leisten. Aber zimperlicher im Umgang mit Umweltkämpfern ist man deswegen noch lange nicht geworden, wie die gestürmte zweite RAINBOW WARRIOR eindrucksvoll zeigt.

Die Protestwelle, die sich weltweit erhebt, scheint Paris zu überraschen. Mururoa wird zu einem Medienspektakel. Zeitschriften, Rundfunksender und Fernsehstationen chartern Yachten, um zum Ort des Geschehens zu gelangen. Viele unterschätzen offenbar die einsame Lage des Atolls. Wir benötigen von Bora Bora zehn Tage und legen dabei 904 Seemeilen, also 1674 Kilometer, zurück. Auch wenn man in der Südsee unterwegs ist, die See kann trotzdem rauh sein und so manch einer der „segelnden" Journalisten und Politiker wird seekrank ins Grübeln gekommen sein. In Rarotonga auf den Cookinseln sitzt Arnold, ein freier Funker. Er hat es sich zur Aufgabe gemacht, regelmäßig Wetterberichte für Yachten durchzugeben, Funkkontakte zu anderen Booten herzustellen oder wie in diesem Falle auch die Protestflotte zu koordinieren. Arnold mit seiner ruhigen, sachlichen Stimme informiert uns über den aktuellen Stand der Dinge, daß zum Beispiel siebzehn Yachten von Neuseeland und Australien auf dem Weg sind. Es gehört schon viel persönliches Engagement dazu, diesen Weg auf sich zu nehmen.

Als wir Mururoa erreichen, drehen wir an der 12-Meilen-Grenze bei. Wir können die Insel nicht einmal sehen, so flach ist das Atoll. Nur nachts erkennen wir deutlich den Lichtschein, der von den Militärbasen herrührt. Obwohl wir außer Sichtweite sind, zweifeln wir keine Sekunde daran, daß man unsere Ankunft bereits bemerkt hat. Auf dem Radarbild dürften wir uns deutlich abzeichnen. Diese Vermutung wird am nächsten Morgen bestätigt. Ein Hubschrauber kommt mit heulenden Turbinen auf uns zu. Wir sind gut vorbereitet. Plakate hängen in den Wanten und an der Seereling mit Slogans wie „No Nuklear Tests". Wir deuten darauf und werden scheinbar teilnahmslos von oben fotografiert und mit Videokameras aufgenommen. Der Helikopter umkreist uns wie eine wütende Hornisse, wir können die Gesichter der Insassen sehen, aber die Mienen sind so starr wie Wachs. Nachdem man uns offenbar genügend ausgekundschaftet hat, fliegt der Hubschrauber wieder davon. Mehr passiert nicht. Wir sind ein zu kleiner, unbedeutender Besucher – dennoch ein unbequemer. Wir wollen keinen Zwischenfall provozieren, deshalb bleiben wir am Rande der 12-Meilen-Zone.

Wir sind nicht vermessen. Es ist uns klar, daß wir nicht die Welt aus den Angeln heben können und schon gar nicht Frankreich von seinem Vorhaben abbringen können. Ich glaube nicht einmal, daß Greenpeace das von den eigenen Aktionen erwartet. Wir sind ein internationales Team an Bord. Gemeinsam verfassen wir eine Presseerklärung, in der wir unsere Sorge und unseren Protest formulieren, und geben die Note dann an die entsprechenden Agenturen per Funktelex durch. Es ergibt eine gute Presseresonanz, zusätzlich zu den ohnehin laufenden Berichten über Mururoa. Steter Tropfen höhlt den Stein, das ist unsere Philosophie. Regierungen müssen erkennen, daß sie nicht ständig über die berechtigten Sorgen der Weltbevölkerung hinwegsehen können. Verantwortlichkeit erstreckt sich eben nicht nur auf das eigene Volk und die eigenen Interessen. Und letztere sind im wirtschaftlichen Sinne durch die Militärs in erheblichem Maße verletzt worden. Die Boykottaufrufe gegenüber französischen Produkten zeigen weltweit ihre Wirkung. Es müssen volkswirtschaftlich immense Verluste eingefahren worden sein. Aber nur so geht es offenbar. Geld regiert die Welt, und da die Politiker gewählte Volksvertreter sind, kann ihnen der Unmut der Weinbauern, die plötzlich auf ihren Weinen sitzen bleiben, nicht egal sein.

Der Rest der Geschichte ist bekannt. Frankreich zündet – wie erwartet – trotzdem seine Nuklearsprengsätze, sogar im Beisein der vor der 12-Meilen-Zone dümpelnden Protestflotte. Die Greenpeace-Flotte, die neben der frisch reparierten RAINBOW WARRIOR noch die GREENPEACE und die VEGA umfaßt, wird erneut gerammt, von martialisch aussehenden Legionären gestürmt und verwüstet. Anschließend werden die Schiffe beschlagnahmt und auf einen Marinestützpunkt geschleppt. Dort liegen sie lange.

Derweil verschafft sich der Unmut der Bevölkerung Papeetes in Krawallen, Straßenkämpfen und Brandsätzen Luft. Der Flughafen von Papeete wird zeitweilig geschlossen. Paris hält dennoch unbeirrt an seinem Programm fest, testet weiter. Monate später verzichtet die Regierung auf die letzten Sprengungen und schließt damit die Testgebiete. Doch die Zeitbombe, die Mururoa und Fangataufa heißt, tickt weiter. Ob nicht Radioaktivität entweicht, ob nicht durch die verheerenden Wirbelstürme, wie schon einmal im Falle Mururoas geschehen, radioaktiver Müll freigesetzt wird – wer vermag das heute schon zu beurteilen? Die Verantwortlichen in Paris wird das kaum interessieren. Sie sind weit weg und werden lieber in die Geschichte eingehen, als die, die seinerzeit das Testprogramm gestoppt haben. Und wenn dieses Polynesien irgendwann zu unbequem wird, kann man es ja immer noch großzügig in die Unabhängigkeit schicken – und sich damit elegant der hausgemachten Probleme entledigen. Welcher Zynismus! Aber wehe dem, dem versehentlich im Hafen von Brest ein Kanister Öl ins Wasser fällt. Ihn würde die ganze Härte des Gesetzes treffen.

12. 9. 1996

Erklärung von Arved Fuchs und den Teilnehmern der internationalen Expedition „Sea, Ice & Mountains“

NO NUCLEAR TESTS ON MURUROA OR ELSEWHERE

Wir, die internationale Crew des Segelschiffes Dagmar Aaen, sind im Rahmen der Expedition „Sea, Ice & Mountains“ eigens den weiten Weg zum Südatoll Mururoa gesegelt, um unseren Protest und unsere Ablehnung gegenüber den geplanten Nuklearversuchen persönlich zu überbringen.

Was hier eine europäische Nation plant, ist in höchstem Maße menschenverachtend und ignoriert die potentielle Gefahr, die durch weitere Testreihen für die Menschen heraufbeschworen wird. Das Mururoa Atoll ist bereits jetzt durch unzählige Bombentests zerlöchert wie ein Schweizer Käse. Ein Auseinanderbrechen des porösen Korallenatolls könnte eine nukleare Katastrophe für den gesamten südpazifischen Raum bedeuten. Das Festhalten Frankreichs an den geplanten Tests wirkt – die internationalen Proteste verdeutlichen es – wie ein Schlag ins Gesicht der Weltöffentlichkeit. Es läßt Erinnerungen an die Skrupellosigkeit alter Kolonialzeiten aufkommen. Mit einer neuen gesamteuropäischen Verantwortung läßt sich dieses Verhalten schwerlich in Einklang bringen.

Wir, die Crew der Dagmar Aaen, verurteilen auf das entschiedenste jeden einzelnen der geplanten Atomtests. Wir schließen uns dem internationalen Protest sowie der Forderung von Greenpeace nach Aussetzung der geplanten Tests an. Zusätzlich fordern wir die deutsche Bundesregierung bzw. die gewählten Regierungsvertreter unserer jeweiligen Länder auf, ihren gesamten Einfluß gegenüber dem französischen Staatspräsidenten Jacques Chirac einzusetzen, damit es nicht zu den geplanten Tests kommt.

Wir appellieren weiterhin an die Verantwortlichen in der französischen Regierung, sich nicht über die Gefahren dieser Tests sowie die berechtigten Sorgen der Menschheit hinwegzusetzen.

Deshalb fordern wir den Stop aller Atomtests.

Arved Fuchs	Deutschland
Brigitte Ellerbrock	Deutschland
Kai Meibaum	Schweiz
Roger Schmidt	USA
Till Gottbrath	Deutschland
Morgan Meinecke	Deutschland
Sigridur Ragna Sverrisdottir	Island
Thomas Hillebrand	Deutschland
Jörg Nickel	Deutschland

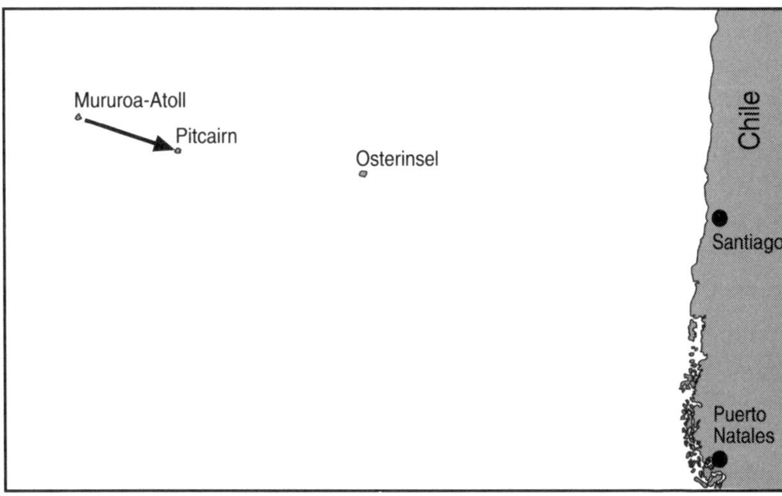
Mururoa-Atoll
Pitcairn
Osterinsel
Chile
Santiago
Puerto
Natales

Pitcairn

Die Geschichte der Insel und ihrer Bewohner ist Gegenstand nicht weniger als fünf Kinofilme, zahlreicher Reportagen und Bücher. Was sich anhört wie ein Abenteuerroman, hat sich tatsächlich abgespielt. Die „Meuterei auf der Bounty", die Geschichte des angeblich brutalen Kapitän Bligh und seines Widersachers Fletcher Christian; von der Schiffsbesatzung, die, nachdem sie ihren verhaßten Kapitän auf offener See in einem kleinen Boot ausgesetzt hatte, Zuflucht auf einer abgelegenen Südseeinsel suchte, um der Verfolgung und der sicheren Todesstrafe zu entgehen. Ob Bligh, wie immer wieder erzählt wird, tatsächlich der böse Menschenschinder gewesen ist, scheint zumindest fraglich. Unzweifelhaft dürfte allerdings sein, daß die Umgangsformen in der englischen Marine nicht gerade zimperlich waren. Wahrscheinlicher ist wohl aber, daß die Mannschaft der BOUNTY schlichtweg keine Lust hatte, sich von den für sie paradiesischen Zuständen auf Tahiti zu trennen. Ein halbes Jahr hatte man in der Matavai-Bucht Tahitis verbracht, und so blieb es natürlich nicht aus, daß sich Freundschaften und Liebeleien zu den Eingeborenen und deren Frauen entwickelt hatten. Dieses neue Verständnis von Lebensqualität gefiel ihnen besser, als es das konservative England oder noch viel weniger die beengten und autoritären Verhältnisse an Bord der BOUNTY bieten konnten.

Weihnachten 1787 war das Schiff mit 46 Personen an Bord von Spithead ausgelaufen. Ziel der Reise war es, sich in Tahiti mit der Pflege und Aufzucht von Brotfruchtbäumen vertraut zu machen. Aus diesem Grunde führte das Schiff auch einen Gärtner und einen Botaniker mit. Die Stimmung an Bord der BOUNTY muß gelinde gesagt schlecht gewesen sein, als das Schiff die Anker lichtete und die Mannschaft all das zurücklassen mußte, was sie in den zurückliegenden sechs Monaten schätzen und lieben gelernt hatte. Der Schiffsmaat Fletcher Christian geriet deshalb, und wohl auch wegen der Behandlung der Mannschaft, immer wieder mit seinem Kapitän aneinander. Die Situation eskalierte und gipfelte schließlich darin, daß Christian das Kommando über das Schiff übernahm und Bligh sowie neunzehn seiner Gefolgsleute auf offener See in einer kleinen Schaluppe aussetzte. Das kam eigentlich einem Todesurteil gleich. Niemand rechnete wohl ernsthaft damit, daß diese schlecht ausgerüstete Gruppe in dem offenen Boot heil an Land kommen würde. Doch sie unterschätzten offenbar das seemännische Können Blighs. Denn Bligh, zu diesem Zeitpunkt 33 Jahre alt, war ein hervorragender Seemann. Er war zuvor vier Jahre als Segelmeister auf der Resolution unter Kapitän James Cook gefahren und hatte sich dort einen Namen gemacht. In einer wahren Glanzleistung segelte er nun das kleine überfüllte Boot zwei Monate lang über den Pazifik, bis er schließlich den Ort Kupang auf der indonesischen Insel Timor erreichte. Mit dieser nautischen Höchstleistung ging er in die Geschichte ein.

In Kupang erstand Bligh einen Schoner, den er auf den Namen Resource taufte, und segelte damit nach Batavia, dem heutigen Jakarta. Dort verkaufte er das Schiff und gelangte schließlich mit einem anderen Schiff am 14. März 1790 zurück nach England. Während alle die Fahrt im offenen Boot überlebt hatten, kamen bei der Landung in Indonesien nacheinander sechs Personen um. Entweder starben sie an Fieber oder wurden an Land ermordet. Ein weiterer entschloß sich, in Batavia zu bleiben. Fletcher Christian soll angeblich nie erfahren haben, daß Bligh und seine Mannschaft sicher die Bootsfahrt überlebt hatten. Ob es sein Gewissen belastet hat, ist jedenfalls nicht bekannt. Nachdem der ungeliebte Bligh von Bord war, nahm die Bounty unter dem neuen Kommando von Christian Kurs auf die Insel Tubuai. Von dort segelten die Meuterer zurück nach Tahiti, wo sechzehn von ihnen das Schiff verließen, um eine Familie zu gründen. Aber es mußte sich Ernüchterung unter den Männern breitgemacht haben, offenbar war ihnen das ganze Ausmaß der Ungeheuerlichkeit, die sie begangen hatten, klar geworden. Auf Meuterei stand damals nur eine Strafe: der Tod durch den Strang. Bereits zehn Tage nach dem Erreichen von Tahiti verließen die verbliebenen Meuterer die Insel mit unbekanntem Ziel. Die Sorge vor der britischen Admiralität muß ihnen mehr und mehr zugesetzt haben. Außer den britischen Seeleuten befanden sich auch polynesische Frauen und Männer an Bord.

Erneut lief die BOUNTY die Insel Tubuai an, wo sich die Meuterer abermals drei Monate aufhielten. Dann segelten sie fort und suchten nach einem sicheren Versteck. Die Überraschung muß groß gewesen sein, als sie dort, wo laut Seekarte eigentlich nur offene See liegen sollte, plötzlich eine Insel auftauchen sahen. Christian erkannte schnell, daß es sich hierbei um die Insel Pitcairn handeln mußte, die bereits 1767 von dem englischen Kapitän Carteret entdeckt und aufgrund einer unkorrekten Positionsbestimmung entsprechend falsch in die Seekarten eingetragen worden war. Diese falschen Daten gaben Grund zu der Hoffnung, daß man die Insel kaum an der Stelle suchen würde, an der sie sich tatsächlich befand. Mit anderen Worten, Pitcairn schien das geeignete Versteck zu sein. Die Insel war zu diesem Zeitpunkt unbewohnt, obwohl die Seeleute Siedlungsreste früherer Kulturen fanden, sogar Steinstatuen; wie es hieß, ähnlich denen der Osterinsel. Pitcairn bot den verzweifelten Meuterern alles, was sie zum Leben benötigten. Der Boden war fruchtbar, das Meer fischreich – eigentlich hatten sie ihr Paradies gefunden. Aber es kam anders. Schon bald nachdem sie aus Furcht vor einer möglichen Entdeckung durch vorbeifahrende Schiffe die BOUNTY in der Bounty-Bucht verbrannt hatten, traten erste Zwistigkeiten unter ihnen auf. Es bildeten sich Gruppen, jeder kämpfte gegen jeden, und schließlich brachten sie sich in dem mühsam erlangten Paradies systematisch einer nach dem anderen um.

Mysteriös bleibt das Schicksal von Fletcher Christian. Berichten zufolge wurde er ein Opfer dieser Unruhen, sein Grab ist allerdings nie gefunden worden. Andere Gerüchte besagen, er habe sich den Namen eines Seemannes zugelegt, der statt seiner umgebracht worden war: John Adams. Und jetzt wird es kompliziert: Dieser John Adams hatte damals schon seinen Namen in Alexander Smith umgeändert, als er in England anmusterte. Warum er seinen richtigen Namen verschwieg, ist unbekannt, aber er wird schon seine Gründe gehabt haben. Ob Fletcher Christian nun den falschen Namen Alexander Smiths angenommen hat oder ob er zu diesem Zeitpunkt bereits tot war, wird immer unbeantwortet bleiben. Als Pitcairn schließlich im Jahre 1808 von dem englischen Schiff TOPAZ entdeckt wurde, erzählte man dem Kapitän offenbar lauter verschiedene Versionen vom Tod Fletcher Christians, was damals bereits Verdacht erregte. Eine weitere Version berichtet sogar davon, daß Christian heimlich mit der TOPAZ nach England zurückkehrte. Zwar will ihn dort jemand erkannt haben, und angeblich soll er auch seine Verwandten in England besucht haben, aber diese Geschichte scheint nun wirklich sehr konstruiert. Jedoch, wer weiß? Der Verdacht, daß Christian den Namen Adams angenommen hat, liegt insofern nahe, als dieser John Adams stets eine Führungsrolle auf der Insel innehatte. Noch heute heißt die kleine Siedlung auf Pitcairn „Adamstown“, und das Grab John Adams ist gut erhalten und mit einem Grabstein versehen.

Die Entdeckung Pitcairns durch die TOPAZ blieb erstaunlicherweise jahrelang von der britischen Admiralität unbeachtet. Das verwundert, hatte man doch sofort nach Kenntnisnahme der Meuterei das Kriegsschiff PANDORA unter Kapitän Edward Edwards ausgesandt, um die Meuterer dingfest zu machen. Edwards segelte zunächst nach Tahiti, wo er am 23. März 1791 in die Matavai-Bucht von Tahiti einlief. Einige der Meuterer waren bereits eines gewaltsamen Todes gestorben, andere stellten sich, und der Rest wurde gefangengenommen und in Ketten gelegt. Die PANDORA führte eigens ein Gefängnis für die Meuterer, womit die berühmte, mit allen Übeln dieser Welt gefüllte „Büchse der Pandora“ aus der griechischen Mythologie einen neuen Sinn erhielt. Doch die Reise stand unter keinem guten Stern. Am 28. August 1791 lief die PANDORA auf das australische Great Barrier Reef auf und sank. Ein Teil der Besatzung und vier Meuterer ertranken, die restlichen neunundachtzig Besatzungsmitglieder und zehn Meuterer segelten, wie zwei Jahre zuvor Kapitän Bligh, mit offenen Booten nach Kupang auf der Insel Timor. Einer der Schiffbrüchigen war, wie es der Zufall wollte, bereits auf der Reise mit Bligh nach Timor gesegelt, jetzt traf ihn das gleiche Schicksal ein zweites Mal.

Nachdem die Überlebenden auf Irrwegen wieder nach England

zurückgekehrt waren, wurden sechs der Meuterer verurteilt, vier wurden freigesprochen. Von den Verurteilten wurden abermals drei begnadigt und drei zum Tode verurteilt. Das Urteil wurde am 29. Oktober desselben Jahres an Bord eines Kriegsschiffes vollstreckt, indem die Meuterer – der Tradition entsprechend – an den Rahen aufgehängt wurden. Damit war der Fall für die Admiralität erledigt. Jedenfalls ließ man die wenigen verbliebenen Meuterer und ihre Nachfahren auf Pitcairn in Ruhe.

Bei dem Besuch des britischen Kriegsschiffes FLY auf Pitcairn im Jahre 1838 erklärte der Kapitän auf Wunsch der Inselbewohner Pitcairn zum englischen Hoheitsgebiet. Zugleich sprachen sich die Pitcairner dafür aus, Frauen das Wahlrecht zu gewähren, und waren damit wohl das erste Land der Erde, das diesen Schritt vollzog. In den Folgejahren litt Pitcairn ebenso unter Überbevölkerung wie unter Tyrannen, die im Namen der Kirche oder anderen vermeintlichen Berufungen für Streit und Unruhe unter der Bevölkerung sorgten. Um der Überbevölkerung und der Hungersnöte Herr zu werden, siedelten alle 194 Inselbewohner auf die Insel Norfolk bei Neuseeland um. Wenige Jahre danach kehrten einige Familien nach Pitcairn zurück. Ihre Nachfahren leben heute noch dort. Aber auch auf der Insel Norfolk leben noch Nachkommen der Meuterer, wenngleich nicht so isoliert wie die Pitcairner. Beide Gruppen halten bis in die heutige Zeit Kontakt miteinander. Soweit zur Geschichte der Meuterer und ihrem „Versteckspiel“.

Wer Pitcairn heute besuchen will, kommt, wie vor zweihundert Jahren die Meuterer, mit dem Schiff. Eine Landepiste für Flugzeuge gibt es nicht. Selbst für Schiffsbesatzungen ist das Anlanden schwierig, denn über einen Hafen verfügt die Insel ebensowenig. Sie ist vulkanischen Ursprungs und mit rund 3 Kilometern Länge und 1,5 Kilometern Breite winzig klein. Als der Anker der DAGMAR AAEN in der Bounty-Bucht fällt, liegt eine weite Reise hinter uns. 650 Seemeilen sind es von Mururoa, wobei Mururoa wohl kaum als Nachbar im eigentlichen Sinne gewertet werden darf. Im Hinblick auf die Atomtests scheint die Nähe allerdings unerträglich knapp bemessen zu sein. Wir sind sieben Tage seit Verlassen Mururoas unterwegs. Unser letzter Landfall war Bora Bora. Die Abgeschiedenheit Pitcairns wird noch deutlicher, wenn man sich andere Entfernungsmaßstäbe vor Augen führt: Von Tahiti sind es Luftlinie ungefähr 2200 Kilometer. Noch weiter ist es vom Festland: Von Neuseeland sind es schon 5310 Kilometer und nach Panama gar 6600.

Wir sind gespannt, was uns hier erwartet. Wir melden uns über Funk und werden sofort von einer freundlichen Stimme begrüßt. Man heißt uns willkommen, wenig später nähert sich ein Boot, um uns an Land zu bringen. Die einzige Landestelle besteht aus einem grob zusammengefügten Wellenbrecher, der mehr schlecht als recht Schutz gegen die allgegenwärtige Brandung bietet. Wir sind naß von Gischt und Spritzwasser, als wir schließlich festen Boden unter den Füßen spüren. Sofort werden wir von einem hochgewachsenen, schlanken Mann begrüßt, der sich als Tom Christian vorstellt, und als er unseren erstaunten Gesichtsausdruck sieht, lächelnd hinzufügt: „Great-great-great grandson of Fletcher Christian". Während man uns im besten Englisch begrüßt, sprechen die Inselbewohner unter sich eine Sprache, die wir nicht verstehen. Es ist eine Mischung aus einem alten Englisch und Tahitianisch. Als die Meuterer im Jahre 1790 auf Pitcairn landeten, hatten sie Tahitianerinnen im Gefolge. Aus dieser Verbindung ist im Laufe der Zeit ein Sprachengemisch entstanden, das sich bis heute erhalten hat.

Die Landestelle besteht neben dem besagten Wellenbrecher aus einem großen Bootshaus, in dem die beiden Langboote liegen. Über eine Rampe und mit einer starken Motorwinde werden die Boote bei Bedarf zu Wasser gelassen. Um uns abzuholen, setzen sie kleine Holzboote ein, die mit Außenbordern betrieben werden. Die Ansteuerung zur Landestelle ist nicht ungefährlich. Selbst bei schönem Wetter steht ein hoher Schwell, der sich in der Einfahrt immer wieder bricht. Die Pitcairner warten eine günstige Welle ab und lassen sich auf deren Rücken hinter den schützenden Wellenbrecher tragen. Deshalb legen sie viel Wert darauf, die wenigen Besucher mit ihren Booten selbst abzuholen, allzu leicht könnte ein Unglück passieren. Von dem Bootsschuppen aus führt ein steiler gewundener Pfad hoch ins Dorf. Wir werden einzeln auf vierrädrige Motorräder verfrachtet, und dann geht die Post ab! In rasanter Fahrt brausen wir als Sozius auf dem Motorrad sitzend den steilen Feldweg empor, um wenige Minuten später in der kleinen Siedlung zu stoppen. Die Pitcairner sind gut organisiert. Schon vor unserem

Eintreffen haben sie offenbar untereinander abgesprochen, wer von uns in welche Familie kommt. Ohne große Worte werden wir verteilt, und, da es mittlerweile Abend geworden ist, an gut gefüllte Abendbrottische geführt. Das alles läuft wie selbstverständlich ab, ohne daß groß Fragen an uns gerichtet werden. Ins Erzählen kommen wir ohnehin. Unsere Gastgeber sind gespannt, etwas über unsere Reise, unsere Herkunft und unsere Erlebnisse zu erfahren.

Dabei darf man sie sich keineswegs als weltfremde Eremiten vorstellen. Sie wissen ganz genau, was in der Welt vor sich geht, und fast alle von ihnen sind mindestens schon einmal in Neuseeland gewesen, einige sogar in England. Sie halten über Amateurfunk Kontakt mit der ganzen Welt und sind erstaunlich gut informiert, teilweise besser, als wir es nach der langen Reise sind. Es ist diese völlig unkomplizierte und natürliche Gastfreundlichkeit, durch die wir uns sofort wohl fühlen. Einem Abend in ruhiger Erzählrunde folgt am nächsten Tag ein Ausflug über die Insel. Die Motorräder treten wieder in Aktion. Für jeden von uns steht ein Fahrzeug mit Fahrer bereit, der uns mit Begeisterung in jeden möglichen Winkel der Insel, über Stock und Stein und Berg und Tal herumkutschiert. Fast mutet es wie eine organisierte Touristentour an, wüßten wir nicht, daß nur selten Besucher kommen. Zudem sind wir eingeladen. Der Versuch, zumindest für das verfahrene Benzin zu bezahlen, wird brüsk abgelehnt.

Achtundvierzig Menschen leben heute noch auf Pitcairn. Mit Ausnahme des Pfarrers und dessen Ehefrau, die zugleich auch die Rolle der Lehrerin übernommen hat, sind alle Inselbewohner direkte Nachfahren der Meuterer, was sich auch in den Familiennamen widerspiegelt. Das einzige Dorf auf der Insel ist Adamstown, eine Ansammlung einzelstehender Häuser, eingebettet in einer üppigen Vegetation, die aus Bananenstauden, Pampelmusen-, Orangen- und Zitronenbäumen besteht. Das Land bringt Früchte und Gemüse im Überfluß hervor. Das Meer ist fischreich, so daß sich die Einwohner im Grunde selbst versorgen könnten. Doch auch hier haben sich die Zeiten geändert. Zwei- bis dreimal jährlich kommt ein Versorgungsschiff aus Neuseeland mit tiefgefrorenen Nahrungsmitteln und Konsumgütern. Wir sind ein wenig erstaunt, daß wir keinerlei Anzeichen von Viehzucht bemerken. Schweine, Schafe oder auch

Rinder könnten sicherlich mühelos in diesem milden Klima und der üppigen Vegetation gedeihen. Aber Tiefkühlkost ist offenbar bequemer. Jedenfalls sind die gut gefüllten Truhen aus keinem Wohnhaus mehr fortzudenken.

In der heutigen Zeit kaum vorstellbar: Fernsehempfang gibt es auf Pitcairn nicht. Zwar hat jeder Haushalt mindestens ein Fernsehgerät stehen, es funktioniert aber nur in Verbindung mit einem Videorecorder. Die Versorgungsschiffe bringen jedesmal reichlich Videonachschub. Bis vor einem Jahr, als eine moderne Satellitentelefonanlage installiert wurde, war das Funkgerät die einzige Verbindung mit der Außenwelt. Und da das Telefon unerschwinglich teuer ist, wird auch weiterhin auf allen möglichen Amateurfunkfrequenzen Kontakt mit dem Rest der Welt gehalten. Die Gastfreundschaft und Offenheit der Menschen beeindruckt uns nachhaltig. Das ganze Dorf wirkt auf uns wie eine große Familie. Ob es denn keine Streitigkeiten untereinander gebe, frage ich. Nun, die gebe es ab und zu natürlich schon, aber man sei mit der Zeit in diese Rolle hineingewachsen, und Unstimmigkeiten würden einvernehmlich geregelt, erfahre ich.

Das war nicht immer so. Zu Beginn ihres Inseldaseins stritten und bekämpften sich die Meuterer bis aufs Blut. Nur die wenigsten starben eines natürlichen Todes. Aber offenbar hat man daraus gelernt. Die Insulaner besuchen sich gegenseitig, feiern gemeinsame Feste – anders ließe sich das Leben wohl auch schwerlich ertragen. Neben Holzschnitzereien bringen besonders die Philatelisten Devisen auf die Insel. Die sehr schönen Briefmarken von Pitcairn sind unter Sammlern heiß begehrt. Der kleine Kaufmannsladen, der nur wenige Stunden in der Woche geöffnet ist, wirkt ausverkauft. Die Pitcairner geben bevorzugt Bestellungen direkt nach Neuseeland auf und lassen sich ihre Waren mit dem nächsten Versorgungsschiff bringen. Der einzige Polizist auf der Insel braucht sich über Arbeitsüberlastung sicher nicht zu beklagen. Seit Jahren schon gab es keinerlei Delikte. So nimmt das Leben auf der Insel einen ruhigen und beschaulichen Gang. Und die Menschen wissen das durchaus zu schätzen. Sie machen auf uns einen glücklichen und zufriedenen Eindruck. Obwohl sie natürlich auch Sorgen haben, denn sie blicken in eine ungewisse Zukunft. Die britische Regierung, deren kleinste und entfernteste Kolonie Pitcairn ist, klagt über die zunehmenden Kosten, die diese vier Dutzend Menschen verursachen. Keine Frage: Der Rechnungshof sähe es eindeutig lieber, wenn die Pitcairner eher heute als morgen ihre Insel verlassen würden. Aber das wollen sie nicht. Sie wissen die Lebensqualität ihrer abgeschieden gelegenen Insel zu schätzen. Sie wollen unter keinen Umständen fort und sind daher fast rührend bemüht, die Kosten für die Regierung zu senken. Zum Beispiel indem sie eine kleine Landungsgebühr für Besucher erheben oder Schnitzereien zum Verkauf anbieten. Aber sie sind keine Geschäftsleute. Geschäft bedeutet für sie Konflikt mit der ihnen so wichtigen Gastfreundschaft, und so entschuldigen sie sich pausenlos für noch so belanglose Geldbeträge. Am liebsten würden sie uns ihre Schnitzereien schenken.

Wir denken gemeinsam über Zukunftsperspektiven nach. Über kurz oder lang wird die Insel überaltert sein, da junge Menschen zu Ausbildungszwecken ins ferne Neuseeland fahren. Von dort kommen sie höchstens noch einmal zu Besuch auf ihre Insel zurück. Die meisten heiraten dort, gründen Familien und entfernen sich dadurch immer weiter von ihrer Heimat. Tourismus wäre vielleicht eine Möglichkeit. Das würde nicht nur Geld, sondern auch wieder junge Menschen heranbringen. Doch Pitcairn ist weit weg. Eine Landepiste auf der kleinen Insel zu bauen, wäre nicht nur enorm kostspielig, sondern auch technisch schwierig. Die Regierung jedenfalls will davon nichts hören. Gelegentlich gehen Kreuzfahrtschiffe vor der Insel vor Anker. Das sind die einzigen Besucher neben den wenigen Yachten, die es dorthin verschlägt.

Einen Arzt oder ein Krankenhaus gibt es nicht auf der Insel. Auch wenn die kleine Krankenstation mit Medikamenten gut bestückt ist – einen Arzt ersetzt sie nicht. „Normalerweise werden wir nicht krank“, ist die selbstbewußte Antwort. Aber dennoch – Unfälle passieren gelegentlich, und natürlich gibt es auch mal eine ernsthaftere Erkrankung, wie im Falle des jungen Mädchens, das bei unserer Ankunft unter heftigen Schmerzen in der Bauchgegend leidet. Und das schon seit Wochen. Da auch wir keinen Arzt an Bord haben, entschließt sich der Dorfrat, über Funk ein Frachtschiff anzurufen. Sie rufen auf gut Glück und haben auf Anhieb Erfolg. Ein Frachter antwortet, ändert seinen Kurs und erreicht am nächsten Morgen die

Insel. Mit ihrem großen Langboot bringen die Inselbewohner das kranke Mädchen zu dem wartenden Frachtschiff. Mit einem Kran wird die Krankentrage vorsichtig an Bord gezogen. Die Mutter und der Pfarrer begleiten das Mädchen auf ihrer Reise nach Neuseeland, die noch mindestens zehn Tage dauern wird. Da es dem Mädchen immer schlechter geht, sind alle in tiefer Sorge. Die Ungewißheit über die Ursache der Erkrankung und die Frage, ob das Schiff rechtzeitig einen rettenden Hafen erreicht, nagt an den Gemütern der Insulaner. Ob denn kein Arzt Interesse daran habe, eine Zeitlang auf der Insel zu leben, frage ich den Magistrat der Insel. „Wir können das nicht bezahlen", ist die Antwort. Für potentielle Einwanderer gibt es offenbar auch einige bürokratische Hürden zu nehmen. Bevor die Pitcairner darüber entscheiden können, befinden zunächst die Behörden in Neuseeland über entsprechende Anträge. Die Regierung hat aus Kostengründen offenbar kein Interesse daran, die Bevölkerung der Insel durch Einwanderer zu vermehren.

Die Pitcairner leben mit ihrer Geschichte. In der kleinen Kirche liegt in einer Glasvitrine die Originalbibel der BOUNTY. Sie wurde damals, bevor das Schiff in Brand gesetzt wurde, geborgen und befindet sich in einem außerordentlich guten und gepflegten Zustand. Den Pitcairnern eilt der Ruf voraus, sehr fromm zu sein und auch grundsätzlich keinen Alkohol zu trinken. Sie lächeln, als wir die Familie von Tom Christian darauf ansprechen. „Vor einigen Jahren ist das noch so streng gehandhabt worden. Inzwischen hat sich die Religiosität auf ein normales Maß eingependelt", sagt uns Tom lächelnd, „und auch, was ein gelegentliches Bier angeht, sind wir nicht abgeneigt." Trotzdem, wir treffen auch Insulaner, die nach wie vor keinen Tropfen anrühren und wie selbstverständlich vor jeder Mahlzeit ein Tischgebet sprechen. „Im Grunde genommen", sagt mir eine ältere Frau, „dient das Gebet dazu, uns daran zu erinnern, daß das Essen nicht selbstverständlich ist." Im Stillen denke ich, daß so manch einer von uns viel zu vieles als selbstverständlich hinnimmt. Ein wenig Nachdenklichkeit, so ab und zu, täte sicherlich jedem von uns gut.

Von der BOUNTY selbst ist nicht viel übriggeblieben. Dafür soll es insgesamt drei Nachbauten geben. Keine dieser Repliken hat allerdings bislang den weiten Weg nach Pitcairn bewältigt. Vor einigen

Jahren wurde eine der Kanonen sowie der Anker der echten BOUNTY geborgen. Beide sind unter freiem Himmel ausgestellt. Im Museum der Insel liegen einige Plankenreste, Kanonenkugeln und andere arg verrottete Fundstücke. Viel ist es nicht, was übrig geblieben ist. Daneben einige Ausschnitte von Presseveröffentlichungen über Pitcairn, etwa ein National Geographic-Artikel, auf dem Tom Christian doch noch einige Jahre jünger wirkt. Aber auch pressemäßig ist erstaunlich wenig zusammengetragen worden. Vermutlich gibt es einfach nicht viele Journalisten, die die weite Schiffsreise auf sich genommen haben.

Nach der motorisierten Rundreise machen wir uns allein und zu Fuß auf den Weg, um die Insel zu erkunden. Sie ist gebirgig mit steilen Klippen, an denen sich donnernd die Brandung bricht. Es ist schwer, sich dem Charme dieser Insel zu entziehen. Unwillkürlich fühlt man sich wie Robinson Crusoe, wenn der Blick endlos über den gewellten glitzernden Ozean schweift. Klitzeklein wirkt die DAGMAR AAEN, als roter Punkt im Schwell wie ein Hund, der heftig an seiner Kette zerrt. Am Wegrand wilde Pampelmusen. Die Früchte bedekken den Boden, offenbar können gar nicht alle geerntet werden. Wir nehmen uns einige der überreifen, saftigen Früchte und lassen sie uns schmecken. Ich weiß nicht, ob es einfach nur die Umgebung ist, oder ob sie tatsächlich so gut sind. Jedenfalls sind wir uns einig, niemals zuvor bessere gegessen zu haben. Auf einer Anhöhe besuchen wir die Funkstation, in der Tom Christian arbeitet. Er spricht gerade mit dem Schiff, das das kranke Mädchen abgeholt hat. Ihr Zustand ist unverändert, hat sich aber offenbar stabilisiert. Erleichterte Blicke werden sich zugeworfen. Unweit der Funkstation ein Barbecue-Platz. Wir befinden uns so ziemlich auf der höchsten Erhebung der Insel, die Aussicht über das Meer und den Rest der Insel ist großartig. Zu bestimmten Anlässen versammeln sich die Pitcairner, um gemeinsam zu feiern, Geselligkeit wird groß geschrieben.

Wir kaufen einige Holzschnitzereien und bunt bedruckte T-Shirts – weniger, weil wir sie brauchen, sondern weil wir etwas kaufen möchten. Wir fragen auch nach frischem Obst und Gemüse. Beides gibt es in Hülle und Fülle auf der Insel, so verkauft man uns gern das Gewünschte. Es werden sogar noch Geschenke obendrauf gepackt, wie etwa frische Eier.

Die Insel ist so klein, daß es nirgendwo eine geschützte Stelle gibt, an der man unbesorgt das Schiff liegen lassen könnte. Der hohe Schwell erreicht einen, wo immer man sich auch verstecken mag. Zudem ist es nur dicht unter Land flach genug, um zu ankern. Irgendwie liegt man immer auf Legerwall, die Nächte sind rabenschwarz, durch die nur die weißen Köpfe der Brandungsseen blitzen. Kurzum, ich habe selten eine ruhige Minute, und so halten wir ständig eine Bordwache bereit, die notfalls sofort ankerauf gehen kann. Mehrfach müssen wir innerhalb der wenigen Tage, die wir vor der Insel liegen, verholen. Andere Segler sind sorgloser gewesen, erzählen uns die Pitcairner. Gegen ihren eindringlichen Rat ließen sie ihr Boot unbewacht zurück, mit dem Resultat, daß es am nächsten Morgen als Wrack in den Klippen lag. Eine Seglerin hat diese Sorglosigkeit sogar mit ihrem Leben bezahlt, sie liegt auf Pitcairn begraben. Zum langen erholsamen Verweilen lädt die Insel also nicht ein, es sei denn, man läßt sich dort absetzen. Wie das wohl wäre, frage ich mich. Ob es mir wohl Spaß brächte, etwa ein Jahr dort zu leben? Vielleicht könnte ich das in späteren Jahren, momentan bin ich vermutlich noch zu rastlos. Aber der Gedanke ist faszinierend.

Und überhaupt – wer weiß denn schon, wo sich diese Insel befindet? Die Geschichte über die Meuterei auf der BOUNTY hat fast jeder schon einmal gehört. Aber über das heutige Leben auf der Insel weiß kaum jemand etwas. Die Zeit geht weiter, und die Bevölkerung schrumpft. Vielleicht wird die Insel irgendwann in naher oder ferner Zukunft wieder unbewohnt sein. Es wäre traurig, wenn diese letzten und direkten Nachkommen der Meuterer, die so gar nichts Aufrührerisches oder Gewalttätiges an sich haben, ihre angestammte Heimat verlassen müßten. Denn inzwischen sind sie in erster Linie eben Pitcairner und nicht die Nachfahren der Meuterer. Der geschichtliche Aspekt mag spannend und auch ein Verkaufsargument sein, aber den Menschen, die noch heute dort leben, wird man mit dieser simplen Betrachtungsweise sicher nicht gerecht. Als wir drei Tage später den Anker hieven, winken uns die Pitcairner aus ihren Booten zu. Wir sind uns alle einig: Die „Meuterer" sind schrecklich nette Menschen. Der weite Weg war es wert! Pitcairn ist wirklich etwas Besonderes.

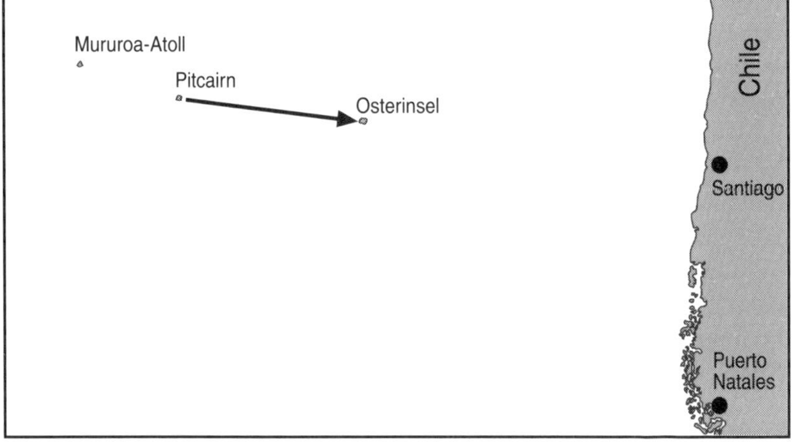
Mururoa-Atoll
Pitcairn
Osterinsel
Chile
Santiago
Puerto
Natales

Rapa Nui

Während Pitcairn langsam immer kleiner wird und schließlich hinter uns am Horizont verschwindet, nehmen uns das leise Wiegen der Ozeandünung und damit auch der Bordalltag wieder auf. Seit Verlassen von Port Townsend sind wir bereits 124 Tage unterwegs. Nach so langer Zeit haben sich längst alle Abläufe an Bord eingespielt, und es bedarf nicht vieler Worte, um das Schiff zu segeln. Auch wenn die See und der Wind mitunter etwas ruppig sind, so ist es doch sorgenfreies Vorwärtskommen. Mit schweren Stürmen jedenfalls brauchen wir derzeit nicht zu rechnen. Das ist ein beruhigendes Gefühl. Wir genießen diese sturmfreie Zeit, wohl wissend, daß es sich in absehbarer Zeit ändern wird. Die Bordroutine wird gelegentlich durch frisch gefangene Fische unterbrochen. Das größte Exemplar der gesamten Reise ist ein etwa fünfzig Kilogramm schwerer Thunfisch. Es ist ein langer Kampf, bis wir ihn soweit eingeholt haben, daß wir ihn mit dem Gaff an Deck hieven können. Als er dann endlich still auf dem Achterdeck liegt, stehen wir alle ehrfurchtsvoll um das Tier herum.

Sofort beginnt Thomas damit, ihn zu zerlegen. Aber da selbst die hungrigste Mannschaft außerstande ist, diesen Riesenfisch auf einmal aufzuessen, müssen wir uns überlegen, wie wir das Fleisch haltbar machen können. Roger und Thomas beginnen daraufhin, das rote Fischfleisch in dünne Streifen zu schneiden, die sie dann wie Wäschestücke auf eine Leine zum Trocknen hängen. Zuvor wird es gesalzen und mit verschiedenen Kräutern und Gewürzen eingerieben. Der Wind und die Sonne nehmen dem Fleisch die Feuchtigkeit, lassen es schrumpelig und fest werden. Bereits nach drei Tagen ist es hart wie Holz, hat aber nichts von seiner Schmackhaftigkeit eingebüßt. Wir reißen mit den Zähnen kleine Stückchen von den harten Fladen ab und lassen sie im Mund etwas Feuchtigkeit aufnehmen. Es schmeckt großartig. Der Fisch ist auf diese Art zubereitet eine Delikatesse, die man in Europa vermutlich teuer bezahlen müßte. Aber auch den frischen Teil des Fisches bereitet Thomas auf eine sehr leckere Weise zu. Er nimmt die Filets und brät sie rundherum ganz kurz an, gerade so, daß sich eine leichte braune Kruste bildet. Der darunter liegende Teil des Fisches bleibt roh. Nachdem Thomas die Filets aus der Pfanne genommen hat, schneidet er sie in hauchdünne Scheiben, die dann zusammen mit einer Marinade aus Sojaöl, Limonen, Knoblauch und anderen Zutaten roh gegessen werden.

Der Thunfisch hat ein sehr festes, wohlschmeckendes Fleisch und sieht auf dem Teller fast wie rohes Rindfleisch aus. Wer Thunfisch nur aus Dosen kennt, weiß nicht, was er bisher versäumt hat. Andere Teile des Fisches brät unser Koch zu Steaks oder bereitet Gulasch daraus. Das Ganze geht ihm ungeheuer schnell von der Hand, und ich bin einmal mehr froh, einen professionellen und so guten Koch an Bord zu haben. Eigentlich überqualifiziert für den Job an Bord der Dagmar Aaen, aber wir haben damit keinerlei Probleme und lieben unseren Thomas für das, was er uns auf den Tisch zaubert.

Am 31. August werde ich nachts in meiner Koje plötzlich heftig gerüttelt. „Feuer an Bord!“ ruft mir jemand zu und verschwindet gleich wieder. So schnell bin ich selten an Deck gewesen. Mittschiffs breitet sich beißender Qualm aus, der irgendwo aus dem Toilettenbereich kommt. Der stechende Geruch ist so heftig, daß einem die Augen tränen und mir fast schlecht wird. Dem Geruch nach muß es sich um einen Kabelbrand handeln, also zunächst alle Sicherungen raus und Feuerlöscher parat! Nachdem die Stromzufuhr unterbrochen ist, läßt der Qualm schnell nach. Wir warten, bis wir sicher sind, daß nirgendwo etwas kokelt, dann lüften wir und gehen der Ursache auf den Grund. Ein Kabel, das zu der Backbord-Positionslampe führt, ist genau in der Decksdurchführung durchgescheuert und hat den Schwelbrand verursacht. Wie schnell so etwas geht! Feuer auf einem Schiff ist eine Horrorvision, ganz besonders auf einem Holzschiff. Morgan wechselt die Leitung komplett aus und überprüft ebenfalls alle anderen Decksdurchlässe nach eventuell versteckten Scheuerstellen. Es bleibt bei der einen. Der Gestank des Kabelbrandes hängt Tage später noch im Schiff und erinnert uns daran, wie verwundbar wir eigentlich sind.

Wir steuern etwa 90 Grad, genau Ostwärts. Es dauert 1120 Seemeilen und elf Tage, bevor wir den nächsten Nachbarn Pitcairns Richtung Osten erreichen. Rapa Nui nennen die Einheimischen ihre Insel, dem Rest der Welt ist sie als Osterinsel bekannt. Es ist bereits Abend, als wir langsam in die Bucht vor Hanga Roa einlaufen und einen Ankerplatz suchen. Da es zum Einklarieren bereits zu spät ist, wollen wir die Nacht in Ruhe vor Anker verbringen, um morgen die erforderlichen Formalitäten zu erledigen. Aus der ruhigen Nacht wird nichts. Man sagt, daß gerade im Bereich der Osterinsel eigene Witterungsbedingungen herrschen. Erst mag ich das kaum glauben, werde aber eines Besseren belehrt. Zunächst kommt der Schwell, der unseren Ankerplatz langsam aber sicher ungemütlich und unser gemütliches Abendessen zu einem Balanceakt werden läßt. Wir werden hin- und hergeworfen, die Ankerkette reibt sich dröhnend am Wasserstag, und unter Deck fliegt alles, was nicht sicher weggestaut ist, auf den Boden. Ein Blick nach draußen, und die Sache ist klar: Hier können wir nicht bleiben. Bei immer stärker werdendem Wind und Seegang hieven wir den Anker und motoren aus der Bucht hinaus, um freien Seeraum zur Verfügung zu haben. In sicherem Abstand drehen wir bei und lassen uns treiben. Im Laufe der Nacht frischt der Wind weiter auf, um Mitternacht bläst er mit vierzig Knoten – Windstärke 8! Nach dem langen Seetörn und dem unruhigen Ankerplatz vor Pitcairn wollen wir endlich wieder einen sicheren Liegeplatz haben, an dem wir das Schiff getrost liegen lassen können.

Wir sehnen uns nach einer ruhigen Bucht, also machen wir uns auf die Suche. Wir finden sie auf der Nordseite der Insel in der Anakena-Bucht. Als wir morgens nach einer durchwachten und stürmischen Nacht den weißen Sandstrand vor uns liegen sehen, beruhigen sich unsere Gemüter. Es weht zwar immer noch unvermindert stark, aber hier sind wir sicher, und nur gelegentlich lassen Böen das blaue Wasser der Bucht zu Gischt aufwirbeln. Ansonsten scheint die Sonne von einem makellos blauen Himmel, der nur von einigen Zirren durchwoben ist. Ein kräftiges Frühstück weckt unsere Lebensgeister und unsere Neugierde. Am Strand die „Ahus", eine Art Plattform oder Kultstätte, auf der eine Gruppe von sieben Moais steht, jene großen Steinstatuen, die die Insel so berühmt gemacht haben. Wir betrachten sie sehnsüchtig mit dem Fernglas, denn bevor wir ihnen unsere Referenz erweisen können, haben wir noch ein anderes Problem zu lösen: Wir müssen einklarieren. Nun ist das Einklarieren in Chile, zu dem die Osterinsel politisch gehört, zum Glück kein Problem. Natürlich ist auch hier Papierkram zu erledigen, aber wo ist es das nicht. Unser momentanes Problem liegt vielmehr darin, daß wir rund zwanzig Kilometer von Hanga Roa entfernt sind, und bei dem anhaltend stürmischen Wetter auch nicht dorthin zurückkehren können. Ein Telefon oder gar eine Verkehrsverbindung in den Ort gibt es nicht. Um die Chilenen nicht zu verärgern, versuche ich immer wieder, über Funk zu rufen, aber dazwischen liegen einige hohe Berge. Erschwerend kommt hinzu, daß es Samstag ist, und da arbeiten die wenigsten Behörden. Aber wir sollen eine eindrucksvolle Lektion über chilenische Gastfreundschaft erhalten. Plötzlich antwortet eine Stimme auf mein wiederholtes Rufen über UKW. Wir erklären unsere Situation und werden um etwas Geduld gebeten. Danach wieder die freundliche Stimme, die uns mitteilt, daß man für unsere Lage Verständnis habe und deshalb mit dem Wagen zu uns rauskomme.

Eine knappe Stunde später fährt ein Jeep am Strand vor. Wir fahren mit dem Beiboot rüber und holen einen Herrn vom Zoll, eine Dame von der Immigration und einen weiteren Begleiter ab. Alle drei sind in Zivil, sehen gewissenhaft die Schiffspapiere durch und stellen einige obligatorische Fragen. Danach fertigen sie uns die Einklarierungspapiere aus, stempeln unsere Pässe, und damit ist der offizielle Teil erledigt. Das ganze dauert keine zehn Minuten. Thomas serviert Kaffee, wir unterhalten uns über das Schiff, unsere Reise und natürlich über die Insel, der momentan unser ganzes Interesse gilt. Die drei sind ein unerschöpflicher Fundus an Wissen und laden mich und Till, der sehr gut spanisch spricht, ein, mit ihrem Auto in die Stadt zu fahren, wo wir uns dann einen Leihwagen nehmen könnten. Diese Bucht sei mit Abstand die beste und auch die schönste, warum also zurück nach Hanga Roa, wo fast immer Wind und Schwell stehen? Wir sind überwältigt von dem unkomplizierten und dennoch absolut korrekten und pflichtbewußten Auftreten der Chilenen. Was für ein Kontrast zu Tahiti!

Während die anderen sich an Land ein wenig Bewegung verschaffen und sich in der Anakena-Bucht umschauen, fahren Till und ich mit dem Jeep in die Stadt. Die Straße besteht aus einem holprigen, staubigen Feldweg, der quer durch die Insel führt und uns somit schon einen ersten Eindruck vermittelt. Unsere Gastgeber werden nicht müde, uns Tips für Ausflüge und Sehenswürdigkeiten zu geben. Als wir nach einer rasanten Fahrt in Hanga Roa eintreffen, fahren sie uns zunächst zu einer Wechselstube, warten dort geduldig, bis wir einige Dollar umgetauscht haben, und machen uns danach mit einigen wichtigen Leuten im Ort bekannt – für den Fall, daß wir irgendetwas benötigen oder Probleme haben. Schließlich setzen sie uns bei der Autovermietung ab, wünschen uns einen schönen Aufenthalt und brausen davon. Till und ich schauen uns an und denken das gleiche: Das ist Chile. Wir beide kennen Land und Leute sehr gut und fühlen uns sofort zu Hause. Eine halbe Stunde später haben wir einen Jeep gemietet. Einige Flaschen Rotwein und Pisco sowie frischer Käse, Aufschnitt, Hammelkoteletts und Brot füllen unseren Kofferraum, jetzt kann eigentlich nichts mehr schiefgehen. Dermaßen gewappnet fahren wir zurück zur Anakena-Bucht. Der Sturm hat sich im Laufe des Nachmittags ausgeblasen, es weht nur noch ein laues Lüftchen, als wir unseren Wagen abstellen und den Weg zum Strand einschlagen.

An Bord hat man unsere Kartons gesehen und uns in froher Erwartung das Dingi entgegengeschickt. Wenig später gibt es den ersten Pisco Sour, einen aus Weintraubenschnaps und Limonen hergestellten Aperitif, der typisch chilenische Willkommenstrunk. Während Thomas mit Pfannen und Töpfen hantiert, holt Till die Gitarre hervor und Kai seine Mundharmonikas. Alle sind völlig entspannt. Die Musik, der Wein, das gute Essen und das Bewußtsein, in den nächsten Tagen Zeit für diese ungewöhnliche Insel zu haben, strömen eine totale Zufriedenheit aus. Es ist dieses Gefühl, angekommen zu sein, das uns mit uns und der Welt im Einklang sein läßt. Nach einer langen Reise den Landfall zu erleben, ist ein intensives Erlebnis. Rapa Nui ist problemlos mit dem Flugzeug zu erreichen. Aber das ist etwas völlig anderes. Eine Insel muß man auf dem Seewege erreichen, um sie zu verstehen – für Pitcairn und die Osterinsel gilt das in einem besonderen Maße.

Die Entdeckungsgeschichte und Forschungsberichte über Rapa Nui füllen offenbar ganze Bibliotheken. Und während die eine Fraktion der Wissenschaftler der Meinung ist, daß alles über die Insel gesagt worden ist und die Forschungen damit weitestgehend erschöpft sind, gibt es andere, die völlig anderer Auffassung sind. Der Disput über den Ursprung der Inselbewohner, über die Frage nach „Warum und Wie" der Moais, haben die Phantasien von Wissenschaftlern, und nicht nur von denen, aus der ganzen Welt beflügelt. Einige verstiegen sich gar in der These, daß die Moais Abbilder von Außerirdischen seien. Andere glaubten, in der Osterinsel den Rest eines versunkenen und von einer hohen Kultur einstmals dicht bevölkerten Kontinents zu sehen, der den Namen Mu trug und – nach dem Beispiel des legendären Atlantis – im Meer versunken sei. Ja, vielleicht ist Mu sogar Atlantis gewesen, der Phantasie sind hier keine Grenzen gesetzt. Für eine dritte Fraktion wiederum ist die Geschichte der Insel so nüchtern und trocken wie ein Stück Parmesankäse. Während Thor Heyerdahl die These vertritt, daß die Insel von Südamerika aus besiedelt worden ist (oder sein kann, was vom seemännischen Standpunkt her denkbar ist), sagen andere, daß Rapa Nui von Polynesiern besiedelt worden sei.

Wer auch immer recht haben mag, sie bleibt ein Stück faszinierender Kulturgeschichte. Das erste Mal wurde die Insel offenbar 1687 von dem englischen Freibeuter Edward Davis entdeckt. Davis hielt den fernen Landstrich für Teile des sagenumwobenen Südlandes. Indes fehlte ihm offenbar die Zeit anzulanden, denn dann hätte er unschwer feststellen können, daß es sich hierbei um eine Insel handelte. Dennoch, die Nachricht über die Entdeckung des Südlandes ließ seefahrende Nationen nicht mehr ruhig schlafen. Trotzdem dauerte es noch vierunddreißig Jahre, bevor der holländische Kapitän Jacob Roggeveen mit den Schiffen ARENT, THIENHOVEN sowie AFRIKAANSCHE GALEI den Auftrag von der holländischen Westindienkompanie erhielt, das von Davis entdeckte Land zu suchen. Nachdem sie um Kap Hoorn gesegelt waren, suchten sie die Juan

Fernandez-Insel vor der chilenischen Küste auf und fuhren von dort westwärts. Am Ostermontag, dem 6. April 1722 erreichten sie eine Insel. Da diese Insel deutlich von den Beschreibungen Davis abwich, nahm Roggeveen die Entdeckung für sich in Anspruch und taufte sie auf den Namen „Osterinsel", entsprechend dem Tag ihrer Entdeckung. Berichten zufolge soll sich Roggeveen nur einen Tag auf der Insel aufgehalten haben, bevor er weiter nach dem Südland forschte. Dieser eine Tag soll ihm aber genügt haben, ein rundes Dutzend der Inselbewohner zu massakrieren und damit den traurigen Grundstein für eine Abfolge von Morden, Vergewaltigungen und Entführungen der Inselbewohner zu legen. Davon mag die Geschichtsschreibung nur wenig wissen. Hört, sieht oder liest man etwas über die Osterinsel, dann ist die Rede von geheimnisvollen Kulturen und von mysteriösen Steinstatuen. Davon, daß man die Inselbewohner immer wieder überfiel, sie zu Zwangsarbeit auf Walfängern oder schlimmer noch, zu Sklavenarbeit in peruanischen Bergwerken preßte, ist nur selten die Rede. Allein 1862 sollen ungefähr eintausend Menschen gefangengenommen, entführt und nach Peru verschleppt worden sein. Dort lebten sie nicht lange. Entweder brachte sie die unmenschliche Arbeit um oder Krankeiten. Die wenigen, die überlebten und zu ihrer Insel zurückkehrten, schleppten unwissend Seuchen mit ein, so daß mehrere Tausend an den Folgen der Epidemien starben. Die sterile Betrachtungsweise einiger Völkerkundler hat für dieses Elend erstaunlicherweise nur wenige Worte.

Die Geschichte der Osterinsel ist also nicht nur die der Steinmetze und Hohepriester, sondern im besonderen Maße auch die des Elends und der Unterdrückung, hervorgerufen durch immer wieder neue Überfälle, Verschleppungen und totalitäre Staatsgefüge. 1862 sollen nur noch neunundsiebzig Erwachsene und einunddreißig Kinder von der Inselbevölkerung übriggeblieben sein. Aus Furcht vor weiteren Verschleppungen und Überfällen fristeten sie ein tristes Dasein in Höhlen. Mit der Bevölkerung starb das Wissen um die alte Kultur und die alten Traditionen. Missionare waren es, die die Weltöffentlichkeit über die katastrophalen Verhältnisse auf der Osterinsel informierten. Sie waren es auch, die sich gemeinsam mit den Inselbewohnern gegen die Schaffarmer stellten, die die Insel brutal ausbeuteten. Konflikte unter den europäischen Farmern sorgten schließlich dafür, daß die Missionare 1871 mit einhundertachtundsechzig Insulanern Rapa Nui verließen. Erst nachdem sich durch den Tod einer der Schafbarone die Lage entspannt hatte, kehrten einige Bewohner zurück, so daß die Bevölkerung wieder zunahm.

1888 wurde Rapa Nui von den Chilenen annektiert und militärisch verwaltet. Das brachte zwar Sicherheit vor den peruanischen Sklavenjägern, aber ansonsten keinerlei Verbesserung der Lebensumstände. Auch für die Chilenen waren die Inselbewohner Menschen zweiter Klasse und wurden entsprechend behandelt. So durften sie ihre Dörfer nur mit ausdrücklicher Genehmigung der Militärverwaltung verlassen, weil der Rest der Insel als Weideland verplant war. Nur langsam verbesserten sich die Lebensbedingungen der Insulaner. Als 1955 Thor Heyerdahl mit Zustimmung der chilenischen Regierung eine acht Monate dauernde archäologische Expedition zur Osterinsel unternahm, geriet Rapa Nui in die Schlagzeilen der Weltöffentlichkeit. Es folgten andere Besucher, die die Mißstände auf der Insel anprangerten. Schließlich reagierte auch der chilenische Staat. Es wurden Gesetze zum Schutz der Bevölkerung geschaffen und ein Insulaner zum Bürgermeister gewählt. Mitte der sechziger Jahre wurde schließlich der Flughafen gebaut, dessen Landebahn in den achtziger Jahren nochmals verlängert wurde, um dem amerikanischen Space Shuttle-Programm als Notlandebahn zu dienen.

Mit dem Flughafen kamen die Touristen, die zum wichtigsten Wirtschaftszweig geworden sind. Zwischenzeitlich hat auch Hollywood die Osterinsel entdeckt. Mit „Rapa Nui“ schuf Kevin Costner ein Filmopus und zugleich eine Menge vorübergehender Arbeitsplätze. Mit der Filmindustrie zog auch ein gutes Stück „American Way of Life“ auf die Insel. Kurioserweise hatten wir bereits 1993 auf Grönland zum ersten Mal von dem Filmvorhaben gehört. Der Filmsaga nach sollen sich einige der Inselbewohner auf einem großen weißen Kanu von der Insel gerettet haben. Und dieses weiße Kanu konnte offenbar nur ein Eisberg gewesen sein. Da dergleichen im weiten Umkreis der Osterinsel nicht zu haben ist, flog man kurzerhand nach Grönland, wo wiederum kein Mangel an Eisbergen ist. Wir hatten in Narssaq mit dem Location Director aus Costners

Team an Bord der Dagmar Aaen gesessen und gemeinsam darüber nachgedacht, wo der geeignete Berg zu finden sei. Damals hatten wir noch keine Ahnung, daß wir zwei Jahre später selbst diese Insel aufsuchen würden. Bisher hatte ich leider keine Gelegenheit, den Film zu sehen, und weiß deshalb nicht, wie die Wahl ausgefallen ist. Ich werde das bestimmt aber bei Gelegenheit nachholen.

Am nächsten Morgen machen wir uns auf den Weg, um die Insel zu erkunden. Gleich am Strand stehen sieben der Kolossalfiguren, auf denen der Weltruhm der Insel fußt. Sie wirken wie ein Magnet auf Besucher aus aller Welt, so auch auf uns. Die Figuren stehen auf einem sogenannten Ahu. Darunter kann man ein Fundament aus Felssteinen verstehen, das die Funktion eines Altars ausübt. Die Moais der Anakena-Bucht waren im Laufe der Jahrhunderte, wie alle anderen Steinbüsten der Insel, umgestoßen worden. Warum? Das ist nur eine von vielen Fragen die Existenz der Moais betreffend. Nach und nach hat man in den vergangenen Jahrzehnten die Ahus restauriert und die Moais wieder auf ihre angestammten Plätze gehoben. Das ist Schwerstarbeit gewesen, wie die Experimente von Thor Heyerdahl zeigen, der als erster damit begann, die Statuen aufzurichten. Aber wenn dieser Vorgang schon schwierig ist, wie sind die Moais dann von einem Ende der Insel zum anderen gelangt, hunderte von ihnen, manche bis zu achtzig Tonnen schwer? Wie haben die Inselbewohner diese Kolosse aus dem Rano Raraku-Krater kilometerweit transportiert?

Experimente von Archäologen, in denen sie die Moais auf Baumstämmen rollten oder sie mit Seilen über den Boden zerrten, waren allesamt unbefriedigend. Der Überlieferung nach sind die Moais „von allein gegangen". Das wiederum veranlaßte Wissenschaftler zu der Vermutung, daß man die Statuen aufrecht stehend mit Seilen in einer Art Kipp- und Torkelbewegung zu ihren Plätzen habe „wandern" lassen. Mit einem Blick auf das unebene Gelände und die in der Diskussion stehenden Entfernungen scheint mir das die unwahrscheinlichste Lösung zu sein. Aber schließlich bin ich auch kein Wissenschaftler. Auf den ersten Blick sehen alle Moais irgendwie gleich aus: derselbe starre, ins Inland gerichtete Blick, die langen Ohren, die Nase, das scharf geschnittene Kinn. Einige von ihnen haben aus rotem Tuffstein bestehende Hüte, sogenannte Pukaus auf. Während ich vor den Moais im Sand sitze und sie beobachte, fällt es mir schwer, sie mit analytischer Akribie zu betrachten. Ich lasse mich einfach von ihrer Ausstrahlung einfangen, versinke in Grübeleien und halte Zwiesprache mit ihnen.

Wir fahren über holprige und staubige Feldwege zum Rano Raraku-Krater. Dort geht jeder seinen eigenen Weg, hängt seinen Gedanken nach. Brigitte und ich laufen einen Grashang hoch, der übersät ist mit Moais der unterschiedlichsten Größen. Der Kraterrand ist ein gewaltiges „Open-air-Studio", eine Bildhauerwerkstatt unter freiem Himmel. Hunderte der Moais liegen oder stehen herum, blicken arrogant über die Insel in die Ferne. Sie mögen Hunderte von Jahren alt sein, und doch sind sie zeitlos. Wir versuchen, in ihren Gesichtern zu lesen wie Generationen vor uns und ernten doch nur einen spöttischen, trotzigen Blick. Die größte je gefundene Statue liegt noch unfertig am Kraterrand. Sie mißt 21 Meter. Andere, weniger gigantische, aber trotzdem noch tonnenschwere Moais sind über die ganze Insel verteilt. Die archäologischen Arbeiten auf der Osterinsel sind bei weitem nicht abgeschlossen. Man spricht davon, daß etwa 60 % der Insel archäologisch erfaßt sind. Schätzungen belaufen sich auf insgesamt eintausend Statuen, die teilweise an schwer zugänglichen Orten aufgerichtet worden sind.

Am südlichen Ende der Insel befindet sich der Krater Rano Kau. Blickt man von seinem Rand ins Innere des Kraters, sieht man einen kreisrunden Kessel, dessen Boden mit Seen, Sümpfen und Pflanzen bedeckt ist. Am Rande des Kraters, der nahezu 300 Meter senkrecht ins Meer abbricht, finden sich Petroglyphen, kunstvolle, in die Felsen geschlagene Ornamente. Die meisten von ihnen zeigen Motive mit dem legendären Vogelmenschen. Von diesem Platz aus, Orongo genannt, blickt man über das Meer auf zwei kleine Inseln, eine davon heißt Moto Nui. An dieser Stelle vollzog sich das sogenannte Vogelmann-Ritual. Jedes Jahr stiegen junge Männer die steilen Klippen von Orongo hinunter zur See und schwammen in einer Art Wettbewerb durch die hohe Brandung zur Insel Motu Nui. Dort warteten sie auf die Ankunft der schwarzen Wanderschwalben. Sobald einer der Männer das erste Vogelei gefunden hatte, legte er es vorsichtig in ein kleines Körbchen, das er sich um den Hals band, und schwamm zurück zur Insel. Der erste, dem es gelang, durch die rauhe Brandung und allen Haien zum Trotz dieses Ei heil nach Orongo zu bringen, wurde für die Dauer eines Jahres zum „Vogelmenschen“ erklärt. Diese Position verlieh ihm offenbar große Macht und gesellschaftliches Ansehen, war aber auch mit einem Eremitendasein verbunden, denn er mußte für die Dauer dieses Jahres allein in völliger Abgeschiedenheit leben.

Ein weiteres Rätsel gibt die sogenannte Rongo Rongo-Schrift auf. Dabei handelt es sich um bildhafte Schriftzeichen, die in Holztafeln eingraviert sind und über deren Bedeutung noch ziemliche Unkenntnis herrscht. Während einige Wissenschaftler die Ansicht vertreten, daß es sich gar nicht um eine Schrift handelt, sondern lediglich um kunstvolle Schnitzereien, sind andere vom Gegenteil überzeugt. Nach neuesten Berichten des „New Scientist“ soll ein gewisser Steve Fischer die Hieroglyphen entschlüsselt haben, seiner Meinung nach handelt es sich um einen kosmischen Gesang über die Schöpfungsgeschichte.

Wohin wir auch schauen, wohin wir kommen, immer stehen wir vor Rätseln und geraten ins Staunen.

Am Ostzipfel der Osterinsel, auf der Halbinsel Poike, muß sich offenbar das Schicksal der „Langohren“ abgespielt haben. Sie hatten lange Zeit die Insel und die übrigen Bevölkerungsschichten dominiert. Der Überlieferung nach hatten sich die Langohren, die sich im Krieg mit den Kurzohren befanden, auf der Halbinsel verschanzt und sich vom Rest der Insel zurückgezogen. Ein tiefer Graben, den sie mit brennbarem Material angefüllt hatten, sollte ihnen als unüberbrückbare Grenze und Abschreckung vor eindringenden Kurzohren dienen. Durch eine Kriegslist gelang es aber den Kurzohren, in den Rücken der Langohren zu kommen und diese in den Graben zu treiben, der dann von ihnen angesteckt wurde. Die Langohren sollen alle, bis auf drei, in dieser Feuersbrunst ums Leben gekommen sein. Ob danach die Kurzohren damit begonnen haben, die Moais, die ja Abbildungen der Langohren waren, umzustürzen, bleibt eine Vermutung. Wie so vieles, was Rapa Nui angeht. Es ist tatsächlich unmöglich, von dieser Insel nicht gefangen zu sein. Der Untergang der Kultur ist wohl nicht nur auf den Einfluß der Europäer und peruanischer Sklavenhändler zurückzuführen. Auf der Insel muß es, wie das Beispiel der Lang- und Kurzohren zeigt, bereits tiefgreifende Konflikte gegeben haben. Nur nachweisen läßt es sich bis heute nicht.

Wir verbringen die Tage damit, uns in allen Ecken und Winkeln der Insel umzusehen. In Hanga Roa gibt es einige kleine Restaurants, in denen man gut essen kann und in denen wir uns nach einem langen Wandertag stärken. Die Menschen sind ausnahmslos freundlich. Wir besichtigen den kleinen Hafen, der eigentlich nur für sehr flachgehende, kleine Boote gedacht ist. Trotzdem überlegen wir, ob es möglich ist, den Hafen anzulaufen, um Diesel zu bunkern. Wir reden mit der Marine, mit Fischern und mit der Hafenverwaltung. Es müßte gehen, aber es wird knapp.

Einige Tage später verholen wir die Dagmar Aaen wieder in die Bucht von Hanga Roa. Um in den Hafen zu fahren, haben wir zwei Fischer als Lotsen engagiert. Einer von ihnen fährt mit einem Boot voraus, während der andere bei uns an Bord ist. Bei Hochwasser fahren wir los. Links und rechts bricht sich brüllend und schäumend die Brandung an den Klippen. Wir passieren nach einigen sorgenvollen Minuten die Barre und liegen dann geschützt im kleinen Hafenbecken. Ein Tankwagen fährt vor, und während das Wasser langsam abläuft, füllen wir unsere Brennstofftanks mit Diesel. Als die Ebbe ihren Tiefststand erreicht, sitzen wir auf. Zuvor ist Roger ins Wasser gesprungen und hat mit Schnorchel, Maske und Flossen den Boden inspiziert. Der Kiel sitzt gerade auf dem Grund, wir haben Leinen quer durch das ganze Hafenbecken gespannt, um das Schiff aufrecht zu halten. Diese Aktion sorgt für allerhand Aufregung im Ort. Ein so großes Schiff war noch niemals im Hafen, und mir wäre ehrlich gesagt auch viel wohler, wenn wir erst wieder draußen in der Bucht wären. Wir füllen die Tanks nur teilweise und warten darauf, daß das Wasser endlich wieder steigt. Um Mitternacht schwimmt das Schiff wieder frei, wir haben Hochwasser. Pünktlich erscheinen unsere Lotsen. Die Leinen werden losgeworfen, vorsichtig manövrieren wir die Dagmar Aaen aus dem engen, flachen Hafenbecken in die Hafeneinfahrt, wo sich links und rechts gischtend weiß die Brecher türmen. Einige Minuten Anspannung, ein schweißnasser Rücken, dann sind wir draußen. Wer vorhat, diesen Hafen anzulaufen, möge sich vorher genau informieren.

In einem Supermarkt kaufen wir frischen Proviant, die Insel ist wirklich gut versorgt. Traurig nehmen wir von Brigitte Abschied, die uns verlassen muß und von hier aus den Heimflug antritt. Wie immer, wenn jemand aussteigt, hinterläßt das eine Lücke. Die, die Brigitte hinterläßt, empfinde ich besonders intensiv und bin entsprechend mißgestimmt. Am gleichen Tag wie sie verlassen auch wir die Osterinsel. Von See aus blicken wir auf die Hänge, die Vulkankrater und die immer wieder auftauchenden Moais. Von hier aus sehen sie klein aus, aber sie sind nicht zu übersehen. Irgendwie empfinde ich so etwas wie Genugtuung. Genugtuung darüber, daß es uns trotz aller Technik und Wissenschaft nicht gelungen ist, die Rätsel der Osterinsel vollständig zu entschlüsseln. Rapa Nui hüllt sich in Schweigen. Die Insel ist da mit ihren Rätseln, die sie einem aufgibt, und mit ihren Moais, die alles wissen und doch nichts preisgeben.

Venezuela
Guyana
Kolumbien
Ecuador
Brasilien
Peru
Bolivien
Paraguay
Argentinien
Inseln
Juan Fernandez
Valparaíso
Uruguay
Chile
Buenos Aires
Valdivia

Zwischenspiel

Schemenhaft taucht aus dem morgendlichen Dunst die Küste Südamerikas vor uns auf. Stunden vorher haben wir bereits Leuchtfeuer gesehen, jetzt bei Tagesanbruch lassen sich langsam Details erkennen. Um uns herum wimmelt es von Fischereifahrzeugen, von großen Hecktrawlern bis hin zu einem einzelnen Fischer in einem Ruderboot ist alles vertreten. Wir müssen Zickzack fahren, um ihnen auszuweichen, die Fischer tun dasselbe, weil sie nach irgendeinem geheimnisvollen Muster ihre Netze hinter sich herziehen. Jetzt noch ein Netz in der Schraube wäre das letzte, was wir gebrauchen können. Wir wollen endlich in den Hafen, freuen uns auf den Nachschub, der uns dort erwartet, und natürlich auf den Besuch sowie die neuen Crewmitglieder. Valparaíso wird für uns ein wichtiger Stop sein. Per Schiffsfracht habe ich mehrere Paletten Proviant und Ausrüstung vorausgeschickt. Darunter auch einige sehnlichst erwartete Ersatzteile. Seitdem wir am 3. August Bora Bora verlassen haben, liegen 4566 Seemeilen hinter uns. Heute ist der 22. September. In der Zwischenzeit hatten wir lediglich zweimal die Möglichkeit zu Landgängen, einmal auf Pitcairn und das andere Mal auf der Osterinsel. Der Rest war Seefahrt. Wir freuen uns auf die Stadt, auf den Trubel, auf die Abwechslung.

Schon vor der Hafenmole kommt uns ein kleines Boot entgegen. An Bord winken Freunde, die aus Deutschland angereist sind, darunter auch meine Mutter, die es sich nicht nehmen läßt, uns in den entferntesten Häfen einen Besuch abzustatten. Das Boot geleitet uns zu einer Mooringtonne, die zu dem Yachtclub „Recreo“ gehört. Leider gibt es keine Pier, an der wir festmachen können. Darüber sind wir ein wenig enttäuscht, hatten wir doch gehofft, das Schiff endlich einmal festzumachen, ohne den lästigen „Dingishuttle" einrichten zu müssen. Aber in Valparaíso gibt es lediglich einen Hafen für große Handelsschiffe, Trawler und die chilenische Marine. Die Hafenbecken sind dreckig, die Kaimauern für kleine Schiffe ungeeignet, und an Land tummeln sich Gestalten, denen wir unser Hab und Gut lieber nicht unbeaufsichtigt überlassen möchten. Zudem gibt es einen ziemlich großen Tidenhub, so daß wir ständig auf die Leinen aufpassen müßten. Eine andere Pier gibt es aber nicht, so bleibt uns nur die Mooringtonne. Aber auch die ist mit Vorsicht zu genießen. Wir sind noch keine zehn Minuten fest, als mich plötzlich aufgeregte Stimmen rufen – wir sind auf Drift gegangen, mitsamt der Tonne. Das gute Stück ist bei weitem nicht so sicher und fest, wie man uns glauben machen wollte. Die Befestigung ist einfach abgegammelt. Da wir auf die Klippen zutreiben, starten wir rasch die Maschine und werfen im sicheren Abstand den Anker. Soviel zu den Mooringtonnen. Ich gehe kein Risiko ein, und wir liegen fortan vor Anker.

Der Repräsentant des Yachtclubs ist untröstlich, er ist extra rausgekommen, um uns zu begrüßen – und dann dieser Zwischenfall. Wir beruhigen ihn, freuen uns über seine Einladung, als Gast des Clubs aufgenommen zu sein, und lassen uns von der Heiterkeit und Unkompliziertheit der Chilenen anstecken. Nachdem die Marine unsere Papiere überprüft und für gut befunden hat, darf das Boot mit unseren Freunden längsseits kommen, und wenige Minuten später ergießt sich eine Flut von Besuchern an Deck der DAGMAR AAEN. Meine Mutter kennt sich bestens an Bord aus. Sie ist schon des öfteren mitgesegelt. Elke Hoffmann und ich fallen uns in die Arme. Elke schmeißt schon seit Jahren unser Büro in Bad Bramstedt. Ohne sie würde nichts laufen. Sie organisiert Vortragsreihen, Pressekonferenzen, erledigt die Korrespondenz, bucht Flüge, tröstet traurige Mütter oder auch schon mal aufgebrachte Freundinnen, wenn die Crew in der Ferne zu schreibfaul ist. Sie hält Kontakt zu Sponsoren, denkt an die Geburtstage, die ich sonst vergessen würde, korrigiert Buchmanuskripte – die Liste ist endlos. Und sie ist darüber hinaus Freundin; berufliches und privates Engagement ist bei ihr nur schwer zu trennen. Ohne Elke und ohne Brigitte, die trotz ihres eigenen Berufes immer wieder mit in die Bresche springt, wäre ich kopflos, ich gebe es gerne zu. Elke hat sieben Jahre lang in Chile gelebt, spricht fließend Spanisch und hat auch noch Freunde in der Nähe Valpos, wie Valparaíso genannt wird, wohnen. Dort hat sie sich mit meiner Mutter einquartiert. Außerdem ist auch noch Rolf Becker mitgekommen. Rolf kommt wie immer im dunklen Anzug, da er bis zur allerletzten Minute in seiner Anwaltskanzlei gearbeitet hat. Diese Stippvisite von wenigen Tagen Dauer ist sozusagen sein Jahresurlaub, mehr gesteht er sich in aller Regel nicht zu. Rolf ist Jurist, und in dieser Eigenschaft sorgt er für den fundierten Unterbau meiner Expeditionen, der Dank seiner Hilfe gar nicht mehr abenteuerlich ist, sondern auf festen Fundamenten steht. Damit nicht genug, Rolf trifft für mich fast alle Absprachen mit den Medien, er verhandelt Sponsorenverträge – und, wichtiger noch – er ist ein guter Freund, der immer mit Rat und Tat zur Seite steht.

Expeditionen sind Teamarbeit, nicht nur auf dem Schiff, beim Tauchen oder im Eis, sondern ganz besonders auch in der Vorbereitung und organisatorischen Abwicklung. Wir sind – und darauf bin ich stolz – ein gutes Team.

Außerdem sind zwei neue Crewmitglieder eingetroffen: Martin Friederichs aus Kiel sowie Günther Jüllich aus München. Beide sind neu im Team. Während Martin ein Vollblutsegler ist und in dieser Eigenschaft schon jahrelang die PETER VON DANZIG des ASC Kiel als Skipper führt, ist Günther ein Mann der Berge. Er ist von Geburt Deutsch-Chilene, in Valparaíso geboren, wohnt aber schon seit vielen Jahren in München. Seit einigen Wochen ist er im Vorruhestand und hat daher Zeit, einige Wochen mitzufahren. Günther ist ein wandelndes Lexikon, was bergsteigerische Aktivitäten in Patagonien angeht. Er verfügt über einen nahezu unerschöpflichen Fundus an Informationen über Chile, Patagonien und die Eis- und Bergregionen, die letzteres formen. Er reist mit Landkarten, Fotografien und Büchern an, die dazu dienen, unsere nächsten Projekte an Bord vorzubereiten. Zuerst zeige ich aber den beiden ihre Kojen. Martin ist mit einer fiebrigen Grippe angereist und fühlt sich dementsprechend schlecht. Dankbar nimmt er seine Koje in Besitz und zieht sich mit heißem Tee und fiebersenkenden Medikamenten in seinen Schlafsack zurück. Rolf bezieht wie immer, wenn er an Bord ist, die

Koje im Navigationsraum. Damit ist das Schiff gut ausgelastet. Allerdings erwarten wir noch zwei weitere Teammitglieder; damit werden wir an den Rand der Kapazität stoßen.

Der Yachtclub Recreo ist klein, aber liebevoll gepflegt, mit Duschen, einem Restaurant und freundlichen Menschen. Nach dem ersten Begrüßungstrubel gehen wir an Land und beginnen bei einem Begrüßungsdrink zu erzählen. Alle reden durcheinander, jeder hat irgendwelche Neuigkeiten mitzuteilen oder Fragen zu stellen. Schließlich legt sich der erste Trubel. Elke hat die Post verteilt, so zieht sich jeder in eine Ecke zurück, um ungestört zu lesen. Mit Erleichterung höre ich von ihr, daß unsere Fracht unbeschadet und vollständig in Chile eingetroffen ist, sie soll in den nächsten Tagen zum Club angeliefert werden. Günther hat ein volles Programm für uns organisiert, das von einer Stadtbesichtigung über Empfänge alles beinhaltet. Gleich heute abend geht es los mit einem Empfang im „Club Alemán". Ich muß ihn ein wenig in seiner Begeisterung bremsen, denn dieser ganze Rummel läßt uns, die wir monatelang in Ruhe und Abgeschiedenheit gelebt haben, wie betäubt zurück. Hektik und Terminstreß ist das letzte, was wir wollen. So ganz ohne wird es aber wohl nicht abgehen.

Ich kann verstehen, daß sich Deutsche, die im Ausland leben, in Clubs oder Vereinigungen treffen, in denen man sich austauscht, vielleicht Deutsch spricht, deutsche Zeitungen liest oder meinetwegen auch deutsch ißt. Was ich nicht mag, ist, wenn daraus so etwas wie eine Weltanschauung wird. In solchen Clubs sieht man sich manchmal einem Deutschtum gegenüber, das es in Deutschland selbst – Gott sei Dank – in dieser Form schon lange nicht mehr gibt. Da hängen Gemälde von Hindenburg, Bismarck und Kaiser Wilhelm II. an den Wänden, als wäre dies der letzte Stand der Dinge. Da werden Reden geschwungen über Deutschland von Leuten, die schon in der zweiten Generation im Ausland leben und längst den Anschluß an das deutsche Zeitgeschehen verloren haben. Das klingt dann bisweilen ein bißchen peinlich, mitunter auch ein wenig besorgniserregend. Alte Herren, schon weit im Pensionsalter, lamentieren darüber, daß kein Zulauf an jungen Leuten stattfindet, daß keiner die Vereinsarbeit aufrechthalten mag. Selbst die deutsche Sprache verkümmere, klagen sie, da immer weniger junge Menschen sich ihrer Herkunft erinnern und bereit sind, das deutsche Kulturgut zu fördern. Wer aber versucht, ein Fossil am Leben zu halten, darf sich nicht wundern, wenn junge Leute sich gelangweilt abwenden. Nicht sie sind es, die den Anschluß versäumt haben. Wer in der heutigen Zeit Bergsport noch unter dem Symbol des mit Edelweiß behängten Eispickels sieht, darf sich nicht wundern, wenn die junge Kletterszene sich anderweitig orientiert. So verstaubt wie die Ideologie, so verstaubt ist auch meist das Ambiente.

Auch wir fühlen uns in ein anderes Zeitalter zurückversetzt. Der Empfang, den man uns im Club Alemán bereitet, ist überaus herzlich. Nach einer langen Begrüßung und Einführungsrede halte ich einen kurzen Diavortrag vor etwa einhundert geladenen Gästen. Günther übersetzt dabei jeden Satz von mir simultan ins Spanische. Danach werden Abzeichen überreicht, Dankesworte gesprochen. Eine folkloristische Darbietung von chilenischen Tänzern schließt sich unmittelbar an. Hier merke ich endlich, daß wir in Chile sind. Ein Buffet, ein Umtrunk, Fotos und der hilflose Versuch unsererseits, der Aufforderung nachzukommen, mit der Tanzgruppe gemeinsam das Tanzbein zu schwingen, strapaziert die Geduld meiner Leute, obwohl jeder gute Miene zum bösen Spiel macht. Derweil beobachtet uns ein junger chilenischer Bergsteiger mit besonderem Interesse und offenbar sehr zwiespältigen Empfindungen. Pablo Besser ist einer der chilenischen Top-Bergsteiger. Wir haben ihn über Günther kennengelernt und ihn eingeladen, mit uns nach Patagonien zu segeln. Ich sehe seinem Gesicht an, daß er sich noch nicht so recht im klaren darüber ist, ob das eine gute Idee war, unserer Einladung zu folgen. Pablo ist Mitte Zwanzig, hat sein Medizinstudium nahezu abgeschlossen und klettert seit Jahren die schwierigsten Routen. Er hat seine eigene Vorstellung von Expeditionen und Bergsteigen – und die ist jedenfalls eine andere als die der meisten anwesenden Gäste.

Irgendwann ist der Abend beendet. Ein Teil der Crew macht sich auf den Weg, um das Nachtleben Valparaísos kennenzulernen. Sie wollen Chile erleben und nicht eine barocke Deutschtümelei.

Valparaíso ist für uns das Sprungbrett nach Patagonien. Von hier aus wollen wir in den stürmischen Süden segeln und dort zum Patagonischen Inlandeis, Berge besteigen, Kajak fahren und natürlich segeln – uns erwartet ein übervolles Programm. Dafür gilt es, Vorbereitungen zu treffen. Mit Günther bin ich die nächsten Tage unterwegs, um bei den zuständigen Behörden vorzusprechen. Günther hat gute Vorarbeit geleistet. Die Genehmigungen für unsere Patagonien-Expedition liegen bereits vor. Die chilenische Marine hat keine Einwände und ist darüber hinaus sehr darauf bedacht, uns alle wichtigen Informationen zu geben. Im Hydrographischen Institut haben wir eine lange Unterredung, da man uns bittet, während unserer Reise durch die patagonischen Kanäle Vermessungen durchzuführen bzw. bestehende Karten auf Fehler zu überprüfen. So weitläufig ist das System von Fjorden und natürlichen Kanälen in Patagonien, daß bei weitem noch nicht alle vermessen und kartographiert sind. Viele der Seekarten sind uralt und voller Fehler. Da die Chilenen gerade an einem aktuellen Kartensatz arbeiten, sind neue Informationen zu diesem Zeitpunkt von einiger Bedeutung. Gern sage ich unsere Mitarbeit zu.

Im Yachtclub Recreo ist zwischenzeitlich ein großer Lkw vorgefahren, auf dem unsere Paletten mit Ausrüstung stehen. Der Club stellt uns freundlicherweise einen Schulungsraum zur Verfügung, in dem wir unsere Kostbarkeiten stapeln und sortieren können. Diese Aufgabe übernehmen Till und Sigga. Berge von Trekkingmahlzeiten, eine komplette Polarausrüstung, Pulkaschlitten, Zelte, Schlafsäcke, Ski, Bekleidung, Skistiefel sowie eine Bergausrüstung. Ferner Parawings, Kocher, Zuggeschirre – und alles für sechs Personen gerechnet. Mir wird schwindelig, wenn ich Sigga und Till in den Bergen von Ausrüstung hantieren sehe und mich dabei frage, wie wir das alles auf dem Schiff unterbringen sollen. Zusätzlich beginnt Thomas damit, Unmengen an frischem Proviant, Konserven, Mehl, Obst und Gemüse anzuschleppen. Während ich allerlei organisatorische Dinge zu erledigen habe, ist der Rest der Crew damit beschäftigt, wichtige Wartungsarbeiten am Schiff durchzuführen. Hier ist die letzte Chance, Leckagen im Deck zu beseitigen, Malerarbeiten durchzuführen oder auch das Rigg einer eingehenden Prüfung zu unterziehen. Mit jedem Tag, den wir weiter nach Süden segeln, wird das Wetter rauher und nasser werden.

In Valparaíso hingegen ist es trocken und sonnig, so daß wir alle anstehenden Arbeiten durchführen können. Fast kommt so etwas wie Hektik auf. Das Schiff ist eine einzige Baustelle. Farbtöpfe, Schleifmaschinen, Tauwerksrollen, leergeräumte Backskisten und Teerkocher blockieren das Deck. Dazwischen bezieht Pablo seine Koje und versucht, seine private Habe und seine Bergausrüstung unterzubringen. Sigga und Till räumen Schapps ein und aus, stauen hin und her in dem verzweifelten Versuch, die neue Ausrüstung unterzubringen. Im Schulungsraum des Yachtclubs wird die neue Jack Wolfskin-Kollektion für die gesamte Crew ausgebreitet. Es gleicht einer Modenschau, als die Mannschaft Unterwäsche, Fleecepullover, Hosen und Regenbekleidung anprobiert. Teile werden nach Farben und Muster und Größen sortiert. Den unterschiedlichen Geschmäckern entsprechend werden Kleidungsstücke untereinander hin und her getauscht, bis schließlich jeder versorgt und zufrieden ist.

Inmitten dieses Chaos' trifft uns das Verhängnis wie ein Keulenschlag. Was in Mexiko als „Montezumas Rache" und in Chile als „Chilenitis" bekannt ist, fährt unter uns wie ein Wirbelsturm. Keiner bleibt verschont. Krampfhafte Durchfälle, Erbrechen, Fieber und Schüttelfrost – alles und alle zugleich. Die Klobrille kühlt fortan nicht mehr ab, und ungeduldig und nörgelnd steht ständig einer vor der verschlossenen Tür und fordert vehement Einlaß. Martin, dem es ohnehin noch nicht wieder gut geht, haut es erneut um. Das Schiff gleicht einem schlecht geführten Lazarett. Erstaunte Gesichter auf vorbeifahrenden Booten, wenn gleichzeitig drei Köpfe über der Reling hängen und den Fischen opfern. Und die unausgesprochene Frage: „Die werden doch wohl nicht auf Reede seekrank sein?" Mitnichten. Nur so, wie wir uns fühlen, könnte es uns auch bei Windstärke 12 nicht schlechter gehen. Aber auch dieser Zustand hat einmal ein Ende. Langsam kommt wieder Farbe in die Gesichter, die erste Nahrung wird dem Magen zugeführt und bleibt tatsächlich auch dort. Nun ist wirklich keine Zeit mehr zu verlieren. Noch immer haben wir nicht alles verstaut. Dazwischen Einladungen, Stadtrundfahrten, Besucher, die sich anmelden, Pressegespräche, Interviews, Fototermine. Uns schwirrt der Kopf. Irgendwie schaffen wir es, die Berge an Ausrüstung und Proviant auf dem Schiff zu verstauen. Selbst die Pulkaschlitten finden Platz im Schlauchboot.

Schließlich füllen wir die Tanks bis zum Rand voll mit Diesel und lassen unseren Kompaß neu kompensieren. Am Abend des 1. Oktobers gibt es ein Abschiedsfest im Yachtclub. Toasts werden ausgebracht, es gibt ein Festessen, und ich bedanke mich im Namen der gesamten Mannschaft für die Gastfreundschaft und Hilfsbereitschaft. Trotz der Hektik und Unruhe, die unser Besuch gebracht hat, war jeder stets freundlich bemüht und hilfsbereit. Als wir am nächsten Tag den Anker hieven und auslaufen, sind nochmals viele Leute gekommen, um uns zu verabschieden. Wir winken und laufen dann unter Maschine so schnell wie möglich aus der Bucht von Valparaíso hinaus. Es geht ein Aufatmen durch die ganze Crew.

Es ist eigenartig, wie Situationen, die eigentlich von Gastfreundschaft, Freundlichkeit und interessanten Arbeiten geprägt sind, zur Belastung werden können. Es war einfach von allem zuviel, insbesondere nach der langen Zeit der Isolation im Südpazifik. Wir sind froh, wieder auf See zu sein. Erst jetzt lernen wir Pablo richtig kennen, und er uns. Martin, der ebenfalls neu in der Crew ist, findet sich schnell zurecht. Alles, was er tut, macht er ruhig und überlegt. Und schon nach einem Tag weiß ich, daß ich ihm das Schiff in jeder Situation anvertrauen kann. Ein Stein fällt mir vom Herzen. Pablo ist das erste Mal auf einem Schiff, hat aber spontan Spaß am Segeln gefunden und lernt schnell. Günther, der Familie in Valparaíso hat, wird erst in Puerto Montt dazusteigen. Obwohl wir jedem erzählt haben, daß wir direkt nach Puerto Montt durchsegeln, haben wir heimlich abgesprochen, daß wir noch Valdivia anlaufen werden. Wir wollen unter uns bleiben und keinen Rummel oder Besuch im Deutschen Club in Aussicht haben.

Es regnet in Strömen, als wir den Fluß hochfahren, der nach Valdivia führt. In einem Yachtclub können wir an einer kleinen Holzpier festmachen. Danach gehört die Stadt uns. Zu Fuß machen wir uns auf den Weg, jeder für sich und alle zusammen, irgendwie trifft man sich wieder in einer Kneipe. Valparaíso gerät in Vergessenheit, Patagonien rückt näher. Wir befinden uns in unmittelbarer Nähe zum vierzigsten Breitengrad und damit am Einstieg zu den „Roaring Forties“. Die Expedition ist in einen neuen Abschnitt getreten.

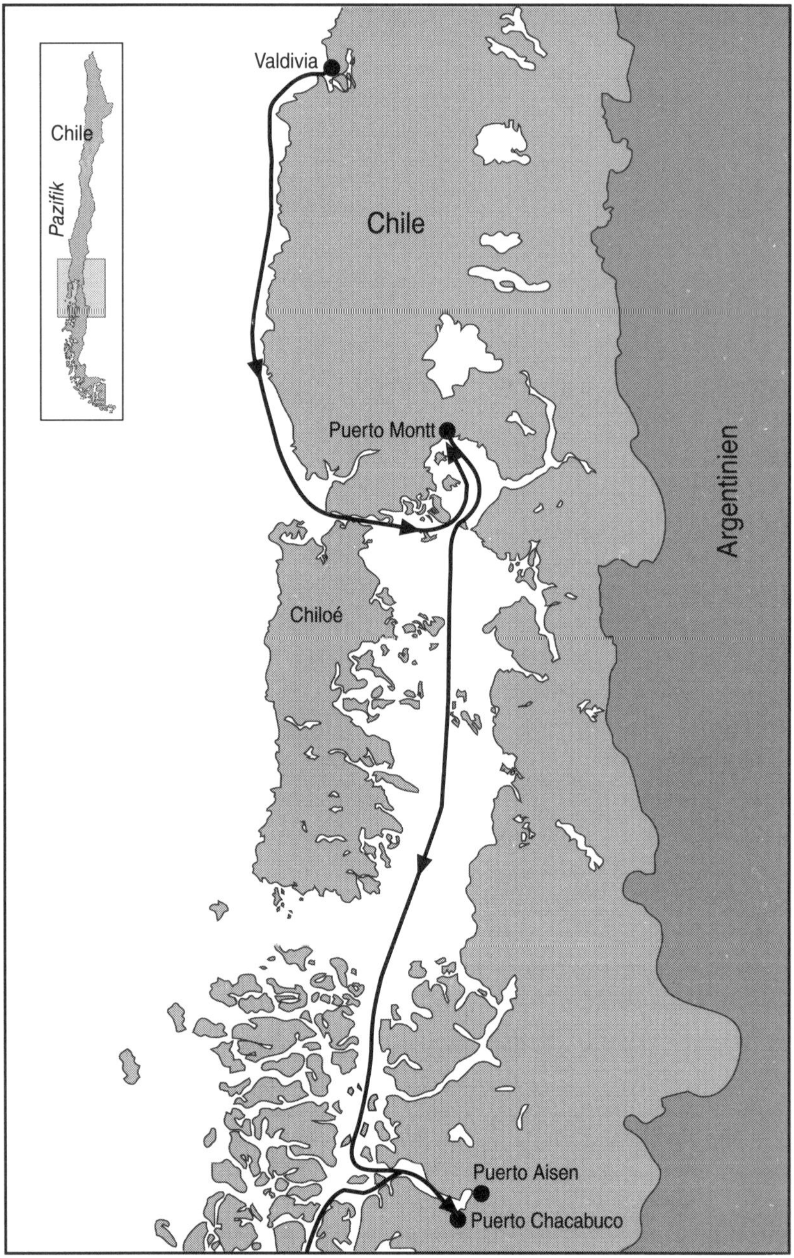
Chile
Pazifik
Valdivia
Chile
Puerto Montt
Argentinien
Chiloé
Puerto Aisen
Puerto Chacabuco

Sturmland

Wir bleiben nur einen Tag in Valdivia, aber der reicht aus, um die alte Ruhe wieder herzustellen. Bei gutem Wind segeln wir dann südwärts die chilenische Küste entlang. Am 7. Oktober tauchen vor uns die Umrisse der Insel Chiloé auf, die vom Festland durch den Kanal von Chacao getrennt ist. Dieser Kanal ist eng, und da er nach Norden hin die einzige Verbindung zwischen dem Golf von Ancud und dem Beginn des Innenfahrwassers darstellt, ist die Wassermenge, die sich bei jedem Gezeitenwechsel durch die Meerenge zwängt, entsprechend groß. Selbst stark motorisierte Schiffe timen ihre Passage so, daß sie bei mitlaufendem Strom fahren. Seeseitig steht selbst bei ruhigem Wetter meistens eine hohe, steile Dünung. Läuft der Strom gegen die heranrollenden Seen des Pazifiks, wird die Dünung immer steiler und beginnt teilweise zu brechen. Die chilenische Marine hat uns ausdrücklich davor gewarnt, bei schlechtem Wetter in den Kanal von Chacao einzufahren. Ich habe Berichte von Seglern gelesen, die hier einige ihrer schlimmsten Momente erlebt haben müssen.

Das Wetter hat aber ein Einsehen mit uns. Es weht nur eine mäßige Brise, als wir uns in der Abenddämmerung dem Kanal nähern. Trotz des ruhigen Wetters und des kaum vorhandenen Seegangs wird die See dicht unter Land immer höher, was mit dem plötzlich flacher werdenden Meeresboden zusammenhängt. Die ursprünglich lange, ruhige Dünung wird dadurch steiler, die Abstände zwischen den einzelnen Seen kürzer. Innerhalb kürzester Zeit herrscht ein Seegang wie nach einem Sturm. Ein großer Trawler, der uns passiert, ist teilweise bis zum Schornstein in den Wellentälern verschwunden, bevor er wieder auftaucht. Ich kann mir gut vorstellen, wie es hier bei Weststurm und einer gegenläufigen Tide aussieht – es muß die Hölle sein. Da es bereits spät und die Tide fast am Kentern ist, beschließe ich, hinter einer Landzunge auf der Seite der Insel Chiloé zu ankern und erst am nächsten Morgen durch den Kanal von Chacao zu fahren. Wir segeln in die Inglés-Bucht und ankern unterhalb des Leuchtturms „Corona". Hier sind wir völlig geschützt. Die Dünung reicht nicht in die Bucht hinein, und obwohl wir den starken Gezeitenstrom merken, hält der Anker mühelos das Schiff auf Position. Über UKW sprechen wir mit der Leuchtturmbesatzung und teilen ihr unsere Ankunft mit. Das ist in chilenischen Gewässern Vorschrift. Jedes Schiff muß zweimal täglich Positionsmeldungen über Funk an irgendeine Küstenstation durchgeben. Es dient zum einen der Überwachung der Schiffsbewegungen, zum anderen aber der Sicherheit der einzelnen Schiffe. Südlich des vierzigsten Breitengrades weiß man so etwas zu schätzen. Wir erhalten einen aktuellen Wetterbericht von der Leuchtturmbesatzung, klären mit ihr den günstigsten Zeitpunkt für das Durchfahren des Kanals von Chacao und wünschen uns dann gegenseitig einen guten Abend.

Um sieben Uhr am nächsten Morgen lichten wir den Anker und passieren den Kanal mit dem Strom bei auflaufendem Wasser. Es wird eine rasante Passage. Bis zu 15 Knoten über Grund laufen wir, und ehe wir uns versehen, sind wir durch. Danach ist die See ruhig. Am späten Nachmittag erreichen wir den Hafen von Puerto Montt. Die Kunde über unsere Reise ist uns vorausgeeilt. Die Marine erwartet uns bereits und weist uns einen Liegeplatz neben dem Tender Morell zu. Wir liegen somit im „Päckchen" und sind der Sorge enthoben, uns um unsere Festmacherleinen zu kümmern. Bei dem Tidenhub von Puerto Montt, wo ganze Teile des Hafens trockenfallen, müssen ansonsten die Leinen stündlich gefiert bzw. durchgeholt werden. In der Gobernación Marítima werden wir freundlich empfangen, es gibt Duschen an Bord der Morell und die frohe Kunde, daß wir getrost an Land gehen können, die Marinesoldaten würden auf die Dagmar Aaen aufpassen. Der Kommandant des Tenders, Kapitän Reinecke, ist, wie der Name vermuten läßt, deutschstämmig. Er lacht sich tot über die Kombination „Reinecke-Fuchs". Wir besichtigen erst seinen Tender und dann unser Boot. Er ist auf dem chilenischen Segelschulschiff ESMERALDA gefahren und auf einer der Ausbildungsfahrten auch in Kiel gewesen. Schließlich gibt er uns wertvolle Informationen für unsere weitere Route, am liebsten würde er mit uns segeln.

Unweit unseres Liegeplatzes in Angelmo gibt es einen bekannten Fischmarkt. Ich bin vor einigen Jahren schon einmal in Puerto Montt gewesen, damals hatte ich unter anderem mit Freunden den Vulkan Osorno bestiegen, den wir auch heute in der klaren Luft deutlich sehen können. Der Fischmarkt hatte es uns damals angetan. In einem überdachten Marktviertel werden nicht nur alle erdenklichen Meeresfrüchte zum Kauf angeboten, bei fast jedem Stand kann man sich auch hinsetzen und für wenig Geld die größten Leckereien genießen. Ob es die chilenische Nationalspeise Curanto ist, eine Art Meeresfrüchteeintopf, ob es Seeigel, Centollas oder Algen sind – ich lasse nichts aus und probiere mich durch das gesamte Sortiment. Ich mag diese ungezwungen heitere Atmosphäre auf dem Markt, und die Leute haben aufrichtigen Spaß daran, zu beobachten, wie wir mit Genuß Berge von Fischen, Krebsen, Seeigeln und sonstigem Getier in uns hineinstopfen.

Die Stadt selbst hat sich seit meinem letzten Besuch enorm entwickelt, wie insgesamt der wirtschaftliche Aufbau in Chile zügig voranschreitet. In der Stadt gibt es jetzt modern eingerichtete Geschäfte, alles wirkt lebendig und aufstrebend. Vor einigen Jahren war das noch anders. Da machte Puerto Montt eher einen verschlafenen, wenngleich liebenswerten Eindruck auf mich. Im Zuge der Modernisierung sind auch sämtliche Frachtsegler verschwunden, die sich bei Ebbe trockenfallen ließen und dann mit Ochsenkarren be- oder entladen wurden. Heute tuckern Motorboote umher, die DAGMAR AAEN ist das einzige Segelboot im Hafen.

Wir werden vom deutschen Konsul empfangen und am nächsten Tag vom argentinischen, der seinerseits großes Interesse an unserer geplanten Expedition signalisiert. Zwischen Chile und Argentinien gibt es anhaltende Streitigkeiten über die Grenzziehung zwischen den beiden Ländern. Die Region, die wir aufsuchen möchten, berührt zumindest auch das argentinische Interessensgebiet, insofern ist die Kontaktaufnahme wohl zu verstehen. Die Unterredung verläuft in einer ausgesprochen freundschaftlichen Atmosphäre. Weitere Besprechungen mit dem Marinehauptquartier für diese Region finden statt, ferner ein Essen im örtlichen „Club Alemán" sowie ein Besuch und ein Vortrag in der Deutschen Schule.

Nachdem ich mehrere Telefonate nach Deutschland geführt habe, steht endlich fest, wo wir unseren Kameramann an Bord nehmen können. Wir haben einen Vertrag mit der „Sport-Aktiv"-Redaktion des Hessischen Rundfunks für eine sechsteilige Dokumentation über unsere Reise. Für die Dauer unseres Patagonienaufenthaltes wird ein professioneller Kameramann aus Hamburg zur Verstärkung eintreffen. Nur wo er zu uns stoßen soll, war bislang unklar, und da die Verkehrswege weiter im Süden immer problematischer werden, brennt mir die Beantwortung dieser Frage unter den Nägeln. Chacabuco lautet die Antwort und der Name des kleinen Hafens, den Frank Claussen noch mit einem Flugzeug erreichen kann. Dort sollen wir ihn in wenigen Tagen abholen. Ein Stein fällt mir vom Herzen. Günther Jüllich hat sich auch pünktlich eingestellt, so daß wir am 11. Oktober auslaufen können. Mit der MORELL haben wir regelmäßigen Funkkontakt vereinbart. Immer wieder spüren wir das aufrichtige Interesse der Marine an unserem Vorhaben. Unter Vollzeug verlassen wir Puerto Montt, das bei günstigem Wind schnell achteraus verschwindet.

Wir segeln fortan im geschützten Innenfahrwasser, wobei „geschützt" in dieser Gegend sehr relativ ist. Gemessen an den ungeheuren Seen, die an der offenen Pazifikküste bei schlechtem Wetter heranrollen, sind die Seegangsverhältnisse im Innenfahrwasser gemäßigt. Aber auch wirklich nur daran gemessen. Der Name „Roaring Forties" für die vierziger Breitengrade kommt nicht von ungefähr. Wenn auch das Innenfahrwasser vor den riesigen Sturmseen des Pazifiks geschützt ist, vor den Sturmwinden selbst gibt es kein Entkommen. Einen Vorgeschmack erhalten wir eindrucksvoll auf der Fahrt nach Chacabuco. Sie führt durch eine Fjord- und Schärenlandschaft, die nicht nur interessant und schön anzusehen ist – man wähnt sich auch in Sicherheit. Seit Verlassen Puerto Montts ist das Wetter beständig schlechter geworden. Das Barometer fällt erst zögerlich und dann plötzlich immer schneller. Bei zunehmendem Seegang und böigen Winden haben wir noch die Boca del Golfo überquert, die das südliche Ende der Insel Chiloé bildet und zugleich einen Zugang zur offenen See darstellt.

Wir segeln mittlerweile gerefft wieder unter Landabdeckung. Da der kleine Ort Chacabuco ziemlich tief im Inneren eines Fjordes liegt, wird das Fahrwasser immer enger, schließlich bergen wir die Segel und laufen unter Maschine weiter. Zwischen 16 und 18 Uhr fällt das Barometer um zehn Hektopascal. Erst glaube ich an einen Defekt des Barometers, doch das zweite Gerät, ein elektronischer Barograph, zeichnet die entsprechende Kurve. Wir machen uns auf einiges gefaßt, sind aber nicht beunruhigt. Sturm und schlechtes Wetter haben wir im Norden oft genug gehabt, wir sind darauf vorbereitet. Als wenn jemand eine Windmaschine angeworfen hat, die erst langsam auf Touren kommen muß, beginnt dann der Wind zu wehen. Um 16 Uhr sind es noch moderate 20 Knoten, um 18 Uhr bereits konstante 38 Knoten. Zwischendurch fegen von den Bergen Böen, sogenannte Williwaws, hinunter, die wie tanzende Derwische über den Fjord wirbeln. In solchen Böen messen wir 60 Knoten Wind – 11 Beaufort. Schlagartig wird es dunkel, die Umrisse der Berge und damit der Begrenzung des Fjordes sind nur noch auf dem Radar zu erkennen. Gelegentlich ein müdes, kaum erkennbares Feuer auf einer Schäre, ansonsten herrscht rabenschwarze Nacht.

Und die Windmaschine kommt weiterhin auf Touren. Der Wind weht inzwischen mit konstanten 45 Knoten. Der vom Sturm waagerecht gepeitschte Regen trifft uns wie Hagelkörner. Sintflutartige Regenfälle ergießen sich über uns, nehmen uns jede Sicht und fast den Atem. Durch die lange Anlaufstrecke im Fjord hat sich eine beachtliche achterliche See aufgebaut. Wir laufen vor Wind und See ab, und es entsteht auch keine Situation, die in irgendeiner Form bedrohlich ist. Aber diese entfesselten Naturgewalten wirken auf uns irgendwie unheimlich und elementar. Über Funk stehen wir mit dem Hafen von Chacabuco in Verbindung. Da wir ursprünglich nicht geplant hatten, den Hafen anzulaufen, habe ich wohl eine Karte des Fjordes, in dem sich der Ort befindet, nicht aber eine genaue Hafenkarte. Das rächt sich jetzt, denn anstatt einer bunten Lichterschar der Hafenanlage und des Ortes selbst, die uns eine Ansteuerung erheblich erleichtert hätte, trifft uns nur totale Finsternis. Der Sturm hat, wie man uns erst jetzt mitteilt, die Stromversorgung unterbrochen. Die gesamte Beleuchtung, einschließlich der Molenbefeuerung, ist ausgefallen. Derweil klettert der Windmesser auf über 60 Knoten. Die Luft ist weiß von Gischt und Regen, immer wieder holt das Schiff in den Böen weit über. Wir müssen uns gut festhalten, die Verständigung ist nur durch Schreien möglich. Das Brausen des Windes in der Takelage steigert sich zum dumpfen Dröhnen. Jetzt beginnt der schwierige Teil, die Ansteuerung in den Hafen. Die Möglichkeit, irgendwo anders Schutz zu suchen, besteht nicht. Wir müssen wohl oder übel das Manöver wagen. So schnell kann aus einer eigentlich harmlosen Revierfahrt eine ernsthafte Angelegenheit werden.

Während ich Till und Pablo ans Funkgerät stelle, übernimmt Sigga das Ruder. Ich stehe neben ihr und blicke durch einen Schlitz im Niedergang auf das Radarbild, das momentan meine einzige Orientierungshilfe ist. Der Sturm scheint gerade jetzt seine größte Heftigkeit zu entwickeln. Die Böen erreichen 70 und dann 75 Knoten. Die Seen sind so kurz, steil und hoch geworden, daß sie über die Schanz brechen. Wir nähern uns einer schwierigen Stelle im Fahrwasser, die sich zwischen den regennassen Felswänden wie ein schwarzes Loch abzeichnet. Und dann trifft es uns wie mit dem Hammer. Wer glaubt, daß es zwischen 70 und 80 Knoten Windgeschwindigkeit keinen wahrnehmbaren Unterschied gibt, wird eines besseren belehrt. Zwar ist es unmöglich, ohne Anzeigegerät die Windgeschwindigkeit zu schätzen, aber die Auswirkung einer solchen Steigerung ist enorm. Der Sturm tobt jetzt mit konstanten 70 bis 75 Knoten, in den in kurzen Abständen hereinbrechenden Böen messen wir 80, kurz darauf minutenlang sogar 90 Knoten. Die Wucht des Sturmes ist so groß, daß die schwere Dagmar Aaen weit überholt und dort für einige Momente liegen bleibt, bevor sie sich wieder aufrichtet. Wer an Deck ist, und das sind derzeit alle, muß sich mit aller Kraft festhalten.

In diesem Inferno aus Orkan, rabenschwarzer Nacht und peitschendem Regen fahren wir, von Wind und Seen viel zu schnell vorangetrieben, auf das dunkle Loch zu. Sigga, die unbeirrt und mit stoischer Ruhe meine Ruderkommandos ausführt, steht breitbeinig an Deck, die Speichen des Steuerrades fest umklammert. Wir schießen durch die Lücke in den Bergen, müssen ein paar Haken schlagen, dann laufen wir in den Hafen ein. Hier tobt der Sturm zwar weiter, aber der Seegang hat aufgehört. Trotzdem ist es auf dem Radarbild nahezu unmöglich, zwischen Schaumköpfen und Dauerregen Mooringtonnen auszumachen. Mit großen Scheinwerfern leuchten uns Fischer an, so daß wir vollends geblendet werden. Schließlich finden wir den uns zugewiesenen Liegeplatz in einem Labyrinth aus Bojen und verankerten Booten. Bei 60 Knoten Wind fahren wir ein heikles Anlegemanöver. Wir gehen bei einem Fischereischiff längsseits, helfende Hände nehmen unsere Festmacherleinen in Empfang – wir sind angekommen!

An Land erfahren wir von den Fischern, daß der Sturm weiter südlich noch schlimmer toben soll. Beruhigend zu wissen, daß wir demnach nur seine Ausläufer mitgemacht haben. Einige der jungen Leute an Bord, die sehnlichst ihren ersten Sturm erwartet haben, sind nach dieser Erfahrung ein wenig ernüchtert. Die Vorstellung, dieses Wetter auf offener See zu erwischen, mit den einhergehenden Seegangsverhältnissen, läßt auch den Abenteuerhungrigsten ein wenig nachdenklich werden. Günther und Pablo, die beide keine Seeleute sind, hat diese Ansteuerung spürbar beeindruckt. Kein Wunder. Auch uns steckt die Anspannung in den Gliedern, wie muß diese dunkle Sturmfahrt erst auf jemanden wirken, der zum ersten Mal auf einem Schiff steht. Die beiden haben eine gute Feuertaufe erlebt.

Der Sturm läßt im Laufe der Nacht langsam nach, am Morgen ist das Schlimmste vorbei. Bei Tageslicht sehe ich die vielen Bojen und Hindernisse, die uns in der Nacht so viel Kopfzerbrechen bereitet haben. Und wir wissen jetzt, was es mit den „Roaring Forties" auf sich hat.

Frank Clausen, unser Kameramann, kommt pünktlich am nächsten Tag in Coihaique, dem nächst größeren Ort, an. Till und Pablo sind zum Flughafen gefahren, um ihn dort zu treffen und ihm mit seiner Ausrüstung zu helfen. Als die drei schwerbeladen nachmittags auf der DAGMAR AAEN eintreffen, ist eine turbulente Bordparty in vollem Gang. Kai feiert heute sein zweijähriges Jubiläum an Bord. Ein vom langen Flug müder Frank steht inmitten einer Horde ausgelassener und angetrunkener Leute, die ihn aufs herzlichste willkommen heißen. Damit sind wir zwölf Personen auf dem

Schiff. Mit der zusätzlichen Kameraausrüstung ist es unglaublich eng geworden. Der Stimmung tut es hingegen keinen Abbruch. Kai, der Held des Tages, spielt auf seiner Mundharmonika, Till singt und spielt dazu auf der Gitarre, und wir anderen fallen mehr schlecht als recht, dafür aber laut, in den Gesang mit ein. Die Fischer nebenan schmunzeln still vergnügt über uns. Für so etwas hat man in Chile immer Verständnis.

Nachdem wir unseren Rausch ausgeschlafen haben, wird es wieder ernst. Chacabuco ist für lange Zeit der letzte Hafen, in dem wir Lebensmittel kaufen können. Und auch wenn das Angebot begrenzt ist, finden wir im benachbarten Puerto Aisen alles, was wir benötigen. Ich führe ein letztes Telefongespräch mit Brigitte in Deutschland. Für rund zwei Monate wird es keine Möglichkeit mehr dazu geben. Wir füllen nochmals die Dieseltanks auf, machen Ölwechsel bei der Hauptmaschine und dem Generator. Von jetzt an werden wir kaum zum Segeln kommen. Die Windverhältnisse in den streckenweise engen Kanälen wechseln ständig. Unter Segeln wäre es eine endlose Reise. Listen mit Ersatzteilen werden durchgegangen. Glühbirnen überprüft, Werkzeuge auf Vollständigkeit gecheckt.

Der Dagmar Aaen und ihrer Besatzung wird in den nächsten Wochen eine wichtige Rolle zufallen. Sie ist nicht nur Transportmittel, sondern gleichzeitig Basislager, Funkstation, Rettungszentrale, Vermessungsschiff und Koordinationszentrum für alle Aktivitäten zu Wasser wie zu Lande. Eine komplexe Aufgabe, die besonders auf den Schultern eines Mannes ruht, Martin Friederichs. Martin wird das Schiff führen, während ich zusammen mit Till und Roger im Patagonischen Inlandeis unterwegs sein werde. Ich hätte keinen besseren Mann für diese Aufgabe finden können, soviel ist mir längst klar geworden. Gemeinsam nutzen Martin und ich die Zeit, um ihn in alle technischen Einrichtungen des Schiffes einzuweisen. Die Maschinenanlage der Dagmar Aaen ist kein kleiner Flautenschieber, der mittels Knopfdruck gestartet wird, sondern ein gediegener Langsamläufer, der mit Preßluft angelassen wird und der über immense Kraftreserven verfügt. Die Zuverlässigkeit dieses Motors ist schon legendär. Entworfen für den rauhen Einsatz in der Fischerei, muß er höchste Belastungen aushalten – genau das, was wir für Fahrten im Eis benötigen. Er hat uns noch nie im Stich gelassen, und seine bullige Kraft hat uns mehr als einmal aus dem verhängnisvollen Griff der Packeisfelder des Nordpolarmeeres befreit. Aber man muß natürlich wissen, wie mit ihm umzugehen ist. Martin erhält eine sorgfältige Einweisung. Kai kennt das Schiff und seine Technik ohnehin bestens, Morgan hat sich mit großem Fachwissen immer wieder der Elektrik angenommen. Sollte etwas ausfallen, würde Martin nicht allein dastehen. Wir sind gut vorbereitet, als wir am 16. Oktober von Chacabuco auslaufen. Es ist der Beginn eines neuen Abenteuers.

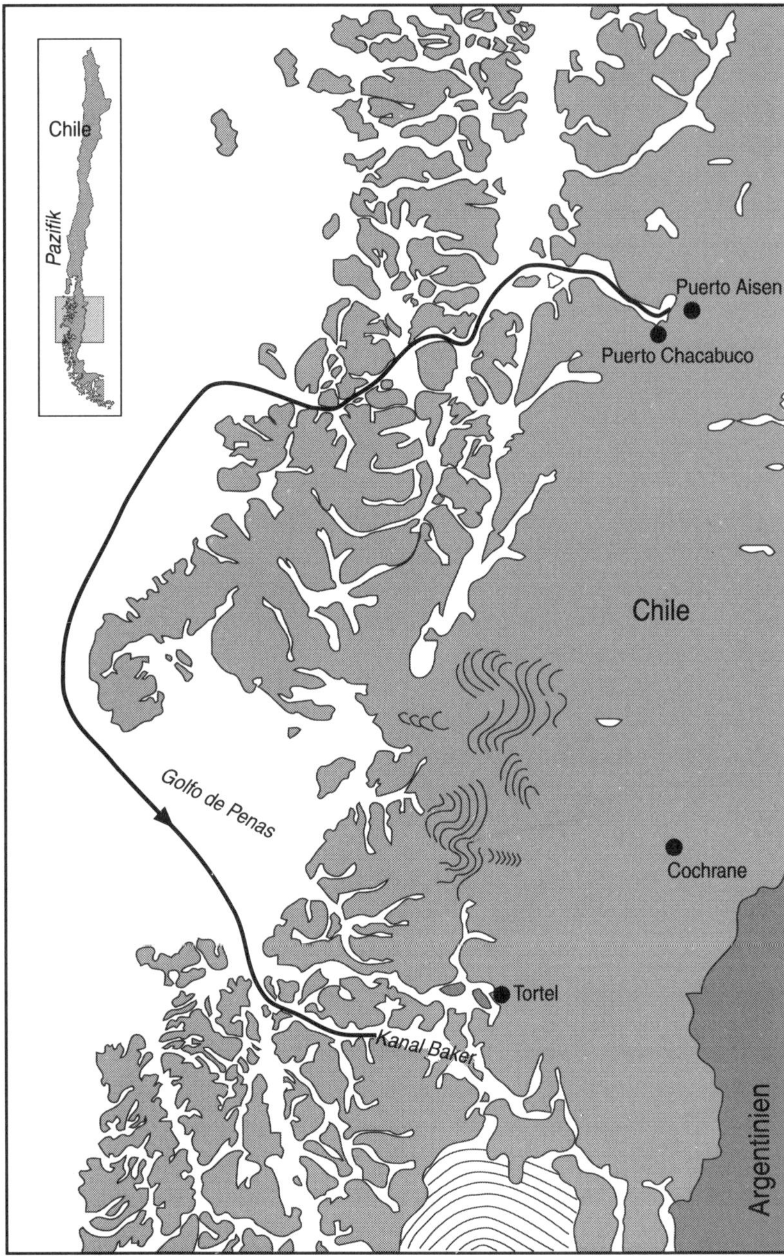
Chile
Pazifik
Puerto Aisen
Puerto Chacabuco
Chile
Golfo de Penas
Cochrane
Tortel
Kanal Baker
Argentinien

Der Jorge Montt-Gletscher

Dort, wo Patagonien am einsamsten und unzugänglichsten ist, wo die Stürme an Heftigkeit kaum zu überbieten sind, liegt hinter undurchdringlichen Wolkenbänken – eingebettet in die Küstenkordilleren – ein langes, schmales Eisfeld, das „Hielo Patagónico Sur“, das „Südliche Patagonische Inlandeis“. Die über Tausende von Meilen mit Feuchtigkeit gesättigten Weststürme prallen auf die chilenischen Küstengebirge. Die Stürme suchen sich mit entfesselter Gewalt einen Weg durch die zerklüfteten Gipfel und Schluchten und entledigen sich dabei ihrer Feuchtigkeit in Form von gewaltigen Regen- und Schneefällen. Orkane toben in kurzen Abständen mit einer Brutalität, daß einem Hören und Sehen vergeht. Wolkenfetzen, dichtes Schneetreiben und Nebelbänke nehmen zudem jede Sicht. Die Schneefälle werfen riesige Verwehungen auf, bilden sich zu Firn und Eis – eben dem Patagonischen Inlandeis, das sich auf rund 400 Kilometern den anstürmenden Unwettern entgegenstemmt. Um sich der ungeheuren Schnee- und Eismassen zu entledigen, schieben sich zu beiden Seiten des Eisfeldes gewaltige Gletscher zu Tale. Zerrissen, von Spalten und Eisfällen durchwuchert, wird der Zugang über sie zum eigentlichen Hochplateau zur Gratwanderung. Da das Inlandeis nur wenige Kilometer breit ist, ziehen sich die Spaltensysteme der unterschiedlichen Gletscher quer über das Eisfeld und verzahnen sich mit denen anderer Gletschersysteme. Mit Spalten muß man daher ständig rechnen, ganz gleich, wo man sich befindet. Dabei darf man sich das Inlandeis keineswegs als eine Hochebene vorstellen. Es ist durchzogen von Pässen, Senken, vom Sturm blankgefegten Ebenen, Absätzen und Steilabfällen.

Bis zum heutigen Tage ist es niemandem gelungen, das Inlandeis in seiner ganzen Nord-Süd-Ausdehnung zu durchqueren. Selbst die meisten Versuche, es in West-Ost-Richtung zu queren, sind gescheitert. Die wenigen, die es geschafft haben, sprechen mit ehrfurchtsvoller Stimme von den Schwierigkeiten.

„Land of tempest", das „Land der Unwetter", nannte der englische Bergsteiger Eric Shipton diesen Landstrich und charakterisierte das vorherrschende Wetter damit durchaus treffend. Shipton mußte es wissen. Als einer der ersten gelang ihm 1961 eine Teildurchquerung dieser wilden Bergregion. Shipton war kein Mann, der zu Übertreibungen neigte. Er gehörte jener Gruppe von Bergsteigern an, die in den dreißiger Jahren zahlreiche Expeditionen im Himalaya durchgeführt hatte und dabei bemerkenswerte Erfolge verzeichnen konnte. Damals war allein die Anreise zu den Achttausendern des Himalaya und Karakorum eine Expedition. Die eigentlichen Bergbesteigungen der damaligen Zeit können gar nicht hoch genug bewertet werden. Shipton hat mehrere Expeditionen nach Patagonien und Feuerland unternommen, ihn fesselte diese Region mindestens genauso wie die Himalayariesen.

Einer seiner Himalaya-Mitstreiter, ebenfalls ein Engländer, war H. W. Tilman. Tilman hatte 1956 eine West-Ost-Durchquerung des Inlandeises durchgeführt. Die Distanz betrug Luftlinie nur vierzig Kilometer. Für den Hin- und Rückweg brauchten er und seine Begleiter dennoch sechs Wochen. Es ist dieser Tilman gewesen, der mich vor vielen Jahren auf das Patagonische Inlandeis aufmerksam gemacht hat. Und das gleich in zweierlei Hinsicht. Tilman, eigentlich ein Bergsteiger, hatte nach dem Krieg seine Vorliebe fürs Segeln entdeckt. Es war wohl weniger das Segeln als Selbstzweck etwa im Sinne einer Regatta, das ihn interessierte, sondern vielmehr die Kombination zwischen zwei Natursportarten, dem Segeln und dem Bergsteigen; die Bewältigung der Ozeane mit einem Segelschiff, um dann in fernen Ländern Berge zu besteigen. Tilman formulierte es so: *„Da ist etwas Gemeinsames zwischen der Kunst des Segelns und der des Kletterns. Jede beschäftigt sich intensiv mit den Elementen, die von Zeit zu Zeit alles von dem, der diese Künste betreibt, fordern, was er an Eigenständigkeit, Vorsicht und Ausdauer zu bieten hat. Die See und die Berge bieten Herausforderungen an denjenigen, der sie sucht. Und* *in der Bereitschaft, diese auf sich zu nehmen und so gut zu meistern, wie er vermag, liegt des Seglers oder Kletterers Belohnung. Ein entscheidender Unterschied liegt vielleicht darin, daß der Bergsteiger seine Herausforderung selbst bestimmt, während der Seemann, einmal auf hoher See, keinen Einfluß auf die Gegebenheiten und Konsequenzen hat und deshalb öfter das gesunde und demütige Gefühl der Angst verspürt.*"

Tilman hatte 1954 einen damals bereits 48 Jahre alten Lotsenkutter erworben. MISCHIEF hieß das Boot, das den Bristol Channel Pilot Cuttern zuzuordnen war, die berühmt waren wegen ihrer Seetüchtigkeit auch bei schwerstem Wetter. MISCHIEF war etwa 16 Meter lang, 4,30 Meter breit und hatte eine Verdrängung von 55 Tonnen. Mit diesem Schiff und späteren Nachfolgern unternahm Tilman Expeditionen, die ihn über den gesamten Erdball führten, bis hin zu den entlegenen antarktischen Inseln. 1977 blieb er schließlich auf See; im Alter von 80 Jahren ereilte ihn und seine Mannschaft an Bord des Segelschiffes EN AVANT irgendwo vor den Falklandinseln das Schicksal. Keiner hat jemals etwas von dem Schiff oder der Besatzung gefunden. „They sleep upon the pathways of the sea", wie ein ehemaliges Crewmitglied von Tilman später formulierte.

Tilman hat mich durch seine Art zu reisen inspiriert. Jahrelang hatte ich nach einem ähnlichen Lotsenkutter gesucht und keinen gefunden, der noch in einem einigermaßen vertretbaren Zustand war. Allzu viele hatte es davon nie gegeben, und von den wenigen hatte Tilman allein drei verbraucht. Die DAGMAR AAEN hat viel Ähnlichkeit mit einem Bristol Channel Pilot Cutter. Sie ist jedoch größer, schwerer, wohl auch stabiler und bestimmt genauso seetüchtig. Dafür ist sie vermutlich bei leichten Winden nicht so schnell. Sei's drum. Die DAGMAR AAEN hat längst ihre Qualitäten bewiesen und ist in Gegenden vorgestoßen, wo selbst der unerschrockene Tilman nicht gewagt hätte, seine MISCHIEF hinzuschicken. Tilman – auch das soll nicht verschwiegen werden – war vermutlich kein einfacher Mensch. Seine Schiffe waren, gelinde gesagt, spartanisch ausgestattet, und sein Verständnis von elementaren Sicherheitseinrichtungen deckte sich in den wenigsten Fällen mit denen seiner ständig wechselnden Crews. Der Begriff Komfort war ihm fremd, und eine tiefgreifende Verachtung für alle technischen Einrichtungen machten das Leben an Bord sicher nicht einfach. Aber Tilman hielt es mit Joseph Conrads altem Seemann Singleton: „Boats are all right, it's the men on them“.

Jetzt sind wir mit unserem Schiff selbst vor Ort. Wie nur wenige andere Landschaften verbindet Patagonien die Disziplinen Bergsteigen und Seefahrt nahtlos. Man verläßt das Schiff und steht am Fuße eines Berges. Wir haben uns vorgenommen, das Patagonische Inlandeis von Norden nach Süden zu durchqueren. Dabei wollen wir auf Ski laufen, jeder einen Pulkaschlitten hinter sich herziehend, wie wir es bereits bei der Nordpol- und Südpol-Expedition gemacht haben. Auf diesen Pulkaschlitten befindet sich die gesamte Ausrüstung, einschließlich Proviant für vierzig Tage. Bei früheren Reisen nach Patagonien konnte ich hier und da einen Blick auf das Inlandeis werfen. An einem der seltenen wolkenfreien Tage hatte ich das Glück, mit dem Flugzeug von Punta Arenas im Süden nach Santiago zu fliegen. Die Flugroute führte uns direkt über das Inlandeis. Damals bekam ich sozusagen aus der Vogelperspektive und zudem aus sehr großer Höhe einen ersten Eindruck. Das Panorama war einfach atemberaubend. Wie Raupen zogen sich zu beiden Seiten des Eisfeldes die Gletscher in die tiefer gelegenen Täler. Namenlose, völlig in Eis gekapselte Berge ragten aus dem Inlandeis heraus, dazwischen immer wieder enge Einschnitte, Senken und Fjorde. Mir wurde schnell klar, daß man für eine Durchquerung gleiche Maßstäbe würde anlegen müssen wie bei einer Polarexpedition. Und tatsächlich gilt das Patagonische Inlandeis als das größte zusammenhängende Eisfeld außerhalb der Polarregionen.

Eine Grönlanddurchquerung, mag sie auch länger sein, ist im Vergleich dazu einfach. Entsprechend hatten wir die Ausrüstung zusammengestellt. Wegen der zu erwartenden starken Stürme hatten wir die Firma Jack Wolfskin gebeten, spezielle Zelte für uns zu bauen, da uns die handelsüblichen nicht stabil genug erschienen. Till, der sich wie kein zweiter in der gesamten Ausrüstungsszene auskennt, übernahm die Zusammenstellung der Ausrüstung. Telefonisch sprachen wir uns gelegentlich ab und bildeten dabei eine gute Symbiose. Während ich hinsichtlich der Ausrüstung eher ein wenig konservativ bin, experimentiert Till gern mit neuesten Materialien herum. Da viele neue Dinge wirklich besser sind, ließ ich mich von Till überzeugen, und so scheint mir auch rückblickend die Zusammenstellung des Equipments optimal gewesen zu sein.

Da hatten es Shipton und Co. damals schon schwieriger. Ihre Ausrüstung war schwer und unhandlich. Die Zelte bestanden aus schwerem Leinen, das bei dem ständigen Regen Feuchtigkeit und damit zusätzliches Gewicht akkumulierte. Unsere Schlafsäcke sind ebenfalls Spezialanfertigungen von Jack Wolfskin, die auch den höchsten Anforderungen gerecht wurden. Die Pulkaschlitten wurden in derselben Form „gebacken", in der ich damals meinen Nordpolschlitten und im selben Jahr die Antarktisschlitten hatte bauen lassen. Sie bestehen aus Kevlar und Kohlefaser, sind extrem leicht und dabei nahezu unverwüstlich, was sich bei einem späteren Zwischenfall als großes Glück erweisen wird. Die Polarausrüstung war, wie gesagt, in Valparaíso an Bord gekommen, und da das Inlandeis Versäumnisse oder fehlerhafte Ausrüstung unnachgiebig ahnden würde, war es mir sehr wichtig, sie vor ihrem Einsatz einer genauen Prüfung zu unterziehen. Jetzt lagert alles wasserdicht verpackt entweder an Deck oder in Schränken und unter den Kojen versteckt.

Alles muß seefest verstaut sein, wie das Einlaufen von Chacabuco gezeigt hat. Zudem müssen wir, um an das Inlandeis heranzukommen, nochmals das schützende Innenfahrwasser verlassen und den Golfo de Penas überqueren. Eigentlich sollte das bei gutem Wetter kein Problem sein. Das chilenische Seehandbuch und auch die Marine haben uns aber eindringlichst vor dieser etwa 50 Seemeilen breiten Bucht gewarnt. Als uns in Chacabuco die Fischer andeuteten, daß weiter unten im Süden der Sturm noch viel heftiger getobt hätte, meinten sie keine andere Region als eben jenen Golfo de Penas, die Kummerbucht. Im Norden ist der Golf durch das Kap Tres Montes begrenzt, im Süden durch den Kanal de Messier, der sozusagen die Fortführung des Innenfahrwassers einleitet. Aber die Einfahrt zum Kanal liegt auf Legerwall, und da zu den meist stürmischen Verhältnissen auch noch starke Gezeitenströme kommen, darf man sich auf einiges gefaßt machen. Der Golfo de Penas, darin sind sich die chilenischen Seeleute, Lotsen, Fischer und die Marine einig, zählt zu den unangenehmsten Seestrecken an der ganzen Westküste. Kapitän Reinecke hatte mir in Puerto Montt auf der Seekarte Schutzhäfen eingezeichnet, in denen wir gegebenenfalls auf eine Wetterbesserung warten können. Darunter darf man sich hier keineswegs einen Hafen vorstellen, sondern die Chilenen bezeichnen mit „Puerto“ – „Hafen“ – Buchten, die im Notfall – und oftmals wirklich nur dann – als Ankerplatz geeignet sind. Das Problem des Golfes liegt darin, daß sich das Wetter schlagartig innerhalb weniger Stunden verändert. Die Buchten entlang der Küste tragen Namen, hinter denen sich manch tragische Geschichte verbirgt. „Puerto Refugio“ etwa, oder die „Bahía Anna Pink“. In den „Puerto Refugio“, übersetzt Zufluchtsbucht, hatte sich im 18. Jahrhundert ein englisches Kriegsschiff verirrt. Die Mannschaft, von Stürmen und Skorbut geschwächt und von dem übrigen Geschwader getrennt, suchte verzweifelt nach einem schützenden Platz. Kurz bevor sie auf die Klippen geworfen wurden, fanden sie eine solche Bucht.

Mißtrauisch habe ich die Wetterkarte, die wir zweimal täglich über unseren Wetterkartenschreiber erhalten, studiert. Aber es scheint alles ruhig zu sein. Wir nutzen die Gunst der Stunde und passieren in Sichtweite das Kap Raper mit dem daraufstehenden Leuchtturm. Über Funk melden wir uns bei der Leuchtturmbesatzung, geben unsere Position, Kurs und Geschwindigkeit durch. Dort bestätigt man unsere Wetteranalyse und meldet uns bei dem Leuchtturm San Pedro am Eingang zum Kanal de Messier an. Die Leuchttürme in Chile sind meistens noch alle besetzt. Als Seefahrer empfinde ich das als sehr angenehm, da man von der meist sehr redseligen und freundlichen Leuchtturmbesatzung wertvolle Informationen erhält. Das Dasein auf diesen entlegenen und exponierten „Faros“, wie die Leuchttürme genannt werden, ist gewiß eine Erfahrung der besonderen Art. Auf den „Islas Evangelistas“, einer kleinen und extrem exponierten Inselgruppe am Westeingang zur Magellanstraße, befindet sich der Leuchtturm rund 70 Meter über der Meeresoberfläche. Trotzdem ist er bei Sturm in Gischt gehüllt, und die Wucht der Sturmböen soll angeblich das gesamte Bauwerk erschüttern.

Die Versorgung dieser Leuchttürme kann zu einem schwierigen und gefährlichen Unternehmen werden. Die chilenische Marine ist dafür zuständig. Wie mir Kapitän Reinecke erzählte, hat es einmal vierzig Tage gedauert, bevor das Versorgungsschiff endlich an die

„Evangelistas Gruppe“ herankommen konnte. Solange mußte das Schiff wegen des anhaltenden Sturmes im Schutz einer kleinen Inselgruppe auf Wetterbesserung warten. Heute heißen diese Inseln „Grupo Cuarenta Días“ – die „Vierzig Tage Gruppe“.

Wir kommen ungeschoren über den Golfo de Penas. Aber als ich die Küstenlinie mit ihren Klippen, Inseln, Fjorden und Einbuchtungen vor mir liegen sehe, kann ich mir schon vorstellen, was es für ein Gefühl sein mag, bei Sturm und schlechter Sicht auf eine solche Küste zuzusteuern. Es ist der Alptraum eines jeden Seemannes. Auch jetzt ist der Himmel wolkenverhangen und dunkel. Die ganze Stimmung hat etwas Unheilvolles und Drohendes, wir sind froh, als wir den Leuchtturm San Pedro in Sichtweite haben, denn zwischenzeitlich ist eine neue Wetterkarte per Fax eingetroffen, und die sieht nun alles andere als freundlich aus. Wir hatten eben Glück. Die Leuchtturmbesatzung ist wie üblich neugierig und genießt die Möglichkeit zu einem kleinen Plausch. Till, der sich auch gern unterhält, redet wohl eine Stunde mit ihnen auf UKW. Das Gespräch gipfelt darin, daß Tills Gesprächspartner gern wissen möchte, woher wir denn nun genau kommen – aus der Bundesrepublik oder aus der Deutschen Demokratischen Republik. Tills Redefluß kommt einen Moment ins Stocken, aber dann klärt er den Leuchtturmwärter freundlich darüber auf, daß das doch jetzt alles eins sei. Sie leben eben einsam, die Leuchtturmwärter.

Der Kanal de Messier schützt uns vor dem aufziehenden Unwetter. Eine Warmfront zieht mit Regen durch, wir bemerken es nur am Rande, denn mittlerweile steigt die Spannung an Bord. Jetzt, da wir den Kanal de Messier verlassen und östlich in den Kanal Baker einfahren, nähern wir uns auch der nördlichen Begrenzung des Inlandeises. Für die Nacht suche ich auf der Seekarte nach einem Unterschlupf. Die „Cueri Cueri-Bucht“ scheint mir für diesen Zweck ideal. Laut Seehandbuch ist die Bucht nach allen Seiten und gegen alle Winde gut geschützt, darüber hinaus gibt es guten Ankergrund. Was wollen wir mehr! Eigentlich handelt es sich weniger um eine Bucht als um einen engen Einschnitt in den Felswänden, einen kleinen Fjord. Einmal drinnen, ist es still und wunderschön: steile, von Regen und Sturm glattpolierte Felsen, dazwischen knochige Bäume, die sich trotzig auf irgendwelchen Absätzen halten,

Wasserfälle, die aus den Wolken zu fallen scheinen. Wir fragen uns, was der indianische Name „Cueri Cueri“ bedeuten mag. Wir glauben, die Antwort darauf nachts zu finden. Bei Mondschein fängt das Wasser um die ruhig um ihren Anker schwojende DAGMAR AAEN plötzlich an zu brodeln und zu kochen. Tausende von Sardinen haben sich in die Bucht begeben, was sage ich, es müssen Hunderttausende sein. Wir werfen eine Pütz neben die Bordwand ins Wasser und ziehen sie voller Fische wieder heraus. Es zappelt und spritzt wie verrückt um uns herum. Wir reservieren uns zwei volle Eimer, dann sehen wir gebannt dem Schauspiel zu. Ob sie hierher zum Laichen kommen, oder ob sich ein Schwarm verirrt hat – wir wissen es nicht. Aber wahrscheinlich ist es immer so gewesen, daß die Fische diese Bucht aufsuchen, und bestimmt hat der Name der Bucht etwas mit den Fischen zu tun – denken wir uns jedenfalls.

Am nächsten Morgen verlassen wir nach einem üppigen Frühstück mit gebratenen Sardinen die gastliche Bucht und fahren weiter in den Kanal Baker ein. Es hält jetzt keinen mehr unter Deck, obwohl ein schneidender Wind weht. Der Himmel hat sich aufgeklart, und der stürmische Wind im Rücken stört uns nicht. Gebannt verfolgen wir jede Felswand, jeden Einschnitt in dieser Gebirgslandschaft. Hinter jeder Ecke erwarten wir, ein gleißendes Eisfeld auftauchen zu sehen. Am 19. Oktober um 14 Uhr laufen wir endlich in die „Jorge Montt-Bucht“ ein. Noch immer können wir das Eisfeld nicht sehen, Wolken nehmen uns jede Sicht. Dafür treiben uns die ersten Eisschollen entgegen. Die DAGMAR AAEN ist in ihrem Element, polternd und rumpelnd stößt sie mit dem stahlbewehrten Steven kleinere Brocken beiseite; es ist ein Gefühl, als ob man nach Hause kommt. Ich weiß es einmal mehr, ich würde die Tropen jedes Mal aufs neue und ohne mit der Wimper zu zucken gegen diese Landstriche eintauschen. Es rührt etwas in mir an, das ich gar nicht erklären kann. Ich fühle mich wie neu geboren.

Die Seekarte endet hier, zumindest sind keine Tiefenangaben mehr verzeichnet. Außerdem gibt einem ein Blick in die Runde die Gewißheit, daß Karte und Landschaft nicht übereinstimmen. Dort wo eigentlich eine Gletscherzunge in den Fjord reichen soll, ist jetzt freies Wasser. Die Gletscher des Patagonischen Inlandeises sind vielerorts stark rückläufig. Wir vergleichen alte Aufnahmen aus den

Sechzigern, damals sah es hier noch ganz anders aus. Ständig beobachten wir unsere beiden Echolote. Das eine davon ist ein neues, vorausschauendes, ich habe kein großes Zutrauen zu diesem Gerät. Wir tasten uns immer weiter in die Bucht hinein, denn im Moment haben wir noch keine Vorstellung, wo wir anlanden können, geschweige denn, wo der beste Aufstieg zum Plateau zu finden ist. Schließlich finden wir an der Nordseite der Bucht eine kleine Insel, die uns gegen den Eisgang schützt. Dorthin fahren wir und lassen den Anker auf dreizehn Meter Wassertiefe fallen. Der Ankerplatz ist nur für heute sicher, soviel ist klar. Eine Änderung der Windrichtung würde uns das gesamte Treibeis bringen. Aber da wir ohnehin ständig eine Ankerwache an Deck haben, können wir jederzeit eventuelle Gefahren rechtzeitig erkennen.

Wir lassen das Dingi zu Wasser und machen uns auf eine erste Erkundungsfahrt. Weiter an den Gletscher heranzufahren mit unserem Basislager, der Dagmar Aaen, traue ich mich nicht, höchstens kurzfristig, um auszuladen. Vorerst müssen wir aber eine mögliche Aufstiegsroute auskundschaften. Pablo ist jetzt in seinem Element. Innerhalb weniger Stunden hat er die Bucht ausgekundschaftet und glaubt auch, einen Zustieg zum Gletscher gefunden zu haben. Günthers Informationen nach muß der Aufstieg auf der südlichen Seite verlaufen. Ich widerspreche, bin mir nicht sicher, ob dort eine einfachere Route zu finden ist. Noch während wir an Bord angeregt darüber debattieren, bekommen wir Besuch. Am Strand steht ein junger Mann, mit ihm ein Hund. Wir hatten davon gehört, daß es in diesen abgelegenen Gegenden Chiles Siedler gibt, sogenannte „Pobladores“, die völlig autonom meist von Viehzucht leben. Wir holen den jungen Mann mit dem Schlauchboot ab, und wenig später ist er in einer angeregten Unterhaltung mit Pablo und Günther verstrickt. Günther hat recht gehabt. Der Aufstieg zum Inlandeis verläuft tatsächlich auf der anderen Uferseite. An der nördlichen Seite könne man zwar den Gletscher erreichen, aber er sei derart zerrissen, daß ein Fortkommen unmöglich sei. Der junge Mann scheint sich auszukennen. Ich biete ihm an, uns gegen Bezahlung am nächsten Tag die Route zu zeigen. Das würde uns eine Menge Zeit sparen. Er fordert 200 Dollar, ich biete ihm 100, das muß für ihn ein Vermögen sein. Er willigt auch sofort ein.

Am nächsten Morgen lichten wir den Anker und fahren um eine Landzunge herum, wo seine Hütte steht. Wir holen ihn mit dem Beiboot ab und fahren dann in das inzwischen sehr dicht gewordene Eis hinein. Für Martin, der auf seiner Grönlandreise mit der PETER VON DANZIG das Eis gemieden hat wie der Teufel das Weihwasser, ist es eine ganz neue Erfahrung. Vorsichtig zwar, aber doch beständig fahrend, suchen wir mit der DAGMAR AAEN einen Weg durch die Eisfelder. Wir versuchen, so dicht wie möglich an die von unserem Lotsen angepeilte Landestelle heranzukommen, da das Eis mittlerweile so dicht ist, daß wir Mühe haben werden, mit dem Schlauchboot hindurchzufahren. Zum Glück ist es heute fast windstill, so daß das Eis mehr oder weniger stillsteht. Dafür regnet es in Strömen. Die Wolken hängen so tief, daß wir gerade mal den unteren Teil der Bergmassive sehen können. Der Rest und damit auch das Inlandeis ist irgendwo in dieser grauen, trüben Suppe verborgen. Aber wer aufbricht, um in Patagonien etwas zu erreichen, tut gut daran, das Wetter nach Möglichkeit zu ignorieren. Regen zumindest, und sei er auch noch so schwer, ist kein Grund, im Zelt zu sitzen und auf eine Wetterbesserung zu warten. Das Wetter kann mit großer Wahrscheinlichkeit nur noch schlechter werden.

Eingerahmt von kleinen Eisbergen und schmutzig grauen Schollen stoppen wir und lassen die DAGMAR AAEN einfach treiben. Schnell ist das Beiboot zu Wasser gelassen, und nur mit leichtem Gepäck versehen fährt die erste Gruppe los, um einen geeigneten Landeplatz zu finden. Währenddessen beginnt Kai damit, eine Persenning über das Mittschiff zu spannen und sein Werkzeug auszupacken. Kai ist Bootsbauer von Beruf und hinsichtlich Holz- und Kunststoffverarbeitung von uns allen mit Abstand der Beste. Ich habe ihn gebeten, unsere Tourenski für die Durchquerung mit Fellen zu präparieren. Normalerweise verwendet man für Tourenski selbstklebende Steigfelle, die man nach Bedarf an- oder ablegen kann. Wir brauchen Fellstreifen aus synthetischem Plüsch, die fest in den Ski mit Epoxy eingeklebt werden, da sie durch das Ziehen der Schlitten anders nicht halten würden. Mit einer Fräse arbeitet Kai im Mittelteil der Ski in der Breite der Felle Material aus den Ski heraus. In die so entstandene Vertiefung klebt er auf eine Länge von etwa 60 Zentimetern die Felle ein. Das Fräsen dauert lange, er muß höllisch aufpassen, daß er dabei die Ski nicht beschädigt. Trotz strömenden Regens arbeitet Kai mit stoischer Ruhe. Die mit Fellen versehenen Ski stellt er zum Trocknen in den Maschinenraum. Drei Paar Ski muß er auf diese Art präparieren, er ist von morgens bis abends damit beschäftigt. Derweil packen Roger, Till und ich unsere Ausrüstung zusammen. Zunächst beginnt jeder damit, seine persönliche Ausrüstung zu sortieren und in Packsäcken zu verstauen. Danach geht es an die gemeinsamen Dinge wie Kochutensilien, Zelt, Schaufeln, Schneesäge, Funkgerät usw.

Thomas ist damit beschäftigt, uns die täglichen Müsliportionen abzuwiegen und in Tagesrationen für jeweils drei Personen abzupacken. Vierzig solcher Packungen zu je 300 Gramm haben wir eingeplant, das heißt, daß jeder von uns 100 Gramm Müsli zum Frühstück erhält. Zusätzlich haben wir für den Aufstieg zum Inlandeis einige Sonderrationen zur Verfügung, so daß wir von unseren eigentlichen Vorräten erst nach Erreichen des Eises zehren müssen. Zum Mittag oder für zwischendurch hat jeder einige „Power Bars“ zur Verfügung, das sind sehr wohlschmeckende Energieriegel. Außerdem gibt es pro Person einen Haselmarkriegel. Die unterschiedlichen Riegel werden gleich durchgezählt und verteilt. So hat jeder seine gebündelte Energiefracht auf seinem Schlitten. Das gleiche gilt für die „BP5“-Kekse. BP5 ist als Seenotproviant streng nach ernährungswissenschaftlichen Kriterien entwickelt worden. Sie sind sehr nahrhaft, enthalten tatsächlich alles, was der Körper benötigt und schmecken darüber hinaus gut. Jeder von uns hat eine Packung dieser Kekse entsprechend 500 Gramm pro Tag zur Verfügung. Wann und wie er sie ißt, bleibt jedem selbst überlassen. Zum Abendessen, der täglich wichtigsten Mahlzeit, gibt es gefriergetrocknete „Trekkingmahlzeiten“, die in Tüten zu je 150 Gramm abgefüllt sind. Diese Menge muß für uns drei je Abend reichen. Angereichert wird die Mahlzeit mit der gleichen Menge Pemmikan, einer altbewährten Spezialnahrung, die ich schon seit vielen Jahren auf Expeditionen verwende. Ergänzend gibt es Lebertranpillen, Vitamine und Mineraltabletten sowie Tee und Instantkaffee. Gekocht wird auf einem MSR-XGK-Kocher mit gereinigtem Benzin. Ein Liter Benzin muß uns für drei Tage reichen. In der Praxis kommen wir mit der Ration Brennstoff fast immer vier Tage aus.

Der Brennwert der Nahrung ergibt pro Kopf und Tag etwa 4200 kcal. Das ist bei der zu erwartenden harten körperlichen Arbeit ausreichend – viel mehr aber auch nicht. Wenn der Appetit der Maßstab wäre, würde man bestimmt noch 1000 kcal drauflegen müssen. Aber schließlich müssen wir jedes einzelne Gramm auch bewegen. Je schwerer der Schlitten, desto mühsamer die Arbeit und langsamer das Vorankommen. Es ist ein Teufelskreis, in dem man sich befindet. Die Nutzlast der Schlitten entscheidet letztlich über die Reichweite. Aber je mehr Nutzlast man zu bewegen hat, desto langsamer und hungriger wird man, und schließlich ist man bei weitem nicht so effektiv wie derjenige, der mit leichterem Gepäck unterwegs ist. Wie oft habe ich in den vergangenen Jahren zu Hause am Schreibtisch gesessen und gerechnet.

Besonders bei der Nordpol-Expedition war es schwierig. Damals mußte ich pro Kopf und Tag über 6000 kcal rechnen. Und das war noch knapp bemessen, bei Temperaturen bis –58° Celsius. Jedes Gramm, jeder Tropfen Brennstoff wurde damals immer wieder neu gewogen und berechnet. Der Verbrauch bzw. die Effektivität der Kocher wurde genau ermittelt. Der Geschmack der Nahrung fand überhaupt keine Berücksichtigung, einzig die Nährwerte waren von Belang. Am Ende hatten wir vom ernährungstechnischen Standpunkt gesehen sicherlich eine optimale Lösung gefunden. Aber es schmeckte erbärmlich. Trotzdem haben wir im Schnitt während der 57 Tage, die die Expedition dauerte, jeder zwischen sechs bis elf Kilogramm Gewicht verloren. Bei der im gleichen Jahr stattfindenden Antarktis-Durchquerung hatte ich den Nahrungsplan auf etwas über 4500 kcal berechnet. Die Durchquerung fand im antarktischen Sommer statt, und wir mußten daher nicht mit so grimmiger Kälte rechnen wie am Nordpol. Zusätzlich ist das Gelände in der Antarktis erheblich leichter zu bewältigen als das des zugefrorenen Nordpolarmeers. Das zeigt auch schon die Relation Zeit zu Distanz. Am Nordpol haben wir für 766 Kilometer Luftlinie 57 Tage gebraucht. Tatsächlich läuft man vermutlich die doppelte Distanz. Für die Südpoldurchquerung haben wir für etwa 2800 Kilometer 92 Tage benötigt. Dagegen muten die rund 400 Kilometer des Patagonischen Inlandeises geradezu wie ein Spaziergang an. Daß sie das nicht sind, ist jedem von uns klar. Aus diesem Grund haben wir 40 Tage für die

Tour geplant, und damit bleibt uns nicht viel zeitlicher Spielraum. Aber mehr Zeit haben wir eben nicht.

Das Deck der DAGMAR AAEN gleicht zeitweilig einer Baustelle, zeitweilig einer Ausstellung für Outdoor-Equipment. Mühsam versuchen wir, Ordnung in die Berge von Ausrüstung und Proviant zu bringen. Nach einigen Stunden – es regnet noch immer in Strömen – kehrt die Landgruppe zurück. Sie bringen keine gute Nachricht. Pablo ist von einem regennassen Stein abgerutscht und hat sich dabei den Fußknöchel ernsthaft verletzt. Erst befürchten wir einen Bänderriß, aber Pablo als Arzt diagnostiziert wenig später, daß er „nur" eine Bänderdehnung und einen dicken Bluterguß habe. Na großartig! Wir sind gerade einen Tag hier, und schon gibt es den ersten Verletzten, und dann auch noch ausgerechnet Pablo, der die zweite Gruppe führen soll. Bis sie losziehen ist es aber noch eine Weile hin, dennoch ist das ein sehr ernster Zwischenfall. Pablo taucht in unsere Bordapotheke ab und behandelt seinen Fuß, so gut es geht, mit Salben, Medikamenten und Eis – an letzterem haben wir keinen Mangel. Nach dem ersten Schreck erstatten die vier Bericht: Eine gute Landestelle haben sie unweit der Position des Schiffes gefunden. Die Landebucht ist durch eine etwa hundert Meter breite Landbrücke von einem See getrennt, der wiederum laut Aussage unseres Führers mit dem Schlauchboot überquert werden muß. Am anderen Ende des Sees beginnt dann der eigentliche Aufstieg. Dort wollen wir unser Basislager einrichten.

Doch vorerst müssen wir unsere jetztige Position verlassen. Es ist bereits spät, und der Transport des Schlauchbootes samt Außenborder über die bergige und schlüpfrige Landbrücke ist eine größere Unternehmung. Wir vertagen es auf morgen. Unter Maschine laufen wir langsam aus den Eisfeldern heraus und legen uns, ohne zu ankern, zwischen Festland und der Insel Faro. Da es nach wie vor windstill ist – wir können es kaum glauben –, scheint uns diese Position am geeignetsten zu sein. Falls Eisfelder kommen, brauchen wir keinen Anker zu hieven, sondern können umgehend verholen. Im Eis ist Mobilität gefragt; die Wachen werden genau über unsere Abdrift wachen und auf das Eis achten. Unseren Führer, dessen Engagement nur auf einen Tag befristet war, setzen wir mit dem Schlauchboot vor seinem Haus ab. Allzuviel hat er uns nicht nützen können, aber immerhin haben wir durch seine Hilfe die Landestelle gefunden. Unter Deck treffe ich auf einen besorgten Frank, der vor seinen beiden BETACAM-Kameras sitzt. Die ständige Feuchtigkeit macht seiner Ausrüstung zu schaffen. Unermüdlich war Frank mit Plastikhüllen und Regenschirmen bewaffnet an Land unterwegs, um all unsere Bewegungen im Bild festzuhalten. Es ist harte Arbeit, die er leistet, und ich bewundere seine Zielstrebigkeit und Ruhe, mit der er sie macht.

Am nächsten Morgen liegen wir nahezu unverändert auf der gleichen Position. Es war eine ruhige Nacht. Nach einem herzhaften Frühstück – mir graut schon vor dem täglichen Müslikonsum – fahren wir wieder zurück zur Landestelle. Dieses Mal wird es ernst. Die Landgruppe schleppt mühsam Beiboot, Motor und erste Ausrüstungsteile an den See. Auch Martin ist jetzt mit an Land gegangen. Jeder hat somit die Möglichkeit, die Landschaft kennenzulernen, und jede helfende Hand ist zudem höchst willkommen. Am See wird das erste Zelt aufgebaut und ein Depot eingerichtet. Danach fährt die erste Gruppe auf die andere Seite des Sees und sucht dort einen Platz, um das Basislager aufzubauen. An diesem Tag gelingt es bereits, einen großen Teil der Ausrüstung an Land zu bringen.

Jörg bleibt die Nacht in einem der Zelte und baut die Antenne für unser Kurzwellen-Funkgerät auf, um es auszuprobieren. Das Funkgerät ist klein und handlich und verfügt über zwei festbequarzte Frequenzen, die wir mit der chilenischen Marine abgestimmt haben. Ich habe diese Art von Funkgerät viele Male bei Polarexpeditionen eingesetzt. Sie haben sich stets durch große Robustheit, Zuverlässigkeit und geringen Stromverbrauch ausgezeichnet. Ich habe zwei dieser Geräte kommen lassen, eines für uns und eines für Pablo und Sigga. An Bord der DAGMAR AAEN haben wir ohnehin ein leistungsstarkes 200 Watt-Gerät, so daß alle drei Gruppen Kontakt untereinander halten können. Jeden Tag werden wir versuchen, uns morgens und abends über Funk bei dem Schiff zu melden, um unsere Position durchzugehen. Die DAGMAR AAEN hat das Rufzeichen DIXX. Unser Funkgerät hat in Absprache mit den Chilenen das Rufzeichen DIXX Mobile II, das von Pablos Gruppe DIXX Mobile I erhalten. Obwohl die Funkgeräte nur 10 Watt Leistung haben, kommen wir fast immer durch. Klar und deutlich hören wir

Jörg bei uns an Bord, das bordeigene Funkgerät hat ohnehin keine Probleme, zu ihm durchzukommen.

Abends folgt wieder der mühsame Rücktransport des Beibootes sowie des Außenborders über die Landbrücke zum Fjord. Das Beiboot wiegt leer bestimmt hundertfünfzig Kilogramm. Es ist ein unfallträchtiges, schlüpfriges Unterfangen. Schmutzig, naß bis auf die Knochen und ausgehungert kehrt die Gruppe an Bord zurück. Nach einem ausgiebigen Abendessen setze ich mich mit Pablo, Sigga und Günther zusammen. Die drei bilden ein Team, wobei wir vereinbaren, daß Pablo der Leiter der Gruppe ist. Sie werden mit dem Schiff weiter nach Süden fahren, um an der Schlüsselstelle des Inlandeises ein Lager aufzubauen und von dort aufzusteigen. Vorerst müssen wir uns abstimmen. Zuständigkeiten werden verbindlich festgelegt. Gemeinsam studieren wir ein letztes Mal die Luftbildaufnahmen, die Pablo vom geographischen Institut erhalten hat. Sie stammen aus den fünfziger Jahren, seither hat sich viel verändert auf dem Inlandeis. Von einem befreundeten Piloten hat Pablo Aufnahmen neueren Datums bekommen. Diese Fotos zeigen die Schwierigkeiten in ihrem vollen Umfang. Dabei scheint auf den Bildern eine strahlende Sonne von einem azurblauen Himmel. Der Pilot hatte Glück und einen der wenigen sonnigen Tage erwischt.

Wir vereinbaren einen Treffpunkt auf dem Inlandeis. Günther, der in akribischer Feinarbeit aus Skizzen, Fotos und anderen Informationsquellen Karten gezeichnet bzw. ergänzt hat, erläutert nochmals seine Gedanken. Wir sitzen bis spät abends, dann werden die unterschiedlichen Karten- und Fotosätze an die beiden Gruppen aufgeteilt. Martin, der von jetzt an das Kommando über die DAGMAR AAEN übernehmen wird, muß natürlich genauso über jeden einzelnen Schritt informiert sein wie unsere Gruppe und die von Pablo. Dabei ist Martin Seemann, aber kein Bergsteiger oder Polarwanderer. Ihm fällt es naturgemäß schwerer, sich die Problematik vorzustellen. Aber Martin kann sich erstaunlich schnell in diese ihm fremde Materie eindenken.

Nachdem wir diese letzte Nacht an Bord wieder außerhalb des Eises verbracht haben, fahren wir am Morgen des 22. Oktober erneut zur Landestelle. Das Beiboot fährt ein paarmal vollbeladen an den Strand, bevor es zurückkommt, um mich abzuholen. Till und

Roger sind bereits seit gestern an Land. Ein letztes Mal denke ich angestrengt nach, ob wir irgendetwas vergessen haben, ob es noch etwas mit Martin zu besprechen gibt. Mir fällt nichts mehr ein. Um 11.30 Uhr mache ich die vorerst letzte Logbucheintragung, indem ich offiziell die Schiffsleitung an Martin übergebe. Anschließend sende ich über Kurzwelle ein Telex an Elke und Brigitte nach Bad Bramstedt und teile ihnen mit, daß wir heute aufbrechen. Danach verabschieden wir uns von Martin, Kai, Pablo und Günther, die an Bord bleiben. Die anderen sind bereits an Land, um uns dort mit dem Ausrüstungstransport zu helfen.

Was ist das für ein Gefühl, in dieser entlegenen Gegend sein Schiff und damit die vertraute Umgebung zu verlassen? Einerseits ist da die großartige Spannung und ein wenig bange Vorfreude auf das, was kommt. Auf der anderen Seite auch ein wenig die Sorge, ob alle drei Gruppen ohne Unfall wieder zusammentreffen werden. Die Spannung ist für mich fast körperlich spürbar, obwohl ich schon so viele Expeditionen gemacht habe. Sie ist jedesmal wieder da und gehört irgendwie auch dazu. Das ständige Sich-Hinterfragen ist ein Garant zum Überleben in einer lebensfeindlichen Umgebung. Ich habe zu jedem einzelnen aus der Gruppe vollstes Vertrauen. Ich weiß, daß jeder sein Äußerstes geben wird, nicht nur um alles sicher abzuwickeln, sondern auch um das ehrgeizige Projekt erfolgreich zum Abschluß zu bringen. Diese Expedition ist ganz anders als alles, was ich zuvor gemacht habe. Sie ist komplexer in jeder Hinsicht. Ich bin nicht nur für mich und meine Gruppe verantwortlich, sondern zusätzlich noch für zwei weitere Gruppen, einschließlich des Schiffes. Ich bin mir dieser Verantwortung bewußt, aber sie drückt mich nicht. Es ist nur ein völlig anderes Gefühl als das früherer Skiexpeditionen.

Der Transport des Dingis über die Landbrücke zum See läßt uns einen Vorgeschmack auf das erhalten, was uns in den nächsten Tagen erwartet: Lasten bergauf schleppen. Der See liegt absolut ruhig in die Berglandschaft eingebettet. Das Motorengeräusch wirkt unerhört deplaziert in dieser wilden, stillen Landschaft. Für die Strekke, für die wir zu Fuß vermutlich einen Tag gebraucht hätten, benötigen wir jetzt etwa zwanzig Minuten. Dann erreichen wir das andere Ende des Sees. Die Zelte stechen wie bunte Farbtupfer hervor, ein Bach sprudelt klares Quellwasser in den See: ein Platz, auf dem man bleiben möchte. Aber Zeit zum Verweilen haben wir nicht. Lasten werden zusammengestellt, warten darauf, transportiert zu werden. Thomas hat bereits gestern zusammen mit Till ein Zwischenlager in etwa 400 Höhenmetern eingerichtet. Das mag nicht sehr hoch erscheinen, aber man muß bedenken, daß alle Aktivitäten vom Meter Null aus, also auf Meereshöhe beginnen. Zu diesem Lager wollen wir jetzt weitere Ausrüstungsteile tragen.

Während ich einen schweren Rucksack schultere, fällt mir ein, daß wir von der langen Seereise eigentlich für derartige Projekte völlig untrainiert sind. Wohl haben wir an Bord Kniebeugen, Gymnastik und Liegestütze gemacht, aber zum Joggen gab es keine Möglichkeiten, außer in Valparaíso und den anderen Häfen. Wir werden uns halt langsam an die Arbeit heranführen müssen. So und nicht anders ist es den historischen Expeditionen auch ergangen. Und wenn man eine Grundkondition hat, gewöhnt sich der Körper relativ schnell an die Anforderungen. Wir haben jedenfalls weniger Anpassungsschwierigkeiten als ursprünglich erwartet.

Knöcheltief versinke ich mit meinem schweren Rucksack in dem weichen, morastigen Untergrund. Langsam finde ich meinen Laufrhythmus, folge einem langsam ansteigenden Höhenrücken, der bereits von Thomas mit Steinen markiert worden ist. Ich atme tief durch, die Luft schmeckt würzig und riecht nach Bäumen, nassem Gras und Kräutern. Es ist Frühling in diesen Breiten. Erste Blätter sprießen an den Bäumen, während weiter oben noch alles kahl und braun aussieht. Ich steige langsam weiter und höre, wie unten der Außenborder angelassen wird und jemand losfährt, um weitere Ausrüstung zu holen. Es klappt alles unheimlich gut. Da ist keiner, der groß herumräsoniert und alles besser weiß. Keiner, der brüllt oder dirigiert. Keiner, der sich vor irgendwelchen Arbeiten drückt. Jeder weiß, was er zu machen hat, und gibt sein Äußerstes. In diesem Moment bin ich richtig stolz auf meine Mannschaft!

Der Aufstieg

Das Laufen mit den schweren Lasten ist ungewohnt und strengt an. Vermeintlich fester Boden erweist sich immer wieder als glitschigschlüpfriger Untergrund, auf dem die Bergstiefel wie auf Schmierseife ins Rutschen kommen. Zweige, an denen man sich festzuhalten versucht, sind voller Dornen, dazu regnet es wie aus Eimern. Nach einem steilen Anstieg erreiche ich das erste Zwischenlager. Um das Zelt herum liegt verstreut Ausrüstung. Wasserdichte Säcke scheinen von innen genauso naß zu sein wie von außen. Sie sind nicht etwa defekt, es ist die Luftfeuchtigkeit, die sich beim Öffnen und Schließen in die Verpackungen einschleicht und dort langsam aber sicher die Ausrüstung durchfeuchtet. Regentümpel entstehen um das Zelt, wir spannen eine zusätzliche Plane; die beruhigt aber mehr unser Gewissen, als daß sie hilft, die Ausrüstung trocken zu halten. Kurzum, es ist ungemütlich, naß und kalt. Im Zelt ist es nicht viel besser, da durch das ständige Rein- und Rausgehen mit regennasser Kleidung auch hier mittlerweile alles feucht ist.

Wir verteilen uns auf das Basislager und auf das Zwischenlager für die Nacht. Ich bleibe im Zwischenlager, da ich so schnell wie möglich weiter nach oben möchte, um den weiteren Aufstieg zum Inlandeis auszukundschaften. Der Kocher bringt Wärme, ein wenig Trockenheit und vor allen Dingen heißen Tee, der die Lebensgeister wieder weckt. Wir diskutieren die möglichen Aufstiegsrouten. Das Gelände ist nicht schwierig im technischen Sinne. Es gibt keine Steilhänge oder Kletterpassagen. Nein, es ist alles zu laufen, nur eben mit den bereits erwähnten Widrigkeiten. Hinzu kommt, daß die niedrige Wolkendecke eine Orientierung erschwert. Da es keine gesicherten Informationen gibt, an welcher Stelle der beste Übergang zum Inlandeis zu finden ist, müssen wir die verschiedenen Routen auskundschaften, möglichst schnell, damit wir keine unnötigen Wege mit der schweren Ausrüstung gehen. Die Nacht ist so, wie der Tag aufgehört hat – regnerisch und kühl. Thomas' Schlafsack ist pitschnaß, trotzdem murrt er nicht und bleibt unerschütterlich in seiner guten Laune. Irgendwie schlafen wir doch alle recht gut und sind ausgeruht, als es Tag wird.

Das Wetter ist unverändert, nur daß sich zum Regen auch noch große nasse Schneeflocken gesellt haben. Egal. Shipton und seine Mannschaft hatten es bestimmt nicht einfacher, trösten wir uns. Trotz des schlechten Wetters kommen die Transporte gut voran. Während ein Teil der Gruppe die Lasten vom Basislager ins Zwischenlager trägt, beginnen wir damit, selbige weiter nach „oben“ zu verlagern. Es geht buchstäblich über Stock und Stein, an Seen und Bächen vorbei, über Höhenrücken und durch Moraste. Hat mich gestern der Regen und die Feuchtigkeit noch gestört, heute habe ich sie akzeptiert, und es gelingt mir, sie zu ignorieren. Es ist mir jetzt egal, daß es regnet. Der Regen gehört zur Landschaft wie die Berge und die Seen. Auf diese Weise befreit von irgendwelchen mürrischen Überlegungen finde ich trotz des anstrengenden Laufens einen Blick für die wilde Schönheit der Berglandschaft.

Der Winter ist vollends eingekehrt. Unser Zwischenlager muß genau am Übergang zwischen Schnee und Regen liegen. Nur wenige Meter höher, und der Schnee bleibt liegen. Wenn ich eine Pause mache, um auszuruhen, setze ich mich auf einen Felsblock, so daß ich den schweren Rucksack abfangen kann, ohne ihn extra absetzen zu müssen. Ich blicke zurück in das Tal, durch das ich gekommen bin. Wie dahingesprenkelt liegen die Eisfelder tief unten verteilt im Fjord. Dazwischen ein dunkler Klecks – die DAGMAR AAEN. Fast mutet es unwirklich an, diesen Hort der Wärme und Sicherheit dort unten liegen zu sehen. Zumindest empfinde ich derzeit für das Schiff so. Dort unten bullert der ständig brennende Dieselherd, auf dem wie immer auch jetzt ein Kessel mit heißem Wasser stehen wird. Die Wärme und Trockenheit, jeder Winkel ist so vertraut, und trotzdem – so verlockend der Gedanke ist, jetzt an Bord zu sein, so sehr zieht es mich mit aller Macht weiter. Gelegentlich treffen wir uns auf unserem Trampelpfad. Der eine kommt mit leerem Rucksack beschwingt und locker bergab, ein anderer müht sich unter seiner Last bergauf. Wie die Ameisen, schießt es mir durch den Kopf, nur daß wir nicht so viele sind. Danach ist wieder jeder für sich allein, und um ehrlich zu sein, genieße ich jetzt diesen Zustand sehr. Das Leben an Bord und besonders im Zelt ist eng. Privatsphäre gibt es kaum, auch nicht die Gelegenheit, sich aus dem Weg zu gehen, einmal „Auslauf" zu finden. Den habe ich jetzt, und ich genieße dieses ungewohnte Gefühl mit vollen Zügen. Ich kann rufen, ohne daß mich jemand erstaunt anblickt. Ich kann, wenn ich will, Selbstgespräche führen oder ein Lied singen – wenn mir dazu genügend Luft bliebe. So bleibe ich zwar still und stapfe weiter vor mich hin, bin aber zufrieden mit mir und meiner Welt.

Das Hochlager, wie wir unser nächstes Camp nennen, liegt auf etwa 800 Metern. Entfernungsmäßig ist es mindestens doppelt so weit zu gehen wie vom Basislager zum Zwischenlager. Der Platz, den wir auswählen, liegt auf einem kleinen Plateau, das durch Sträucher und angrenzende Hügel gut geschützt ist. Ein Tümpel liefert das nötige Frischwasser, und zum Tal hin haben wir freien Ausblick. Mit Ski treten wir den Schnee fest und bauen dann unser Zelt auf. Es ist noch trocken verpackt, überhaupt scheint die Luftfeuchtigkeit in der Höhe drastisch zurückgegangen zu sein. Während wir zu viert in dem Lager bleiben, Sigga, Roger, Till und ich, verteilen sich die anderen auf die verbleibenden Lager.

Ich baue die Funkantenne auf und melde mich zum vereinbarten Funktermin bei Martin: „Delta India Xray Xray von Delta India Xray Xray Mobile Two". Sofort meldet sich Martin mit ruhiger, sonorer Stimme. Die Verbindung ist ausgezeichnet, aber schließlich ist das Schiff von unserer Position aus als winzig kleiner Punkt auch noch sichtbar. „Pablos Fuß geht es besser", berichtet Martin, nachdem ich ihm unsere genaue GPS-Position durchgegeben und meinen Bericht über den Tagesablauf beendet habe. „An Bord ist alles ruhig, wir sind gespannt, wie und wann ihr den Übergang zum Gletscher findet." Die Wetterkarte, die Martin erhalten hat, läßt auf Wetterbesserung hoffen. Ein Hochdruckkeil schiebt sich über unsere Region, und tatsächlich beginnt der Luftdruck zu steigen. Danach beenden wir das Gespräch, da wir unsere Batterien schonen wollen.

Dieser Abend im Zelt hat schon eine ganz andere Qualität. Zwar ist es immer noch eng mit vier Personen, und zu allem Überfluß schneidet sich Roger mit seinem neuen Taschenmesser fast den Daumen ab, aber – davon einmal abgesehen – es ist richtig gemütlich. Nachdem wir Rogers Daumen fest bandagiert und die Blutspuren im Zelt beseitigt haben, löffeln wir tassenweise heiße Instantbrühe. Dieser leicht salzige Geschmack und die Wärme, die dabei den ganzen Körper durchläuft, läßt uns wohlig grunzen. Selig strekken wir danach, so gut es geht, alle Viere von uns, fühlen uns im Einklang mit uns selbst, der Welt im allgemeinen, dem lieben Gott und überhaupt – es könnte uns nicht besser gehen.

Das Hochdruckgebiet läßt auf sich warten. Erwartungsvoll zieht Till, noch im Schlafsack liegend, am nächsten Morgen den Reißverschluß vom Zelteingang auf, um unmittelbar darauf in prustendes Gelächter auszubrechen. Das ist Tills Art, uns mitzuteilen, daß schlechtes Wetter herrscht. Es herrscht dichter Nebel. Oder sind es einfach nur die Wolken, die uns jede Sicht nehmen? Egal, es kommt eh' aufs Gleiche 'raus. Während die anderen drei wieder absteigen, um die letzten Ausrüstungsgegenstände hochzutragen, will ich mich auf Ski auf die Suche nach der weiteren Route machen. Von hier aus geht es nur noch mit Schlitten bzw. Ski weiter. Wir verlassen alle vier zur gleichen Zeit das Lager. Zügig steige ich einen Hang hoch, um von dort zu versuchen, mich zu orientieren. Die Meinungen über die weitere Route zum Gletscher gehen auseinander. Till meint, wir müßten weiter über die Bergrücken gehen und von dort aus irgendwo auf den Gletscher absteigen. Sollte es so sein, würde es enorm viel Zeit in Anspruch nehmen und harte Arbeit bedeuten.

Trotz der schlechten Sicht kann ich die Umrisse der Bergrücken sehen und kann erahnen, was es bedeuten würde, die Ausrüstung dort hinüberzuwuchten. Aber schlimmer noch, was ist, wenn der Übergang zum Eis steil abfällt? Ich denke, wir müssen eine Route finden, die die Höhe in etwa hält und sich an den Hang schmiegt, der den Gletscher begrenzt. Um Gewißheit zu haben, gehe ich erst Tills Theorie nach. Ich laufe von einem Höhenrücken zum anderen, ohne daß sich irgendwo eine Route zum Gletscher abzeichnet. Immer höher steige ich, und immer unwahrscheinlicher erscheint es mir, hier einen Durchschlupf zu finden. Gelegentlich reißt die Wolkendecke auf und gibt die Sicht frei. Weitere Bergrücken liegen zwischen mir und dem Gletscher. Nachdem ich zügig bis mittags gelaufen bin, verwerfe ich diese Route. Wie auch immer der Zugang zum Gletscher geartet sein mag, hier ist er mit Sicherheit nicht zu finden. Die Abfahrt habe ich mir angenehmer vorgestellt. Der nasse, tiefe Schnee bringt mich immer wieder zu Fall. Das ist zwar nicht schlimm und verletzt höchstens meine Eitelkeit, gestaltet die Umkehr aber umständlicher als erwartet.

Kurz oberhalb unseres Lagers schlage ich einen anderen Weg ein, der sich jetzt an dem Berghang orientiert. Hier geht es relativ zügig voran. Als ich eine Weile gelaufen bin, reißt plötzlich die Wolkendecke auf, und der Gletscher liegt wie auf einem Präsentierteller unter mir. Der Anblick ist atemberaubend. So gut es geht, präge ich mir die Geländeformen ein. Ich kann von hier aus erkennen, daß diese Route irgendwo zum Gletscher führen muß, größere Geländeschwierigkeiten scheinen nicht mehr zu bestehen. Der Gletscher selbst ist in seinem Unterlauf total zerrissen. In Gedanken segne ich die glückliche Fügung, die uns den chilenischen Siedler gebracht hat. Wären wir Pablos und meiner Idee am Anfang gefolgt, hätten wir uns vermutlich heillos in diesem Spaltenlabyrinth verfangen. Wertvolle Zeit wäre dadurch verloren gegangen.

Der Ausblick haut mich fast um. Überall tauchen plötzlich eisige Berggipfel auf, die aussehen, als hätte jemand Puderzucker darüber gestäubt. Zu meiner Linken liegt der Lago Plomo. Ich vermute, daß dieser See erst vor kurzer Zeit entstanden ist und vorher von dem Gletscherarm ausgefüllt war. Die Gletscher sind in dieser Region alle stark rückläufig. Ein Foto in Eric Shiptons Buch zeigt ihn auf dem Jorge Montt-Gletscher. Man sieht im Hintergrund unseren See, den wir mit dem Schlauchboot überquert haben. In dem See schwimmen auf der Fotografie große Eisbrocken, wie sie nur von Gletschern abbrechen können.

Zufrieden mit dem, was ich gesehen habe, drehe ich um und laufe zurück zum Camp. Dort angelangt sehe ich, daß bereits eine weitere Ladung Ausrüstung hochgetragen worden ist. Wenig später höre ich, wie erneut Leute den steilen Pfad hochkommen. Schwer bepackt sind sie. Auf den berstend vollen Rucksäcken thronen die

Pulkaschlitten, es muß tierisch anstrengend zu gehen sein. Ein müder und kaputter Frank kommt ebenfalls beladen den Weg hoch. Seine Kamera konnte er wegen der anhaltenden Feuchtigkeit nicht hochtragen, dafür bringt er Proviant. Mit meiner High-8-Kamera dreht er unser Camp sowie einige persönliche Statements. Dann, nach einigen Tassen heißer Brühe, macht er sich wieder an den Abstieg. Als letzter kommt Till heraufgestapft. Wie üblich, hat er sich mit Abstand die schwerste Last aufgebürdet. Aber auch Sigga schleppt Gewichte auf dem Rücken, die jedem Sherpa zur Ehre gereicht hätten. Damit ist es geschafft. Wir haben tatsächlich die gesamte Ausrüstung im Hochlager. Im Basis- und Zwischenlager sitzt derweil müde, naß und abgekämpft der Rest der Gruppe. Sie haben Großartiges geleistet. Morgen werden sie die Lager abbauen und mit dem Schlauchboot zum Schiff zurückfahren. Von hier aus müssen wir allein weiter. Aber das läßt sich jetzt auch gut bewerkstelligen. Die Route, die ich gefunden habe, scheint bis auf den nassen, tiefen Schnee einfach. Wir verabschieden uns von Frank, Morgan und Sigga, die gleich wieder absteigen. Dann sind wir allein. Es ist der 24. Oktober.

Am nächsten Morgen endlich das ersehnte schöne Wetter: strahlend blauer Himmel und Windstille! Über Funk höre ich, daß die Dagmar Aaen auf dem Weg zur Landestelle ist, um die Landgruppe wieder aufzunehmen. Alles scheint wie am Schnürchen zu klappen. Sofort nach dem Frühstück breiten wir unsere gesamte Ausrüstung über Büsche und Sträucher, um sie zu trocknen. Einen besseren Zeitpunkt für gutes Wetter könnte es gar nicht geben. Jeder widmet sich dann seinem Schlitten und seiner Ausrüstung. Zuggeschirre werden montiert, BP5-Pakete, Müslitüten und Trekkingmahlzeiten zwischen Brennstofflaschen, Pemmikan und Power Bars auf den Boden der Pulkas gelegt. Die schweren Teile nach unten, die leichteren nach oben. So sehr wir uns auch bemühen, gut zu stauen, es bleibt einfach viel! Jeder der Schlitten wiegt vollbeladen um die 90 Kilogramm. Das ist viel, wenn man bedenkt, daß wir dieses Gewicht bergauf und durch teilweise nassen und klebrigen Schnee ziehen müssen. Für heute entschließen wir uns, zu dritt mit einem Schlitten loszuziehen, dann umzukehren und morgen mit dem Rest nachzukommen. Während einer vorausgeht und spurt, zieht der zweite den

Schlitten, und der dritte schiebt von hinten nach. Trotzdem geht es unendlich langsam. Die Sonne brennt unerbittlich vom Himmel. Wir laufen fast nur in unserer langen Unterwäsche, und trotzdem ist uns warm.

Die Route, die ich gestern eingeschlagen habe, erweist sich als der richtige Weg. Und doch ist es weit. Längst haben wir den Gletscher in Reichweite, aber entweder ist der Übergang nicht richtig, oder aber das Eis ist zu zerklüftet für die Schlitten. Nach einigen Stunden schließlich erreichen wir eine Stelle, an der wir leicht auf den Gletscher überwechseln können. Wir errichten hier ein Depot, erkunden noch ein Stück die weitere Route und machen uns dann auf den Rückweg. Obwohl wir alle drei einen Sonnenbrand bekommen haben, sind wir für das gute Wetter dankbar. Über Funk teilt uns Martin mit, daß das schöne Wetter offenbar auch für die nächsten Tage Bestand hat – sein Wort in Petrus' Ohren! Die anderen haben das Schiff wieder gut erreicht und sind, wie Martin uns mitteilt, gerade dabei, die Essensvorräte zu plündern. Sie haben neben schmutziger Wäsche einen gesegneten Appetit mit an Bord gebracht.

Am nächsten Morgen tatsächlich das gleiche gute Wetter. Jetzt kennen wir den Weg, und es gibt eine gut eingelaufene Spur. Trotzdem müssen wir an einigen Stellen zu dritt jeden Schlitten einzeln hochziehen, da das Gelände zu steil ist oder aber die Sonne den Schnee so weich werden ließ, daß wir bis zur Hüfte einsinken. Als wir unser Depot erreichen, sind wir schweißgebadet. Wir bauen unser Zelt auf und sortieren dann, jeder für sich, erneut die Schlittenlasten. Jeder entwickelt dabei sein eigenes Packsystem. Zusätzlich achten wir darauf, daß wichtige Teile auf unterschiedliche Schlitten verteilt werden. Wenn der eine das Funkgerät nimmt, hat der andere das GPS und der dritte die Karten. So schaffen wir gewisse Sicherheiten für den Fall, daß einer der Schlitten verlorengeht.

Ich habe Martin gebeten, solange auf Position zu bleiben, bis wir sicher sind, einen Zugang zum Gletscher gefunden zu haben und darüber hinaus die gesamte Ausrüstung vollständig zum Gletscherrand gebracht haben. Das ist nun der Fall. Uns wird erst jetzt richtig bewußt, wie isoliert wir sind, wenn das Schiff einmal fort ist. Selbst wenn wir hier wieder absteigen sollten, kämen wir niemals ohne

Boot fort. Die DAGMAR AAEN ist unsere Basis und das Funkgerät unsere Nabelschnur, durch die wir mit ihr verbunden sind. Nachdem wir nochmals alles überprüft haben, sind wir sicher, daß wir das Schiff entlassen können. Über Funk spreche ich mit Martin, der uns mitteilt, daß sie am nächsten Tag zu der Siedlung Caleta Tortell wollen, um Benzin für den Außenborder zu kaufen. Wir haben vereinbart, zweimal täglich um 7 Uhr und um 18 Uhr zu funken. Da wir nicht immer damit rechnen können, daß der Funkkontakt zustande kommt, heißt „kein Kontakt" noch lange nicht, daß irgendetwas im Argen liegt. Bislang klappt der Kontakt ausgezeichnet.

Wir richten uns für die letzte Nacht auf festem Boden ein. Das Wetter bleibt schön und sonnig, fast sind die Regentage schon vergessen. Neben unserem Lagerplatz hören wir den Gletscher knakken, Geräusche, die uns von nun an begleiten werden. Bevor ich mich schlafen lege, schreibe ich mein Tagebuch: Heute ist der 26. Oktober. Von der Anlandung in der Jorge Montt-Bucht bis zum Rand des Gletschers einschließlich des Ausrüstungstransportes haben wir fünf Tage gebraucht. Wir können zufrieden sein. Ab Morgen beginnt die Durchquerung des Hielo Patagónico Sur.

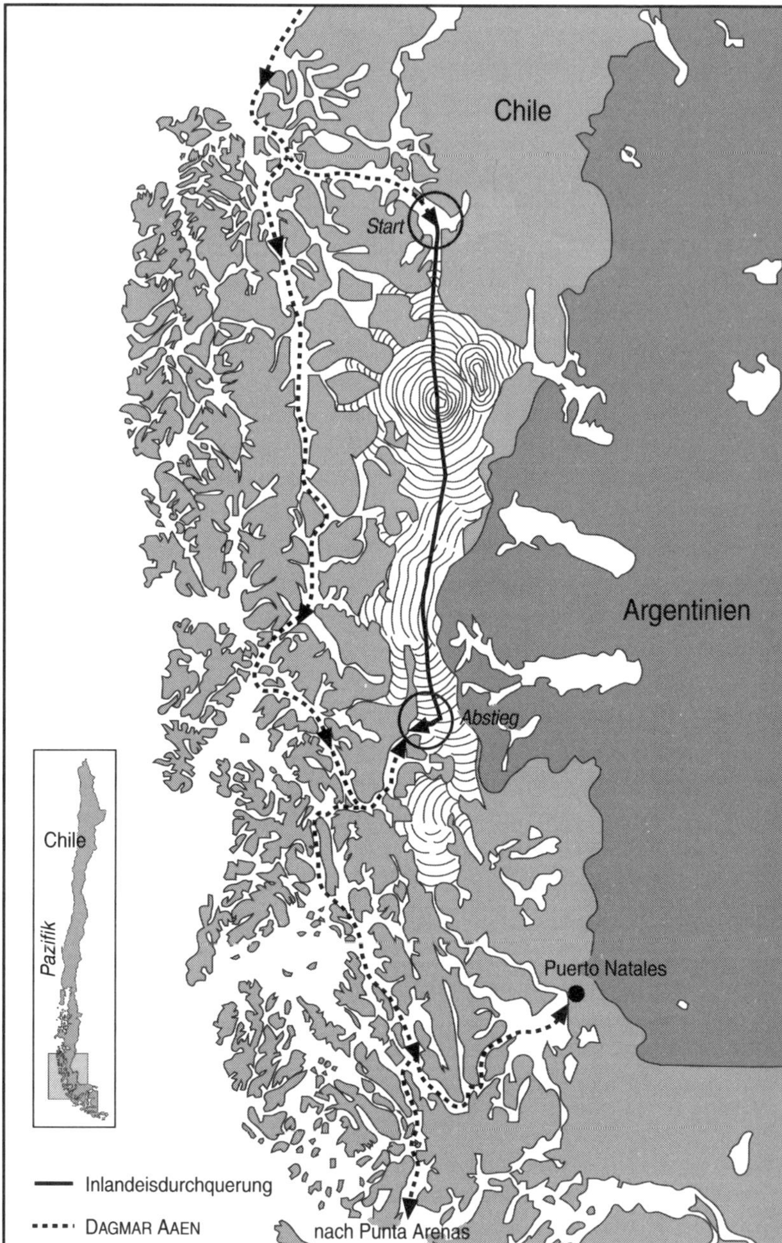
Chile
Start
Argentinien
Abstieg
Chile
Pazifik
Puerto Natales
Inlandeisdurchquerung
DAGMAR AAEN
nach Punta Arenas

Das Inlandeis

Das Wetter bleibt schön. Es ist windstill, die Sonne scheint, und das Blau des Himmels ist von keiner Wolke getrübt. Nur wenige Meter noch, und wir stehen auf dem Inlandeis. Eine kleine Randspalte kann mühelos überquert werden, danach nur Eis und gefrorener Schnee. Wir ahnen schon, daß sich im Laufe der Tage die Schneeverhältnisse zum Schlechteren hin verändern werden. Noch ist es frostig kalt, aber wir können die Kraft der Sonne schon spüren.

Die Schlitten sind schwer, aber gleiten gut auf dem festen Untergrund. Wieviel angenehmer ist es doch, hier zu laufen, als in dem weichen, tiefen Schnee, den wir hinter uns gelassen haben! Das Schlittenziehen ist harte Arbeit, zumal es ständig bergauf geht. Aus Erfahrung weiß ich, daß wir erst einmal unseren Rhythmus finden müssen. Der Körper und wohl auch der Kopf müssen sich mit der neuen Situation arrangieren. Es wäre völlig falsch, gleich am ersten Tag auf dem Eis zu versuchen, einen neuen Rekord aufzustellen. Schließlich wollen wir nicht ein paar Tage laufen, sondern über einen Monat. Da muß man mit seinen Kräften haushalten, sowohl den physischen wie auch den psychischen.

Unweigerlich muß ich daran denken, wie oft und über welche Distanzen ich schon schwere Schlitten über das Eis gezogen habe. Zusammengenommen sind es etliche Tausend Kilometer und viele Monate, die ich über die verschiedenen Eisfelder der Arktis und Antarktis gezogen bin. Es ist ein vertrautes Gefühl, den Zug des Schlittens an der Hüfte und der Schulter zu spüren. Ein Gefühl, das einerseits großartig und beglückend ist, auf der anderen Seite ist es bedrückend. Der Schlitten bremst, er ist schwer und letztlich hinderlich. Besonders bergauf wird der „Freund“ zum Gegner. Mit seiner ganzen Kraft stemmt man sich gegen den Hang, versucht, mit den Ski Halt zu finden, bohrt dabei seine Skistöcke in den Schnee, nur um sich im Schneckentempo voranzuschieben. Der Schlitten zieht nach unten, arbeitet boshaft allen Bemühungen entgegen. Bei jeder Kehre, jeder Unebenheit stoppt und ruckt er, bricht am Steilhang aus der Spur aus und pendelt, sich dabei überschlagend, zur Seite, in dem tückischen Versuch, seinen Herren und Meister von den Füßen zu reißen. Oft genug gelingt ihm das. In solchen Momenten ist der Schlitten nicht mehr mein Freund. In der Pause aber, wenn er in der Ebene steht, lädt er mich ein, mich auf ihn zu setzen, in sein Inneres zu greifen, eine Thermosflasche mit Tee und einen Power Bar-Riegel herauszuholen. Er enthält all die Dinge, die mir lieb und teuer sind. Ohne diese lästige Versorgungseinheit wäre ich hilflos. Dann wirkt der Schlitten fürsorglich wie eine Mutter. Man flucht und schimpft mit ihm, wenn er wieder einmal in einer Spalte hängenbleibt und der Ruck einem schmerzhaft die Schulterblätter nach hinten reißt, einem schier die Luft nimmt. Wenig später verhätschelt man ihn, wischt mit einem Schwamm Schnee- und Eisreste aus der Bodenwanne und untersucht beinahe zärtlich die Kufen nach irgendwelchen Unebenheiten. Er ist ein Wechselbalg, dieser Schlitten, ich weiß es schon lange!

Derart eingestimmt beobachte ich heimlich Till und Roger, für die das Schlittenziehen eine völlig neue Erfahrung ist. Gut gelaunt legen sie sich ins Geschirr und stapfen mit seligem, nach vorn gerichtetem Blick los. Das geht ja alles viel besser als erwartet! Am Anfang zumindest. Irgendwann bemerke ich dann die ersten Falten auf der schweißigen Denkerstirn. Ein nachdenklicher Blick wird kaum merkbar zurückgeworfen, war da nicht sogar ein wenig Zorn mit dabei? In der ersten Pause versichern wir uns indessen freudestrahlend, daß das ja alles überhaupt kein Problem sei, ja die Schlitten sind einfach Spitze! Je länger der Tag wird und je schwieriger das Gelände, desto sparsamer fallen derartige Belobigungen aus. An besonders harten Tagen kann man schon einen von uns dabei beobachten, wie er verstohlen mit dem Fuß nach dem Schlitten tritt. Aber dergleichen liegt noch vor uns. Momentan sind wir ausgeruht und hoch motiviert, möglichst zügig voranzukommen. Der Gletscher zieht sich vor uns in einem glitzernden Band in Richtung eines Eisfalles. Wir haben von diesem Eisfall gehört und wissen, daß es irgendwo eine Route hindurch gibt. Wir freuen uns wie Kinder, daß wir so ein Glück mit dem Wetter haben. Das Panorama läßt alle Mühen in den Hintergrund treten. Es ist einfach Freude und Genuß, diese gewaltige Landschaft zu sehen und sie sich zu erwandern.

Die Dimensionen sind riesig, aber zum Glück nicht so – wie Till sehr richtig bemerkt – wie in Grönland oder in der Antarktis. Hier läuft man ein Stück und sieht anschließend an der veränderten Perspektive, daß man auch tatsächlich vorangekommen ist. Das war in der Antarktis völlig anders. Damals sind wir tagelang den Beardmore-Gletscher hinuntergelaufen, ohne daß sich optisch etwas verändert hätte. Der Berg, den wir als Orientierungshilfe anpeilten, blieb scheinbar unverrückbar in der Ferne stehen. Unweigerlich hatten wir das Gefühl, auf der Stelle zu treten. Das ist hier anders. Dadurch wird es auch nicht langweilig, denn hinter jeder Biegung taucht etwas Neues auf. Man darf gespannt sein auf das, was kommt.

Je weiter wir uns dem Eisfall nähern, desto häufiger treten Spaltenzonen auf. Wir sichern uns gegenseitig mit einem Bergseil und passieren vorsichtig schmale Schneebrücken, bis wir wieder festes Eis unter uns haben. Einen Lagerplatz zu finden, ist keine Schwierigkeit, und während wir wenig später vor unserer „Haustür" sitzen, Tagebuch schreiben und eine Tasse heißer Brühe schlürfen, fragen wir uns, was es wohl mit den Schwierigkeiten dieses berüchtigten Inlandeises auf sich hat. Wir kommen schon noch dahinter. Vorerst haben wir ganz andere Probleme: Die Sonne brennt derart intensiv vom Himmel, daß wir trotz Gletscherbrandcreme und Sonnencremes mit den höchsten Schutzfaktoren total verbrannt sind. Unsere Nasen sind zu unförmigen, rot geschwollenen Knollen mutiert, die Lippen sind rissig und blutig und schmerzen bei jeder Bewegung, die Wangen werden erst rot, dann braun und fleckig. Selbst die Unterarme nehmen die Farbe eines Feuerlöschers an. Dabei kommen wir aus den Tropen, sind also die Sonne gewöhnt. Ohne unsere Gletscherbrillen halten wir es nicht aus.

Als sich trotz aller Vorsorge keine Besserung einstellt, werden wir nachdenklich. Wie kann das passieren? Wir alle haben Hochgebirgserfahrung. Wir kennen die Intensität der UV-Strahlung im Gebirge und besonders auf Gletschern. Und gerade weil wir die Folgen kennen, haben wir uns entsprechend eingecremt. Das hilft aber überhaupt nicht. Keiner von uns hat bisher irgendwo auf der Welt eine derart intensive Sonnenstrahlung erlebt. Ist es das Ozonloch? Seit Jahren weiß man, daß es in der Antarktis ein riesiges Ozonloch gibt, das mittlerweile auch Australien und Neuseeland erreicht hat. Schon vor Jahren hat man in Australien damit begonnen, Empfehlungen und Warnungen im Anschluß an die Wetterberichte auszustrahlen, wobei die Aufenthaltsdauer in der Sonne angegeben wird. Die Menschen leben mittlerweile ganz selbstverständlich mit den Gefahren dieses Lochs. Auch im Süden Südamerikas soll es mittlerweile soweit sein: Das Ozonloch dehnt sich aus. Wir befinden uns aber auf 48 Grad südlicher Breite, also noch ziemlich weit im Norden. Dem Ozonloch scheint es gleichgültig zu sein, was die Wissenschaftler ihm prognostiziert haben, es wächst offenbar schneller als erwartet.

Dabei muß ich wieder an unsere Nordpol-Expedition denken. Damals – es war 1989 – hatten wir in Zusammenarbeit mit kanadischen Wissenschaftlern Untersuchungen angestellt, ob sich etwa auch auf der Nordhalbkugel ein Ozonloch bilden könne. Als ich darüber berichtete, wurde mir vorgeworfen, unseriöse Angstmacherei zu betreiben, ein Ozonloch könne gar nicht über der Arktis entstehen, da es dort nicht kalt genug sei, und überhaupt, die klimatischen Voraussetzungen wären nicht gegeben. Heute haben wir das Ozonloch auch im Norden, mit wachsender Tendenz. Die Wissenschaftler sind etwas stiller geworden. Und im Süden scheint es nur von Jahr zu Jahr größer zu werden. Ich höre bereits die Vorwürfe: Nur weil er einen Sonnenbrand bekommen hat, meint er, ein Ozonloch entdeckt zu haben. Aber es gibt so etwas wie Erfahrungswerte, auch wenn sie vielleicht nicht wissenschaftlich fundiert sind. Anstatt solche Phänomene, wie wir sie derzeit erleben, herunterzuspielen, würde ich mir wünschen, daß man nachhaltiger an der bekannten Problematik arbeitet. Till und ich waren beide mehrere Male in Chile, und keiner von uns hat jemals zuvor dergleichen erlebt. Wir sind jetzt ernsthaft besorgt um unsere Haut und die Augen. Für den Außenstehenden mag das vielleicht ein wenig überzogen klingen:

Da gehen drei Leute auf eine gefährliche Expedition und machen sich Sorgen um ihre Haut. Sollen sie doch zu Hause bleiben! Wir sind keine Hasardeure, sondern wissen sehr genau, worauf wir uns bei diesen Expeditionen einlassen. Gefahren gibt es immer wieder, aber wir versuchen, sie durch umsichtige Planung und durch entsprechendes Verhalten zu minimieren. Es bleibt ein Restrisiko, das Leben ist eben lebensgefährlich.

Aber dies hier hat nichts mit den üblichen Risiken zu tun, mit denen man sich sonst auf Expeditionen konfrontiert sieht. Hier ist eine neue Qualität ins Spiel gekommen, und die macht uns Sorge. Fortan laufen wir mit Tüchern verhängt wie die Haremsdamen. Das sieht zwar lustig aus, ist aber lästig. Unter den Tüchern ist es heiß, und wir atmen verbrauchte Luft. Trotzdem behalten wir den Schutz bei. Die abendliche heiße Suppe, ein Gewürz oder einfach nur die Bewegung der rissigen Lippen erinnert uns ständig an den bedauernswerten Zustand, in dem wir uns befinden.

Am Abend des zweiten Tages erreichen wir den Eisfall und lagern unmittelbar an seinem Fuße in sicherem Abstand. Eine Rampe führt an der Seite empor und endet offenbar auf dem Altiplano, dem Hochplateau. Unglaublich, aber wahr, das gute Wetter hält weiterhin an. Früh am nächsten Morgen bei hartem, gefrorenem Untergrund brechen wir auf. Ich führe und ziehe mit meinem Schlitten langsam in Serpentinen den Hang empor. Am Anfang geht es noch relativ gut. Als die Sonne an Kraft gewinnt, wird der Schnee weich und klebrig. Ein Nachteil dieser Schlitten ist ganz gewiß ihr energischer Widerstand, sich durch enge Kehren oder Kurven ziehen zu lassen. Es ist schier zum Verzweifeln. Ich reiße und wuchte am Geschirr wie ein Wüterich und komme doch nur langsam weiter. Zudem gehen wir die ganze Strecke am Seil, da sich immer wieder versteckte Spalten auftun. Das verlangsamt uns zusätzlich, da jeder auf seinen Hinter- bzw. Vordermann achten muß. Wir gönnen uns nicht viele Pausen. Zwischendurch wird etwas gegessen und getrunken, dann geht es weiter. Vierhundert Höhenmeter steigen wir in dieser Art und Weise auf.

Es ist nachmittags, als wir mit etwas weichen Knien einen Absatz erreichen, hinter dem sich nur noch eine leichte Steigung verbirgt. Während Roger bei den Schlitten bleibt, laufen Till und ich am

Bergseil ein Stück voraus, um den Weg zu erkunden. Die Steigung führt um einen Bergrücken herum, und dann liegt es plötzlich vor uns, das Altiplano. Der Cordón Escondido mit seinen markanten, unbestiegenen Gipfeln ragt deutlich im Osten von uns auf. Berge, die allemal den Vergleich mit den berühmten Fitz Roy und Cerro Torre aushalten. Es kennt sie nur keiner, und da der Zugang auch ungewöhnlich schwer ist, hat sie offenbar noch niemand entdeckt. Im Süden erblicken wir mitten im Eis einen Gebirgszug, von dem ich sofort eine Kompaßpeilung nehme. Es handelt sich hierbei um den Monte Ilse von Rentzel. Dorthin müssen wir.

Bestens gelaunt laufen wir zu Roger zurück, schnallen unsere Zuggeschirre um und marschieren die vorerst letzte Steigung hoch. Roger ist von dem Ausblick genauso begeistert wie wir. Als ein leichter Wind aufkommt, schlägt Roger vor, die Parawings auszuprobieren. Das sind steuerbare Segel, die aussehen wie kleine Gleitschirme. Man bekommt sie in unterschiedlicher Größe, Till und ich haben je einen zu $12\,m^2$, Roger, der kleiner und leichter ist als wir beide, einen zu $10\,m^2$. Die Handhabung der Parawings ist einfach. Über einen Hüftgurt, in dem mittels Karabiner der Steuerstab eingehängt wird, ist man mit dem Drachen verbunden. Sobald er ausgebreitet auf dem Boden liegt und man sich sowohl ins Schlitten- wie auch Drachengeschirr eingehängt hat, zieht man über den Steuerstab den Drachen in die Luft. Er sollte sich dabei entfalten. Je nach Stellung des Steuerstabes können Zug und Anstellwinkel zum Wind verändert werden – und ab geht die Post!

Ganz so einfach, wie es sich anhört, ist es denn doch nicht. Ich habe viel Übung mit den Parawings. Für die Antarktis-Expedition hatte ich lange nach einem geeigneten Segel gesucht und war dabei auf Wolf Behringer gestoßen, der diese Drachen als Sportgerät entwickelt hatte. Nach einigen Probeläufen bei uns im sommerlichen Bad Bramstedt stand fest: Das ist es! Obwohl wir sie gar nicht so häufig einsetzen konnten, halfen sie uns an den günstigen Tagen enorm voran. Der beste Segeltag in der Antarktis betrug 125 Kilometer, das war Rekord. Da die Parawings sehr leicht sind, war es kein Risiko, sie auf die Patagonien-Expedition mitzunehmen. Selbst wenn wir sie nur wenige Male verwenden können, wird das vermutlich schon ihre Mitnahme rechtfertigen. Ich erläutere Till und Roger das Handling, mache es ihnen kurz vor und lasse dann jeden selbst üben. Till als alter Gleitschirmflieger nörgelt zunächst an den aerodynamischen Unzulänglichkeiten herum, söhnt sich aber schließlich mit seinem Schirm aus und fährt davon. Roger tut es ihm nach, und nach einigen Manövern und geübten Starts und Stops haben die beiden es drauf. Ausgelassen toben wir mit den Parawings herum, bis es Zeit wird, das Lager aufzuschlagen.

Während wir mit den Segeln geübt haben, hat sich der Himmel langsam zugezogen. Zirren sind aufgetaucht. Das Licht sieht aus wie durch eine Milchglasscheibe, Kontraste verschwinden und erste Schneeflocken fallen. Keine Frage, das Ende der Schönwetterphase ist erreicht. Aber wir sind dennoch zufrieden. Es ist unser dritter Tag auf dem Eis, und wir haben sowohl den Jorge Montt-Gletscher mit seinen Spaltensystemen hinter uns gelassen wie auch den Eisfall. Wir befinden uns in 1263 Metern Höhe auf dem Hochplateau. Soweit wir sehen können, gibt es keine größeren Hindernisse voraus. Entspannt und beruhigt kehren wir dem schlechter werdenden Wetter den Rücken zu und kriechen ins Zelt.

Aus dem Schneefall wird Regen, die Temperatur steigt, und es wird unangenehm feucht. Im Zelt ist aber alles trocken und gemütlich. Wir sitzen auf unseren Isomatten, die Schlafsäcke als Rückenstütze zusammengerollt, in der Mitte der röhrende Kocher. Während langsam der Schnee im Topf zusammenfällt, dunkel, pappig und endlich flüssig wird, baue ich das Funkgerät zusammen. Martins Stimme kommt pünktlich zum verabredeten Zeitpunkt aus dem Lautsprecher. Sie sind bereits über den Kanal de Messier Richtung Angustura Inglesa gefahren. Diese Engstelle wollen sie erst morgen bei Tageslicht und günstiger Tide durchfahren. Jetzt liegen sie geschützt in einer Bucht vor Anker, haben die Kajaks zu Wasser gelassen und erkunden die Landschaft. Die Stimmung an Bord ist ausgezeichnet, Pablos Fuß geht es immer besser, so daß alles wie geplant weiterlaufen kann.

Während wir das Inlandeis durchqueren, wird uns die DAGMAR AAEN auf dem Seewege nach Süden vorauseilen und den Peel-Fjord ansteuern. Dort, im letzten Zipfel des Fjordes, sollen Sigga, Pablo und Günther an Land gebracht werden und ein Lager errichten. Während das Schiff in dem Peel und den benachbarten Fjorden bleibt, um unter anderem Vermessungsarbeiten durchzuführen, werden die drei versuchen, einen Zustieg zum Inlandeis zu finden, um dort Erstbesteigungen von namenlosen Bergen durchzuführen.

Parallel zu uns wird also eine zweite Gruppe auf dem Eis sein und ein Vorhaben angehen, das um nichts weniger ambitioniert ist als unsere Durchquerung. Aus diesem Grunde drängen die drei Martin, so schnell wie möglich zum Peel-Fjord zu fahren. Unser kleines Funkgerät funktioniert bislang – über alle Erwartungen hinaus – vortrefflich. Am nächsten Morgen können wir über Funk sogar eine technische Ferndiagnose stellen. Die Kühlwasserpumpe der Hauptmaschine hat ihren Dienst eingestellt, ein ganz ungewöhnlicher Vorfall bei dieser soliden Kolbenpumpe. Ich spreche mit Kai die möglichen Fehlerquellen durch, erkläre, wo welche Ersatzteile sind und versuche, mich aus der Ferne in die Problematik reinzudenken. Die Situation ist schon bizarr: Hier sitzen wir auf dem Patagonischen Inlandeis bei mittlerweile recht stürmischem Wetter und erteilen der Mannschaft der Dagmar Aaen, die irgendwo in einer Bucht vor Anker liegt, Ratschläge, wie die Kühlwasserpumpe zu reparieren ist. Am Ende ist es Kai, der den Fehler findet und behebt.

Das gute Wetter scheint unwiderruflich zu Ende zu sein. Es herrscht Schneetreiben, der Wind kommt böig aus Nordwest, und die Sicht ist miserabel. Patagonien-Wetter! Egal. Da der Wind aus der richtigen Richtung kommt, breiten wir gleich unsere Segel aus. Einige verpatzte Startversuche, dann sind alle drei Schirme in der Luft. Dafür, daß sie erst gestern angefangen haben, mit dem Parawing zu arbeiten, klappt es bei Till und Roger hervorragend. Das Schlittengewicht wird scheinbar neutralisiert, und mit zügigem Tempo fahren wir über das Eis. Ich könnte jubeln! Nicht nur, daß wir viel zügiger vorankommen als zu Fuß, es bringt unglaublich viel Spaß, auf diese Art zu reisen. Wäre nur die Sicht etwas besser! Die Konturen im Schnee verschwimmen zu einer formlosen Masse. Unebenheiten, Senken oder Huckel erkennt man nicht. Bei dem rasanten Tempo, das wir vorlegen, bleibt es nicht aus, daß einige Stürze dabei sind. Aber „never mind“, das macht nichts. Einmal wird es dann aber doch brenzlig. Da ich führe, sehe ich als erster unmittelbar vor mir eine tiefe, breite Spalte auftauchen. Ich reiße das Segel nach oben und werfe mich hin, gerade rechtzeitig komme ich zum

Stoppen. Roger und Till, die dieses wilde „Manöver des letzten Augenblicks“ gesehen haben, sind gewarnt und kommen langsam heran. Mitten durch das Eis zieht sich eine gut zwei Meter breite Spalte. Das sind die Gefahren des Inlandeises.

Wir finden eine Schneebrücke, und da der Wind günstig ist, reiße ich das Segel hoch und lasse mich fast schwerelos über die Brücke und damit die Spalte ziehen. Wolf Behringer, du hast etwas Großartiges entwickelt! Die anderen beiden folgen auf die gleiche Art, als wären sie schon Jahre mit den Parawings unterwegs. Während einer Verschnaufpause passiert dann doch ein Malheur. Rogers Zuggeschirr hat sich etwas verdreht, und um es zu ordnen, löst er den Karabiner, mit dem das Segel in seinen Hüftgurt eingehängt ist. Das folgende spielt sich in Sekundenschnelle ab. Eine Bö erfaßt das Segel, reißt es Roger aus der Hand, und im Höllentempo zieht der Schirm über die Ebene davon. Es ist Zufall, daß ich diesen Vorgang sehe und noch in voller Montur bin. Ohne nachzudenken, ziehe ich meinen Schirm hoch und rase dem davonfliehenden Segel hinterher. Nur dem Umstand, daß mein Segel optimal getrimmt ist und Rogers Segel führerlos dahinschlingert, ist es zu verdanken, daß ich langsam aufhole. Als ich auf gleicher Höhe bin, werfe ich mich einfach aus voller Fahrt auf Rogers Drachen und fange ihn so ein. Ich werde herumgewirbelt, mein nachfolgender Schlitten ahndet diese Verfolgungsfahrt mit einem schmerzhaften Stoß in die Rippen und – was schlimmer ist – mit einer gebrochenen Deichsel. Mein Bluterguß heilt von allein, die Deichsel nicht.

Ich warte, bis die anderen herangekommen sind, und dann versuchen wir, das Zuggestänge notdürftig zu reparieren. An Segeln ist jetzt nicht mehr zu denken, es ist einfach zu stürmisch geworden. Wir laufen noch einige Stunden ohne Segel und tappen dabei durch dichten Nebel. Irgendwo vor uns müssen die Ilse von Rentzel-Berge liegen. Es ist wichtig, daß wir sie westlich umgehen, aber woher sollen wir wissen, wo sie genau liegen? Das GPS gibt uns zwar eine genaue Position, aber das nützt uns nichts, da unsere Karte absolut ungenau ist. Eine Position hat jedoch nur dann einen realen Wert, wenn sie mit der Karte übereinstimmt oder aber man zumindest gute Sicht hat. In der Nähe der Berge müssen wir wieder vermehrt mit Spalten rechnen. Nach der Erfahrung des heutigen Tages sind wir vorsichtig. So bauen wir am späten Nachmittag das Lager auf, in der Hoffnung, morgen wieder gute Sicht zu haben. Abends weht es mit Sturmstärke. Alles ist weiß, ich fühle mich an die Arktis und die Antarktis erinnert. Im Zelt sind wir geborgen. Es ist schon eigenartig, wie zwei Schichten dünner, synthetischer Zeltwand Schutz und Sicherheit bieten. Zur verabredeten Zeit spreche ich mit Martin. Morgen wollen sie den Peel-Fjord erreichen. Wie üblich gebe ich unsere Position durch und erhalte von Martin eine Wetterprognose, die allerdings wenig Erfreuliches zu bieten hat. Danach sind nur noch dampfende Essenstöpfe angesagt, einige Tassen Tee und zum Abschluß ein verbliebener Riegel – es geht uns bestens, trotz Sturm.

Es stürmt die Nacht hindurch, und auch am nächsten Tag hält das Wetter, was es seinem Ruf schuldig ist. Den Vormittag verbringen wir im Zelt damit, das Zuggeschirr zu reparieren und auf eine Wetterbesserung zu warten. Die stellt sich indes nicht ein. Mittags fügen wir uns ins Unvermeidliche und brechen das Lager ab. Innerhalb von Minuten sind wir von oben bis unten mit nassem, klebrigem Schnee bedeckt. Unsere Schneebrillen bräuchten Scheibenwischer, da die „weiße Pracht" in dicken Schichten darauf hängenbleibt. Die Schlitten sind unter dem Neuschnee verschwunden, nur die höher gelegenen Deichseln verraten, wo sie sind.

Nach einer guten Stunde endlich können wir aufbrechen. Aber wohin? Unsere Position hilft uns nicht weiter. Wir wissen, daß irgendwo in unmittelbarer Nähe der Berg Ilse von Rentzel liegt – aber wo genau? Die Sicht ist gleich Null, und das Schneetreiben wird heftiger. Wir halten zunächst einen südlichen Kurs, und als wir merken, daß wir bergan laufen, fallen wir etwas nach Westen ab. Auf diese Art und Weise hoffen wir, den Konturen des Berges zu folgen. Wir wechseln uns beim Spuren ab. Das Laufen in diesem totalen „White Out" ist anstrengend. Luft und Boden scheinen sich zu einer Materie zu verdichten, es gibt keine visuelle Trennlinie. Wie bei einem Flieger, dem der Horizont fehlt, spielt einem der Gleichgewichtssinn einen Streich nach dem anderen. Letztlich weiß man nicht mehr, wo oben und unten ist, und bewegt sich nur noch tastend vorwärts. Das muß für den Betrachter komisch aussehen: Wie ein Betrunkener torkelt man breitbeinig und auf seine Skistöcke gestützt durch die Landschaft und starrt dabei auf den Kompaß wie eine Schlange auf das Kaninchen. Die hinteren haben es einfacher, sie fixieren ihren Blick auf den Schlitten des Vorauslaufenden und haben damit ihren Horizont. Der nasse Schnee klebt in immer größer werdenden Stollen unter den Ski. Das macht das Laufen nicht gerade einfacher.

Nach einer Stunde dann der Wechsel, jemand anders führt. Die Aussichtslosigkeit unseres Unterfangens wird nach wenigen Stunden deutlich. Wir wissen einfach nicht, wo in Relation zu unserer Route der Berg ist. Wir entscheiden uns zu lagern. Die Stimmung ist trotzdem gut, aber die Euphorie der ersten Tage ist einem gedämpften Optimismus gewichen. Endlich! Am Abend reißt die Wolkendecke für wenige Minuten auf. Diese Zeit reicht mir, um eine Peilung zu nehmen. Wir liegen ganz gut und können nach dieser Peilung auch bei schlechter Sicht laufen, denken wir. Aber weit gefehlt! Am nächsten Morgen ist das Wetter so schlecht, daß wir gezwungen sind, im Zelt zu bleiben. Dafür klappt der Funkkontakt mit Martin gut. Sie haben den Peel-Fjord erreicht und liegen derzeit vor der „Angustura Mischief", einer Engstelle im Fjord, die Tilman mit seiner MISCHIEF zu durchfahren versucht hatte und dabei prompt aufgelaufen war. Seither trägt die Enge den Namen, und es hat sich offenbar kein Schiff bislang wieder hindurchgewagt. Wir sind gespannt, was Martin machen wird.

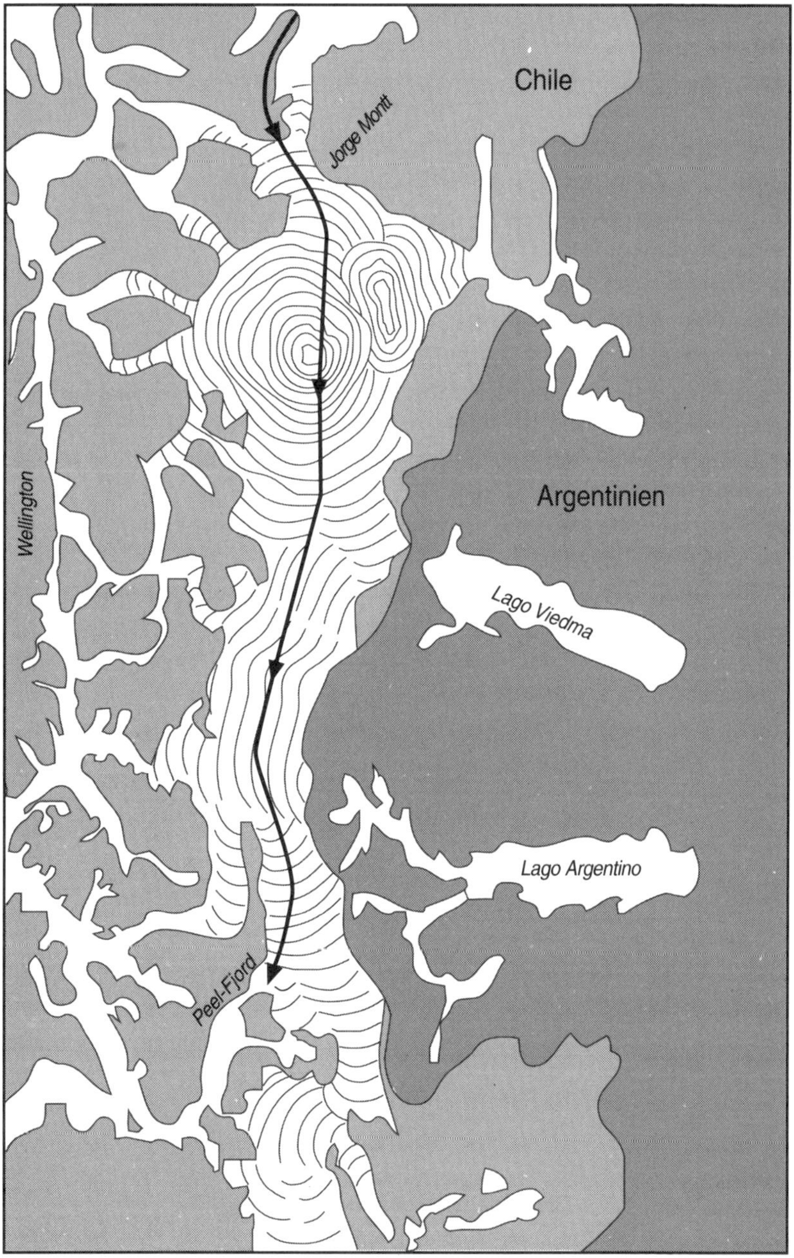
Chile
Jorge Montt
Argentinien
Wellington
Lago Viedma
Lago Argentino
Peel-Fjord

Sea, Ice & Mountains

Am 31. Oktober erreicht die Dagmar Aaen den Peel-Fjord und einige Stunden später die „Angustura Mischief". Eis treibt mit großer Geschwindigkeit durch die Enge. Martin beschließt, zunächst einmal das Dingi auszusetzen, um eine mögliche Route zu erkunden. Es ist bereits Nachmittag, die Chancen, noch heute die Enge zu passieren, sind schlecht. Der Fjord verengt sich an dieser Stelle zu einem Flaschenhals, durch den die Tide das Wasser und das Eis mit aller Macht hindurchdrängt. Wenn es überhaupt ein Durchkommen gibt, dann bei Stauwasser oder wenn zumindest weniger Eis strömt. Am nächsten Tag sieht es zunächst nicht besser aus. Es werden zwei Gruppen gebildet, die von Land aus eine Route finden sollen. Sigga und Pablo versuchen es von der einen, Kai und Frank von der anderen Seite aus. Als Kai und Frank auf einen Berg steigen, sehen sie, daß der innere Teil des Fjordes zwar voller Eis, aber dennoch gut zu passieren ist. Außerdem entdecken sie eine eisfreie Rinne durch die „Angustura Mischief". An dieser Stelle müßte es mit dem Schlauchboot klappen.

Nachdem beide Gruppen zurück an Bord sind, wird das Beiboot beladen. Günther, Pablo und Sigga bilden die Bergcrew, Thomas fährt das Boot. Die Dagmar Aaen verholt in eine Bucht unweit der Tilmaninsel, wirft dort den Anker und bringt zusätzlich eine Heckleine an Land aus. Derweil gestaltet sich die Passage durch die Enge für die Schlauchbootfahrer aufregend. Allerdings haben sie einen günstigen Zeitpunkt gewählt, so daß sie ohne Probleme passieren können. Am Ufer liegen Eisschollen wie gestrandete Wale. Nach einer kurzen Strecke schlagen sie das Lager auf. Das Schlauchboot ist mit vier Personen und dem Gepäck für drei Wochen bis an den Rand des Vertretbaren vollgeladen. Sie können daher nur langsam fahren, das Ende des Fjordes ist zu weit, um es noch am selben Tag zu erreichen. Von ihrem Lagerplatz aus testen sie das Funkgerät und erreichen ohne Probleme das Schiff. Dort herrscht derzeit hektische Aufbruchstimmung, da kompakte Eisfelder auf den Ankerplatz zutreiben und die Crew gerade damit beschäftigt ist, den Anker zu hieven und die Achterleine einzuholen. Keine Zeit für einen gemütlichen Plausch! Sigga, Pablo und Günther brennen darauf, endlich an Land zu kommen. Der tief eingeschnittene Fjord mit seinen Gletschern, die bis zum Wasser hinunterreichen, läßt keine Wünsche offen. Es ist eine großartige Landschaft.

Nach einigen Stunden Fahrt zeichnet sich das Ende des Peel-Fjords ab. Was sie dort erwartet, läßt sie still und nachdenklich werden: Ein gewaltiger Gletscher fällt steil aus den Wolken, bricht sich in Kaskaden und Eisfällen, bis er schließlich das Wasser erreicht. Dort, an der Abbruchkante, donnern unablässig gewaltige Brocken ins Wasser, werfen Fontänen auf und senden bedrohlich hohe Wellen in den Fjord hinaus. Es ist der García-Gletscher, ein wildes Inferno aus berstendem Eis. Über diesen Gletscher haben sie gehofft, auf das Inlandeis zu gelangen. Man braucht kein Experte zu sein, um zu erkennen, daß der García unpassierbar ist. Das südliche Ufer des Gletschers wird von einer steilen Felswand eingerahmt, über die es ebenfalls keinen Zugang gibt. Die andere Seite besteht aus einem dicht bewaldeten Bergrücken, der es zweifelhaft erscheinen läßt, daß dort irgendeine Route hinaufführt. Es ist nicht die Unwegbarkeit des Geländes, die die vier so beeindruckt, es sind die Dimensionen. Das Inlandeis befindet sich irgendwo in 2000 Metern Höhe in den Wolken, sie hingegen sitzen im Boot auf dem Meter Null. Die Steilheit des Geländes läßt jeden Versuch, einen Aufstieg zu finden, aussichtslos erscheinen. Trotzdem suchen sie weiter.

Das Schlauchboot wird zunächst von dem Gepäck befreit, jetzt sind sie schneller und können die Gegend besser sondieren. Links unterhalb des Garcías entdecken sie einen geschützten Platz, der für ein Basislager nicht besser geeignet sein könnte. Alles weitere wird sich finden; zunächst holen sie das Gepäck nach und beginnen damit, die Zelte aufzubauen. Der Lagerplatz ist wunderschön. Bäume und Sträucher schützen ihn gegen Wind, ein kleiner Tümpel liefert das Frischwasser, und von einem abgeplatteten Felsen aus hat man einen direkten Blick auf die Abbruchkante des Gletschers. Ein Stück unterhalb des Lagers tritt ein Fluß aus dem Unterholz, der offenbar von dem benachbarten Margarita-Gletscher kommt. Das Tal, dem er folgt, ist zwar dicht bewachsen, scheint aber momentan die einzige Möglichkeit zu sein, überhaupt voranzukommen. Keine Frage, es ist bezaubernd, wild und einsam. Da es mittlerweile spät geworden ist, beschließt Thomas, über Nacht im Camp zu bleiben. Sigga baut die Antenne für das Funkgerät auf, und zur verabredeten Zeit ruft sie das Schiff.

***

Martins Antwort kommt umgehend. Er ist ein wenig in Sorge, da Thomas noch nicht zurück ist, außerdem ist die Mannschaft gespannt, wie es im Inneren des Fjordes aussieht. Es sind derzeit noch fünf Personen an Bord: Martin, Frank, Morgan, Kai und Jörg. Das Schiff wirkt leer und verlassen, nachdem es zuvor bis an den Rand der Kapazität ausgelastet war. Die Fünf genießen aber den plötzlichen Freiraum, die Ruhe und die Gewißheit, in den nächsten Wochen nach eigenem Gutdünken die Landschaft für sich zu erkunden. Nachdem sie die beiden Gruppen abgesetzt haben, werden sie sich ihren eigenen Aufgaben zuwenden. Obwohl es keiner ausgesprochen hat, habe ich doch bei einigen gespürt, daß sie selbst gern bei einer der Eisgruppen dabeigewesen wären. Zwar weiß jeder, daß dem Schiff und der Mannschaft die vielleicht wichtigste und sicherlich verantwortungsvollste Aufgabe zukommt, nämlich unsere Sicherheit zu garantieren, dennoch ist es gefühlsmäßig nicht das gleiche wie dabeizusein. Dabei kann die Aufgabe der Schiffsmannschaft gar nicht hoch genug eingeschätzt werden. Neben den eigenen Aufgaben bleibt immer noch das Abwägen und richtige Einschätzen der Situation, in der sich die Eisgruppen befinden. Nicht jeden Tag wird der Funkkontakt klappen. Was dann? Ist das bereits der Notfall? Auch wenn man viele Male darüber diskutiert hat und ich selbst im Logbuch vermerkt habe, daß der Notfall nur und ausschließlich von uns mittels Funkgerät oder eines ELT, eines Emergency-Locator-Transmitters ausgelöst wird, bleibt die Unsicherheit.

Vielleicht ist das Funkgerät defekt, der Schlitten mit dem ELT in eine Spalte gefallen? Wie lange soll man warten? Wann werden vorher getroffene Absprachen zur Farce? Wie sieht es dort oben im Schneesturm wirklich aus? Es sind bange Fragen, die später noch eine unliebsame Aktualität gewinnen sollen.

Nachdem sie vor der Tilmaninsel vom Eis vertrieben worden sind, hat die Crew nordwestlich von Punta Isamitt einen guten Ankerplatz gefunden. Da Thomas als Smut noch im Basislager ist, nutzen sie die Gunst der Stunde und plündern seine Kochkisten. Es gibt ein mehrgängiges Menü, dessen Abschluß eine riesige Schüssel Mousse au Chocolat bildet. Endlich der befreiende Funkruf von Sigga. Thomas wird morgen allein zum Schiff zurückkommen, während Pablo und Sigga sich zu einer ersten Erkundung auf den Weg machen wollen. Trotz des schwierigen Geländes strahlt Sigga Zuversicht aus. Die drei haben vereinbart, daß Günther das Basislager managt und ihnen beim Ausrüstungstransport hilft. Nachdem sie einmal unterwegs sind, ist Günther vollständig auf sich allein gestellt, das heißt, als einziger hat er dann auch kein Funkgerät zur Verfügung. Ein Umstand, der mir Gedanken macht, aber ein weiteres Gerät steht nicht zur Verfügung. Es ist vereinbart, daß Günther in jedem Fall vom Schiff mit dem Beiboot betreut wird. Der Tag nähert sich dem Ende. Morgen soll es sich zeigen, ob es für Sigga und Pablo einen Zustieg zum Inlandeis gibt.

* * *

„Break, Break, hier ist DIXX Mobile I". Im Zelt liegend hören Till, Roger und ich dem Funkgespräch zwischen Sigga und Martin zu. Die Verbindung ist ausgezeichnet, so melde ich mich mit „Break, Break", um in die Gesprächsrunde aufgenommen zu werden. Es ist das erste Mal, daß alle drei Parteien zur vereinbarten Zeit miteinander sprechen. Schweigend hören wir Siggas Bericht über die Schwierigkeiten, eine Aufstiegsroute zu finden. Der García fällt somit aus. Ich mahne sie, vorsichtig zu sein und keine unkalkulierbaren Risiken einzugehen. Mit Pablo haben wir aber einen Mann, der über enorme Erfahrung in Patagonien, im Eis und in Felsen verfügt. Wenige Monate zuvor hat er mit Freunden den Fitz Roy bestiegen, einen der schwierigsten Berge dieser Region. Er weiß, worauf er sich einläßt. Mit Spannung sehen wir den nächsten Tagen entgegen. Die beiden werden mitteilen, ob es möglich ist, vom Peel-Fjord aus das Inlandeis zu erreichen und dort wie geplant Bergbesteigungen durchzuführen. Aber das ist nicht die einzige Aufgabe, die Pablo und Sigga bevorsteht.

Das Nährgebiet des García-Gletschers ist ein Kessel, der als die „Falla de Reichert" bezeichnet wird. Diese Falla de Reichert ist die alles entscheidende Schlüsselstelle des Patagonischen Inlandeises. Sie bildet eine rund 1000 Meter tiefe Senke im Inlandeis. Noch niemals zuvor ist es gelungen, in diesen Kessel abzusteigen oder ihn zu erkunden. Alle Expeditionen haben davor kapituliert und schildern die Falla als unpassierbar. Wir wissen nicht viel über diesen Kessel. Aber das, was überwiegend Günther an Material zusammengetragen hat, läßt Schlimmes erahnen. Luftbilder und Satellitenaufnahmen, die uns vorliegen, geben nur andeutungsweise die Probleme wieder. Deshalb haben wir beschlossen, daß Pablo und Sigga versuchen sollen, von den von ihnen bestiegenen Bergen einen Ausblick auf die Falla zu gewinnen und eine mögliche Route zu finden. Mit anderen Worten – die Mission der beiden ist auch für unser Vorankommen wichtig. Für mich ist der Abstieg in diesen bisher unbegangenen Kessel die Hauptaufgabe der Expedition. Wie und ob es danach weitergeht, ist eine andere Frage, aber ich möchte den Schleier lüften und das damit verbundene Geheimnis um die Falla de Reichert lösen, die wirklich noch als ein weißer Flecken auf der Landkarte bezeichnet werden kann.

* * *

Vorerst haben wir genug mit uns selbst zu tun. Das schlechte Wetter, das uns beim Ilse von Rentzel-Berg ereilt hat, hält unverdrossen an. Es gelingt uns trotz schlechter Sicht, das Bergmassiv zu umgehen. Die Verhältnisse sind dabei extrem. Es schneit fast ununterbrochen, von den Bergen fegen immer wieder Sturmböen hinunter. Eisplatten und unvermittelt auftauchende Steilhänge lassen uns ein ums andere Mal schmerzhaft mit dem Boden Bekanntschaft machen. So schlecht sind die Sichtverhältnisse, daß wir fortan nur noch mit unseren Ortovox-Geräten laufen. Das sind kleine Sender, deren Peilton von einem anderen Gerät empfangen wird. Entwickelt worden sind die Geräte für lawinengefährdete Regionen. Ein Lawinenopfer kann mittels des Peiltons unter den Schneemassen lokalisiert und befreit werden. Diese Geräte haben schon zahlreichen Skiläufern das Leben gerettet. Jeder von uns hat seinen Sender angestellt. Sollten wir uns aus den Augen verlieren, haben wir vereinbart, daß derjenige, der allein ist, stehenbleibt und sein Gerät auf „Senden" läßt. Die beiden anderen würden auf Empfang stellen und sich über die Stärke des Signals an den Betroffenen heranarbeiten. Wir müssen von dieser Regelung sehr bald Gebrauch machen.

Da der Wind günstig ist, versuchen wir trotz schlechter Sichtbedingungen, langsam zu segeln. Dann plötzlich ein eisiger Steilhang, zusätzlich trifft uns eine gewaltige Bö. Bevor wir die Drachen bergen können, beschleunigen sie vehement. Till zieht im Renntempo an mir vorbei – und ist verschwunden. Roger und ich warten. Wir rufen, aber der Wind schluckt jedes Geräusch. Wir packen die Schirme zusammen und schalten das Ortovox-Gerät auf Empfang. Ein leises Piepen ist zu hören. Ich ändere mehrfach die Richtung des Gerätes, bis ich es schließlich auf den stärksten Piepton, wie bei einem Funkpeiler, stehenlasse. Zusätzlich nehme ich mit dem Kompaß eine Peilung, dann laufen wir langsam, nein wir rutschen den eisigen Hang hinunter. Das Signal wird deutlich stärker und nach etwa 100 Metern taucht schemenhaft Till vor uns auf. Wir sind ungemein erleichtert und froh, die Geräte dabei zu haben. Das Gelände ist jetzt so steil, daß wir beschließen, zu lagern und auf bessere Sicht zu warten. Der Lageraufbau gestaltet sich schwierig, da wir uns in den Hang hineingraben müssen, um eine einigermaßen geeignete Plattform für das Zelt zu schaffen. Es ist bereits der vierte Tag hintereinander, an dem wir schlechtes Wetter haben.

Am nächsten Morgen lacht uns ein strahlend blauer Himmel an, und die Sicht scheint unbegrenzt zu sein. Erst jetzt sehen wir, wie steil und gefährlich das Gelände ist, in dem wir uns bewegt haben. Wir haben, quasi ohne es zu wissen, eine Paßhöhe überschritten. Wären wir nur hundert Meter zur einen oder anderen Seite geraten, wären wir unmittelbar an einen Eisbruch gekommen. Es ist die schlechte Sicht, die das Inlandeis so tückisch und schwierig macht. Bei guten Verhältnissen wäre das kein Problem gewesen. Die fehlende Sicht macht tatsächlich den ganzen Unterschied aus.

Dieser Morgen beschert uns einen der schönsten Tage der gesamten Expedition. In der Ferne können wir den Vulkan Lautaro sehen, gleichzeitig tauchen in noch größerer Ferne die Gipfel des Fitz Roy und des Cerro Torre auf. Wir queren das Nährgebiet des O'Higgins-Gletschers, der sich breit Richtung Argentinien wälzt. An dieser Stelle wird wieder einmal deutlich, wie schmal das Inlandeis eigentlich ist. Es besteht im Grunde nur aus einem schmalen Eisband, von dem links und rechts die Gletscherströme abfließen. Je weiter wir gehen, desto deutlicher tritt der Vulkan Lautaro hervor.

Die Existenz von aktiven Vulkanen im Inlandeis ist ein Phänomen, das erst vor wenigen Jahrzehnten entdeckt worden ist. Shipton hatte damals am Lautaro gelagert und mit seiner Gruppe den 3380 Meter hohen Berg bestiegen. Obwohl es uns reizt, Berge, die wir passieren, zu besteigen, entsagen wir uns dieser Verlockung. Die Durchquerung des Inlandeises ist gemessen an den Witterungsbedingungen so aufwendig und schwierig, daß wir keinen Tag durch andere Aktivitäten verlieren dürfen. Deshalb haben wir uns vor Beginn der Tour darauf eingeschworen, keine Abstecher zu machen. Aber trotzdem, der Berg begeistert uns! Wir lagern an seinem Fuße und blicken auf beachtliche 14 Seemeilen zurück, die wir heute gelaufen sind. Im Osten von uns taucht der markante Cerro Pirámide auf und ein Stück südöstlich der Cerro Lliboutry.

Unsere Höhe beträgt 1520 Meter, das heißt, seit unserem letzten Lagerplatz sind wir 100 Meter abgestiegen. Als ich bei unserer abendlichen Funkrunde Pablo erzähle, daß wir „seinen" Fitz Roy aus dem Zelteingang sehen können, gerät er vor Aufregung ganz aus dem Häuschen. Ihn drängt es mit Macht auf das Inlandeis.

* * *

Der folgende Tag von Pablo, Sigga und Günther ist lang und hart. Nachdem der ursprünglich geplante Aufstieg über den García-Gletscher nicht in Betracht kommt, machen sich die drei auf die Suche nach einer alternativen Route. Sie folgen dabei dem Verlauf des Baches, der sich durch ein Tal windet und offenbar seinen Ursprung am Ende des Margarita-Gletschers hat. Dichter Wald und sumpfiger Boden machen das Laufen schwierig. Bei jedem Schritt muß der Stiefel mit Kraft aus der saugenden Umklammerung des Morastes gezogen werden, der ihn nur mit widerwillig schmatzenden Geräuschen freigibt. Nach etwa einer Stunde tritt der Wald zurück, und sie kommen auf festem Boden gut voran. Im Hintergrund zeichnet sich deutlich die flache Zunge des Margarita-Gletschers ab. Wenn es hier irgendwo einen Aufstieg gibt, dann muß er dort zu finden sein. Schwer beladen laufen sie weiter und erreichen schließlich den im Unterlauf flachen Gletscher. Da der Gletscher im oberen Teil aber zu steil und zerrissen aussieht, queren sie die Gletscherzunge und laufen auf der westlichen Seite durch einen wildverwachsenen und unwegsamen Wald weiter bergauf. Kurze Zeit später errichten sie ein Depot, leeren ihre Rucksäcke und laufen zum Basislager zurück. Am nächsten Tag laden sie sich das restliche Gepäck auf und machen sich auf den Weg zum Depot.

An diesem 4. November verlassen Pablo und Sigga endgültig das Basislager. Günther, der die beiden erneut begleitet, wird in den nächsten Tagen weitere Lebensmittel zum Gletscher tragen, so daß dort im Notfall ein Depot parat liegt. Insgesamt haben die beiden Proviant für zwei Wochen dabei. Ganz klar, daß sie den Proviant, die Berg- und Eisausrüstung nicht auf einmal transportieren können. Sie richten so eine Art Shuttledienst ein und tragen die Lasten weiter nach oben.

Die Stimmung der drei ist weiterhin sehr gut. Dabei befinden sie sich in einer schwierigen Lage. Ob der Aufstieg zum Plateau gelingen wird, ist trotz der vermeintlich gefundenen Route noch völlig ungewiß. Hinzu kommt das unglaublich schwere Gepäck. Die beiden verfügen jeder über einen kleinen Kinderschlitten, wie man ihn im Winter in kanadischen Kaufhäusern findet. Von dort habe ich sie auch kommen lassen. Diese kleine Wannen sind aus billigem, aber sehr strapazierfähigem Kunststoff gefertigt und gerade groß genug, um einen voll beladenen Rucksack aufzunehmen. Das heißt, jeder von ihnen trägt einen Rucksack auf dem Rücken sowie nochmals die gleiche Menge auf einem Schlitten. Natürlich können sie die Schlitten erst auf dem Plateau einsetzen, daher müssen sie bis dahin die gesamte Last auf dem Rücken transportieren. Ich erwähnte schon, wie sehr mich Sigga am Jorge Montt in Erstaunen versetzt hat. Ihre Lasten standen hinter denen der Männer in keinem Gramm hinterher. Was sie und Pablo jetzt zu schleppen haben, überschreitet aber jedes vernünftige Maß.

Der Wald, dem sie auf der Westseite des Margarita folgen, sieht wie ein Märchenwald aus, dichte, bizarr geformte Zweige mit langen wallenden Moosflechten behängt, die die Chilenen „den Bart des alten Mannes“ nennen. Das Moos ist rutschig wie Schmierseife. Nachdem sie mehrfach mit ihren schweren Lasten gefallen sind, ziehen sie ihre Steigeisen an. Danach geht es besser. Trotzdem ist es unsäglich mühselig. Immer wieder werden die überladenen Rucksäcke von Zweigen festgehalten. Vermeintlich feste Baumstämme, die eine Brücke über Bäche bilden, verfallen beim leisesten Tritt zu Torf. Immer steiler wird das Gelände, im gleichen Maße wächst auch die Unsicherheit, ob dies überhaupt die richtige Route ist. Völlig erschöpft lassen sie am späten Abend den Wald hinter sich und erreichen kurz darauf die Schneegrenze. Sie sind total erledigt. Froh, einen Lagerplatz gefunden zu haben, bauen sie das Zelt in 600 Metern Höhe auf und fallen kurz darauf in einen tiefen Schlaf. Ein Funkkontakt mit ihnen kommt heute nicht zustande.

* * *

Der 5. November bringt uns von allen Tagen auf dem Eis am besten voran. Es ist ein Tag, den wir drei so intensiv erleben, daß er mir selbst jetzt noch unter die Haut geht. Es passiert nichts Gefährliches oder Dramatisches. Nein, es ist einfach ein Tag, der so erlebnisreich und voller Eindrücke und Empfindungen ist, daß er uns schier den Atem nimmt. Das Wetter hält sich beständig an der Schwelle zu mäßig bis schlecht. Und gerade diese Übergangssituation beschert uns die spektakulärsten Bilder und Stimmungen, die das Inlandeis einem vermitteln kann. Wir passieren die Meseta de Los Cuatro Glaciares und erreichen schließlich den Cordón Marconi. Es wird stürmisch, obwohl die Sonne immer wieder durch die Wolkendecke bricht. Die Sicht ändert sich von Minute zu Minute. Zeitweilig stehen wir in totalem „White Out“, dann wieder laufen wir über glitzernde Schneekristalle, die bei jedem Stockeinsatz in die Luft gewirbelt und vom Wind fortgetragen werden. Berge zeichnen sich ab, nicht irgendwelche, sondern weltberühmte: der Fitz Roy, der Cerro Torre, der Cerro Adela sowie Cerro Nato und Grande. Eine düstere Kulisse, eingehüllt in wattedicke Wolkenbänke, und trotzdem recken die Berge trotzig ihre eisverkrusteten Gipfel in den Himmel. Vor uns taucht mitten im Eis eine Erhebung auf, der Nunatak Witte.

Längst ist der Wind so stark, daß wir segeln können. Weit auseinander, aber immer in Sichtweite rasen wir über die Eisfläche. Wie ein Motorradfahrer in der Kurve legen wir uns ins Schlittengeschirr, um den seitlich einfallenden Wind zu kompensieren. Ich stoppe zwischendurch, um mit der Videokamera zu drehen, wie Till und Roger im Wahnsinnstempo an mir vorbeipreschen. Wenig später passiere ich Till, der seinerseits gestoppt hat, um Fotos von uns zu machen. Wir werden nicht müde, die Gunst der Stunde zu nutzen. Wir fühlen uns wie im Rausch. Es geht bergab auf die Senke des Viedma-Gletschers zu. Links von uns der Nunatak Viedma, ein Felsmassiv, das aus dem Inlandeis ragt und daher ein markanter Ansteuerungspunkt ist. An seinem Fuße soll eine Hütte von argentinischen Wissenschaftlern stehen. Der argentinische Konsul in Puerto Montt hatte uns davon erzählt, und natürlich wußte auch Günther darüber Bescheid.

Wir machen uns aber nicht die Mühe, danach zu suchen, sondern laufen zu einem weiteren gewaltigen Felsmassiv, das den Namen Cordón Mariano Moreno trägt. Die Gipfel Cerro Francisco Moreno, Punta Brava, Dos Cuernos und Dos Cumbres sehen unzugänglich aus. Atemlos stehen wir vor diesen Felsabbrüchen, wo immer wieder donnernd Eislawinen abgehen. Noch am selben Abend queren wir den Viedma-Gletscher. Zahlreiche Spalten und Moränen fordern unsere ganze Aufmerksamkeit. Fast in Reichweite liegt Argentinien. Wo endet eigentlich Chile, und wo beginnt Argentinien? Die Grenzstreitigkeiten betreffen gerade auch diese Region. Nach der Querung des Gletschers steigt das Gelände wieder an. Es ist eine windige, exponierte Gegend. Es wird spät, und wir müssen langsam einen Lagerplatz suchen. In einer Pause diskutieren wir darüber, wo wir lagern sollen, ob unmittelbar am Felsen oder lieber auf etwas freierem Feld. Wir wählen ein Mittelding. Direkt am Felsen scheint mir ungünstig zu sein, da der Wind dort nicht schwächer sein wird, sondern vielmehr verwirbelt.

Doch die exponierte Lösung ist auch nicht befriedigend. Der Wind kommt von Westen mit immer wütenderen Böen und folgt dabei dem Gletscher, der in die argentinischen Täler führt. Nach über 24 Seemeilen, die wir heute auf den Beinen sind, schlagen wir das Lager auf. Es ist ein guter Tag gewesen, dem eine schlechte Nacht folgt. Ungefähr um Mitternacht nehmen die Sturmböen beängstigende Ausmaße an. Wütend springt der Sturm das Zelt an. Ich beginne, mir trotz der soliden Bauweise Gedanken um unsere Bleibe zu machen. Im Schlafsack eingekuschelt setze ich mich auf und stütze mich mit dem Rücken gegen die Zeltwand. Wenig später leistet mir Roger dabei Gesellschaft. Wir versuchen dabei zu schlafen, aber die Wucht der Böen ist so groß, daß wir immer wieder nach vorne überkippen und uns mit aller Kraft gegen Wind und Zelt stemmen müssen. Das wirkt ermüdend, die Situation wird zunehmend gefährlicher. Wir ziehen uns zur Sicherheit unsere volle Montur an, für den Fall, daß das Zelt nachgeben sollte. Danach wechseln wir uns mit der Stützarbeit ab, während einer immer versucht, zu schlafen. Um 7 Uhr morgens läßt der Sturm etwas nach, so daß wir draußen eine hohe Schneemauer als Schutzwall ziehen können. Außer einer gerissenen Zeltabspannung hat unser Expeditionszelt „Dome" keinen Schaden genommen. Der Funkkontakt ergibt, daß es sowohl beim Schiff wie auch bei Pablo und Sigga genauso stürmt wie bei uns. An ein Weiterlaufen ist heute nicht zu denken.

* * *

Martin, der die Wetterentwicklung genauestens beobachtet, liest am Barometer einen derzeitigen Tiefststand von 964 Hektopascal ab. Das ist – um es vorsichtig auszudrücken – ein sehr niedriger Luftdruck. Seit einigen Tagen liegt die DAGMAR AAEN in der Caleta Valdivia. Die Bucht ist geschützt und landschaftlich so interessant, daß die sechs beschließen, abwechselnd Ausflüge in die Umgebung zu machen. Thomas ist ohne Zwischenfälle gut vom Basislager zurück zum Schiff gekommen. Als er auf der Rückfahrt durch die „Mischief-Enge" fuhr, hatte er vorsorglich einige Peilungen und Beobachtungen durchgeführt, für den Fall, daß Martin doch noch beschließt, mit dem Schiff durch die Enge zu fahren. Thomas ist der Ansicht, daß es geht, obgleich er einräumt, daß vorher noch gründlich vom Beiboot aus gelotet werden muß.

Doch jetzt sind erst einmal Touren in die Umgebung angesagt. Bei einer dieser Touren entdeckt Kai Hufabdrücke, die er für Rehspuren hält. Da es aber keine Rehe in Patagonien gibt, muß es sich um ein anderes Tier handeln. Sie gehen den Spuren nach und sehen von einer Anhöhe aus plötzlich mehrere Tiere stehen, die etwas größer und kompakter als Rehe sind, von weitem aber durchaus ähnlich aussehen. Sie haben Glück, einige der sehr seltenen Huemules vor sich zu haben, eine Tiergattung, die vom Aussterben bedroht und so selten geworden ist, daß sie strengstens geschützt sind. Diese Tiere haben offenbar noch nie Menschen gesehen. Als sich Kai und Morgan ihnen nähern, bleiben sie zunächst verdutzt stehen und blicken in ihre Richtung, um dann ihrerseits langsam auf sie zuzugehen. Kai, der seine Kamera dabei hat, baut sein Stativ mit einem 600-Millimeter-Objektiv auf und schießt stolz seine ersten Fotos. Die Brennweiten werden immer kürzer. Ohne jede Scheu nähern sich Tier und Mensch einander. Die Huemules haben eine eigenartige, wippende Bewegungsart, die ein bißchen nervös wirkt. Die Tiere scheinen aber einfach nur neugierig zu sein. Wie Fotomodelle stellen sie sich in Positur und kommen dabei so nahe heran, daß Kai einige Schritte zurückweichen muß, um nicht nur Ausschnitte zu fotografieren. Sie beobachten die Tiere, dann geht jeder wieder seines Weges.

Als sie später an Bord von dem Erlebnis erzählen, machen sich auch die anderen auf die Suche und werden ebenfalls belohnt. Die Tiere scheinen keine Furcht zu kennen. Wie selten diese Art geworden ist, sollen wir erst später erfahren: Die Stellen, an denen die Tiere leben, werden wie ein Staatsgeheimnis gewahrt, um sie vor Wilderern zu schützen. Lediglich der chilenischen Marine haben wir den genauen Treffpunkt mitgeteilt, ansonsten bleibt der Ort geheim. Er befindet sich auch nicht genau in der Caleta Valdivia, sondern irgendwo dort in der Nähe.

Mit Naturbeobachtungen verbringt die Crew die meiste Freizeit. Sie beobachten Raubkatzen, die wie verwilderte Hauskatzen aussehen, aber offenbar in dieser Form in der freien Natur aufwachsen. In dem eisig kalten Wasser finden sie bei Tauchgängen eine prachtvolle Unterwasserlandschaft vor. Sie gehen bis auf achtzehn Meter Tiefe und entdecken einen mit Centollas bedeckten Meeresboden. Die Centollas sind große Krebse, genauer gesagt Seespinnen, die den amerikanischen King Crabs verwandt sind. Wie in Alaska sind die

Centollas auch in Chile übermäßig befischt worden, mit dem Resultat, daß sie selten werden. In dieser Bucht scheint die Welt noch in Ordnung zu sein. Wie Unterwasserwälder rankt sich der Seetang vom Meeresgrund zur Oberfläche empor. Die einzelnen Ranken sind armdick mit weichen, fleischigen Blättern, die sich sachte in der Strömung bewegen. Seeanemonen an Felsabbrüchen, Muscheln und Unmengen an Seeigeln – das kalte Wasser ist voller Leben. Kondore kreisen fast unablässig über ihren Köpfen, und an Land treffen sie trotz des rauhen Klimas immer wieder auf Kleinstvögel – die Kolibris. Schwirrend tanzen sie um ihre Köpfe herum. Auf dem Wasser schwimmen majestätisch die Caiquenes-Gänse und daneben die plump wirkenden Dampfschiffenten. Letztere haben ihren Namen deshalb erhalten, weil sie flugunfähig sind und ihre verkümmerten Flügel wie die Räder eines Schaufelraddampfers einsetzen, um sich bei Gefahr in Sicherheit zu bringen. Wie eine kleine Dampfbarkasse wirbeln die Enten über die Wasseroberfläche und erreichen dabei eine Geschwindigkeit und Ausdauer, daß selbst der schnellste Kajakfahrer resigniert aufgibt. Keiner von der Schiffsbesatzung hatte mit einer solchen Artenvielfalt gerechnet. Kein Berg in der näheren Umgebung ist vor Thomas sicher, der froh ist, seinen Verpflichtungen als Koch endlich einmal zu entkommen und sich voll und ganz den Bergtouren zu widmen. Martin peilt und mißt zwischendurch die Buchten und Berge, vergleicht sie mit den chilenischen und britischen Karten, die offenbar noch aus der Zeit der BEAGLE unter Kapitän Fitzroy und Charles Darwin stammen. Frank hat alle Hände voll zu tun, die Eindrücke im Film festzuhalten. Es ist eine abwechslungsreiche Zeit voller Eindrücke und Erlebnisse.

* * *

Zwei Tage liegen Sigga und Pablo in demselben Sturm fest, der uns auf dem Plateau erwischt. Sie haben sich, um Gewicht zu sparen, für ein Leichtgewichtzelt entschieden, das ich für sommerliches Zelten in den Tropen mitgenommen hatte, nicht aber für Patagonien. Jetzt rächt sich die Entscheidung. Das Zeltgestänge bricht mehrfach und muß immer wieder repariert werden. Zu allem Überfluß macht der MSR Whisperlight, ein Benzinkocher, Probleme, weil das Benzin durch irgendetwas verunreinigt ist. In einem kalten, nassen und teilweise defekten Zelt harren sie aus und ernähren sich dabei lediglich von BP5 und Power Bars. Als das Wetter endlich wieder besser wird, steigen sie ohne Gepäck wieder bis zum Basislager ab, um noch mehr Proviant zu holen. Ein Ersatzzelt gibt es an Bord, aber das Schiff ist derzeit weit entfernt, so nehmen sie lediglich einige Reparaturteile mit. Günther bewirtet die beiden nach besten Kräften. Dabei hat er selbst eine Menge geleistet. Zunächst einmal hat er einen Pfad durch das dichte Unterholz geschlagen und markiert, so daß es sich fortan besser laufen läßt. Der Lagerplatz sieht geordnet und einladend aus, von hier aus will Günther verschiedene Touren auf die umliegenden Berge machen. Sigga und Pablo bleiben eine Nacht. Am nächsten Morgen ziehen sie abermals schwer beladen über die nunmehr bekannte Route Richtung Inlandeis. Sie erreichen schließlich ihren alten Lagerplatz und steigen von dort aus weiter auf. Nach den Schneefeldern, wo sie erstmals ihre Schlitten einsetzen können, kommen sie an einen total zerrissenen Gletscher mit tiefen, breiten Spalten. Vorsichtig umgehen sie eine Spalte nach der anderen und gewinnen langsam an Höhe. Es ist, darüber sind sich beide einig, keine ideale Aufstiegsroute. Aber es ist die beste, die sie in der zur Verfügung stehenden Zeit finden konnten. Mit den enorm schweren Rucksäcken über den steilen, zerklüfteten Gletscher zu gehen, kostet viel Kraft. Trotzdem erreichen sie an diesem Tag nahezu das Plateau. Es ist der 9. November.

***

Pablo und Sigga sind rechtschaffen müde, als wir am Abend über Funk miteinander reden. Sie haben jetzt für insgesamt fünfzehn Tage Proviant hochgeschafft, ja, und mehr noch: So richtig scheint es ihnen noch gar nicht bewußt zu sein – sie haben eine Route zum Plateau gefunden und damit den Durchbruch geschafft. Wir gratulieren ihnen, jetzt dürfte einem Zusammentreffen an der Falla de Reichert eigentlich nichts mehr im Wege stehen.

Wir sind heute den vierzehnten Tag auf dem Eis. Nachdem wir drei Tage vom Sturm buchstäblich festgenagelt worden sind, können wir heute endlich aus unserem zugewehten und feuchten Zelt klettern, um unseren Weg fortzusetzen. Die Sicht ist mäßig, das

Wetter launisch. Wir schaffen heute 10 Seemeilen und überqueren dabei das Oberteil des breiten Uppsala-Gletschers, der sich in einem Bogen zur argentinischen Seite ergießt. Bis hierher waren damals Eric Shipton und seine Mannschaft gekommen. Sie hatten allerdings zweiundfünfzig Tage dafür benötigt. Shipton wählte den Weg über den Uppsala-Gletscher, um nach Argentinien abzusteigen. Damit war ihm und seinen Leuten die bis dahin längste Durchquerung des Inlandeises gelungen.

Wir folgen weiter dem Verlauf des Altiplano. Unterhalb des Don Bosco und des Murallón, beides vollständig in Eis gekapselte Berge, lagern wir. Vor uns ein steiler Absatz, den wir morgen angehen wollen. Schon wieder zieht Sturm auf. Die Berggipfel im Westen hüllen sich zusehends in Wolkenbänke, die sie wie Watte zudecken. Erst versuchen wir, den zunehmenden Sturm zu ignorieren, stemmen uns verbissen gegen den Wind an und tappen in unserem Torkelschritt vorwärts. Wie üblich ziehen wir den Kürzeren. Irgendwann raubt einem der Sturm den Atem. Die Skibrillen sind vom nassen, klebrigen Schnee verkleistert, und die Wucht der Böen läßt die Skistöcke bei jedem angesetzten Stockeinsatz seitlich auswehen. Gott sei Dank ist es spät genug, wir entscheiden uns zu lagern.

Wir haben mittlerweile Routine bekommen, das Zelt im Sturm aufzustellen. Zuerst schneiden wir mit der Schneesäge große Blöcke Firn aus dem Boden und beginnen dann, eine runde Mauer zu ziehen, die mannshoch und achtzig Zentimeter dick wird. Im Schutz dieser Mauer bauen wir das Zelt auf, spannen es mit allen verfügbaren Seilen und Gerätschaften ab und beginnen dann, unser Hab und Gut ins Innere zu tragen. Die Apsis schachten wir zusätzlich aus, so kann man gut geschützt vor dem Innenzelt, aber unter der Apsis sitzen und seine Kleidung mittels einer Klobürste vom Schnee befreien. Diese Klobürsten sind wichtige Ausrüstungsutensilien, deren Notwendigkeit sich gerade bei solchem Wetter zeigt. Umschichtig wird der Proviant für Abendbrot und Frühstück von einem der Schlitten genommen, die Kabelantenne für das Funkgerät muß gespannt werden, dann erst können wir endgültig den Schutz des Zeltes aufsuchen. Einer nach dem anderen krabbelt in die Apsis und dann – vom Schnee gereinigt – ins eigentliche Zelt. Dort ist es in der Regel warm und einigermaßen trocken. Nur die Schlafsäcke sind mittlerweile feucht geworden, da sie immer irgendwie mit der Zeltwand in Berührung kommen. Da es während der letzten Tage keine Möglichkeit gab, sie zu trocknen, sammelt sich langsam Feuchtigkeit und damit auch zusätzliches Gewicht an.

Wieder bricht ein heulender Sturm über uns herein. Ich schätze den Wind auf 50 Knoten. Er bläst die ganze Nacht und den folgenden Tag mit unverminderter Stärke. Dabei ist es warm und feucht. Letzteres macht uns mehr zu schaffen als alles andere. Der Schnee wird in dicken, klebrigen Lagen aufs Zelt gepappt und drückt durch sein Gewicht Innen- und Außenzelt zusammen. Es bilden sich Rinnsale im Außenzelt und Tümpel und Bäche auf dem Zeltboden. Mit dem Schwamm saugen wir sie auf, so gut es geht, aber es wird trotzdem immer nasser.

Zum ersten Mal gelingt es mir nicht, Funkkontakt mit dem Schiff oder Sigga herzustellen. Dafür können wir die beiden gut hören. Sie befinden sich in 1400 Metern Höhe und kommen offenbar gut voran.

Am nächsten Morgen Sonnenschein und Windstille. Sofort hängen wir die Schlafsäcke raus und lassen sie den ganzen Tag über festgeschnallt auf den Pulkas liegen. Auf diese Art und Weise trocknen sie endlich etwas. Nach einer Stunde erreichen wir den Absatz und beginnen damit, in langen Kehren bergauf zu laufen. Schon bald gehen wir nur in langer Unterwäsche, die Temperatur klettert auf 22° Celsius. Es ist steil, aber bei dem festen Untergrund kommen wir stetig voran. Die Sicht ist überwältigend. Wir blicken auf die Route zurück, die wir gekommen sind und deren Ansicht uns die letzten Tage ständig versagt war. Die Spitzen des Fitz Roy und des Cerro Torre zeichnen sich deutlich ab. Seitlich von uns der Don Bosco und der Murallón. Als wir schließlich nach einigen Hundert Höhenmetern das Hochplateau, die Meseta Italia erreichen, zeigt unser Höhenmesser 1800 Meter an. Wir schwitzen aus allen Poren. Blasen bilden sich an den Füßen, da die Haut durch den Schweiß weich und verwundbar wird. Als wir abends das Lager aufgebaut haben, stapfen wir drei mit schmerzverzerrten Gesichtern barfuß im Schnee herum, um den Füßen und den Blasen eine Schocktherapie zu verabreichen. Wir lagern quasi neben dem Murallón, im Hintergrund – Richtung Westen – zeigt sich die Pyramide des Riso

Patrón. Wäre das Wetter auf dem Patagonischen Inlandeis nicht so notorisch schlecht, es wäre längst zu einem der führenden Skiparadiese geworden. Die Landschaft ist einfach unglaublich schön! Doch Gott sei Dank ist das Wetter meistens schlecht! Das ist gewiß der beste Garant dafür, das alles bleibt, wie es ist. Denn wer wird schon das Risiko eingehen, von seinen kostbaren Urlaubstagen 80 oder 90 % wegen Sturm und Nebel im Hotelzimmer zu verbringen?

Nachdem auch morgens der Funkkontakt nicht geklappt hat, bekommen wir heute abend ein Gespräch mit Sigga zustande. Trotzdem macht mir mein Funkgerät Sorge. Die Verbindung ist gestört. Mal hören wir uns gut, dann geht plötzlich gar nichts mehr. Sekunden später kommt die Verbindung wieder zustande. Da Sigga wiederum Kontakt mit Martin hat, kann sie unsere Position an ihn weiterleiten. Sigga und Pablo klingen begeistert. Sie haben spannende Tage hinter sich.

* * *

Nachdem Sigga und Pablo das Plateau erreicht haben, folgen sie einem Bergrücken, um nichts von der mühsam gewonnenen Höhe preisgeben zu müssen. Von ihrer Position aus blicken sie auf die Route, auf der wir in wenigen Tagen von Norden her kommen müssen. Da die Sicht gut ist, sammeln sie erste wichtige Informationen über die Geländebeschaffenheit. Weit davon entfernt, eine Hochebene zu sein, wartet das Altiplano mit Senken, Höhenrücken und Spaltensystemen auf. Jede Information ist uns deshalb willkommen. In 1800 Metern Höhe schlagen sie ihr Lager im Windschatten eines Berges auf und richten sich dort für mehrere Tage ein, um die vor ihnen liegenden Berge zu besteigen. Der Eindruck dieser Gipfel, die allesamt unbestiegen sind, muß die beiden überwältigen.

Die Gewißheit, endlich den schwierigen Aufstieg geschafft zu haben und sich jetzt nur noch der Kletterei zu widmen, läßt die beiden kaum noch zur Ruhe kommen. Sie können sich nicht satt sehen an den Bergen, den tief eingeschnittenen Fjorden, den Gletschern und dem langen Band des Altiplano. Noch am gleichen Tag gehen sie ihren ersten Gipfel an. Es ist ein markanter Berg, der einen gewaltigen Pilz aus Eis als Gipfelaufbau hat. Auch die anderen Berge sind allesamt in Eis und Schnee gehüllt, dieser Gipfel scheint jedoch am markantesten zu sein. Pablo hat vom Chilenischen Geographischen Institut den Auftrag erhalten, diese Region nach besten Möglichkeiten zu vermessen, die Berge zu benennen und falls möglich, sie zu besteigen und zu vermessen. Damit hat man ihm als Lohn sozusagen das Recht der offiziellen Namensgebung gegeben, wovon er auch reichlich Gebrauch machen wird. Der Berg, den sie sich als ersten vorgenommen haben, ist technisch nicht sehr schwierig und deshalb zum Angewöhnen gut geeignet. Lediglich der Gipfelaufbau erfordert Eiskletterei, dann, nach einigen Stunden, stehen sie auf ihrem ersten Gipfel. Sie bestimmen die Höhe mit 2365 Metern und beide beschließen, den Berg offiziell auf den Namen „Monte Dagmar Aaen" zu taufen. Als wir davon hören, freuen wir uns alle darüber, denn schließlich spielt die „alte Dame" nach wie vor die Hauptrolle in diesem Abenteuer. Der Aufenthalt auf dem Gipfel ist nicht von langer Dauer. Durch die Fjordlandschaft im Westen ziehen Zirren auf. Die Gipfel der umliegenden Berge werden in wirbelnde Wolkenfetzen eingehüllt und die beiden beeilen sich, wieder abzusteigen. Als sie ihr Lager erreichen, tobt ein voller Sturm, der gleiche, der uns am Don Bosco erwischt hat. Zwei Tage können sie nichts tun außer abzuwarten. Dann endlich reißt die Wolkendecke auf, der Sturm hat sich ausgeweht.

Unmittelbar über ihrem Lagerplatz baut sich ein gewaltiger Berg auf, den sie als nächsten angehen. Pablo beschreibt ihn später als den technisch anspruchsvollsten. Streckenweise mußten sie in sehr schlechtem Eis 70 Grad klettern, zudem verschlechtert sich das Wetter während des Aufstieges erneut. Trotzdem kommen sie auf den Gipfel, den sie auf den Namen „Cerro Centinela", „Wachturm", taufen. Leider haben sie kaum Sicht, da sie mitten in den Wolken stecken. Als sie zurück in ihrem Lager sind, merken sie, daß ihre Gesichter völlig verbrannt sind. Trotz der Wolkendecke und entsprechender Schutzcremes muß die Sonneneinstrahlung unglaublich intensiv sein.

Während der kurzen Aufheiterungen gewinnen sie einen ersten Blick in Richtung Falla de Reichert. Was sie sehen, sieht nicht gut aus, aber noch sind sie zu weit entfernt, um Genaueres sagen zu können. Vom Monte Dagmar Aaen aus haben die beiden auch die Laguna Escondida einsehen können, ein See auf argentinischer Seite, über den immer wieder spekuliert wird, ob er eine mögliche Umgehung der Falla de Reichert darstellen könnte. Nach Pablos und Siggas Meinung wäre das ein aussichtsloses Unterfangen. Nach der Besteigung des Cerro Centinela verlagern die beiden am nächsten Tag ihr Camp weiter Richtung Falla de Reichert. Es steht jetzt unmittelbar am Rande der Senke. Noch an demselben Tag besteigen sie bei idealem Wetter einen Gipfel, der auf den Namen „Cerro Ilusión" getauft wird. Der Gipfel selbst besteht lediglich aus einer Eisnadel, die nur einer Person zur Zeit Platz bietet. Ohne es zu ahnen, stehen sie am Beginn einer für diese Gegend ungewöhnlich lang anhaltenden Schönwetterphase. Drei Tage lang bleibt der Himmel makellos blau. Die Sonne brennt vom Himmel und damit auf ihre Haut, so daß sie, wie wir, mit Tüchern und Gesichtsmasken herumlaufen. Als nächster Berg folgt der „Cerro Mirador", „Aussichtspunkt", der keine technischen Schwierigkeiten bietet, dafür aber einen großartigen Überblick über den Peel-Fjord, den García-Gletscher und die Falla de Reichert – was sie sehen, ist nicht sehr ermutigend.

Sie bleiben bei dem schönen Wetter eine ganze Zeit lang auf dem Gipfel, um mögliche Routen zu studieren. Die Ergebnisse werden wir gemeinsam bei unserem Zusammentreffen besprechen. Vorerst machen sie sich daran, weitere Gipfel anzugehen. Am selben Tag besteigen sie den „Cerro Aparición", die „Erscheinung", der Passagen mit 70 bis 80 Grad steilem, hartem Eis beinhaltet. Es ist neben dem Centinela die schwierigste Tour der beiden. Bei dem anhaltend schönen Wetter gelingt ihnen an diesem Tag der Hattrick, und sie besteigen auch noch einen weiteren Gipfel, den Pablo auf den Namen „Cerro Inmaculado", der „Unberührte", tauft. In der kurzen Zeit, die ihnen zur Verfügung stand, haben sie sechs Erstbesteigungen durchgeführt. Als sie abends müde und zerschlagen im Lager eintreffen, kommen sie gerade noch rechtzeitig zum Funken an. Es ist der Abend des 17. November.

* * *

Die Mischief-Enge läßt Martin keine Ruhe. Als der Zeitpunkt näher rückt, um Günther abzuholen, macht er sich mit der Dagmar Aaen wieder auf den Weg dorthin. Kurz davor stoppt er und setzt das

Schlauchboot aus, um die Lotungen, die Thomas auf seiner Rückkehr vom Basislager begonnen hatte, fortzuführen. Wir haben das Buch von Tilmans Reise nach Patagonien an Bord. Offenbar hatte die Crew versucht, die Enge zu durchfahren, während sie auf Tilman, der sich zu diesem Zeitpunkt auf dem Inlandeis befand, wartete. Wie bereits erwähnt, ging dieses Experiment gründlich schief. Die MISCHIEF lief auf einen Felsen auf und blieb dort vorerst unverrückbar liegen.

Es müssen beängstigende Momente gewesen sein, die die Crew dort auszustehen hatte, denn als die Tide kenterte, sahen sie Unmengen von Eis auf sich zukommen, ohne die Chance, ausweichen zu können. Zum Glück liefen die größeren Brocken auf Grund, bevor sie das Schiff erreichten. Dennoch, die verbliebenen Eisschollen richteten Schaden genug an. Die Außenhaut der MISCHIEF wurde förmlich abgeraspelt. Dabei ging nicht nur Farbe drauf, sondern, schlimmer noch, ganze Fasern wurden aus den Planken gerissen. Eine Eisscholle brach einen Flügel des Propellers ab und verbog zusätzlich die Schraubenwelle. Die Mannschaft muß bis zum Umfallen gearbeitet haben, um den gesamten Ballast aus dem havarierten Schiff zu bergen und mit dem Beiboot an Land zwischenzulagern. Dabei drohte die MISCHIEF bei Niedrigwasser immer wieder umzufallen, weil Eisschollen die seitlichen Stützen fortrissen. Irgendwann gelang es ihnen, das Schiff wieder freizubekommen, sie waren noch einmal mit dem Schrecken davongekommen. Allerdings war der Motor wegen der defekten Wellenanlage fortan nahezu unbrauchbar. In den patagonischen Kanälen ohne Motor mit einem traditionell getakelten Schiff zu segeln, ist allerdings eine Aufgabe, die gar nicht hoch genug bewertet werden kann. Es dauerte auch entsprechend lange, bevor die MISCHIEF Valparaíso erreichte, wo die Reparaturen durchgeführt werden konnten.

Martin überläßt nichts dem Zufall. Er findet einen engen Kanal, der durch die Barre führt. Versehen mit den erforderlichen Peilungen, dirigiert er die DAGMAR AAEN ohne jede Grundberührung sicher durch die Enge, die noch heute den Namen der damals unglücklichen MISCHIEF trägt. Alle atmen erleichtert auf. Martin trägt die Peilungen und Tiefen in die Seekarte ein. Damit ergibt sich auch in Zukunft eine sichere Passage.

28

29

28 Einige Fundstücke, die wir am Wrack des SEEADLERS geborgen haben

29 Brigitte erkundet die flache Lagune von Mopelia mit dem Faltboot

30

30 Pitcairn mit Adamstown, die DAGMAR AAEN in der Bounty-Bucht. Hier zerstörten die berühmten Meuterer ihr Schiff

31 Bootshaus mit Longboat

31

32

33

34

32 Zum Abkühlen ein beherzter Sprung ins Wasser

33 Vorsichtig segeln wir an den Korallenriffen der Tuamotus entlang

34 Sigga hat Platz genommen, mit den Motorrädern erkunden wir die Insel Pitcairn

35 Die Moais werfen der Wissenschaf
auch heute noch Rätsel auf

36 In der Anakena-Bucht der Osterins

35

36

37

38

37 Der Kanal Baker in Patagonien

38 Unterwegs auf dem Patagonischen Inlandeis

39

39 Der Morgen nach dem Sturm

40 Endlich ein schöner Tag – die Parawings kommen zum Einsatz

41 Zu Beginn zieht jeder von uns kr
100 kg auf seinem Pulka-Schlitten

40

41

42

43

44

42 Schneesturm gehört fast zur Tagesordnung

43 Neun Tage Orkan – das ist für mich ein neuer Rekord

44 Beim Abstieg in die Falla de Reichert

45 Pablo Besser auf dem Gipfel des frisch getauften „Monte Dagmar Aaen“

45

Noch während sie sich darüber freuen, Günther wider Erwarten mit dem Schiff abholen zu können und dabei bis an den García heranzukommen, tritt etwas völlig Unerwartetes ein. Kai, der an Deck steht und steuert, hört plötzlich Hilfeschreie. Erst glaubt er an ein Tier, dann wird ihm doch unheimlich zumute. Er ruft die anderen an Deck. Martin läßt den Motor ausstellen, und alle Sechs hören gebannt auf etwaige Rufe. Plötzlich ist es wieder da. Es scheint von hoch oben zu kommen, auf der südlichen Uferseite, dort, wo extrem steile Berge und Gletscher unmittelbar zum Inlandeis hochreichen. Die Rufe klingen nicht nur verzweifelt, sie scheinen höchste Not zu signalisieren. Sie rufen zurück, so laut sie können. Keine Antwort. Sie suchen die Bergmassive mit Ferngläsern ab – ohne Resultat. Der Abend ist ruhig, so lassen sie sich eine Weile treiben. Es wird langsam dunkel, und mit der Dunkelheit legt sich auch eine fast spürbare Stille über den Fjord. Alle sind sich einig, daß das menschliche Laute waren. Es gibt keine Tiere hier, die ähnlich verzweifelt und so menschlich klingen. Aber wer kann es gewesen sein? Und wo sollen sie suchen? Es ist ein völlig unzugängliches Hochgebirge, und die Rufe kamen von weit oben. Im Dunkeln läßt sich ohnehin nichts machen. Die gute Stimmung ist schlagartig verschwunden. Was kann das sein? Besorgte Diskussionen finden statt, wie kann man Hilfe leisten? Martin versucht, über Funk die chilenische Marine zu informieren, aber gerade heute kommt er mit dem Funkgerät nicht durch. Da das Basislager nicht allzu weit entfernt ist und Günther darauf wartet, abgeholt zu werden, fahren sie weiter. Morgen werden sie weitersehen.

Als sie das Lager erreichen, steht Günther schon bereit. Er hat das Zelt abgebrochen, alle Sachen zusammengepackt, Müllsäcke ans Ufer gestellt, wo sie mit dem Dingi an Bord gebracht werden können, und für den Notfall Proviant an einer vorher vereinbarten Stelle hinterlassen. Er ist bester Dinge. Seit siebzehn Tagen lebt er hier, davon die größte Zeit völlig allein. Das scheint ihm nichts ausgemacht zu haben. Er sieht gut und fit aus und hat auch zu keiner Zeit Langeweile verspürt. Kein Tal, keine Anhöhe, die vom Camp aus irgendwie erreichbar war, die er ausgelassen hätte. Er hat sich entlang der Nordseite des García-Gletschers durch dichten Wald und Gestrüpp über einen steilen Berghang emporgearbeitet und damit für uns wichtige Informationen über den Verlauf des Gletschers gewonnen. Jetzt ist er froh, zurück an Bord zu sein. Man merkt ihm an, wie erfüllt er von den Eindrücken und Erlebnissen ist. Patagonien ist zu einem wichtigen Lebensinhalt von Günther geworden. Die zurückliegenden Wochen lassen an Intensität nichts zu wünschen übrig. Seine Rückkehr wird von den „Schreien" überschattet. Über Funk hat Martin mich darüber informiert.

Wir haben vom argentinischen Konsul in Puerto Montt erfahren, daß zwei Schweizer versuchen wollten, ebenfalls das Inlandeis zu durchqueren. Unser Führer am Jorge Montt hatte auch ihnen den Weg gewiesen. Danach haben wir weder etwas von ihnen gehört noch gesehen, obwohl sie offenbar nur wenige Tage vor uns gestartet sind. Kann ihnen etwas zugestoßen sein? Denkbar wäre es, ich halte es aber für unwahrscheinlich, da die Rufe südlich der Falla de Reichert zu hören sind. Daß sie diese Senke – von Sigga und Pablo unbemerkt – durchquert haben, halte ich für schlichtweg ausgeschlossen. Da auch wir keinerlei Spuren gesichtet haben, vermute ich vielmehr, daß die beiden schon weit vorher zur argentinischen Seite abgestiegen sind. Viel später wird diese Vermutung bestätigt. Die beiden waren bereits offenbar in der Nähe des Vulkan Lautaro abgestiegen. Aber davon wissen wir zu diesem Zeitpunkt nichts. Außerdem besteht die Chance, daß eine unangemeldete Expedition von der argentinischen Seite aus versucht, die relativ kurze, aber schwierige Strecke über das Inlandeis zu überqueren. Was auch immer geschehen sein mag, wenn man Hilfeschreie hört, stellt man alle möglichen Vermutungen an.

Die Situation spitzt sich zu, als die Crew am nächsten Morgen genau an der gleichen Stelle erneut Hilferufe hört, dieses Mal klingen sie noch verzweifelter. Was ist da los? Martin schickt zwei Suchkommandos an Land. Die eine Gruppe besteht aus Kai und Morgan, die andere aus Thomas und Jörg. Auf unterschiedlichen Routen arbeiten sich die beiden Gruppen in der steilen Wand nach oben. Aber es ist aussichtslos, zumindest solange man nicht weiß, wo sie eigentlich suchen sollen. Martin tutet mit dem Typhon, darauf eine Antwort irgendwo aus dem Berg. Spät kommen die beiden Suchtrupps zurück. Sie sind müde und schmutzig, aber das zählt nicht. Sie sind frustriert, nicht mehr machen zu können. Dabei war die

Suche nicht ungefährlich. Martin trifft in dieser Situation die einzig richtige Entscheidung. Er verläßt, so schnell es geht, den Peel-Fjord, um mit der chilenischen Marine Kontakt aufzunehmen. Als der Fjord hinter ihnen liegt, treffen sie auf ein Schiff, das sie über den Zwischenfall informieren. Der Kapitän leitet den Notruf weiter, während sich die Dagmar Aaen umgehend wieder auf den Rückweg macht, um eventell doch noch Hilfe zu leisten.

Als sie die Stelle im Peel-Fjord erreichen, schlägt das Wetter um. Der obere Teil des Bergmassivs hängt in dichten Wolken, Sturm und Regen nehmen jede Sicht. Obwohl sie unablässig Wache gehen, gibt es keine Lebenszeichen mehr. Weder ein Ruf, noch sonst irgendein Signal. Sie ahnen zu diesem Zeitpunkt nicht, daß sie am Beginn einer langen Sturmperiode stehen, die auch sämtliche Versuche, aus der Luft etwas zu unternehmen, ausschließen. Bis zum heutigen Tag ist niemals geklärt worden, was es mit den Hilferufen auf sich hatte. Unter der Mannschaft der Dagmar Aaen bestehen keine Zweifel, daß es Hilferufe waren. Sicher ist auch, daß Martin und die Mannschaft alles in ihrer Macht stehende versucht haben, um Hilfe zu leisten. Allein die Umstände waren dagegen. Die Chilenen wußten von keiner Expedition und haben deshalb auch keine weiteren Untersuchungen angestellt.

***

Wir lagern zu diesem Zeitpunkt nur noch knapp 7 Seemeilen von Pablo und Sigga entfernt. Allerdings liegen zwischen den beiden Positionen rund 900 Höhenmeter, die wir über einen Gletscher wieder aufsteigen müssen. Unablässig haben wir in den zurückliegenden Tagen unsere mühsam gewonnene Höhe verloren, bis unser Höhenmesser nur noch 1100 Meter anzeigt. Von jetzt an geht es wieder bergauf, und das gleich 900 Höhenmeter.

Das Gelände hat sich in den letzten Tagen verändert. Das Inlandeis wird mehr von Bergrücken durchbrochen, es schlängelt sich förmlich zwischen den eisbedeckten Gipfeln hindurch. Schließlich stehen wir auf einem vom Eis glattpolierten Felssockel und blicken tausend Meter tief hinunter. Unter uns liegt saftig grüner Wald und der von hier oben wie ein Finger aussehende Peel-Fjord. Wir können von hier aus Teile des Margarita-Gletschers sehen und den Beginn der Falla de Reichert erahnen. So nah am Fjord, am Basislager und letztlich auch am Schiff zu sein, weckt ungeahnte Sehnsüchte. Trotzdem begeistert uns weiterhin die Landschaft aus Eis und Schnee, die im Vergleich zu dem unter uns liegenden Grün wie zu einer anderen Welt zu gehören scheint. Wir reißen uns los von dem Anblick und schleppen unsere Pulkas weiter bergan. Es ist fast unerträglich heiß, das Thermometer zeigt 25° im Schatten. Der Schnee ist naß und klebrig. Die Hitze, der reflektierende Schnee, die Steilheit des Geländes, irgendwie ist mir heute alles zuviel. Ist es mein entzündeter Zeh oder der Schüttelfrost, der mich seit einigen Stunden quält. Irgendwie ist es nicht mein Tag, und ich muß meine ganze Energie aufbringen, weiterzugehen. Als wir schließlich lagern, fühle ich mich zerschlagen und müde wie an keinem anderen Tag der Expedition. Ich bin froh, als ich ins Zelt und den warmen Schlafsack kann – morgen kann es für mich nur besser werden!

Zur verabredeten Zeit sprechen wir mit Sigga und hören von ihren Erfolgen und ihrer Begeisterung. Sie sind nur wenige Meilen Luftlinie von uns entfernt, aber noch über 700 Höhenmeter. Die Nacht ist klar und kalt. Wir stehen früh auf, um vor der einsetzenden Wärme den hart gefrorenen Schnee ausnutzen zu können. Die Nacht hat mir gutgetan, ich fühle mich wieder weitestgehend her gestellt und frage mich, ob ich nicht allen Ernstes einen Sonnenstich bekommen habe – auf dem Patagonischen Inlandeis, das dürfte rekordverdächtig sein. Es geht steil bergan, vorbei an tiefen Spaltensystemen. Wir müssen mit Steigeisen gehen, da es zu steil ist, um auf Ski die Schlitten zu ziehen. Hinter jeder Bodenwelle hoffen wir, die Paßhöhe zu sehen, und dann geht es abermals steil bergan.

Gegen Mittag ist es vollbracht. Schwitzend ziehen wir die Pulkas über die letzte Anhöhe und sehen in etwa einer Meile Entfernung zwei Punkte, die sich im Schnee bewegen. Sigga und Pablo haben uns offenbar noch nicht bemerkt. Erst als wir ein ganzes Stück dichter an ihren Lagerplatz herangekommen sind, fahren sie auf ihren Ski den Hang von ihrem Lagerplatz ab und wenig später fallen wir uns in die Arme. Mit sonnenverbrannten Gesichtern, schmutzig und durchgeschwitzt, wie wir alle sind, feiern wir ausgelassen unser Wiedersehen. Heute ist der dreiundzwanzigste Tag, den wir auf dem Eis unterwegs sind, für Pablo und Sigga ist es der achtzehnte

Tag, seitdem sie das Basislager verlassen haben. Diesen vorher vereinbarten Punkt auf verschiedenen Routen erreicht zu haben, ist die Erfüllung einer der wichtigsten Aufgabenstellungen der Expedition. Der weitaus größte Teil des Inlandeises liegt hinter uns. Soweit war bislang nur eine Gruppe Spanier gekommen, die sich in Anbetracht der weiteren Schwierigkeiten mit einem Hubschrauber chauffieren ließ, den sie über Funk herbeiriefen. Der Grund für diese Hilfestellung liegt unmittelbar vor uns: die Falla de Reichert.

Bevor wir uns mit diesem Problem befassen, beginnen wir damit, das Lager aufzubauen. Mir gefällt der Platz, den Sigga und Pablo sich ausgesucht haben, nicht. Er liegt unmittelbar unterhalb einer Felswand und ist eingerahmt von Schneewehen. Wir befinden uns in 2000 Metern Höhe an einer sehr exponierten Stelle. Nirgendwo sonst im Bereich des Inlandeises soll das Wetter so schlecht sein wie an der Falla de Reichert. Auch wenn momentan alles im Sonnenlicht erstrahlt, ist es eine trügerische Ruhe. Tage wie diese soll es nur wenige geben. Fast können wir es nicht glauben, zu makellos und schön sieht der Himmel aus. Wir entscheiden uns, etwas unterhalb einer Anhöhe zu lagern, etwa fünfhundert Meter von Sigga und Pablo entfernt. Hinter uns türmt sich der Monte Dagmar Aaen auf, vor uns treten die zerklüfteten Ränder der Falla de Reichert empor. Ich fühle mich wie in einem riesigen Amphitheater. Es ist absolut windstill. Wir informieren Martin über unser glückliches Zusammentreffen, ein Umstand, der die Mannschaft der DAGMAR AAEN aus ihren sorgenvollen Grübeleien reißt. Fast können wir hinüberblicken zu der Stelle, von der aus sie die Rufe gehört haben. Aber wir können nichts unternehmen. Dazwischen liegt nämlich die berüchtigte Falla de Reichert.

Wir sitzen zu fünft in unserem Zelt bei offenen Türen, trinken literweise Tee und essen überzählige BP5-Kekse. Sigga und Pablo scheinen ausgehungert. Da sie jedes Gramm, jeden einzelnen Riegel auf ihren Rücken vom Basislager hochschleppen mußten, haben sie nur wenige Reserven eingeplant. Unsere wenigen Extra-Kekse und Riegel lösen wahre Begeisterungsstürme aus. Wir kochen und erzählen bis in den späten Abend. Morgen wollen wir uns die Falla de Reichert ansehen, bzw. versuchen, einen Abstieg zu finden. Pablo und Sigga haben Vorstellungen, nachdem sie von den von ihnen bestiegenen Bergen einen Einblick erhalten haben. Aber ich spüre bei beiden deutlich eine eher verhaltene Begeisterung über das bevorstehende Projekt. Dabei sind sie nicht ängstlich. Daß es schwierig sein würde, wußten wir. Wie schwierig und gefährlich es tatsächlich werden soll, ahnen wir zu diesem Zeitpunkt noch nicht. Morgen früh wollen wir es wissen. Wir dürfen nicht viel Zeit verlieren, da unsere Proviantvorräte begrenzt sind, und wir zudem von unseren etwas für Pablo und Sigga abzweigen müssen. Es ist mittlerweile spät geworden. Pablo und Sigga sind wieder zu ihrem Zelt gelaufen.

Kurz bevor ich mich schlafen lege, gehe ich nochmals nach draußen. Es ist kalt geworden, einige Wolken ziehen durch den Fjord hinauf. Trotzdem ist die Sicht so kristallklar und plastisch, daß ich selbst auf der anderen Seite der Senke Details erkennen kann. Bei einer solchen Sicht sollte es selbst in schwierigem Gelände möglich sein, zügig in den Kessel abzusteigen. Mißtrauisch betrachte ich den Himmel, die fliehenden Wolken. Dahinter ist wieder blauer Himmel. Ich murmele irgendwie zu mir selbst, wie, um mir Mut zuzusprechen: „Ein, zwei Tage müßte das Wetter schon noch halten.“ Ich soll mich ganz gewaltig irren.

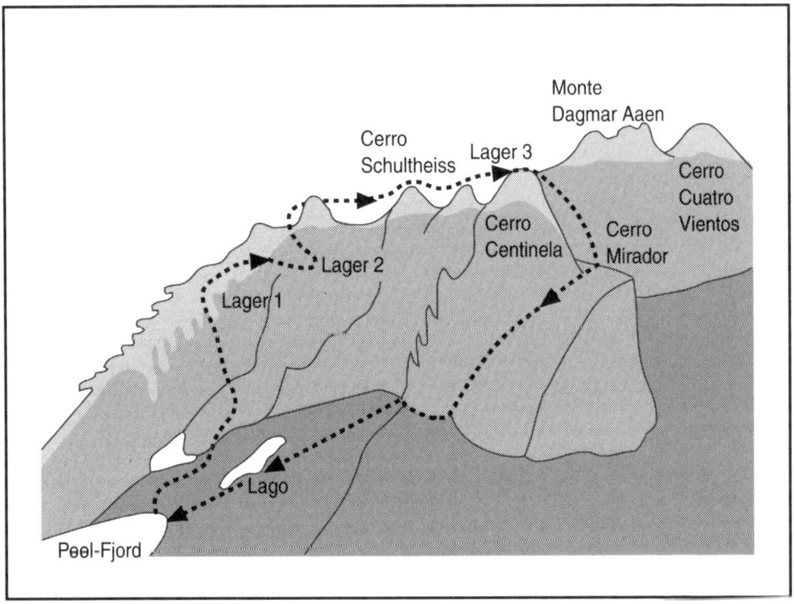
Monte
Dagmar Aaen
Cerro
Schultheiss
Lager 3
Cerro
Cuatro
Vientos
Cerro
Centinela
Cerro
Mirador
Lager 2
Lager 1
Lago
Peel-Fjord

Die Falla de Reichert

Im Jahre 1914 unternahm der im Elsaß geborene Friedrich Reichert den ersten ernsthaften Versuch, von Argentinien kommend das Innere des Inlandeises Patagoniens zu erreichen. Es gelang ihm damals, vom Lago Argentino aus den oberen Teil des Moreno-Gletschers zu erreichen. In den Jahren 1916 und 1933 versuchte er das Inlandeis zu durchqueren, das eine Mal vom Lago Viedma und das zweite Mal vom Lago San Martin aus. Beide Versuche erbrachten zwar nicht den gewünschten Erfolg, dafür aber erste wichtige Erkenntnisse über das bis dahin völlig unbekannte Plateau. Reichert war Wissenschaftler und betrachtete die von ihm aufgesuchten Regionen mit entsprechender Akribie. Wenn es in diesen frühen Jahren überhaupt ein erstes vages Bild vom Inlandeis gab, dann ist es ihm zu verdanken. Namen wie „Monte Ilse von Rentzel" gehen auf seine Expeditionen zurück. Auch wenn er selbst die Falla de Reichert vermutlich nie in vollem Umfang gesehen hat, so hat man diese zentrale Schlüsselstelle des Inlandeises ihm zu Ehren benannt. Sein Name wird für alle Zeiten für den schwierigsten, stürmischsten, engsten und unwegsamsten Teil des Altiplanos stehen.

Die Falla de Reichert ist streng genommen eine Unterbrechung des Eisfeldes. Lediglich eine schmale Paßhöhe, der sogenannte „Col 1300", verbindet das eigentliche Eisfeld mit dem letzten südlichsten Zipfel. Der chilenische Teil dieses Passes geht in den García-Gletscher über, die andere Seite fällt steil nach Argentinien zum Lago Escondido ab, einem völlig unzugänglichen, zwischen senkrechten Fels- und Eiswänden eingerahmten See. Der nördliche Zugang zur Falla de Reichert besteht aus einem zerrissenen Gletscher, der aus

2000 Metern Höhe in Kaskaden über Absätze und Steilhänge auf die Paßhöhe abfällt. Eingerahmt wird er von hohen Bergen, deren steile Flanken ständig Schnee-, Eis- und Geröllawinen hinabsenden. Der südliche Teil der Senke steigt wieder steil an. Er ist ebenfalls vergletschert, aber nicht so exponiert und gefährlich wie der nördliche Teil. Dort wartet die verhängnisvolle Stelle am oberen Teil der Senke. Nach Erreichen des obersten Grades bricht das Eis etwa 400 bis 500 Höhenmeter senkrecht ab. Es ist ein einziges Chaos aus Wächten, Überhängen, Eisabbrüchen und Lawinen. Der Col 1300 wirkt wie eine Düse.

Während sich an allen anderen Stellen des Inlandeises die Weststürme mit ihren regenschweren Wolkenbänken über das Eis und die davor gelagerten Berge mühen müssen, finden sie bei der Falla de Reichert einen in West-Ost-Richtung verlaufenden Einschnitt vor, durch den sie auf die andere Seite des Altiplano kanalisiert werden. Wie ein reißender Strom, dessen Bett plötzlich dramatisch eingeengt und zugleich steiler wird, schießen Wind, Wolken, Schnee und Regen durch das Nadelöhr. Die Windgeschwindigkeiten sind im wahrsten Sinne des Wortes atemberaubend, und da man meistens in den Wolken hängt, ist die Sicht gleich Null. Der ganze Kessel wirkt wie ein riesiges, von Zyklopen entwickeltes Amphitheater. Hier einen Weg hindurch zu finden, ist nicht nur ungemein schwierig, es ist auch lebensgefährlich.

Ich bin kein Freund von unkalkulierbaren Risiken. Ich habe im Laufe der Jahre gelernt, mit extremen Situationen umzugehen, sie nüchtern einzuschätzen, sie dann mit dem erforderlichen Knowhow und dem dazu adäquaten Gerät anzugehen und zu bewältigen. Dabei lasse ich mich in meinen Entscheidungen nicht von Emotionen leiten, sondern fast ausschließlich von Instinkt und Ratio. Abenteuer und Expeditionen, gleich welcher Art, müssen überlebbar sein. Keine Unternehmung ist es wert, daß dafür Menschenleben riskiert werden. Und dennoch – zum Nulltarif gibt es keinen Zugang in die extreme Erlebniswelt. Wer jedes Risiko scheut, bleibt besser zu Hause und lebt in steter Furcht davor, daß ihm ein Ziegelstein auf den Kopf fallen könnte, will sagen: Abenteuer, wie wir sie durchführen, sind natürlich nur mit einer gewissen Risikobereitschaft möglich. Aber das, was für den Außenstehenden mitunter furchtbar gefährlich aussieht, ist für uns, die wir gelernt haben, mit derartigen Situationen umzugehen, alltäglich. Man wächst mit den selbstgestellten Aufgaben, ohne dabei die eigene Sicherheit aus den Augen zu verlieren. Grenzbereiche gibt es immer wieder, in denen das Risiko das vertretbare Maß überschreitet. Solche Situationen habe ich aber auch in abgewandelter Form auf deutschen Autobahnen erlebt.

Wir haben uns gut überlegt, ob wir uns mit der Falla de Reichert messen wollen. Die Entscheidung war insbesondere deshalb nicht einfach, weil es so gut wie keine zuverlässigen Informationen darüber gab. Aber der Reiz des Unbekannten verfehlte seine Wirkung auf uns nicht. Risiken versuchten wir im Vorwege durch sorgfältigste Planung zu minimieren. Neueste Satellitenaufnahmen – an einem der wenigen wolkenfreien Tage aufgenommen – gaben uns erste Informationen. Günthers und Pablos Recherchen vervollständigten das Bild, so gut es eben ging. Es war wie das Zusammenstellen eines Mosaiks. Der Eindruck, den wir von der Falla de Reichert gewonnen hatten, war recht umfassend. Sogar eine mögliche und zugleich wohl die einzige Route hinunter auf den Col 1300 hatten wir anhand der Aufnahmen festlegen können. Und dennoch – als wir den ersten Blick in den Kessel werfen, fallen unsere Vorstellungen wie ein Kartenhaus zusammen. Das Gelände ist gigantischer, steiler, gefährlicher und zerrissener, als wir es uns vorgestellt haben. Und noch ein wesentlicher Unterschied zu den Fotos besteht: Auf ihnen herrscht ein sonniger, stiller Tag mit nahezu unbegrenzter Sicht. Die Realität sieht solche Tage nur in Ausnahmefällen vor. Normal sind hier Sturm, Wolken und White Out.

Das schöne Wetter bei unserem Zusammentreffen mit Pablo und Sigga ist ein solcher Ausnahmefall. Doch bereits am nächsten Tag findet der Übergang zur Normalität statt. Als wir nach einer ruhigen Nacht morgens aus dem Zelt blinzeln, ist die Szenerie wolkenverhangen und grau. Kaum können wir die umliegenden Berge ausmachen, zudem bläst uns ein scharfer Wind ins Gesicht. Schneefall setzt ein, der Luftdruck fällt. Für den Abstieg in die Falla de Reichert brauchen wir gute Sicht. Ansonsten wird es schwierig bis unmöglich, unsere geplante Route zu finden. Da das Wetter im Laufe des Vormittags immer schlechter wird, entschließen wir uns vorerst abzuwarten. Da ich immer noch an einem entzündeten Zeh laboriere, verbringe ich den Tag im Lager, während die anderen gemeinsam einen weiteren Berg besteigen, den sie auf den Namen „Cerro Cuatro Vientos“ („Vier Winde“) taufen.

Als sie zurück sind, herrscht Sturm und dichtes Schneetreiben. Wenn wir von einem Zelt zum anderen gehen, müssen wir mit Kompaß laufen, da wir uns sonst verirren könnten. Sollte das Wetter länger anhalten, werden Sigga und Pablo umziehen, damit wir dichter beieinander sind. Ihr Zelt macht allen Sorge. Mehrfach mußte es schon repariert werden. Jetzt rächt es sich, daß sie, um etwas Gewicht zu sparen, das leichte Zelt mitgenommen haben. Die Windwirbel unterhalb der Felswand, an der sie lagern, sind enorm. Sie scheinen von allen Richtungen gleichzeitig zu kommen, und so türmt sich der Schnee zu immer groteskeren Formationen um ihr fragiles Zelt herum. Fast stündlich muß einer von ihnen den Eingang freischaufeln, der ganze Platz scheint unter den Schneemassen zu versinken. Zwischendurch sitzen wir gemeinsam in unserem Zelt, trinken Tee, kochen zusammen das Abendessen und versuchen, uns die Wartezeit so gut wie möglich mit Gesprächen zu vertreiben. Der Funkkontakt mit Martin klappt derzeit nur vom höher gelegenen Lager Pablos und Siggas. Das verwundert mich, da der Höhenunterschied nur gering ist. Langsam fange ich an, meinem Funkgerät zu mißtrauen, obwohl wir zwischen den beiden Zelten kommunizieren können. Dazwischen liegen aber auch nur wenige hundert Meter.

Am 21. November hat der Sturm weiter zugelegt. Der Luftdruck ist mit 1,5 Hektopascal pro Stunde gefallen. Es ist bereits der dritte Tag, den wir hier oben festhängen, und noch gibt es keinerlei Anzeichen auf eine Wetterbesserung. Eine Sturmbö hat Teile unserer massiven Schneemauer zum Einsturz gebracht. Mit Schaufeln und Schneesäge bewaffnet machen wir uns an die Arbeit. Die Mauer, die wir um das Zelt herumbauen, ist 1,80 Meter hoch und an einigen Stellen gut einen Meter stark. Der Sturm weht von außen feuchten Schnee heran, der sich wie eine Rampe schräg an der Mauer emporzieht. Vorerst sitzt das „Expedition Dome-Zelt“ gut geschützt hinter dem Schneewall. Immer wieder kehren unsere Gedanken zu den Hilferufen zurück. Luftlinie trennen uns von der Gegend nur wenige Kilometer, aber sie hätte ebensogut auf dem Mond liegen können. Für uns besteht unter den gegebenen Umständen keinerlei Möglichkeit, dorthin zu kommen. Und mit jeder Stunde, die der Sturm anhält, schwinden die Überlebenschancen eventuell verunglückter Menschen.

Abends kommt das vorerst endgültige Aus für Pablos und Siggas Zelt. Till ist gerade zu Besuch bei ihnen, als eine Zeltstange bricht, die Zeltwand mehrfach durchbohrt und aufreißt und sich eine Flut von Schnee ins Innere ergießt. So gut es geht, stauen die drei die Ausrüstung und machen sich auf den Weg zu unserem Zelt. Damit haben wir ein ernstes Problem. Unser Zelt ist mit drei Personen samt Ausrüstung voll belegt. Jetzt muß es für fünf Personen reichen. An eine Reparatur des anderen Zeltes ist derzeit nicht zu denken, so fügen wir uns ins Unvermeidliche. Die Enge im Zelt bewirkt, daß alle Schlafsäcke irgendwie mit der Außenwand in Berührung kommen und langsam aber sicher immer nasser werden. Die Temperatur liegt mal einige Grade über und dann wieder unter dem Gefrierpunkt. Dadurch wird ein ständiger Tau- und Gefrierprozeß in Gang gesetzt, der langsam aber sicher alles durchfeuchtet. Trotz der Nässe wärmen die Schlafsäcke hervorragend. Wir ziehen unsere Biwaksäcke in die Schlafsäcke ein, um nicht noch feuchter zu werden, und bleiben so angenehm warm. Dennoch gibt es keinen Schutz vor der lästigen Feuchtigkeit, und mit jedem Tag, den wir im Sturm liegen, wird sie spürbarer und unangenehmer.

Zudem fangen unsere Kleidungsstücke und Schlafsäcke, die wir schon fast einen Monat benutzen, höllisch an zu stinken. Wir trösten uns und versuchen, uns einzureden, daß der Sturm schließlich nicht ewig dauern kann. Drei Tage ist eigentlich bereits eine lange Sturmperiode, für die Falla de Reichert scheint das hingegen kein Maßstab zu sein. Mit unverminderter Wut tobt der Sturm die Nacht über und legt am nächsten Morgen noch weiter zu. Wir fühlen uns erstmalig gerädert. Die Enge im Zelt läßt uns mit schmerzenden Rücken erwachen. Steif und ungelenk folgt zwangsläufig jeder irgendwann im Laufe des Tages dem Ruf der Wildnis und tritt den schweren Gang zur Freilufttoilette an. Das ist nach allgemeiner Einschätzung der härteste Teil der Expedition. Es braucht nur Sekunden, um einen mit entblößtem Hinterteil niederkauernden

Menschen zu einer vom Frost erstarrten Schneesäule zu verwandeln. Der nasse, klebrige Schnee dringt in jeden Winkel, und man hat das Gefühl, kalt geduscht zu haben. Selbst bei diesem Geschäft darf man sich nur wenige Schritte vom Zelt entfernen, da man sich sonst hoffnungslos verirren würde – so schlecht ist die Sicht.

Unsere Schneemauer muß erneut erhöht werden. Trotzdem fallen die Böen immer heftiger aufs Zelt ein. Zwischen Zelt und Mauer beginnt sich der Schnee zu verdichten. Durch den Schneedruck wird der ohnehin knappe Innenraum nochmals eingeschränkt. Es hilft alles nichts, wir müssen den Zwischenraum freischaufeln. Erfreulicherweise klappt der Funkkontakt mit Martin heute gut. Bei ihnen herrscht zwar kein gutes Wetter, aber auch kein Sturm. Die Wetterverhältnisse scheinen regional sehr unterschiedlich zu sein. Es ist schwierig oder fast unmöglich, die Windgeschwindigkeiten zu schätzen. Es dürfte sich aber durchweg um Orkan handeln, mit dem wir es zu tun haben, wobei einzelne Böen so heftig sind, daß sie einen regelrecht umwerfen. Wir sitzen nun bereits fünf Tage fest.

Am 24. November schreibe ich in mein Tagebuch: „Alles bleibt wie gehabt. Es schneit wie verrückt, so daß wir morgens erneut das Zelt freischaufeln müssen. Die Warterei nervt langsam. Pablo und Sigga reparieren ihr Zelt notdürftig und bauen eine Schneeburg an die unsrige an. Darin bauen sie das Zelt auf. Die Enge bei uns ist fast unerträglich. Trotzdem herrscht eine gute Stimmung. Jeder versucht, das Beste aus der Situation zu machen. Keiner, der nervt oder der der Situation nicht gewachsen wäre – eine tolle Truppe!"

In der Tat bleibt die Moral der Gruppe hervorragend. Wir lachen viel über uns, über die selbstgewählte Situation, in der wir uns befinden und auch über die immer ungepflegter werdenden Erscheinungen. Es ist so eine Art Sarkasmus, den man vielleicht als Schutzfunktion um sich aufbaut. Ansonsten würde man an der Situation verzweifeln. Die Lage, in der wir uns befinden, ist mit normalen Maßstäben nicht zu messen. Jeden Morgen erneut der bange Blick aus dem Zelt. Auch der 25. November bringt nichts als Sturm und Schnee. Martins Wetterbericht, den er mit gewohnt ruhiger Stimme vorliest, klingt nicht sehr ermutigend. Ein neues Sturmtief ist im Anmarsch.

Derweil wird die Lage unserer Zelte immer prekärer. Durch die ungeheuren Schneemengen, die in den vergangenen Tagen gefallen sind, ist die Schneefläche auf die obere Begrenzung unserer Schneemauer angewachsen. Das heißt, wir sitzen mittlerweile in einem fast zwei Meter tiefen Schneeloch, und der Neuschnee beginnt buchstäblich in Windeseile, uns samt Zelten zu verschütten. Siggas und Pablos Zelt hat erwartungsgemäß endgültig seinen Dienst quittiert. Wir räumen es leer, und nach einer Stunde ist nichts mehr von ihm zu sehen. Damit sind wir nach einem Tag Unterbrechung wieder zu fünft im Zelt. Langsam geht uns der Gesprächsstoff aus. Kaum ein Thema, das wir nicht schon angesprochen hätten. Das einzige Buch, das wir dabei haben, „Wirbelsturm", eine dicke Schwarte von James Clavell, hat jeder schon gelesen. Jetzt verteilen wir einzelne Seiten und lesen sie, wie sie gerade kommen.

Zwischendurch wird Tee gekocht. Wir machen daraus eine Zeremonie, um die Zeit totzuschlagen, genauso verfahren wir mit dem abendlichen Kochen. Wir gehen sparsam mit unseren Vorräten um, da der anhaltende Sturm unseren Zeitplan nachhaltig gestört hat. Wir hangeln uns von Mahlzeit zu Mahlzeit. Obwohl wir gern und viel Tee trinken, schränken wir uns ein, dabei haben wir jede Menge Teebeutel. Nicht, daß wir Angst um unsere Vorräte hätten, nein, es ist die ständige Furcht davor, nach draußen zum Pinkeln zu müssen. Fast stündlich müssen wir das Zelt freischaufeln. Da mir die Lage langsam bedrohlich erscheint, mache ich mich mit Pablo daran, eine Schneehöhle für den Notfall zu bauen. Normalerweise geht das relativ schnell. Durch die ständigen Tau- und Gefrierprozesse ist der Schnee jedoch hart wie Eis. Es dauert Stunden, bevor wir eine kleine Höhle gebaut haben. Roger bearbeitet sie noch weiter, so daß wir für den Notfall eine Zuflucht hätten. Daß wir bei der Arbeit völlig durchnässen, spielt keine Rolle mehr. Im Zelt ist mittlerweile sowieso alles zum Auswringen. Sorgen macht mir der schlechte Funkkontakt. Zwar können wir Martin hören, er aber uns nicht.

An Bord sind alle in Sorge um uns. Sie wissen, daß wir nunmehr seit acht Tagen im Orkan festsitzen. „Warum melden die sich nicht?" ist die bange Frage, die sie sich stellen. Wir hören ihre Sorge aus den ständigen Anrufen heraus, aber beide Funkgeräte von uns kommen nicht zu ihnen durch. Wir können nicht mehr machen, als ständig zu den verabredeten Terminen zu rufen. Das Schiff befindet sich zur Zeit in Puerto Bueno, einer geschützten Bucht, um Günther an ein Frachtschiff zu übergeben. Seine Zeit ist um, er muß dringend zurück nach Santiago, um seinen Flug nach Deutschland zu bekommen. Ein kleiner Küstenfrachter nimmt ihn schließlich mit nach Punta Arenas, von wo aus er die Rückreise antreten kann.

Derweil neigt sich bei uns der achte Sturmtag dem Ende entgegen. Wir finden diese Nacht keine Ruhe. Ununterbrochen muß einer von uns schaufeln. Ist er einmal ums Zelt herum, kann er gleich wieder von vorn anfangen – eine kräftezehrende, niemals enden wollende Beschäftigung. Wir wechseln uns stündlich ab und dämmern ansonsten im Halbschlaf vor uns hin. Die Situation spitzt sich zu. Beim ersten Morgengrauen kochen wir Tee und beraten uns. Das Zelt kann nicht länger hier stehenbleiben. Entweder versuchen wir, trotz des schlechten Wetters abzusteigen, oder wir müssen das Zelt umstellen. Heute ist der neunte Tag, an dem wir festsitzen. Obwohl es schneit und die Sicht extrem schlecht ist, entschließen wir uns zum Aufbruch, da zumindest der Sturm heute erstmals nachgelassen hat.

Wie froh sind wir, als wir endlich aus dem zugeschneiten Zelt können und uns wieder frei bewegen dürfen! Es dauert einen halben Tag, bis wir unsere unter meterdicken Schneemassen vergrabene Ausrüstung ausgebuddelt haben. Schlitten, Zelt, Ski, Eispickel und Funkantenne – alles muß mühsam freigeschaufelt und vom Eis befreit werden. Die Funkantenne ist mit einem mehrere Zentimeter dicken Eispanzer überzogen, und das Verbindungskabel ist abgebrochen. Da kann natürlich kein Funkkontakt klappen. Aber auch nach der Reparatur der Antenne wird die Verbindung nicht besser. Als wir endlich fertig sind, können wir kaum die Hand vor Augen sehen. Der Versuch, mit Skiern zu laufen, wird nach hundert Metern abgebrochen. Die Oberfläche ist völlig vereist. Statt dessen schnallen wir die Steigeisen unter und machen uns an den Abstieg. Zunächst geht es zügig voran, dann versinken wir bei jedem Schritt bis zu den Knien im Neuschnee. Unter den Steigeisen bilden sich große Stollen. Doch zum Glück wird die Sicht plötzlich besser. Wir können Spalten erkennen, und – wichtiger noch – wir erkennen einige markante Punkte wieder, die unsere Route kennzeichnen.

Pablo erweist sich als ausgezeichneter Kenner im Eis. Wir haben seine und Siggas Sachen auf unsere drei Pulkas verteilt. Damit sind die beiden von allen Lasten befreit und können vorausgehen, um die Route für die schweren Schlitten zu finden. Nachdem wir einen ersten Sattel erreicht haben, queren wir ein sehr spaltenreiches und steiles Gebiet in Richtung einer Felsformation, die im Gletscher liegt und deren Form entfernt einer Niere gleicht. Wir haben sie daher auf den Namen „Kidney Rocks" – „Nierenfelsen" – getauft. Das Gelände wird so steil, daß wir die Schlitten nur zu dritt und nur mit Flaschenzügen bewegen können. Das macht uns langsam. Unsere Route führt dicht unterhalb einer Steilwand entlang – viel zu dicht für meinen Geschmack. Aber Alternativen gibt es keine, zumindest können wir keine erkennen. Aus der Wand lösen sich immer wieder Fels- und Eisbrocken, die pfeifend in die Tiefe sausen. An anderen Stellen gehen donnernd Lawinen ab. Eigentlich müßten wir so schnell wie möglich diese Region verlassen, dabei bewegen wir uns im Schneckentempo.

Die Pulkas hängen wie Kletten an uns, versuchen, uns immer wieder von schmalen Graten zu reißen. Waren wir von ihnen begeistert? Jetzt verfluchen wir sie ein aufs andere Mal. Haben wir sie vorsichtig einen steilen Absatz abgeseilt, müssen wir sie auf der anderen Seite wieder hochwuchten, anschließend über schmale Schneebrücken ziehen, um enge Kurven zwängen, in denen sie, überladen wie sie sind, seitlich umkippen und erst zur Weiterfahrt zu bewegen sind, wenn sie einer aufgerichtet hat. Zwar haben wir den größten Teil unseres Proviantes längst verbraucht, dafür liegt aber noch die gesamte Ausrüstung von Sigga und Pablo auf den Pulkas. Erschwerend kommt der nasse grundlose Tiefschnee hinzu. Sobald wir eine schwierige Passage geschafft haben, parken wir den Schlitten, holen den zweiten und schließlich den dritten hinterher. An einem solchen Parkplatz passiert es: Eine Bö fällt ein, packt den einen Schlitten, wirbelt ihn mehrfach um die eigene Längsachse und wirft ihn, noch bevor wir ihn erreichen können, sechzig Meter tief in eine Gletscherspalte hinab. Wir stehen wie benommen am Rand der Spalte, die von hier aus bodenlos aussieht. Unser Fehler, wir hätten die geparkten Pulkas eben besser sichern müssen! Das holen wir jetzt bei den verbleibenden nach. Dann machen wir uns an die Bergung. Wir brauchen den dritten Schlitten dringend, auf ihm befinden sich so lebenswichtige Ausrüstungsgegenstände wie Schlafsäcke und Kocher.

Pablo, der beste Eiskletterer von uns, seilt sich ab. Der Pulka liegt nicht nur tief, er liegt auch denkbar ungünstig. Pablos Bericht ist nicht dazu geeignet, uns auf einen schnellen Weitermarsch einzustellen. Es wird Stunden dauern, bis wir den Schlitten geborgen haben. Während Roger und Sigga sich daran machen, einen Lagerplatz zu finden und das Zelt aufzubauen, treffen Pablo, Till und ich Vorbereitungen für die Bergung. Erneut klettert Pablo zu dem Schlitten hinunter, um das Seil anzuschlagen. Als er wieder oben ankommt, ist er vorerst bedient. Das Klettern in der Spalte beinhaltet ständige Gefahren. Überall hängen tonnenschwere Eisbrocken, die jeden Moment hinabstürzen können. Es gibt Überhänge, über die er klettern muß – und das alles nur wegen eines Pulkas. Der Schlitten scheint ebenfalls eine Tonne zu wiegen.

Das verhältnismäßig dünne und zudem elastische Bergseil schneidet uns in die Hände, als wir mit aller Gewalt versuchen, den Schlitten über eine aus Rollen und Karabinern gebaute Talje hochzuziehen. Wir schaffen es kaum, das Mistding anzuheben. Erst nachdem alle fünf ziehen, beginnt er sich widerwillig aus seinem Schneebett zu erheben. Langsam, Meter um Meter hieven wir ihn nach oben und sichern mit Steigklemmen jedes Stückchen Weg, den er nach oben gewandert ist. So geht es Stunde um Stunde. Ich habe schon das Gefühl, mir im Stehen die Schuhe zubinden zu können – so lang sind meine Arme mittlerweile geworden! Immer wieder bleibt der Pulka irgendwo hängen. Till seilt sich ein kleines Stück ab, schaukelt an dem Bergseil, während wir anderen mit aller Macht weiterziehen. Der schwierigste Teil kommt zum Schluß. Der Pulka hängt genau unterhalb der Spaltenkante fest. Die auf ihm liegenden Ski wirken wie Eisanker, erst nach einer mir wie eine Ewigkeit vorkommenden Zeit gelingt es uns, ihn in einem letzten energischen Versuch über die Kante und weiter zu uns heranzuziehen. Als er bei uns ist, lassen wir uns alle erschöpft in den Schnee fallen. Es ist spät geworden. Das Wetter ist wieder deutlich stürmischer und schlechter, unsere Stiefel, die Füße, überhaupt alles ist patschnaß. Erstaunlich ist, daß der Schlitten keinerlei Schaden genommen hat, trotz dieses Sturzes. Das spricht für die Materialien und natürlich für die Leute, die ihn gebaut haben. Lammfromm steht er neben uns, und es gibt keinerlei Anzeichen dafür, daß er eben noch sechzig Meter tief im Eis lag.

Seit langer Zeit habe ich mich nicht mehr so kalt und naß gefühlt wie an diesem Abend. Den anderen geht es genauso. Wir können das Wasser aus den Bergstiefeln kippen und die Socken auswringen. Zu allem Überfluß hat es zu regnen angefangen. Der Regen taut die Zeltverankerungen heraus, so daß wir ständig in dem stärker werdenden Sturm nachspannen müssen. Wir sind lediglich 200 Höhenmeter abgestiegen. Aber ein Anfang ist gemacht.

Am nächsten Morgen ist das Wetter unverändert schlecht. Zu allem Überfluß klagt Pablo darüber, daß ihm seine Augen wehtun. Er ist ohne Sonnenbrille geklettert, weil die Gläser immer wieder beschlagen wären. Dabei hat er sich die Augen verblitzt und ist schneeblind. Trotz der dichten Wolkendecke haben auch wir uns Lippen, Nasen und Wangen verbrannt. Pablos Augen sind rot und geschwollen und tun offenbar höllisch weh. Er nimmt ein starkes Schmerzmittel, wir kühlen und verbinden seine Augen und lassen ihn schlafen. Vor uns liegt ein schwieriges Abseilstück, dabei müssen wir alle fit sein. Wieder sind wir einen Tag zu fünft im Zelt eingezwängt. Roger beginnt leise, über die Enge zu klagen. Er ist ein Mensch, der viel Raum für sich allein benötigt und dem bisweilen selbst die Enge an Bord zu schaffen macht. Wie er mir einmal anvertraute, war seine größte Sorge, daß er während der Reise damit nicht klarkommen würde. Ich habe ihm oft angemerkt, daß ihn zeitweise die vielen Leute und der wenige Platz belastet. Ich kann das verstehen, insbesondere, weil es für ihn das erste Mal ist, etwas mit mehreren Leuten gemeinsam zu unternehmen. Und dann gleich so! Nachts wacht er auf, weil er Platzangst bekommt und glaubt, ersticken zu müssen. Till, der vor einigen Jahren einen Bandscheibenvorfall hatte und der es mit unglaublicher Zähigkeit und der ihm eigenen positiven Lebenseinstellung geschafft hat, heute wieder topfit und konditionsstark zu sein, klagt über Rückenschmerzen, hervorgerufen durch die unmögliche Schlafposition. Das ist nicht verwunderlich. Mir tut mein Rücken auch weh – selbst ohne Tills Vorgeschichte. Im Zelt stinkt es wie in einem Affenstall.

Das ist anders als in den Polarregionen, wo es erheblich kälter und trockener ist. Während meiner Grönlanddurchquerung habe ich mich siebzig Tage lang nicht waschen, geschweige denn meine Wäsche wechseln können. An keinem der Tage habe ich auch nur annähernd so schlecht gerochen wie hier.

Aus dem Regen wird wieder Schnee, im Laufe des Tages fällt ein Meter Neuschnee. Die Sicht ist gleich Null, unsere nassen Stiefel sind steinhart gefroren. Um das Maß voll zu machen, klappt es mit der Funkverbindung immer noch nicht. Das gleiche Spiel: wir hören die besorgten Rufe Martins, aber er kann uns nicht hören. Wir verändern die Antennenstellung, probieren beide Funkgeräte aus, ohne Erfolg. Obwohl es Pablo auch am nächsten Tag noch nicht wieder gut geht, steigen wir weiter ab.

Das Wetter ist unsichtig und stürmisch, aber wir nehmen es irgendwie schon gar nicht mehr zur Kenntnis. Es ist für uns alltäglich geworden, wir haben gelernt, damit umzugehen. Irgendwie gelingt es uns, die angepeilten Kidney Rocks zu erreichen, blank polierte Felsbrocken, die aus dem Eis herausragen. Wir passieren sie und steigen unendlich langsam weiter ab. Zwischendurch reißt die Wolkendecke auf, und wir können sowohl den Col 1300 wie auch den Peel-Fjord sehen. Und plötzlich erkennen wir als winzigen Punkt sogar das Schiff. Wir schießen mit einer Leuchtrakete ein vereinbartes Signal, daß es uns gut geht. Viel zu schnell vertreibt der Wind die Rakete. Ob sie jemand an Bord gesehen hat? Wohl kaum! Danach laufen wir weiter. Ständig müssen die Pulkas jetzt abgeseilt werden. Wir sind vom ersten bis zum letzten Tageslicht auf den Beinen. Wir erleben, wie soeben verlassene Standplätze plötzlich von Eislawinen verschüttet werden, wie sogenannte Serracs, Eistürme, in sich zusammenfallen, wie Felsbrocken von der Größe eines Kopfes wie Geschosse aus der Wand fliegen und Lawinen abgehen. Wir wollen fort von hier, und das so schnell wie irgend möglich. Selten zuvor habe ich bei einer Tour ein so mulmiges Gefühl gehabt. Die Gefahr, durch irgendwelche herumfliegenden Teile getroffen zu werden, ist unkalkulierbar groß und nicht vermeidbar.

Am 30. November seilen wir uns einen letzten Steilhang ab. Dann stehen wir plötzlich am oberen Teil des Col 1300. Auf der einen Seite fällt der Sattel nach Argentinien ab, zur anderen geht er in den

García-Gletscher über. Über uns, im wolkenzerfetzten Blau des Himmels, vier Kondore – das ist Patagonien pur. Wir sind die ersten, die hier stehen, aber so richtig wahrnehmen tun wir es gar nicht. Die Zuggeschirre unserer Schlitten bestehen nur noch aus Bruchstücken. Die Pulkas selbst sehen ein wenig mitgenommen aus, sind aber ansonsten völlig unversehrt. Da meine Deichsel nur noch in Fragmenten erhalten ist, nehme ich lediglich ein Stück Bergseil und ziehe den Schlitten damit hinterher. Pablo hat sich seinerseits ein Seil am hinteren Teil des Schlittens montiert und läuft fortan als Bremser hinter mir her, ansonsten würde mich der Schlitten ständig überholen. Spät abends stoppen wir endlich und bauen auf einer Ebene in 1000 Metern Höhe das Zelt auf. Auch wenn es weiterhin stürmisch ist und wir uns abermals eine hohe Schutzmauer bauen müssen, sind wir so entspannt wie lange nicht mehr. Dort wo wir lagern, kann uns keine Lawine, kein Felsbrocken oder sonst irgendetwas treffen. Hier sind wir in relativer Sicherheit.

Aufgrund des anhaltend schlechten Wetters, unserer zusammengebrochenen Funkverbindung, der nunmehr sehr knappen Vorräte und besonders in Kenntnis der zu erwartenden Schwierigkeiten beschließen wir, auf den anderen Teil der Falla de Reichert zu verzichten. Es ist mir schlichtweg zu gefährlich. Der Aufstieg mag noch gehen. Der Steilabfall auf der anderen Seite des Grates sieht mir zu sehr nach russischem Roulette aus. Insbesondere nach den unglaublichen Mengen Neuschnee, die es in den letzten Wochen gegeben hat und die immer noch fallen, müssen dort unentwegt Lawinen abgehen. Und das ist nur eine der vielen Gefahren. Sicher wird irgendwann jemand versuchen, diesen Teil der Falla de Reichert zu begehen. Ich hoffe, er überlebt diesen Versuch. Ich werde es jedenfalls nicht versuchen, getreu meinem Motto: Abenteuer müssen überlebbar sein! Die Chance, dort heil durchzukommen, halte ich für deutlich geringer als 50 %. Zu wenig, für meinen Geschmack.

Trotzdem sind wir weiter als jede andere Expedition vor uns gekommen und das in einer relativ guten Zeit. Es ist uns gelungen, eine Route durch die Falla de Reichert zu eröffnen. Ob ich sie je ein zweites Mal begehen möchte, wage ich zu bezweifeln. Im Grunde genommen ist diese Senke tatsächlich eine Unterbrechung des Inlandeises. Abgesehen vom Wetter halte ich das eigentliche Inlandeis für technisch nicht sehr schwierig. Bei Sonne und guter Sicht ist es eine grandiose Hochgebirgstour. Aber Sonne und gute Sicht sind hier eben sehr selten, so daß es keine einfache Hochgebirgstour ist, und die Falla de Reichert muß ohnehin gesondert betrachtet werden. Während der Sturm um unser Zelt braust, reißt die Wolkendecke auf und enthüllt die Senke und unsere Abstiegsroute. Lediglich der obere Teil hüllt sich in Wolken. Es ist eine großartige Landschaft. Jetzt, in Sicherheit, können wir sie wieder voll genießen. Obwohl es stürmt, hat die Kälte nicht mehr den Biß. Die Luft ist weich und warm und riecht nach Bäumen und nach See. Was für ein Kontrast! Plötzlich wird das Verlangen, nach unten zu kommen, fast übermächtig. Morgen wollen wir zum Peel-Fjord absteigen, um das von Günther errichtete Lager zu erreichen. Dort gibt es ausreichend Lebensmittel, und wie wir über Funk gehört haben, auch ein weiteres Zelt.

Da man an Bord nichts von uns gehört hat, ist Martin mit dem Schiff zwischenzeitlich nach Puerto Natales gefahren, um ein Flugzeug auf den Weg zu schicken, das nach uns Ausschau halten soll. Es soll in zwei Tagen starten und einen Rundflug über die Falla de Reichert machen, sofern das Wetter mitspielt. Für uns bricht die letzte Nacht auf dem Inlandeis an – abermals in qualvoller Enge. Bis jetzt wissen wir noch nicht, wo wir absteigen können. Der nächste Tag wird Klarheit bringen.

Am Peel-Fjord

Das Aufstehen fällt uns in Erwartung des endgültigen Abstiegs leicht. Es ist weiterhin mild, und der stürmische Wind hat erstmals seit langer Zeit nachgelassen. Anders als sonst ziehen wir uns draußen an, so daß wir möglichst schnell der Enge des Zeltes entfliehen können. Eine Stunde später sind wir wieder unterwegs. Pablo und Sigga laufen voraus, um eine Route durch die Spaltenfelder zu suchen, während wir uns mit den Pulkas abmühen.

Wir haben lange darüber diskutiert, ob wir uns für die nördliche oder südliche Seite des García-Gletschers entscheiden sollen. Die südliche Variante hat den Vorteil, daß wir einen leichten Übergang zum Fels finden. Dafür wartet sie im späteren Verlauf mit einer steilen Felswand auf, über die wir uns samt Ausrüstung abseilen müßten. Die nördliche Seite ist nur schwer einzusehen. Der Übergang zum festen Boden ist lang und voller Spalten. Danach muß man offenbar einen Bergrücken mit mäßiger Steigung hochlaufen. Wie es dahinter aussieht, kann man nur mutmaßen, es scheint aber begehbar zu sein, da dort auch Bäume wachsen. Soviel jedenfalls haben Pablo und Sigga vom Basislager aus erkennen können. Die südliche Seite ist die technisch schwierigere, und wir würden an der falschen Uferseite des Fjordes ankommen, da das Basislager auf der Nordseite liegt, so entscheiden wir uns endgültig für die Nordvariante. Die Pulkas rutschen immer wieder seitlich weg, verkeilen sich in Spalten oder hinter Eisbrocken. Der Wind hat erneut Sturmstärke erreicht. Wenn wir uns verständigen wollen, müssen wir brüllen. Schließlich erreichen wir ein Schneefeld, das sich zwischen der Moräne und dem Gletscher gebildet hat. Es ist bereits früher

Nachmittag. Wir essen einige Power Bars und laufen dann auf Ski auf dem Schneefeld zügig weiter. Gegen 15 Uhr erreichen wir eine Stelle, an der der Gletscher einen Knick nach Süden macht, um dann steil zum Peel-Fjord abzufallen. Das Schneefeld läuft in einem Geröllfeld aus, wir lösen die Ski und gehen die letzten Meter, bis wir Schutt und Geröll unter den Füßen haben.

Das ist das Ende des Inlandeises. Ein wenig benommen schnallen wir die Zuggeschirre ab, können unsere Freude kaum fassen und fallen uns dann in die Arme. Als wir uns zu einem Gruppenfoto mit Selbstauslöser aufstellen, sehe ich in den Gesichtern der anderen die Anspannung der letzten Wochen. Ich werde nicht anders aussehen. Wir sind müde, zerschunden, schmutzig und ausgelaugt, aber kerngesund und glücklich. Wir blicken zurück in die Falla de Reichert, können durch den Dunst unsere Abstiegsroute streckenweise erkennen. Eine kurze Pause, dann beginnen wir damit, unsere Pulkas zum letzten Mal leerzuräumen. Alles wird neu sortiert. Dann tragen wir die leeren Schlitten mit dem verbliebenen Proviant zu einer Anhöhe und verankern sie dort fest zwischen Steinen, so daß sie nicht fortfliegen können. Wir werden später entscheiden, was mit ihnen geschehen soll. Jetzt können wir sie jedenfalls nicht mitnehmen. Der verbleibende Berg an Ausrüstung wird uns eh jedes Quentchen Energie abverlangen.

Unsere Rucksäcke platzen förmlich aus den Nähten. Aber nicht nur, daß sie gut gefüllt sind, an jeder Schlaufe, jeder Tasche, jeder noch so kleinen Befestigungsmöglichkeit wird etwas festgezurrt: Schlafsäcke, Isomatten, Ski, Solarzellen, Foto- und Videotaschen, Parawings – um nur einige Utensilien zu nennen. Im Inneren des Rucksacks befinden sich Kleidungsstücke, Kocher, Kletterausrüstung, Steigeisen, Bergseile und tausend andere Dinge mehr. Als wir mit dem Packen fertig sind, schauen Till und ich uns stirnrunzelnd an. Wir sind uns einig: Das sind die schwersten Rucksäcke unseres Lebens! Wir können sie kaum anheben. Wir helfen uns gegenseitig und bekommen schlagartig weiche Knie. Aber es hilft nichts. Langsam setzen wir einen Fuß vor den anderen und laufen auf Skistöcken gestützt über einen Geröllhang bergauf. Nur jetzt nicht hinfallen, das Aufstehen mit Rucksack dürfte kaum möglich sein. Das Problem ist nicht allein das Gewicht, sondern die vielen unvorteilhaft verpackten Ausrüstungsgegenstände, die außen baumeln.

Obwohl der Tragekomfort des Rucksacks hervorragend ist, habe ich das Gefühl, ein zappelndes Schwein auf dem Rücken zu transportieren. Anfangs glaube ich, die schwere Last in dem schwierigen Gelände kaum weiter als ein paar hundert Meter schleppen zu können, aber dann geht es doch irgendwie immer weiter. Um 17 Uhr erreichen wir den höchsten Punkt des Bergrückens. Dort oben werfen wir befreit die Rucksäcke ab und lassen uns schnaufend ins Gras fallen. Ein kleiner See versorgt uns mit Trinkwasser, wir recken und strecken uns und massieren unsere schmerzenden Schultern. Dann geht es weiter. Wir sind wieder auf 1000 Meter hochgestiegen. Unser Ziel, das Basislager, liegt unmittelbar am Peel-Fjord, vielleicht vier bis fünf Meter über dem Meeresspiegel. Wir sind seit morgens um 7 Uhr auf den Beinen. Wollen wir noch bei Tageslicht unten ankommen, müssen wir uns beeilen. Erschwerend kommt hinzu, daß wir keine Ahnung haben, wo wir am besten absteigen. Wir verlieren nicht viel Zeit und fügen uns ins Unvermeidliche.

Ein Stück des Weges geht es eben voran, an Seen und Tümpeln mit Graseinfassungen und weichen Moosen vorbei. Es ist schön hier oben. Dann fällt der Hang erst leicht, schließlich immer steiler ab. Immer wieder bleiben wir mit der Stiefelspitze an Gestrüpp hängen. Dann stolpern wir mit atemberaubender Geschwindigkeit voran. Meistens gelingt es uns, den daraus resultierenden Sturz zu verhindern, ansonsten landen wir irgendwo zwischen Sträuchern und Dornengestrüpp, liegen zappelnd wie eine Schildkröte auf dem Rücken und versuchen, uns mühsam aus den Tragegurten zu befreien. Das kostet Kraft. Das erneute Aufwuchten des Rucksacks noch mehr. Jeder versucht, für sich einen idealen Weg zu finden und verstrickt sich dabei immer mehr im dichter werdenden Gestrüpp. Je weiter wir zu Tal kommen, desto höher werden die Bäume und desto undurchdringlicher wird das sie umgebende Gestrüpp. Der Parawing bleibt ständig hinter irgendwelchen Zweigen hängen. Der Boden ist glitschig wie Schmierseife. Scheinbar feste Felsbrokken lösen sich bei dem leichtesten Tritt, und das Wasser der Bäche läuft uns von oben in die Stiefel hinein. Wir sind unendlich langsam. Die Last versucht beharrlich, uns die Schultern abzureißen.

Um einen drohenden Sturz zu vermeiden, greift man beherzt in die Zweige – und damit in die Dornen. Nein, ein Spaziergang ist das wahrhaftig nicht.

Schließlich erreiche ich mit Pablo und Roger einen Hang, den eine Lawine von allen Bäumen und Sträuchern leergefegt hat. Er ist steil, und das Geröll ist locker, es herrscht Steinschlaggefahr. Wir steigen abwechselnd ab, um nicht von losgetretenen Felsbrocken getroffen zu werden. An einer besonders steilen Stelle versuche ich, meinen Rucksack langsam herunterzulassen. Was für eine grandiose Idee! Der Rucksack entwindet sich meinen Händen und torkelt, sich dabei ständig überschlagend, bergab. Nach etwa fünfzig Metern bleibt er Gott sei Dank liegen. Außer, daß die Videokamera einen Knacks abbekommen hat, ein Akku fortfliegt und mir ein Fotoobjektiv diese Behandlung übelnimmt, passiert nichts. Danach bin ich vorsichtiger. Um 21.30 Uhr sind wir endlich am Margarita-Gletscher. Wir gehen ein Stück weiter und errichten dort, wo Günther eine erste Wegmarkierung hinterlassen hat, ein Depot. Von hier aus gehen wir mit leichtem Gepäck weiter, den Rest wollen wir morgen holen. Langsam wird es dunkel, aber da der Weg gut markiert ist, kommen wir zügig voran. Nach einer weiteren Stunde erreichen wir schließlich beim letzten Tageslicht das Basislager. Wir finden das für uns hinterlegte Depot, errichten das darinliegende Zelt und beginnen dann zu kochen. Wir sind total erledigt und ausgehungert. Da es reichlich Essen im Depot gibt, stopfen wir uns voll, bis nichts mehr hineingeht. Dann, um 1 Uhr nachts, kriechen wir in die Zelte und fallen augenblicklich in Tiefschlaf. Endlich können wir uns wieder normal im Zelt bewegen, uns nach Belieben umdrehen, ohne den Nachbarn dabei zu malträtieren.

So zerschlagen ich mich auch fühlen mag, die letzten Gedanken, die mir an diesem langen Tag durch den Kopf gehen, sind: Welch ein Privileg, hier an dieser Stelle liegen zu dürfen! Es ist eben trotz oder vielleicht auch gerade wegen der Anstrengung ein tolles Erlebnis.

Am nächsten Morgen scheint die Sonne. Seit wir uns mit Pablo und Sigga oberhalb der Falla de Reichert getroffen haben, war das Wetter nicht mehr annähernd so gut wie heute, am 2. Dezember. Wir hängen unsere Schlafsäcke zum Trocknen auf, nehmen ein kräftiges Frühstück zu uns und beginnen, uns gründlich zu waschen. Danach fühlen wir uns wie neugeboren. Vom Lagerplatz aus haben wir einen großartigen Ausblick auf den García-Gletscher. Fast ununterbrochen brechen Eisstücke ab und fallen ins Wasser. Die dabei entstehenden Wellen branden an die Klippen und wandern in den Fjord hinaus. Wie die Orgelpfeifen stehen die Eissäulen neben- und hintereinander, als warteten sie nur darauf, sich endlich ins Wasser stürzen zu können. Die andere Seite des Peels sieht steil und unzugänglich aus. Es ist eine malerische, wilde und unbeugsame Landschaft. Jetzt, nachdem die Anstrengungen hinter uns liegen, betrachte ich die Landschaft mit mehr Ruhe und Gelassenheit. Wir faulenzen, liegen in der Sonne, trocknen unsere Sachen und essen, was das Depot hergibt.

Um 11.30 Uhr plötzlich Motorengeräusch. Ein kleines Flugzeug kommt über den Gletscher geflogen und kreist über unserem Lager. Es kann nur das von Martin organisierte Flugzeug sein. Wir winken mit einer Hand und wedeln mit reflektierenden Folien. Die Insassen haben uns gesehen und geben das durch Flügelwackeln zu verstehen. Danach stehen wir ruhig, nur mit einer Hand winkend da, so daß man uns zählen kann. Wir sind verstanden worden. Es ist kein Notfall, es geht uns gut. Sofort dreht die Maschine wieder ab. Damit ist ein weiteres Problem aus der Welt geschafft. Über Funk erfährt Martin auf dem Schiff, daß wir wohlauf am Basislager eingetroffen sind. Allen an Bord fällt eine zentnerschwere Last vom Herzen. Spätere Untersuchungen der Funkgeräte ergeben einige gebrochene Lötstellen. Wodurch diese entstanden sind, ist uns ein Rätsel. Vielleicht durch Erschütterungen, vielleicht durch die ständigen Temperaturschwankungen. Man darf sich eben nicht zu sehr auf Technik verlassen. – Hätten wir aus Sicherheitsgründen mehrere Funkgeräte mitnehmen sollen? Wenn ja, wieviele? Jedes zusätzliche Gerät, und sei es noch so klein, bringt zusätzliches Gewicht. Das wiederum macht eine Tour langsamer und damit letztlich auch anfälliger. Man muß immer irgendwelche Kompromisse schließen, so war diese Lösung sicherlich die vernünftigste, wenngleich sie auf Kosten des Nervenkostüms der Mannschaft der Dagmar Aaen ging.

Nachmittags gehen Pablo und Roger zum Depot zurück und bringen die dort gelagerten Ausrüstungsteile ins Basislager. Mit Ausnahme der Schlitten, eines Paar Ski und eines Bergseils haben wir die gesamte Ausrüstung zurückgebracht. Die Pulkas lassen Pablo indessen keine Ruh. Also steht er am nächsten Morgen um 5 Uhr auf, klettert den ganzen Berg wieder hoch und erreicht mittags die Stelle, wo wir die Schlitten zurückließen. Die Ausrüstung ist sperrig, aber leicht. Er schachtelt die Pulkas ineinander, schnallt sie sich auf den Rucksack und kehrt sofort um. Der Abstieg entpuppt sich aber mit den Pulkas als kaum zu bewältigen, da sie immer irgendwo hängenbleiben. An dem Lawinenhang angelangt, läßt Pablo die Schlitten langsam abrutschen und hat dabei einen ähnlichen Erfolg wie ich mit meinem Rucksack. Nur daß sich die extrem leichten Schlitten wie ein Segelflugzeug vom Boden lösen, von einer Bö erfaßt werden und in Baumwipfelhöhe wie Raketen in unterschiedliche Richtungen davonsausen. Pablo versucht, sich die Flugbahn einzuprägen und macht sich auf die Suche. Er findet keine Spur mehr von ihnen. Irgendwo müssen sie zwischen den Baumwipfeln hängen, es gelingt ihm aber nicht, sie wiederzufinden. So wird seine Mühe nur mit den Ski und dem Bergseil belohnt. Nachdem er uns die Geschichte erzählt hat und wir uns vor Lachen kaum halten können, löst sich auch bei ihm die Enttäuschung, und er beginnt ebenfalls, darüber zu lachen. So endet unsere gemeinsame Inlandeisdurchquerung.

Wir ziehen gemeinsam Bilanz. Insgesamt waren wir dreiundvierzig Tage seit Verlassen des Schiffes unterwegs, davon allein sechsunddreißig Tage auf dem Inlandeis. Heute abend rechnen wir damit, daß die DAGMAR AAEN uns abholen wird. Mit Ausnahme der Funkgeräte und der Deichseln der Pulkas gab es keine Probleme mit der Ausrüstung. Im Gegenteil: Daß unser Zelt diesen Stürmen standgehalten hat, ist fast unglaublich. Und wie es jetzt neben dem baugleichen, aber nagelneuen Zelt steht, das wir im Depot vorgefunden haben, sind kaum Unterschiede festzustellen. Ein wenig schmutziger ist es, und die Farbe wirkt etwas ausgeblichener. Es zeigt sich einmal mehr, daß man bei der Wahl des Zeltes und der Ausrüstung keine Kompromisse eingehen sollte. Wenngleich wir alle einige Pfunde verloren haben, so sind wir doch gesund und munter. Das Essen war in jeder Hinsicht ausgezeichnet. Der Schmutz ist schnell abgewaschen, etwaige Blasen an den Füßen verheilt. Was bleibt, sind Erinnerungen und die Gewißheit, etwas gesehen und erlebt zu haben, was in dieser Form noch niemand oder nur ganz wenige vor uns erlebt haben. Und wie bei jedem Patagonien- oder Feuerlandbesuch schwöre ich wieder, daß es nicht das letzte Mal war.

Am Nachmittag taucht schließlich hinter einer Biegung des Peel-Fjordes die vertraute Silhouette der DAGMAR AAEN auf. Sie ist noch weit weg. Wir sitzen auf einem Felsen und schauen dem sich langsam nähernden Schiff zu. Es dauert eine Stunde, bevor es heran ist. Das sonore Geräusch des Motors, das Zu-Wasser-Lassen des Schlauchbootes, alles vertraute und liebgewonnene Eindrücke. Aber da sind mehr als nur diese akustischen und optischen Eindrücke, mehr noch als die Vorfreude, die vertrauten Gesichter wiederzusehen: Das Wissen darum, am anderen Ende der Erde etwas so Komplexes wie diese Expedition in völlig eigener Regie und Verantwortung durchgeführt zu haben. Dieses Zusammenwirken von verschiedenen Charakteren, von Ideen, von Gerätschaften und Verantwortungsbewußtsein. Dabei war es keineswegs selbstverständlich, daß alles klappen würde. Was man doch alles bewirken kann, wenn man nur will!

Als das Beiboot am Strand aufläuft, springt als erster Jörg heraus. Ich sehe und spüre seine Erleichterung, uns heil und gesund wiederzusehen. Jörg hatte einen Brief für uns im Depot hinterlegt, in dem er das weitere Vorgehen beschreibt und die große Sorge der Crew zum Ausdruck bringt. Obwohl sie längst wissen, daß wir wohlauf sind, ist seine Erleichterung fast greifbar. Mit ihm im Boot ist Frank Mertens. Er ist zusammen mit Jörn Bohlmann wie geplant aus Hamburg eingeflogen und in Puerto Natales dazugestiegen. Sie sind beide alte Freunde, die schon in den vergangenen Jahren immer wieder auf der DAGMAR AAEN gefahren sind. Die Ausrüstung wird als erstes an Bord gebracht, wir folgen mit der zweiten Tour. Mit den schweren Bergstiefeln steige ich unbeholfen über das Schanzkleid und stehe dann endlich wieder auf den vertrauten Decksplanken. Bärtige Gesichter, die uns begrüßen, und endlich Thomas, der die Glocke zum Essen läutet. Wir sind wieder zu Hause!

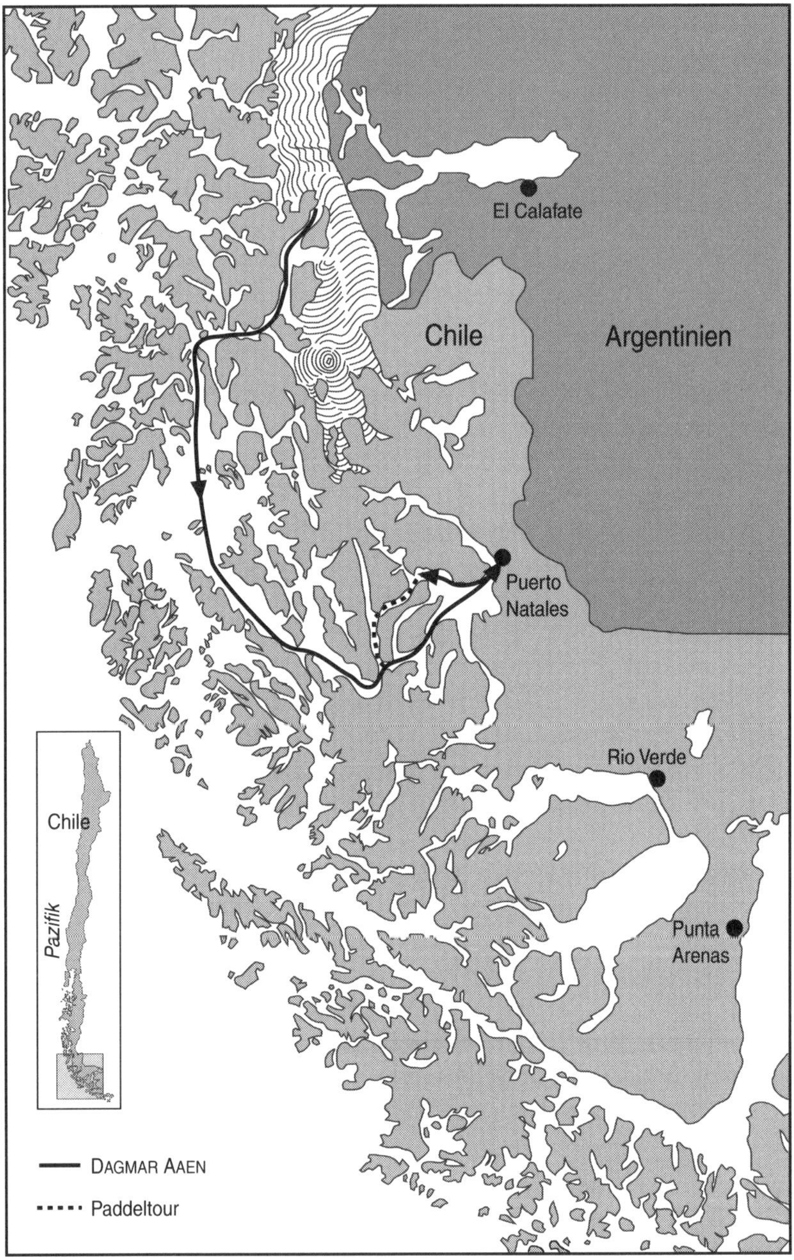
El Calafate
Chile
Argentinien
Puerto
Natales
Rio Verde
Punta
Arenas
Chile
Pazifik
DAGMAR AAEN
Paddeltour

Eine patagonische Kraftfahrt

Wir haben uns viel zu erzählen! Seit langer Zeit sind endlich alle wieder an Bord vereint, und jeder, ob nun die Eiscrew oder die Bordcrew, quillt förmlich über vor Eindrücken und Erlebnissen, die man sich gegenseitig schildert. Wir liegen die Nacht in einer Bucht vor Anker und genießen die Ruhe, die Wärme und Geborgenheit des Schiffes und die Gespräche. Das Wetter ist wieder regnerisch und windig, doch das ist uns vorerst egal. Da Thomas in Puerto Natales Gelegenheit zum Einkaufen hatte, gibt es frisches Obst und Gemüse, Dinge, auf die wir einen wahren Heißhunger haben.

Während wir froh sind, wieder an Bord zu sein, werden zwei andere zunehmend unruhig. Kai und Morgan planen seit langem eine Kajaktour durch einen der patagonischen Kanäle, und sie brennen darauf, endlich loszukommen. Die beiden Boote, ein Klepper-Aerius-Expedition und ein Feathercraft-K1, liegen aufgebaut und ausgerüstet an Deck. Bereits am nächsten Tag werden wir die Stelle erreichen, an der wir die beiden aussetzen wollen. Rund zwei Wochen Zeit haben sie, um ihr Projekt zu realisieren. Sich mit Faltbooten den patagonischen Elementen zu stellen, bedeutet eine Herausforderung der besonderen Art. Ich weiß, wovon ich rede, denn ich habe in der Vergangenheit selbst mehrfach Kajak-Expeditionen in und um Feuerland unternommen. Das Klepper-Faltboot, mit dem Morgan paddelt, ist immer noch dasselbe, mit dem ich 1984 die Winterumrundung Kap Hoorns und seither zahlreiche andere extreme Touren unternommen habe. Kajaks sind trotz ihrer relativ geringen Größe gute und seetüchtige Boote. Dieser Bootstyp wurde schließlich von Eskimovölkern für die Jagd auf offener See entwikkelt und konstruiert. Es gibt die unterschiedlichsten Formen und Zuschnitte, aber es kommt eben besonders auf denjenigen an, der in dem Boot sitzt. Das beste Boot – und das gilt keineswegs nur für Kajaks – ist letztlich nur soviel wert, wie derjenige, der es bewegt. Ein erfahrener Kajakfahrer kann schwierigste Seegangsverhältnisse meistern. Es mag naß und kalt und kräftezehrend sein, aber es bleibt eine unvergleichlich hautnahe Auseinandersetzung mit der See. Näher ist ihr höchstens ein Schwimmer. Wer gelernt hat, mit Kajaks in rauher See sicher umzugehen, kommt auch mit größeren Booten zurecht. Man lernt, defensiv zu sein und die Hilfestellungen der See und des Windes geschickt für sich zu nutzen. Ich habe allen Respekt vor den patagonischen Kanälen und bin froh, daß Kai und Morgan das stürmische Einlaufen nach Chacabuco miterlebt haben. Sie strotzen vor Energie und Tatendrang, deshalb rufe ich ihnen die Erlebnisse noch einmal in Erinnerung. Gemeinsam sitzen wir über den Karten, die wie üblich unvollständig oder falsch sind, und legen die Route fest, die die beiden einschlagen wollen. Ihr Startpunkt liegt am Eingang zum Kanal de Montagne, den wir auf dem Weg nach Puerto Natales passieren werden. Von hier aus wollen sie in den Kanal einfahren und an einer geeigneten Stelle versuchen, die Boote über Land umzutragen, um sie auf der anderen Seite eines Gebirgszuges in den Estero Resi einzusetzen. Von dort aus wollen sie dann weiter zur Insel Ballestero paddeln, wo wir sie nach Ablauf von zwei Wochen aufnehmen sollen.

Die Boote über Land umtragen – diese Aussage muß man wirken lassen. Zwar können die Boote zerlegt und in Packsäcke verstaut werden, aber wir reden hier nicht über ein moderates, ebenes Gelände. Der Kanal de Montagne ist, wie sein Name vermuten läßt, sehr gebirgig. Auf der eine Seite liegt die Cordillera Sarmiento mit hohen eisigen Gipfeln, die Erinnerungen an das Inlandeis wachrufen. Die andere Seite ist nicht viel besser. Die Berge mögen nicht ganz so hoch sein, aber was heißt das schon. Kai und Morgan haben nur dann eine Chance, wenn es ihnen gelingt, durch einen Einschnitt in den Bergen hindurchzukommen. Laut Karte gibt es einen solchen Einschnitt, aber inzwischen bin ich sehr vorsichtig mit Karteninformationen. Auf ihnen sieht vieles ganz einfach aus, was in Wirklichkeit unpassierbar ist. Auch die Einfahrt zum Kanal de

46

47

49

46 Trügerisches Wetter: noch scheint die Sonne, wenige Stunden später bricht ein Unwetter los

47 Home sweet home – auch wenn es nur ein Zelt ist

48 Morgan und Kai beginnen ihre Kajak-Expedition im Kanal de Montagne

49 Das „Eisteam“ am Ende der Inlandeis-Durchquerung

50

50 Weihnachten ankern wir in einer Bucht Feuerlands

51 Alle sind bester Stimmung; die Crew backt Weihnachtsplätzchen

51

52 Kajak auf Abwegen, Kai und Morgan während ihrer Portage

53 Kap Hoorn querab

52

53

54 Es bläst aus allen Knopflöchern

55 Schwere See vor den Falklandinseln

56 Die DAGMAR AAEN in ihrem Element

57 Brigitte – naß und müde nach einer stürmischen Wache

58 Wir laufen unter Sturmfock und Trysegel vor dem Sturm ab

54

55

56

57

58

59

60

61

59 Die Gräber der gestrandeten Seeleute auf der Staaten-Insel

60 Ein See-Elefant fühlt sich in seiner Ruhe gestört

61 Martin Friederichs führt die DAGMAR AAEN als Skipper, während ich auf dem Inlandeis bin

62 Thomas und Karle stehen auf den Fußpferden der Rah

63 Die DAGMAR AAEN unter Vollzeug

62

63

64

65

64 Das Toppsegel wird gesetzt

65 Der Kreis schließt sich. Nach 5 Jahren und 50.000 Seemeilen wird der DAGMAR AAEN und ihrer Crew ein toller Empfang bereitet

Montagne deckt sich keineswegs mit der Seekarte. Nicht nur, daß die Positionen nicht deckungsgleich mit denen auf der Karte sind, auch der Küstenverlauf ist falsch gezeichnet. Wie leicht oder schwierig diese Portage ist, läßt sich beim besten Willen nicht aus der Karte ersehen. Die topographischen Karten sind nicht viel besser. Die beiden müssen den Weg erkunden und selbst entscheiden, was möglich ist und was nicht. Morgan hat aus den zwei defekten Funkgeräten ein funktionierendes zusammengebaut. Darüber hinaus haben sie ein UKW-Handfunkgerät und ein Notfunkgerät dabei. Seenotsignale und Survivalanzüge vervollständigen die Sicherheitsausrüstung. Mit dem Proviant und der gesamten Ausrüstung sind die Boote gut beladen. Da wir nicht damit rechnen, regelmäßig Funkkontakt zu bekommen, weil die hohen Berge vermutlich alles abschirmen werden, sprechen wir ihre Tour Schritt für Schritt genau durch, damit wir sie im Notfall rekonstruieren können. Damit ist alles gesagt. Um die Mittagszeit des 5. Dezembers erreichen wir den Kanal de Montagne. Das Wetter ist sonnig und warm, und die schneebedeckten Berge der Cordillera Sarmiento glitzern unter einem makellos blauen Himmel. Der Fjord ist selbst für patagonische Verhältnisse ungewöhnlich schön. Ich beneide die beiden um diese Tour, auf der anderen Seite freue ich mich auch auf Puerto Natales, wo es Duschen, Restaurants und andere Annehmlichkeiten gibt. Wir lassen die Boote zu Wasser und bringen die gesamte Ausrüstung mit dem Beiboot an Land. Dort können die beiden in Ruhe ihre Boote beladen und nach eigenem Gutdünken aufbrechen. Wir beobachten sie noch eine Weile, wie sie nebeneinander Richtung Strand fahren und gehen dann wieder auf Kurs.

Die Dagmar Aaen passiert wenig später die wegen ihrer enorm starken Strömung gefürchtete Angustura Kirke. Die Strömung wird durch Ebbe und Flut verursacht und ist zeitweilig so stark, daß sie selbst für gut motorisierte Schiffe unpassierbar wird. Anhand des Tidenkalenders haben wir unser Eintreffen an der Enge so gelegt, daß es genau mit dem Hochwasser übereinstimmt. Obwohl es auch jetzt einige Stromwirbel gibt, können wir sie problemlos passieren. Die Angustura Kirke ist nicht nur eng, es gibt auch Inseln und Richtungsänderungen, die berücksichtigt werden wollen, und man tut sicher gut daran, die Hinweise im Seehandbuch genau zu lesen. Danach geht es ohne Probleme weiter nach Puerto Natales. Um 18 Uhr kommt ein Funkkontakt mit den beiden Paddlern zustande. Sie lagern an einer sehr schönen Stelle. Zwei Stunden später erreichen wir Puerto Natales und machen an der einzigen kleinen Pier fest.

* * *

Kai und Morgan zelten an diesem Abend in einer Lagune nur wenige Stunden von dem Absetzpunkt entfernt. Kai ist ein leidenschaftlicher Tierfotograf, besonders interessiert ihn die Vogelfotografie. Hier findet er alles, was das Herz begehrt: Eisvögel, Cauquenes-Gänse, Dampfschiffenten, Kondore, Kolibris und was sonst noch alles Federn hat und flattert. Sie beschließen, auch den nächsten Tag hier zu lagern und eine lange Wanderung an einem Fluß zu unternehmen. Es ist sozusagen ein Vorgeschmack auf das, was sie in wenigen Tagen bei der Portage erwartet: dichtes Gestrüpp, saftige, weiche Moose, glitschige Felsen. Es ist schwer zu gehen, dafür aber wunderschön. Sie fragen sich, ob hier wohl schon einmal ein Mensch gewandert ist. Vermutlich nicht. Die einzigen, die den Kanal de Montagne gelegentlich ansteuern, sind Fischer aus Puerto Natales. Und die sind eben Fischer und keine Wanderer. Die Cordillera Sarmiento ist gerade von einer amerikanischen Expedition erstmals aufgesucht worden. Auf dieser Seite war vermutlich noch niemand. Aber das spielt eigentlich auch keine Rolle, auf jeden Fall nicht für Kai und Morgan. Für sie ist einfach das Naturerlebnis wichtig und wohl auch das Ausbrechen aus der Enge der Bordgemeinschaft. Auch wenn sie in den letzten Wochen Gelegenheit zu ausgiebigen Touren gehabt haben, so ist es dennoch nicht das gleiche wie eine Unternehmung, die sich über zwei Wochen erstreckt.

Sie stolpern und rutschen über Felsen, zerkratzen sich die Hände an den Dornen und bahnen sich mühselig einen Weg durch das dichte Unterholz. Als sie abends zurück im Lager sind, wissen sie, was sie bei der Portage erwartet. Die erste überschäumende Begeisterung ist einer etwas nüchternen Einschätzung und stilleren Freude an der Landschaft gewichen. Kai sortiert im Zelt seine zahllosen belichteten Filmrollen, während Morgan seine Stiefel von Schlamm befreit. Es ist, als wären sie schon Wochen unterwegs. Am nächsten Tag paddeln sie so lange, bis sie die Stelle erreichen, von der sie glauben, daß sie der Beginn der Portage darstellt. Sie finden auch hier einen guten Lagerplatz und bauen ihr Zelt auf. Die Schönwetterperiode scheint endgültig vorbei zu sein. Sturmwolken ziehen am Himmel auf, immer wieder fallen Böen während der Nacht ein.

Trotz des stürmischen Wetters setzen sie sich in ihre Boote, um vom Wasser aus den besten Zugang ausfindig zu machen. Ihr Lager lassen sie stehen, sie sind schließlich nicht weit davon entfernt. Wieder einmal bekommen sie eine Kostprobe, wie schnell sich das Wetter zum Schlechten entwickeln kann. Urplötzlich beginnt der Sturm. Als sie um einen Landvorsprung fahren, bläst es ihnen fast die Paddel aus den Händen. Selbst auf diesem relativ geschützten Stück Wasser beginnen die Boote, ihre Nasen in die auflaufenden Wellen zu stecken. Gegenan zu paddeln kommt gar nicht in Frage. In diesem Moment stellen sie sich die Frage, wie es wohl in ihrem Lager aussehen mag. Auf diesen Wind waren sie nicht eingestellt, als sie morgens aufgebrochen waren. Sofort drehen sie um und machen sich auf den Rückweg. Wind und Wellen schieben sie schneller voran, als ihnen lieb ist. Die Boote kommen auf den Wellenkämmen ins Surfen und jagen mit unglaublicher Geschwindigkeit ins nächste Wellental. Seen brechen, mitunter schaut nur noch ihr Oberkörper aus dem schäumenden Wasser. Schon von weitem erkennen sie, daß es um ihre Ausrüstung an Land nicht sonderlich gut bestellt ist. Lediglich das Zelt hält den Böen noch stand, die anderen Dinge, die entweder zum Trocknen oder einfach im irrigen Vertrauen auf den geschützten Lagerplatz draußen lagen, hängen weit verstreut in den Bäumen und Sträuchern. Es ist ihnen eine Lehre. Sie sammeln alles wieder ein und verpacken es gleich fertig für die am nächsten Morgen beginnende Portage.

Die hat es in sich. Zunächst ziehen Kai und Morgan ihre Boote in einem flachen, aber reißenden Gebirgsbach hinter sich her. Das Wetter bleibt, wie es gestern begann; regnerisch und stürmisch. Es soll sich auch während der gesamten Tour nicht mehr bessern. Zum Glück bieten ihnen ihre Survivalanzüge beim Laufen in dem eisigen Wasser des Baches einigermaßen Schutz. Nach einigen Stunden erreichen sie einen See, der ebenfalls überquert werden muß, bevor am anderen Ende das Lager aufgeschlagen wird. Von hier aus wird das Gelände entschieden schwieriger. Es gibt keinen Bach mehr, dem sie folgen können. Sie sehen sich vielmehr von steilen Felswänden eingerahmt. Der nächste Tag vergeht mit Erkundung. Ohne Gepäck klettern die beiden steile Passagen hinauf, um sich von einem Berg aus einen Überblick über das Gelände zu verschaffen. Die einzige Möglichkeit scheint durch eine steile Schlucht zu führen. Ob und wie es danach weitergeht, können sie von hier aus nicht sehen. In jedem Fall ist dies der „Point of no return". Wenn sie sich in die Schlucht abseilen, dann gibt es kein Zurück, dann müssen sie weiter, komme, was da wolle. Nach gründlicher Beratung entscheiden sie sich dafür, weiterzugehen. Sie sind sich des Risikos bewußt, irgendwo stecken zu bleiben, aber notfalls können sie immer noch die Ausrüstung zurücklassen und ohne Boote weitergehen.

Der nächste Morgen bringt die Entscheidung. Zunächst seilt sich einer von ihnen ab, während der andere oben bleibt und die einzelnen Ausrüstungsteile hinunterläßt. Zum Schluß folgen die beiden Boote, die immer noch aufgebaut sind. Es ist eine enge, schmale Schlucht, in der sie stehen. Und als sie sich mühsam Stück für Stück mit der Ausrüstung ans andere Ende der Schlucht geschleppt haben, wartet dort eine neue Überraschung auf sie: Die Schlucht endet so abrupt, wie sie begonnen hat. Senkrecht fällt sie etliche Meter ab und endet in einem See. Das Wasser ist klar und scheint sehr tief zu sein. Morgan nimmt einen kurzen Anlauf und springt beherzt von oben in den See hinein. Durch die Luft in seinem Anzug taucht er nicht allzu tief ein und schwimmt anschließend wie ein leuchtend roter Korken auf der Oberfläche des Sees. Kai beginnt zunächst die Boote abzuseilen, die Morgan aus der Schwimmlage in Empfang nimmt. Wäre er nicht zuerst ins Wasser gesprungen, wären die Boote vermutlich gekentert, und man hätte das Seil schwerlich lösen können. Das zweite Boot folgt kurz darauf, dann ein Packsack nach dem anderen. Morgan verstaut sie sofort in die Boote. Das braucht seine Zeit. Als schließlich alles untergebracht ist, wirft Kai das Seil hinterher und läßt es sich nicht nehmen, ebenfalls von oben zu springen. Aus der Schwimmlage klettern die beiden dann in ihre Boote und paddeln – gutgelaunt über diesen gelungenen Streich – auf die andere Seite des Sees. Damit sind sie ihrem Ziel erheblich näher gekommen. Aber sie müssen noch mal aus den Booten raus, denn als sie das Ende des Bergsees erreichen, wartet dichter Wald auf sie. Es mögen nur wenige Kilometer sein, die sie vom Estero Resi noch trennen. Aber Entfernungen sagen in diesem Land nur wenig über die Schwierigkeiten aus. Irgendwie schaffen sie es, durch das dichte, verfilzte Gestrüpp die Boote und anschließend die Ausrüstung hindurchzuzerren. Dabei müssen sie die Strecke viele Male bewältigen, da sie immer nur ein Boot zur Zeit tragen können. Auch die Ausrüstung ist nicht in einer Tour zu transportieren. Als sie am Abend dieses Tages am Ufer des Estero Resi stehen, haben sie es geschafft.

Todmüde schlagen sie ihr Lager auf und fallen wenig später in einen tiefen Schlaf. Aber sie sind noch lange nicht an dem verabredeten Abholpunkt. Bei anhaltendem Regen und stürmischen Winden paddeln sie den Fjord entlang und verlieren in einer weiteren Sturmnacht eine Zeltplane, die sie als Schutz über ihre Ausrüstung gespannt hatten. Der Sturm tobt mit solcher Gewalt, daß das Wasser des Fjordes weiß wird. Wind- und Wasserhosen ziehen taumelnd und torkelnd über die aufgewühlte See und reißen die Gischt in ihrem Schlund mit empor. Als sich das Wetter am nächsten Tag ein wenig beruhigt, fahren sie trotz rauher See und Starkwind weiter. Die Überfahrt zur Insel Ballestero muß bei diesem Wetter ein adrenalintreibender Ritt gewesen sein. Sie erzählen später nicht sehr viel über diesen letzten Abschnitt, aber gerade daraus schließe ich, daß er es in sich hatte. Vielleicht ist es ja auch gut, wenn ich nicht immer alles weiß!

* * *

Wir verbringen indessen eine ruhige und erholsame Zeit in Puerto Natales. Bei unserer Ankunft werden wir von Bernd Arnold, einem Sportreporter des Hessischen Rundfunks, erwartet. Bernd ist extra aus Deutschland angereist, um einige Tage mit uns zu verbringen und gemeinsam mit Frank Clausen Einstellungen für den Film zu drehen. Filmprojekte haben in der Regel immer einen engen Zeitplan. Alle sind wir froh, daß wir doch noch rechtzeitig eingetroffen sind, um die erforderlichen Dreharbeiten durchzuführen.

Aber zunächst warten Duschen auf uns, leckere Empanadas, eine chilenische Spezialität, sowie gut gekühltes Bier. Es wird eine lange Nacht, und es tut allen nach der Anspannung der letzten Wochen einfach gut, sich einmal sacken zu lassen und die Annehmlichkeiten der Zivilisation zu spüren. Der Hafenkapitän hatte uns zuvor ebenfalls einen herzlichen Empfang zuteil werden lassen. Otto Mrugalski-Meiser ist Offizier bei der chilenischen Marine und in dieser Eigenschaft gleichzeitig auch Hafenkapitän. Seine Name verrät es, er ist deutschstämmig und spricht, obwohl er niemals in Deutschland war, fließend und fast ohne Akzent unsere Sprache. Selbstverständlich ist er bestens über unser Projekt informiert, wie überhaupt jede Marinestation über uns Bescheid weiß. Er war es auch, der Martin geholfen hatte, ein Flugzeug zu finden, das an der Falla de Reichert nach uns Ausschau gehalten hat. Es ist diese beispiellose chilenische Gastfreundschaft und Hilfsbereitschaft, die uns immer wieder überrascht.

Puerto Natales ist ein kleiner aufstrebender Touristenort. Von hier aus geht es in das Torres del Paine-Gebiet, ein Naturschutzpark, der mit spektakulären Bergen, Seen und Gletschern aufwartet und ein international beliebtes Ziel für Bergsteiger, Trekker und Wanderer geworden ist. Martin, Jörg, Frank Mertens und Thomas nehmen am nächsten Tag einen Bus und fahren in den Park. Thomas wird erst später in Punta Arenas wieder zu uns stoßen, die anderen wollen nur einige Tage dort verbringen. Somit ist das Schiff weitestgehend leer, und wir genießen die Ruhe und den Landaufenthalt.

Wenige Tage später reisen Bernd Arnold und Frank Clausen, unser Kameramann, von hier aus zurück nach Deutschland. In einem Restaurant wird kräftig Abschied gefeiert, und bepackt mit Briefen, Fotos und natürlich den gedrehten Videokassetten treten die beiden die Heimreise an.

Die Tage in Natales vergehen für uns wie im Flug. Nur noch ein weiteres Mal hat der Funkkontakt mit der Kajakgruppe geklappt, danach hören wir nichts mehr. Als der vereinbarte Zeitpunkt näherrückt, an dem wir uns mit ihnen treffen wollen, machen wir uns zur Abreise bereit. Martin, Jörg und Frank Mertens sind begeistert aus dem Torres del Paine-Gebiet zurück, so können wir am 14. Dezember wieder auslaufen. Während der ganzen Zeit, die wir in Natales waren, war es windig bis stürmisch, aber trocken und eigentlich schön. Luftlinie ist es nicht weit zu der Region, wo Kai und Morgan am Paddeln sind, dennoch haben wir hier ein ganz anderes Wetter. Es ist bereits Pampaklima, windig, aber trocken. Die Feuchtigkeit hat sich an den Kordilleren abgeregnet, nur der Sturm zieht weiter über das Land. Und gerade an diesem Tag bläst es wieder besonders heftig. Wind und Seen kommen genau gegenan, immer wieder setzt das Schiff hart in die kurzen hohen Seen ein. Der Windmesser klettert auf 40, schließlich auf 50 Knoten, in Böen erreicht er bereits 60 Knoten. Ich entschließe mich, eine Bucht anzulaufen, um auf ein Nachlassen des Sturmes zu warten. Wir laufen den Puerto Lastarria an, eine Bucht, die uns guten Schutz bietet. Trotzdem slippt der Anker zweimal hintereinander. Erst als wir sehr dicht unter Land liegen und reichlich Kette stecken, hält er. Die ganze Nacht über stürmt es unaufhörlich, und auch am nächsten Vormittag ist an ein Aufbrechen gar nicht zu denken. Gegen Mittag läßt der Sturm endlich nach. Wir warten bis 14 Uhr, dann hieven wir den Anker und machen uns auf den Weg. Zwischenzeitlich haben wir über UKW Funkkontakt mit Kai und Morgan bekommen und wissen daher, daß sie trotz des Sturmes sicher auf der Ballestero-Insel gelandet sind. Gegen Abend erreichen wir die Insel und sehen an Land die Rauchsäule eines Lagerfeuers aufsteigen. Wir drehen bei und warten. Wenig später sehen wir die beiden geschäftig an Land auf und ab laufen, schließlich bringen sie die Boote zu Wasser und paddeln zu uns herüber. Schmutzig und naß nehmen wir sie wieder an Bord, und dieses Mal sind wir es, die ihnen eine große Schüssel Mousse au Chocolat und andere Leckereien bereitet haben.

Damit ist auch dieses Abenteuer glücklich abgeschlossen. Wir nehmen Kurs auf den Kanal Kirke mit der gefährlichen Angustura, die wir aber erst am nächsten Morgen passieren können, da es anders mit den Gezeiten nicht hinkommt. Wir ankern die Nacht in der Ladrillero-Bucht, es ist still und ruhig geworden. Morgen früh werden wir diese Region verlassen und weiter in den Süden nach Punta Arenas fahren.

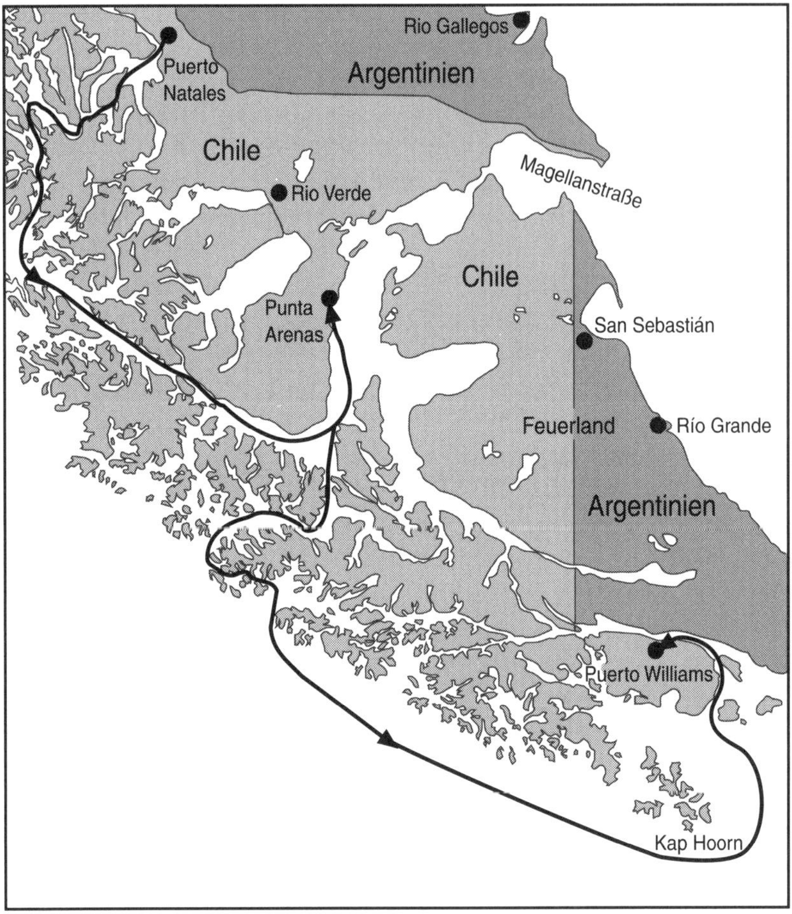
Rio Gallegos
Puerto Natales
Argentinien
Chile
Rio Verde
Magellanstraße
Chile
Punta Arenas
San Sebastián
Feuerland
Río Grande
Argentinien
Puerto Williams
Kap Hoorn

Kap Hoorn

„Es ist der machtvolle Dreiklang Meer, Hochgebirge, Gletschereis, der den Charakter des klimatisch und landschaftlich gegensatzreichen Feuerlandes bestimmt, dieser geheimnisvollen Inselwelt am äußersten Zipfel Südamerikas.“

(Alberto M. De Agostini)

Am 17. Dezember passieren wir Kap Froward und damit den südlichsten Teil des südamerikanischen Festlandes. Nachdem wir 1993 bei der Durchfahrung der Nordwestpassage bereits das nordamerikanische Point Barrow umfahren hatten, haben wir damit die Extrema der beiden Amerikas mit der DAGMAR AAEN erreicht. Ein großes Kreuz, das „Cruz del mar“, das auf dem Kap steht, ist weithin sichtbar. An dieser Stelle macht die Magellanstraße einen abrupten Knick nach Norden. Südlich der Straße liegt Feuerland mit seinen einsamen Inseln und Kanälen, mit einem Klima, das an Feuchtigkeit und Stürmen kaum zu übertreffen ist. Wir folgen der Magellanstraße und gehen bei Puerto del Hambre vor Anker.

1584 hatten die Spanier unter der Führung von Sarmiento de Gamboa versucht, hier eine Siedlung zu gründen, um eine Bastion gegen die englischen Freibeuter zu errichten, die immer wieder die spanischen Niederlassungen plünderten oder die Galleonen aufbrachten. Der Versuch endete in einer Katastrophe. Von den fünfundzwanzig Schiffen erreichten nur fünf die Magellanstraße. Die anderen waren durch Stürme zerschlagen worden, waren desertiert oder hatten ganz einfach den Kontakt zum Verband verloren. Die meisten der Siedler waren tot, bevor sie überhaupt ihr Ziel erreichten. Das Dorf, das schließlich gegründet wurde, trug den Namen Rey Don Felipe. Die Schwierigkeiten nahmen jedoch kein Ende. Anstatt sich mit den Indianern gut zu stellen, verfolgte man sie und handelte sich damit ihre Feindschaft ein. Es gab nur wenig Proviant, die Spanier waren nicht gewohnt, in dem rauhen Klima zu leben, und so litten sie bald unter Nahrungsmangel, obwohl die Indianer gut von Land- und Meeresprodukten leben konnten. Sarmiento de Gamboa versuchte noch, aus Spanien Hilfe und Nachschub zu holen, geriet dabei aber in Gefangenschaft. Die Siedler hatte man ohnehin abgeschrieben. Der englische Freibeuter Thomas Cavendish fand im Jahre 1587 nur noch eine Handvoll hungernder Spanier vor und nannte daraufhin den Hafen Hungerhafen, Puerto del Hambre.

Am nächsten Tag erreichen wir Punta Arenas. Die Landschaft hat sich auf dem Weg dorthin drastisch verändert. Die steilen, schroffen Berge sind einer sanften Hügellandschaft gewichen, um schließlich in eine Ebene überzugehen, die Pampa. Die bunten Wellblechdächer der Stadt leuchten uns entgegen. Punta Arenas ist eine recht große, betriebsame Stadt geworden. Leider gibt es bis heute keinen vernünftigen Hafen. Als wir eintreffen, ist das Wetter schön, und es weht nur eine leichte Brise. Wir gehen vor Anker, da die einzige Pier, die wie ein Finger in die Magellanstraße hineinragt, eng an eng mit großen Berufsschiffen überfüllt ist. Auf Reede liegen zudem noch zahlreiche Frachter und Tanker, die auf einen Platz an der Pier warten. Ich weiß von früheren Reisen, wie schnell das Wetter umschlagen und wie rauh die See an dieser Stelle werden kann. Es ist alles andere als ein guter Ankerplatz, und selbst große Schiffe müssen bei Sturm gelegentlich die Pier verlassen, da sie sonst vom Schwell zu hart gegen die Mole geworfen werden. Ein Wellenbrecher, den man bei der zur Diskussion stehenden Wassertiefe sicherlich bauen könnte, würde Abhilfe schaffen. Und es gibt unter den Einwohnern und besonders unter den Geschäftsleuten von Punta Arenas zahlreiche Stimmen, die die Errichtung eines solchen Bollwerks fordern. Bislang ist nichts passiert. Viele Schiffe, insbesondere auch Kreuzfahrtschiffe, laufen aus diesem Grund den Ort gar nicht mehr an. Die wenigen Yachten, die sich dorthin verirren, spielen keine Rolle, aber auch die Berufsschiffahrt ist mit dem Status quo unzufrieden.

Ich bin mehrere Male in Punta Arenas gewesen und habe im Laufe der Jahre die Veränderungen in der Stadt mitverfolgen können. 1984 war ich das erste Mal dort. Damals war der Ort ein wenig verschlafen und schien irgendwie abgenabelt von dem Rest der Welt zu sein. Das ist heute anders. Die Geschäfte quellen über vor sinnvollen wie überflüssigen Artikeln. Es ist kurz vor Weihnachten und damit Hochkonjunktur für Geschenkartikel. In der Mitte der Stadt die Plaza mit dem Standbild Fernando Magallans, der als erster diese nach ihm benannte Meeresstraße durchsegelte und damit den Zugang zum Pazifik entdeckt hatte. Gegenüber das ehrwürdige Gebäude des Hotels Cabo de Hornos, in dem wir 1989 gewohnt hatten, bevor wir in die Antarktis einflogen, um diese erstmals auf Ski zu durchqueren. Viele Erinnerungen verbinden sich für mich mit diesem Ort. Immer war er für mich Ausgangs- und Zielpunkt für Expeditionen. Jetzt bin ich zum ersten Mal mit dem Schiff hierher gekommen. Gonzalo Campos ist ein chilenischer Freund von mir, den ich auf einem meiner letzten Besuche kennengelernt habe. Der Kontakt zwischen uns ist nie abgerissen, und so rufe ich ihn an. Er ist bereits von Elke per Fax informiert worden und weiß über unsere Expedition Bescheid. Wenig später sitzen wir uns bei ihm zu Hause gegenüber. Er brennt darauf, etwas über unsere Inlandeisdurchquerung zu erfahren, und so sprechen wir lange zusammen und erzählen uns gegenseitig Neuigkeiten. Als er uns am nächsten Tag an Bord besucht, hat der Wind aufgefrischt, und das Schiff macht derart heftige Bewegungen, daß er bereits nach zehn Minuten seekrank an Deck sitzt. Er ist froh, als er wenig später wieder festen Boden unter den Füßen verspürt.

Wie vereinbart stößt hier Thomas wieder zu uns, der begeistert von seiner Tour im Naturschutzpark Torres del Paine zurückgekehrt ist. Dafür nimmt Pablo von uns Abschied, er fliegt von hier aus zurück nach Santiago, um sein Medizinstudium abzuschließen. Wir planen aber bereits neue gemeinsame Projekte. Ich freue mich darüber, einen so engagierten und freundlichen Mann wie ihn im Team zu haben.

Weihnachten steht vor der Tür. Wir sind überein gekommen, daß wir Heiligabend allein und unter uns, irgendwo in einer geschützten schönen Bucht in Feuerland verbringen wollen. Ich habe da auch schon eine Idee. Thomas zieht mit Till los, um Einkäufe zu tätigen, die den kulinarischen Rahmen zum Fest stellen sollen. Darüber hinaus geht jeder für sich in die Stadt und besorgt ein kleines Weihnachtsgeschenk. Die Geschenke sollen später ohne Namen in einen Sack zusammengeworfen werden und wie so eine Art Julklapp am Heiligabend verspielt werden. Bei der Enge an Bord ist es gar nicht so einfach, heimlich irgendwelche Geschenke in Weihnachtspapier einzuwickeln, ohne daß einem dabei jemand über die Schultern blickt. Aber irgendwie bekommt das jeder geregelt. Am 21. Dezember melden wir uns bei der Hafenkontrolle ab und segeln die Magellanstraße wieder in Richtung Kap Froward zurück. Anstatt das Kap zu runden, halten wir den südlichen Kurs bei und laufen in den Kanal Magdalena ein. Auch diese Strecke ist mir bereits von einer früheren Expedition bekannt.

Im Jahre 1987/88 war ich zusammen mit Brigitte Ellerbrock und Rainer Neuber mit insgesamt drei Faltbooten von Puerto del Hambre aus gestartet, um bis nach Puerto Williams am Beaglekanal zu paddeln. Es war genau die gleiche Jahreszeit. Weihnachten und Silvester hatten wir damals im Zelt verbracht. Von Puerto del Hambre aus waren wir zunächst der Magellanstraße gefolgt, bevor wir kurz vor Erreichen von Kap Froward den Schritt wagten und die Straße überquerten. Sie ist an dieser Stelle immerhin rund zehn Kilometer breit, und wer die Wind- und Seegangsverhältnisse dieser Region kennt, weiß, daß einen selbst auf einer solchen Überquerung allerhand erwarten kann. Es ging damals aber problemlos vonstatten. Erst als wir am Eingang zu dem engen und wegen seiner Gletscher und unzähligen Wasserfälle spektakulären Kanal Gabriel anlangten, zog Sturm auf. Mehrere Tage hielt er uns auf einem schmalen Strandstreifen fest, und beinahe wäre unser Zelt von der Flut fortgespült worden. Später ging es bei anhaltend schlechtem Wetter weiter durch den Gabrielkanal. Neuerdings ist er offenbar aus militärischen Gründen gesperrt. Danach fuhren wir weiter in den Seno del Almirantazgo. Es war hartes und sehr anspruchsvolles Paddeln. Dauerregen, Sturm und nur selten Sonnenschein waren die Randerscheinungen dieser ansonsten großartigen Tour. Immer wieder hatten wir Abstecher in die Nebenarme des Fjordes gemacht, waren zum Rand des großen Marinelli-Gletschers gepaddelt und hatten dort eine Tour auf dem Eis unternommen, das von der Darwin-Kordillere herabströmt. Diese Kordillere ist ein großes Eisfeld, das sozusagen die Scheide zwischen dem Fjord und dem Beaglekanal darstellt. Schließlich hatten wir am Ende des Seno del Almirantazgo den Rio Azurpado erreicht, waren ihn mehrere Tage lang stromaufwärts gegangen und hatten dabei im reißenden und eiskalten Wasser watend die Boote hinter uns hergezogen. Ich hatte davon gehört, daß verschiedentlich versucht worden war, diesen Fluß mit Booten aufwärts zu gehen, um die Fahrt anschließend auf dem über 100 Kilometer langen Fangano-See fortzusetzen. Wasserfälle hatten bisher alle Versuche zunichte gemacht. Es war ein hartes Stück Arbeit, als wir schließlich den See vor uns liegen sahen. Das Paddeln auf dem langen Fangano-See war dagegen ein Kinderspiel. Am anderen Ende des Sees angelangt, packten wir die Boote zusammen, ließen uns von einem Bus ein Stück Richtung Ushuaia mitnehmen und setzten die Boote dann wieder in den Fluß Olivia. Von dort ging es in den Beaglekanal und dann weiter nach Puerto Williams. Diese Reise – einmal quer durch Feuerland – zählt mit zu den schönsten, die ich unternommen habe.

Ich sehe die enge Einfahrt des Gabrielkanals auf Backbord liegen, als wir langsam durch den Magdalenakanal fahren. Einige Meilen weiter biegen wir in den Seno Keats ein und nach einer weiteren Strecke in den Seno Contraalmirante Martinez. Es ist kurz nach Sonnenaufgang und einer der wenigen Tage in dieser Region, an denen es absolut windstill und wolkenlos ist. Das Panorama, das sich uns bietet, hat daher nicht nur absoluten Seltenheitswert, es ist einfach atemberaubend. Im Osten türmt sich die gewaltige Pyramide des Monte Buckland auf, unmittelbar vor uns der König der Berge Feuerlands, der Monte Sarmiento. Während unserer Paddeltour hatten wir die beiden Berge nicht ein einziges Mal zu Gesicht bekommen, immer waren sie unter dichten Wolkenbänken verborgen gewesen. Lediglich von Punta Arenas aus habe ich einmal den Monte Sarmiento in der Ferne gesehen und ein zweites Mal, als wir mit einer altersschwachen DC6 von Punta Arenas in die Antarktis einflogen. Damals waren wir unmittelbar über den Gipfelgrat geflogen und hatten durch die Wolkendecke Teile des Gipfelaufbaus erkennen können.

Heute steht der Berg völlig wolkenfrei da. Jede Einzelheit läßt sich ausmachen. Mit dem Fernglas studieren wir ihn, machen Fotos und sind ganz aus dem Häuschen über unser Glück. Wir laufen die Caleta Escandallo an, unmittelbar am Fuße des Sarmientos, und werfen dort gut geschützt vor allen Winden den Anker. Hier wollen wir in Ruhe Weihnachten verbringen, einen schöneren Platz dafür können wir uns derzeit auf der ganzen Welt nicht denken. Wir sind mit uns und der Welt im Einklang, es ist einfach toll. Das Beiboot wird zu Wasser gelassen, einige wandern, andere waschen sich an einem nahen Wasserfall, Till fotografiert, und ich wandere auf den Spuren des Salesianer Paters Alberto M. de Agostini.

Der Orden der Salesianer hat ein Kloster in Punta Arenas, und der besagte italienische Pater war einer der aktivsten Ordensbrüder. De Agostini war ein leidenschaftlicher Alpinist, mit Pioniergeist und wissenschaftlicher Auffassungsgabe gesegnet. Vor vielen Jahren hatte ich einmal sein Buch „Zehn Jahre in Feuerland" gelesen. Die Lektüre dieses Buches hatte in mir den Grundstein gelegt für die zahlreichen Reisen, die ich in Feuerland und Patagonien unternommen habe. Es sind nicht nur die Leistungen dieses Mannes, die mich fasziniert haben. Es ist auch die Art der Schilderung und besonders auch die Achtung, die er der Landschaft und besonders den Ureinwohnern zollt. Das war damals durchaus nicht opportun und beinahe abwegig.

Indianer galten als Freiwild und zwar im wahrsten Sinne des Wortes. Es wurden regelrechte Treibjagden auf sie veranstaltet, für ein Paar abgeschnittene Indianerohren wurde eine Prämie von 1 Pfund Sterling gezahlt. Wären nicht Leute wie der deutsche Ethnologe Martin Guisinde, der Brite Thomas Bridges und nach ihnen de Agostini gewesen, die tragische Geschichte der Indianer, ihrer Kultur und Lebensgewohnheiten wäre der Nachwelt für immer verloren gegangen. Man war früher einfach nur daran interessiert, die Indianer auszurotten, und zwar so schnell und gründlich wie irgend möglich – und war damit leider auch noch erfolgreich. Die Geschichte wiederholt sich immer wieder. Was Waffen nicht schafften, vollendeten eingeschleppte Krankheiten oder die unseligen, leider von den Padres, den Mönchen, unternommenen Versuche, die Indianer mit europäischer und daher für dieses Klima völlig ungeeigneter Kleidung anzuziehen und sie auf der Insel Dawson anzusiedeln. Sie wurden dort zeitweilig wie Gefangene gehalten. Bei Agostini klingt zwischen den Zeilen bisweilen leise durch, daß er dies für eine unglückliche Lösung hielt. Seine abschließenden Sätze des oben genannten Buches sind wie eine düstere Vorahnung. Sanft und mit fast poetischen eindringlichen Worten macht er seinen Gefühlen Luft:

„Das Aussterben der Feuerländer, das bald vollendet sein wird, muß ein Gefühl des Mitleids und tiefen Bedauerns erwecken. Bevor der Europäer kam, verbrachte der harmlose Urbewohner seine Tage in sorgloser Stille und gemächlicher Ruhe, denn das Land spendete aus freien Stücken hinreichende Nahrung. Um den Reiz eines solchen urwüchsigen Nomadenlebens innerlich zu erfassen, muß man in das Schweigen dieser Talebenen eingedrungen sein und die geheimnisvollen Wälder durchstreift haben, wo, dem verständnislosen Auge des Europäers verborgen, der Rest dieser Menschen lebt und nichts anderes begehrt, als in seinem langsamen Todeskampfe nicht belästigt zu werden. Noch wenige Jahre, und dieses idyllische, unverfälschte Leben gehört für immer der Vergangenheit an. Dann werden die einsamen Täler und schneelastenden Berge ihre alten Herren nicht mehr sehen, mit denen sie jahrtausendelang gemeinschaftlich gegen Wind und Wetter kämpften, mit denen sie die unsagbare Lieblichkeit milder Sonnenuntergänge atmeten und uralte Feste und reiche Jagden feierten. Dann werden die unberührten Wälder in stiller Nacht bei gleißendem Mondenscheine nicht mehr der uralten Legende vom Helden Kuanip lauschen, dem Sohn der roten Berge, und seiner unglücklichen Gattin, der liebreizenden Oklta, die in eine Fledermaus verwandelt wurde. Der Koliot (Fremde) aber, der mit todbringenden Waffen nach Schätzen lüstern aus fernen Ländern kam, wird bald sein unseliges Werk vollenden und restlos das einstige Glück dieser primitiven Menschen zerstören, die einsam und niemandem zu Leide in der absonderlichsten Gegend der Erde lebten."

Der Pater war ein mutiger Mann. Er ließ sich nicht einschüchtern, wenn es um die Belange der Indianer ging. Wie sehr müssen ihm die unaufhaltsame Entwicklung und der damit verbundene Völkermord zugesetzt haben! De Agostini war aber auch ein unerschrockener Alpinist, und man darf ihn sicher auch als einen Forscher von altem Schrot und Korn bezeichnen. Er hat viele Erstbesteigungen in Feuerland und Patagonien durchgeführt. In seinem Buch „Andes Patagónicos" zeigt er zudem wunderbare Schwarzweißfotos. Der Monte Sarmiento ist ein Berg gewesen, dem er seine ganze Aufmerksamkeit gewidmet hat. Mehrmals versuchte er, ihn zu besteigen und scheiterte immer wieder am Wetter oder an den schwierigen Geländegegebenheiten. Erst 1956, als er selbst bereits ein alter Mann war, gelang die Erstbesteigung. An dieser Expedition, die Agostini zwar leitete, bei der er jedoch aus Altersgründen nicht mehr selbst kletterte, nahm neben anderen sehr bekannten Bergsteigern auch Carlo Mauri teil. Über diese Expedition hat de Agostini ein weiteres Buch geschrieben. Mich fasziniert dieser Mann, der für mich untrennbar mit der Geschichte Feuerlands und Patagoniens verbunden ist.

Ich finde an Land das alte Basislager der damaligen Expedition. Es hat nach seiner Expedition nur wenige erfolgreiche Versuche gegeben, den Berg zu besteigen. Ich weiß von zweien, vielleicht waren es auch mehr. Aber das spielt keine Rolle. Mich selbst reizt der Berg unwahrscheinlich, und hätten wir mehr Zeit zur Verfügung, so würde ich eine Besteigung versuchen. Er ist 2404 Meter hoch, wobei wieder bei Meereshöhe begonnen wird. Das Wetter ist der unsicherste Faktor bei einer Besteigung. Eine Expedition hat über vierzig Tage vergeblich auf eine Wetterbesserung gewartet. Man braucht Zeit und Geduld. Letzteres hätten wir, allein die Zeit fehlt uns. Aber wir können ja immer wieder hierher zurückkehren!

Die Verlängerung des Seno Keats, durch den wir gekommen sind, ist nach dem unternehmungslustigen Padre benannt worden, es ist der Seno Agostini. Wir fahren am nächsten Tag mit dem Schiff in den Fjord hinein. Er ist malerisch, zahlreiche Gletscher enden direkt im Wasser. Aber dieser Besuch ist von kurzer Dauer, das typische Feuerlandwetter hat wieder Einzug gehalten, es stürmt. Es ist schon eigenartig, wie man sich an den Umgang mit Wind und

Sturm gewöhnen kann. Wenn man zu Hause erzählt, daß man bei 40 Knoten – immerhin Windstärke 8 – ohne groß zu überlegen ankerauf geht, um sich einen anderen Fjord anzusehen, klingt das immer nach Aufschneiderei. Tatsächlich verschieben sich einfach die Relationen. Man hat sich daran gewöhnt. Der Sturm erreicht an diesem Tag 75 Knoten. Der Fjord ist weiß vor Gischt, eine Bö reißt Sigga, die am Ruder steht, die Brille von der Nase und schleudert sie über Bord, noch ehe sie geistesgegenwärtig danach greifen kann. Wasserhosen torkeln ums Schiff, Wasserfälle, die von den Felshängen fallen, nehmen plötzlich die Form eines U-Profils an und strömen wieder zurück. An anderen Hängen werden sie von Williwaws, die gut und gern hundert Knoten und mehr erreichen, einfach fortgeweht. „Expect the unexpected" – „Erwarte das Unerwartete", dieser Ausspruch gilt nicht nur für Patagonien. Irgendwann geben wir uns geschlagen. Hohe Seen haben sich aufgebaut, und wir sind froh, als wir unseren geschützten Ankerplatz in der Caleta Escandallo wieder erreichen. Hier ist der Sturm auf vergleichbar harmlose 40 Knoten abgeflaut.

Der Ankergrund ist gut, wir treffen endgültig Weihnachtsvorbereitungen. Zunächst wird Reinschiff gemacht. Frank und Jörn machen sich auf den Weg, um einen Weihnachtsbaum zu suchen. Da es keine Tannen gibt, nehmen wir mit einer Südbuche vorlieb. Am Vorsteven wird der Baum installiert und am 24. morgens festlich geschmückt. Martin und Roger beginnen sogar noch, das Schanzkleid weiß zu streichen; überall steht jemand und schrubbt und wischt herum. Nachdem das Schiff in allen Verbänden strahlt und glänzt, kommen wir an die Reihe. Das Wasser ist eisig kalt, aber das kann uns nicht schrecken – nur ein bißchen. Jeder schrubbt sich vom Scheitel bis zur Sohle, und es gibt nur allzu viele Helfer, die gern bereit sind, einem einen Eimer eiskaltes Wasser über den Kopf zu gießen.

Bereits zuvor haben Sigga, Morgan und Thomas Plätzchen gebakken. Kai hat aus einem Stück Kupferblech Kuchenformen gebaut – na was schon? – Schiffchen und Fische natürlich. Einträchtig walzen die drei mit leeren Bierflaschen den Teig, stechen Formen aus und schieben dann die gefüllten Bleche in den Ofen. Meine verwegenen Seeleute – mit Tätowierungen geschmückt, Ringen in den Ohren und Kopftücher wie die alten Piraten umgeschlungen – stehen dort in trauter Zufriedenheit und stechen brav Plätzchen aus! Ein Bild für die Götter! Der Ofen scheint heute zu glühen. Thomas hat alles an Töpfen herausgeholt, was irgendwie an Bord aufzutreiben war. Das Festmenü liest sich wie in einem Gourmet Restaurant: Als Vorspeise gibt es Tomatensuppe (aus frischen Tomaten, versteht sich), dazu Knoblauch-Croutons und Avocadocreme, als Hauptgericht Ziegenkeule, Bäckerin Art, mit gratinierten Kartoffeln und Karotten und als Dessert Bayerische Creme. Dazu werden erlesene chilenische Weine gereicht sowie Mokka und Cognac. Es mangelt uns an nichts, Thomas macht seinem Berufsstand alle Ehre. Dazu singt Hans Albers, bis uns die Ohren klingen, anschließend begleiten uns Janis Joplin, die Blues Brothers und Joe Cocker auf CD. Jeder hat feierlich seinen besten Zwirn angezogen. Ob er der mütterlichen Weihnachtskontrolle zu Hause standgehalten hätte, bleibt offen. Es ist zumindest das Beste, was jeder aus seinen Reserven auftreiben kann. Wir sind eine illustre Gesellschaft, die da feierlich bei Kerzenschein um den Tisch herum sitzt.

Nach dem Essen wird der Tisch leergeräumt, und der Sack mit Geschenken darauf entleert. Jörg hat ein System entwickelt, wie die Geschenke verspielt werden sollen. Das System ist ebenso undurchschaubar wie ungerecht, führt aber zu immer neuen Heiterkeitsausbrüchen. Am Ende, als alle Geschenke „verspielt" sind, beginnt das große Auspacken. Die Geschenke sind so praktisch wie ideenreich. Angefangen von einer Packung Kondome über heiß umkämpfte Schokoladenplätzchen bis hin zu einer Barbie-Puppe und einem Schlauchboot für Kleinstkinder ist alles vertreten. Morgan ist der glückliche Gewinner des Gummibootes, und er läßt es sich trotz fortgeschrittener Stunde und frostigen Temperaturen nicht nehmen, selbiges umgehend auszuprobieren. Das Boot ist bestenfalls für das Körpervolumen eines Fünfjährigen gedacht, Morgan übersteigt diese Dimensionen bei weitem und landet wie nicht anders zu erwarten, im Bach. Frohe Weihnachten!

Am nächsten Morgen schlafen wir aus und bewältigen dann gemeinsam den enormen Abwasch. Gegen 12.30 Uhr lichten wir den Anker und verlassen diese gastliche Bucht. Über den Magdalenakanal fahren wir weiter in den Cockburnkanal und erreichen die offene See. Ein hoher Schwell steht in den Kanal hinein, ansonsten ist es ruhig. Damit haben wir eindeutig Glück. Nach Berichten der chilenischen Marine ist das eine üble Ecke, aber davon scheint es ja eine ganze Reihe im Süden Chiles zu geben.

Wir fahren durch eine Gegend, in der in den dreißiger Jahren der deutsche Flieger, Seemann und Abenteurer Gunther Plüschow zeitweilig sein Lager aufgeschlagen hatte. Plüschow war zu seiner Zeit in Deutschland eine Berühmtheit. Während des Ersten Weltkrieges war er mit einer „Rumpler Taube", einem zerbrechlich wirkenden einmotorigen Flugzeug, in China stationiert, geriet damit in japanische Kriegsgefangenschaft und konnte mit dem Fluggerät entkommen. Sein darüber erschienenes Buch „Flieger von Tsingtau" wurde ein Bestseller mit traumhaften Auflagen. Später segelte er auf dem Laeisz-Segler PARMA rund Kap Hoorn und war fortan begeistert vom Segeln wie auch von dem Südzipfel Südamerikas. Darüber schrieb er das Buch „Segelfahrt ins Wunderland", das ebenfalls in die Bestsellerlisten aufstieg. In Büsum ließ er sich auf der Krämer, Vagt & Beckmann-Werft einen 16 Meter langen Holzkutter bauen, den er auf den Namen FEUERLAND taufte – das Schiff existiert heute übrigens immer noch.

Mitten im Winter lief er von Büsum aus und segelte mit seinem Kutter nach Feuerland. Mit einem Frachter ließ er sich zugleich ein Heinkel-Wasserflugzeug nachsenden, das er auf den Namen „Tsingtau" getauft hatte. Die FEUERLAND, die Tsingtau und letztlich Plüschow und seine Mannschaft haben in Südamerika Geschichte geschrieben. Im Gegensatz zu Deutschland hat man sie dort nicht vergessen. Plüschow war der erste Flieger, der Ushuaia am Beaglekanal erreichte, er war der erste, der den Monte Sarmiento überflog und weite Teile Feuerlands und Patagoniens aus der Luft filmte, fotografierte und damit auch den Kartographen erste verläßliche Informationen liefern konnte.

Der Segler und Flieger Bobby Schenk hat in seinem Buch „Segeln im Reich der Stürme" an Plüschow erinnert und sich vor einigen Jahren auf Spurensuche begeben. Ansonsten wissen nur wenige von Plüschow, obwohl sein Buch „Silberkondor über Feuerland" unlängst als Neuauflage wieder erschienen ist. Am 28. Januar 1931 stürzte Plüschow gemeinsam mit seinem ständigen Flugbegleiter

Ernst Dreblow über einem Seitenarm des Lago Argentino in Patagonien tödlich ab. Ich kenne den Namen Plüschow aus Erzählungen meiner Großeltern. Büsum ist nicht weit von Bad Bramstedt entfernt, und so lag es vielleicht in der Natur der Sache, daß ich schon als Junge anfing, mich für seine Reisen und Abenteuer zu interessieren. Seine fliegerischen und seemännischen Leistungen können gar nicht hoch genug bewertet werden. Und auch wenn sich seine Bücher heute ein wenig pathetisch lesen und nach Deutschtümelei klingen, so muß man einfach die Zeit berücksichtigen, in der diese Reisen stattfanden und die Bücher geschrieben wurden.

Auf unserer Weiterfahrt sehen wir den Monte Sarmiento nochmals von der anderen Seite. Abermals haben wir Glück, einen so schönen, klaren Tag zu erwischen. Auch als wir endgültig die offene See erreicht haben, bleibt das Wetter gut. Die normale Route, die uns die Chilenen sehr ans Herz gelegt hatten, wäre weiter durch das Innenfahrwasser verlaufen. Über den Kanal Balenero gelangt man schließlich in den Beaglekanal, der mit seinen landschaftlichen Reizen verschwenderisch umgeht.

Ich bin diese Route bereits zweimal mit Schiffen gefahren, dieses Mal haben wir uns vorgenommen, um Kap Hoorn zu segeln. Die Sicht ist ausgezeichnet, und ein steter Nordost schiebt uns über die harmlos wirkende See. Daß dies nicht alltäglich ist, braucht, glaube ich, nicht extra betont zu werden. Die Geschichten über stürmische Kap Hoorn-Umrundungen sind endlos. Berichte über Sonne und ruhige See in diesen Breiten sind die Ausnahme. Wir haben es offenbar mit einer solchen Ausnahme zu tun – vorerst jedenfalls. Das Wetter mag in diesen Breiten stürmisch sein, aber auch hier bläst es nicht 365 Tage im Jahr. Es gibt ruhige, schöne Perioden, in denen eine Kap Hoorn-Umrundung ganz unspektakulär ausfallen kann. Lediglich die statistische Wahrscheinlichkeit, dort in einen schweren Sturm zu geraten, ist relativ groß. Und wenn es passiert, dann geht es hier auch richtig zur Sache. Trotzdem ist Kap Hoorn auch ein Mythos, demzufolge nirgendwo sonst auf der Erde so heftige Stürme und hohe Seen auftreten wie hier, was sicherlich nicht ganz stimmt. Es gibt viele Seegebiete auf der Erde, die ähnlich brutal und furchteinflößend sein können. Das Kap der Guten Hoffnung etwa, der gesamte Ozean südlich des 40. Breitengrades, aber auch der Nordatlantik, die Beringsee, der Nordpazifik oder das Kap Farvel von Grönland zählen zu den ungemütlichen Wetterecken. Nicht zu vergessen die durch Wirbelstürme verursachten Sturmseen. Und letztlich ist nicht immer nur die Windgeschwindigkeit oder die Höhe der Seen entscheidend. Für den Seemann ist häufig die Steilheit der Wellen oder die Überlagerung verschiedener Wellensysteme mit daraus entstehenden Kreuzseen viel elementarer.

Zur Zeit der großen Windjammer hatten die Schiffe weder Funk noch irgendwelche Wetterberichte zur Verfügung. An Bord waren lediglich ein Barometer und geballte Erfahrung vertreten. Man nahm das Wetter wie es kam. Begann das Glas zu fallen, gemeint ist das Barometer, verkürzte man die Segel und richtete sich auf Schlechtwetter ein. Die schweren Kap Hoorner waren dafür gebaut, auch unter schwersten Bedingungen zu segeln. Bezeichnend ist die Dienstanweisung des Reeders Ferdinand Laeisz an seine Schiffsführer, die mit dem Satz beginnt: „Meine Schiffe können und sollen schnelle Reisen machen.“ Die großen Laeisz-Viermast- und Fünfmastbarken und Vollschiffe waren wohl die effektivsten und auch wirtschaftlichsten ihrer Art. Da alle Schiffsnamen mit P anfingen, wie PARMA, POTOSI, PRIWALL oder das größte von ihnen allen, die PREUSSEN, etablierte sich schnell der Ruf der legendären „Flying-P-Liner“. Einige der Laeisz-Segler liegen heute noch in Häfen als Museumsschiffe, wie z.B. in Travemünde die PASSAT. Die russische KRUZENSTERN lief als letztes der Laeisz-Schiffe unter dem Namen PADUA vom Stapel und wurde nach dem Krieg als Reparationszahlung an Rußland abgegeben. Diesem Umstand verdankt das Schiff, daß es heute noch unter Segeln in Fahrt ist, wenngleich die Unterhaltskosten enorm sind und die Zukunft des Schiffes von finanziellen Zuwendungen abhängt.

Keines der Laeisz-Schiffe ist je vor Kap Hoorn gesunken oder entmastet worden. Eine unglaublich sachkundige und kompetente wie harte Riege an Schiffsführern knüppelte die großen Segler gekonnt, aber erbarmungslos ums Hoorn, und zwar in Zeiten, die selbst modernen Dampfschiffen das Fürchten lehrte. Schleppversuche haben ergeben, daß die Segel des Fünfmast-Vollschiffes PREUSSEN bis zu 6000 Pferdestärken entwickelt haben, um das Schiff auf 17 bis 18 Knoten zu beschleunigen. Andere Schiffe waren weder so solide gebaut noch waren sie so effektiv. Unzählige Segler sind vor Kap Hoorn gesunken. Sei es, weil sie entmastet wurden, weil die Seen die Luken eingeschlagen haben, weil sie auf Eis trafen oder durch sonstige Sturmschäden. Kap Hoorn ist zum Inbegriff seemännischer Leistungen – aber auch Leiden – geworden. Keine andere Region hat die Gemüter der Seefahrtschronisten so sehr beschäftigt wie dieser Erdzipfel. Und es wäre auch unredlich, so zu tun, als sei eine Umrundung Kap Hoorns in der heutigen Zeit gleichzusetzen mit denen der Segelschiffsära. Heute hat jeder verantwortungsbewußte Segler zumindest ein Funkgerät, mit dem er Wetterberichte empfangen kann, wenn nicht gar Wetterfaxe, über die er Wetterkarten erhält. Damit werden ihm wichtige Hilfsmittel in die Hände gegeben. Außerdem gibt es Motoren, Radar und GPS, Seekarten, die genau genug sind und die Möglichkeit anzeigen, sich notfalls im Schutz der Insel zu verstecken. Das alles kannten die Rahsegler nicht. Ihre Position war oft völlig ungewiß, da sie weder Landsicht hatten, noch wegen der dichten Wolkendecke eine astronomische Standortbestimmung durchführen konnten. Sie waren oft genug auf Koppelnavigation angewiesen, was irgendwann zwangsläufig zu Ungenauigkeiten führen muß. Die Zeit auf den alten Segelschiffen war hart, entbehrungsreich und gefährlich und ganz sicher nicht romantisch. Deshalb ist es auch unsinnig, in nostalgischer Schwelgerei die alte Zeit wieder herbeizusehnen. Die Seefahrt ist durch moderne Errungenschaften sicherer geworden, und das gilt sowohl für Yachten wie auch für heute noch fahrende Großsegler. Und das ist gut so! Diese veränderten Umstände schließen aber nicht aus, daß ein Segler, hier wie anderswo, trotzdem in schweres Wetter geraten kann, und die Heftigkeit der Stürme ist heute sicher nicht geringer als damals. Damit bleibt eine Kap Hoorn-Umrundung auch in der heutigen Zeit eine sehr ernsthafte Angelegenheit und eine Prüfung für Schiff und Besatzung.

Als ich 1984 meinen Plan bekanntgab, mit einem Faltboot im Winter um Kap Hoorn zu paddeln, gab es einen Sturm der Entrüstung. Nicht nur, daß es als gefährlich galt, nein, es war einfach unanständig, als wollte ich die heilige Kuh der Seeleute schlachten. Daß einer Kajakumrundung, die ich dann zusammen mit Rainer Neuber erfolgreich durchführte, eine völlig andere Strategie und

Verfahrensweise zugrunde liegt, wurde außer acht gelassen. Wir waren in den Augen der angeblich seefahrtskundigen Kritiker potentielle Selbstmörder. Zugegeben, es war eine gefährliche Fahrt. Aber wir hatten nur das nachvollzogen, was uns die Feuerlandindianer mit viel primitiveren Mitteln vor Tausenden von Jahren vorgemacht hatten. Sie lebten nämlich in dieser Region, und für sie war es das selbstverständlichste auf der Welt, mit Einbäumen sommers wie winters zwischen den Inseln des Kap Hoorn-Archipels herumzufahren. Wir hatten uns ihre Taktik zu eigen gemacht – und hatten Erfolg. Siebenunddreißig Tage waren wir damals insgesamt mit den Booten unterwegs, und uns war mehr als einmal nicht wohl dabei zumute. Aber vergleichen läßt sich diese Tour mit einer Segelschiffsreise wohl kaum.

Das Bild des Kap Hoorn hat sich mir damals ganz genau eingeprägt. Ich weiß es noch wie heute, wie wir am 7. Mai genau um 15.15 Uhr das Kap querab hatten. Wie es immer wieder hinter Schnee und Hagelschauern verschwand, wie das Boot von Rainer Neuber in den für uns unvorstellbar hohen Seen wie ein Korken auf und nieder tanzte und dabei zeitweilig ganz in den Wellentälern verschwand. Wie ich durch Kreuzseen samt Boot aus dem Wasser hochkatapultiert wurde und um Balance ringend wieder landete. Wie wir bei stockfinsterer Nacht und stürmischem Wind das Westkap der Hoorn-Insel rundeten und dann langsam unter Landabdekkung kamen und schließlich bei dem Versuch anzulanden von der Brandung umgeworfen wurden und physisch wie psychisch erschöpft, naß und durchgefroren unser Zelt aufbauten.

Als ich jetzt das Kap in der Ferne auftauchen sehe, sind die Erinnerungen sofort wieder wach. Dabei ist heute gutes Wetter. Wir können fast die gesamte Küstenlinie ausmachen. Die Ildefonsoinseln lassen wir dicht auf Backbord liegen, steile, markante Klippen, die aus der See ragen. Weiter hinten taucht das „Falsche Kap Hoorn" auf, an dem früher viele Segelschiffe gescheitert sind. In der Annahme, das richtige Kap Hoorn gerundet zu haben, nahmen sie eine Kursänderung vor und liefen wenig später auf eine der Inseln und Untiefen auf.

Bis auf das Toppsegel haben wir alle Segel gesetzt. Es herrscht Nordwind, wir sind somit unter Landabdeckung. Die See ist ungewöhnlich ruhig, aber gerade deshalb bin ich mißtrauisch. Die Sonne nimmt eine weiße, diffuse Farbe an, als schiene sie durch eine Milchglasscheibe. Die Wolken färben sich grün, das Barometer stürzt ab. Um 18.15 Uhr haben wir Kap Hoorn querab. Und als wolle das Kap uns zeigen, daß es seinem schlechten Ruf gerecht wird, dreht der Wind von einer Minute zur anderen auf Südwest. Eine halbe Stunde später weht es mit 45 bis 50 Knoten, entsprechend Stärke 9 bis 10 nach der Beaufort-Skala. Regenschauer peitschen die See, schnell baut sich Seegang auf. All hands on deck! Wir binden erst das zweite, dann das dritte Reff ins Großsegel. Zwei Mann sind im Klüvernetz und bergen den wild schlagenden Klüver. Nur die Sicherheitsgurte verhindern, daß sie von den Seen, in die sie immer wieder bis zur Hüfte eintauchen, aus dem Netz gewaschen werden. Endlich laufen wir nur unter Fock und gerefftem Groß. Da wir das Kap gerundet haben, können wir auf Steuerbordbug laufen und Wind und Seen mit dem Heck in einem günstigen Winkel nehmen. Das Schiff liegt ruhig und nimmt die achterlichen Seen mit gutmütigen Bewegungen. Sah das Kap eben noch harmlos und grün aus, so wirkt es jetzt kalt und abweisend. Wir laufen vor dem Sturm ab und segeln in Lee der Deceitinsel. Dort finden wir einen geschützten Ankerplatz in der Caleta Wilfredo und verbringen die Nacht in Ruhe, während die Sturmböen über uns hinwegtosen. Morgens ist es wieder still und sonnig. So schnell geht es hier mit dem Wetter. Auf der Hoorn-Insel gibt es eine chilenische Marinestation, bei der wir uns über Funk angemeldet haben. Freundlich gibt man uns eine Wettervorhersage und wünscht uns eine gute Weiterfahrt nach Puerto Williams, unserem nächsten Ziel.

Wir überqueren die Bahía Nassau unter vollen Segeln. Kurz vor Erreichen des Beaglekanals schläft der Wind vollends ein. Als wir damals mit den Faltbooten die Bahía Nassau überquert hatten, benötigten wir für die 22 Seemeilen knapp acht Stunden. Das ist weiter als eine Überquerung des Ärmelkanals von Dover nach Calais. Das war die von uns am meisten gefürchtete Passage, da es keinen Fluchtpunkt gab. Ein Weststurm hätte uns unweigerlich in die offene See hinausgetrieben, so wählten wir den Tag und die Witterungsbedingungen sehr genau. Trotzdem wurde es eine harte Überfahrt, und wir waren damals froh, als wir die Wollastoninseln erreichten.

Die Bahía Nassau ist groß genug, um gewaltigen Seegang aufzubauen. Heute wirkt sie friedlich und ruhig. Wir passieren die Insel Lennox und wenig später die Insel Picton. Zusammen mit der weiter östlich liegenden Insel Nueva stellten diese drei Inseln jahrelang einen Zankapfel zwischen Argentinien und Chile dar. Fast wäre es zu einer militärischen Konfrontation gekommen. Als wir 1984 unterwegs waren, waren zahlreiche Inseln vermint, und wir hatten uns vorher sehr genau informieren müssen, wo wir überhaupt hinfahren durften. Anfänglich hatten uns die Chilenen sogar für argentinische Spione gehalten, da sie sich nicht vorstellen konnten, daß jemand freiwillig in dieser Jahreszeit mit Faltbooten eine solche Reise unternimmt. Es dauerte eine Weile, bis sich der Irrtum aufklärte. Inzwischen ist eine verbindliche Grenzziehung auf Vermittlung des Papstes zwischen den beiden Ländern vollzogen worden.

Wir erreichen Puerto Williams um 22.30 Uhr. Die chilenische Garnisonsstadt hat sich in den letzten Jahren gemausert. Es gibt kleine, recht gut bestückte Supermärkte, eine öffentliche Telefonstation, von der aus man problemlos nach Hause telefonieren kann, bunte und gepflegte Häuser sowie einen netten kleinen Yachthafen. Er gilt als der südlichste Yachtclub der Welt. Im Grunde genommen besteht er aus einem optimal geschützten Naturhafen, in dem ein alter Dampfer liegt, der gleichzeitig als Mole wie auch als Clubhaus dient. Dieser Dampfer hat eine lange Geschichte hinter sich. Ursprünglich ist er in Deutschland als Rheindampfer gebaut worden und hat dort seinen Dienst versehen, bevor er schließlich auf Umwegen nach Puerto Williams kam und dort auf Grund gesetzt wurde. Es ist ausgesprochen schön und romantisch hier, und der alte Rheindampfer trägt zu dieser Atmosphäre entschieden bei. Außer uns liegen noch einige Yachten im Hafen, die alle einen weiten Weg hinter sich haben. Einige der Boote sind hier bzw. in Ushuaia fest stationiert. Sie bieten Touristenfahrten in die Antarktis an oder auch einfach nur Touren durch den Beaglekanal. An Kunden scheint es nicht zu mangeln, obwohl diese Reisen nicht ganz billig sind.

Unter anderem liegt auch die kanadische Yacht NORTHHANGAR im Hafen. Wir hatten die Crew bereits in Victoria in Kanada getroffen, als sie dabei waren, ihre Yacht für die bevorstehende Reise auszurüsten. Das Ziel der Kanadier ist die Antarktis, wo sie auf der

Smithinsel eine Erstbesteigung des höchsten Berges durchführen wollen. Das Schiff und die Mannschaft sind gut vorbereitet und professionell ausgerüstet. Mit ihnen und den anderen Seglern beschließen wir, gemeinsam Silvester zu feiern. Einen idyllischeren Platz als Puerto Williams kann man sich dafür kaum denken. Die Marine hat uns ihren Grillplatz zur Verfügung gestellt, und so feiern wir dort bei milden sommerlichen Temperaturen einen der schönsten Silvesterabende, an die ich mich erinnern kann. Jeder hat etwas zum Essen beigetragen. Thomas, unser Smut, hat die Regie mit der erforderlichen Professionalität übernommen und brutzelt auf dem großen Grill Steaks, Hähnchenkeulen und Würstchen. Obwohl wir uns alle zum ersten Mal begegnen, finden wir sofort einen gemeinsamen Ansatzpunkt. Es ist eine Nacht voll langer, angenehmer Gespräche, dabei dreht sich bei weitem nicht jedes Gespräch ums Segeln. Wolf Kloss, ein deutscher Segler, liegt mit seiner Yacht längsseits der DAGMAR AAEN. Wolf hat seine Frau und seinen kleinen Sohn dabei. Auch er ist im Chartergeschäft und fühlt sich darüber hinaus in diesem Teil der Welt sehr wohl. Alle Segler, die wir hier treffen, sind auffallend entspannt, aufgeschlossen und nett. Keiner, der sich mit irgendwelchen seglerischen Heldentaten brüstet, fast allen ist eine Art von Understatement eigen. Sie nehmen sich selbst einfach nicht so ungeheuer wichtig, wie es leider bei so manchem heimatlichen Seglertreffen zu beobachten ist. Irgendwann um 4 Uhr morgens gehen die letzten an Bord, harmonischer hätte der Jahreswechsel nicht ausfallen können!

Am 2. Januar fliegt Frank von hier aus wieder nach Hause, mehr Zeit mit uns erlaubt ihm sein Geschäft leider nicht. Wir klarieren noch am selben Tag aus und bunkern vor unserer Abreise nochmals Diesel. Um 17 Uhr werfen wir los und verlassen Puerto Williams. Wir laufen auf derselben Route durch den Beaglekanal, auf der wir gekommen sind, und nehmen dann Kurs auf die Le Maire-Straße. Bevor wir den Bug endgültig wieder nach Norden richten, wollen wir noch der Staateninsel einen Besuch abstatten.

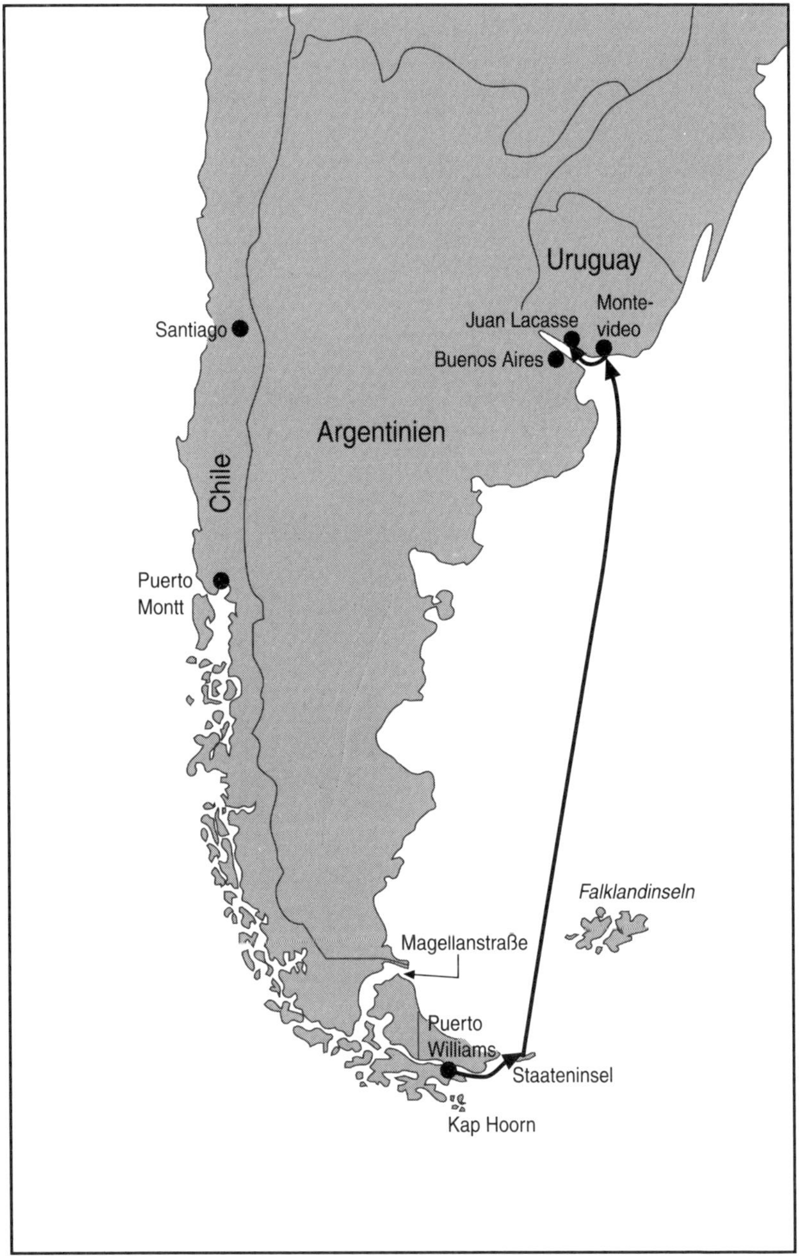
Uruguay
Monte-
video
Juan Lacasse
Buenos Aires
Santiago
Argentinien
Chile
Puerto
Montt
Falklandinseln
Magellanstraße
Puerto
Williams
Staateninsel
Kap Hoorn

Staateninsel

In Berichten über Umrundungen Kap Hoorns findet eine Gegend genauso viel Beachtung wie das eigentliche Kap selbst: die Staateninsel mit der Le Maire-Straße. Die Staateninsel ist die östliche Verlängerung von Feuerland, durch das sie von der sogenannten Le Maire-Straße getrennt ist. Im April 1884 wurde die Insel im Rahmen einer Expedition von dem argentinischen Leiter Augusto Lassarre offiziell für Argentinien in Besitz genommen. Dabei ist es bis heute geblieben. Lassarre hatte am Ostende der Insel einen Leuchtturm und eine Rettungsstation für Schiffbrüchige errichtet, denn immer wieder war die Insel Schauplatz von Schiffskatastrophen gewesen. Im Schnitt liefen pro Jahr acht Segelschiffe auf die Klippen auf. Insgesamt geht man von über 100 Schiffen aus, die der Insel und ihren tückischen Strömungen zum Opfer gefallen sind. So groß war die Zahl der Schiffbrüchigen, daß man sich von argentinischer Seite aus veranlaßt sah, diese Rettungsstation einzurichten, die Nahrungsmittel und warme Kleidung bereithielt. In gewissen Abständen wurde die Insel von einem Regierungsschiff angelaufen, um etwaige dort versammelte Seeleute abzubergen.

Zum Bau des Leuchtturms und der Notunterkünfte bedienten sich die Argentinier billiger Arbeitskräfte, indem sie zehn Strafgefangene dorthin schickten, die unter Aufsicht einer Militäreinheit standen. In der Cook-Bucht wurde eine Station und auf der ihr vorgelagerten Observatoriuminsel ein weiterer Leuchtturm errichtet. Später wurde auf dieser Insel – daher der Name – ein großes meteorologisches, magnetisches Observatorium aufgebaut, das alle zwei bis drei Monate von Ushuaia aus von einem Versorgungsschiff angelaufen wurde. Die Station in der Cook-Bucht wurde nach einer Revolte der Strafgefangenen im Jahre 1906 endgültig aufgegeben und verfiel im Laufe der Jahrzehnte.

Nach der Eröffnung des Panamakanals und dem Ende der großen Kap Hoorn-Segler gerieten die Insel und die Meeresstraße langsam in Vergessenheit. Die Dramen, die sich an ihrer Küste abgespielt hatten, fanden höchstens noch in alten Seefahrtsberichten Erwähnung oder in den Erzählungen der wenigen Überlebenden. Warum strandeten so viele Schiffe an dieser Küste? Die Le Maire-Straße ist rein rechnerisch gesehen der kürzeste Weg zum Kap Hoorn. Aber zwischen dem Kap und der Staateninsel setzt ein starker Strom ein, der in der Le Maire-Straße sein Maximum erreicht. Die Rede ist von bis zu 10 Knoten Stromgeschwindigkeit.

Die Staateninsel liegt in dem Bereich, an dem West- und Oststrom aufeinanderprallen, woraus sich eine enorm kabbelige und schwere See entwickeln kann. Das allein reicht schon aus, um selbst große, stark motorisierte Schiffe in Bedrängnis zu bringen. Aber das ist bei weitem noch nicht alles. Um die Insel herum herrschen wieder andere Strömungen, die durch die Gezeiten verursacht werden und in der Regel quer zu den Buchten verlaufen. Lokale Winde, die von der Insel kommen, sorgen für weitere Unregelmäßigkeiten, so daß eine völlig chaotische See entsteht, die der Schiffahrt sehr gefährlich wird. Am schlimmsten aber wird es in der Straße, wenn ein starker Südwest gegen den Gezeitenstrom läuft. Dann bilden sich sogenannte Tide Rips, das sind hohe, an einer Stelle stehende Seen, die unablässig in ganzer Breite brechen. Ich kenne diese Erscheinung von den Aleuten her. Dort findet zwischen den Inseln der Wasseraustausch zwischen der flachen Beringsee und dem tiefen Nordpazifik statt. Gezeitenströme von bis zu 12 Knoten lassen dort bei Wind gegen Strom eine furchtbare See entstehen, und selbst bei Windstille sind einige der Passagen so gefährlich, daß sie von den Fischereischiffen gemieden werden. Die Le Maire-Straße ist berühmt-berüchtigt für ihre Tide Rips. Die Winde im Bereich der Le Maire-Straße sind ganzjährig sehr stürmisch. Hinzu kommen oftmals schlechte Sichtverhältnisse. Die maschinenlosen Segelschiffe wagten nur in Ausnahmefällen, den kürzeren Weg durch die Straße zu segeln. In der Regel hielten sie sich gut von der Staateninsel frei und umsegelten das Gebiet weiträumig.

Andere, die der Verlockung einer schnellen Reise nicht widerstehen konnten, berichteten von den Schwierigkeiten. Wie etwa der Kapitän des amerikanischen Klippers GREAT REPUBLIC. Das große Schiff hatte versucht, bei günstiger Strömung, aber starkem Südwestwind in die Straße einzufahren, und wäre dabei um ein Haar untergegangen. Immer wieder brachen gewaltige Sturzseen mit solcher Gewalt über den Segler, daß ein großer Teil der Decksaufbauten zertrümmert wurde. Die GREAT REPUBLIC schaffte es dennoch, andere waren nicht so glücklich. Die SWANILDA beispielsweise, die von England aus auf dem Weg nach Chile war. Schlechtes Wetter hatte seit Tagen eine genaue Positionsbestimmung verhindert. Der Kapitän hatte vor, die Insel zu umfahren, konnte aber aufgrund der schlechten Sichtverhältnisse weder den Leuchtturm ausmachen noch sonst irgendwie seinen Standort ermitteln. Er wähnte sich in sicherem Abstand von der Insel, ein folgenschwerer Irrtum. Er segelte mit kräftigem Nordwest, als unvermittelt, nur wenige Kabellängen vor dem Schiff, die schäumenden Klippen der Staateninsel auftauchten. Mit allen ihm zur Verfügung stehenden Mitteln versuchte er, sich von der Küste freizusegeln, aber es war zu spät. Der Wind und die Strömung setzten die SWANILDA auf die Küste zu, wo sie schließlich auf die Klippen auflief und auseinanderbrach. Die Mannschaft, der Kapitän und dessen Frau versuchten sich an Land zu retten. Doch Brecher schlugen die Boote gegen die Bordwand und ließen sie kentern. Obwohl es nur wenige Meter bis zur rettenden Küste waren, überlebte kaum einer der Seeleute. Am nächsten Morgen wurden die Leichen der Ertrunkenen angespült, darunter die Frau des Kapitäns. Sie und die anderen Seeleute wurden auf dem Friedhof in der Cook-Bucht bestattet.

Solche Berichte lassen sich beliebig fortsetzen. Es haben sich unglaubliche Dramen auf der Insel und den sie umgebenden Gewässern abgespielt. Trotzdem gab es immer wieder unerschrockene Kapitäne, die mit ihren großen „Kap Hoornern“ bei günstigen Winden durch die Le Maire-Straße segelten. Einer der berühmtesten und ganz sicher der besten war Kapitän Robert Hilgendorf von der Reederei Laeisz. Er kommandierte die großen Viermastbarken und schließlich auch eines der größten Segelschiffe überhaupt, die Fünfmastbark POTOSI. Hilgendorf betrieb die Segelschiffahrt geradezu mit wissenschaftlicher Akribie und segelte die großen Windjammer mit ihrer komplizierten Takelage so virtuos wie kaum ein anderer. Er drückte die Rundreise nach Chile mit schwerbeladenen Segelschiffen auf unter sechs Monate Dauer. Über einen Zeitraum von mehr als zwanzig Jahren segelte er seine Schiffe mit einem Durchschnitt von siebeneinhalb Knoten. Hilgendorf hat nie eine schlechte Reise gemacht, und tatsächlich unterschied sich die jeweilige Reisedauer immer nur um wenige Tage. Er schien zu riechen, wo der Wind in welcher Stärke anzutreffen war. Ein Schiff wie die POTOSI durch die Le Maire-Straße zu pressen, verlangte nicht nur Kaltschnäuzigkeit und Mut, es erforderte, mehr als alles andere, Können. Hilgendorf begründete sozusagen eine Tradition der schnellen und effektiven Kap Hoorn-Reisen. Es gab andere, die es ihm nachtaten. Seeleute wie Boye Petersen, Hinrich Nissen, Hermann Piening, Robert Clauß sowie Adolf Hauth, der mit der PRIWALL in fünf Tagen und vierzehn Stunden die schnellste Kap Hoorn-Umrundung aller Zeiten gemacht hat, waren aus demselben Holz geschnitzt. Es gab andere, die genauso gut waren. Aber es war auch eine aussterbende Spezies, die mit dem Niedergang der großen Windjammer keinen Nachwuchs mehr fand.

Als wir mit der DAGMAR AAEN die Le Maire-Straße erreichen, weht nur eine mäßige Brise, trotzdem steht ein unangenehmer Seegang. Wir lassen uns von der Tide in die Straße hineintragen, um dann beim Kentern des Stroms Kurs auf die Staateninsel abzusetzen. Unvermittelt brechen Seen um uns herum, gelegentlich wirkt es, als würden sich Schlaglöcher in der See auftun. Es ist kein regelmäßiges Muster in der See zu erkennen, alles läuft durcheinander, spritzt und schäumt, wirbelt umher, es ist eine wahre Hexenküche. Dabei ist das Wetter für hiesige Verhältnisse gut. Es gehört nicht viel Phantasie dazu, um sich vorzustellen, wie es hier bei Sturm aussieht. Die Berichte, von denen ich gehört habe, sind gewiß nicht übertrieben. Ich bin froh, als wir durch sind.

Wir ändern unseren Kurs nach Osten und segeln an der Nordküste der Staateninsel entlang. Unser Ziel ist die Cook-Bucht, dort, wo um die Jahrhundertwende die Sträflingskolonie errichtet worden war. Es gibt verschiedene Fjorde, in die man sich in Sicherheit zurückziehen kann. Aber Vorsicht! Selbst in der geschütztesten Bucht können die Stürme mit solcher Heftigkeit wehen, daß man gut daran tut, alle Vorsichtsmaßnahmen für das Schiff zu treffen. Vor uns tauchen die kleinen Neujahrsinseln auf, von denen eine die bereits erwähnte Observatoriumsinsel ist. Diese Inseln sind im Gegensatz zur Staateninsel flach und offenbar auch nicht so feucht. Die Staateninsel selbst ist gebirgig und mit einer dichten Vegetation bedeckt. Die Einfahrt in die Cook-Bucht ist eng, danach weitet sich der Fjord ein wenig und gibt den Blick auf eine wilde Landschaft frei. Zu meiner Überraschung finden wir am Ende der Bucht eine große Mooringtonne, die so dimensioniert ist, daß selbst große Schiffe daran festmachen können. Wir überlegen nicht lange, bringen eine Leine zur Tonne rüber und machen fest. Es ist schön hier. Schnell ist das Schlauchboot zu Wasser gelassen, und die erste Gruppe macht sich auf den Weg an Land.

Niemals habe ich das Schiff in diesen Breiten unbeaufsichtigt gelassen. Immer sind genügend Leute an Bord, um gegebenenfalls die Maschine zu starten und erforderliche Manöver zu fahren. Genauso wie ich die Sorglosigkeit vieler Segler, die sich im Vertrauen auf die Haltekraft ihrer Anker schlafen legen, nicht verstehe und daher ständig, rund um die Uhr, eine Ankerwache aufziehen lasse, bleibt natürlich auch hier eine Wache an Bord zurück. Der Ausflug an Land ist so für alle Beteiligten viel entspannter, die Bordwache wird zeitig genug abgelöst, so daß auch sie viel Zeit an Land verbringen kann. Gleich am Strand sehen wir die ersten verfallenen Ruinen der ehemaligen Kolonie. Es muß hier offenbar eine richtige kleine Holzpier gegeben haben. Die alten verrotteten Uferbefestigungen ragen noch heute aus dem Sand. Eine verfallene Steinhütte, eingewachsene Hausfundamente, ein kleiner verblichener Schrein mit einer Madonnenfigur, ein völlig eingewachsener Friedhof. Unter dem dichten Gestrüpp muß noch vieles mehr verborgen liegen. Die Kreuze auf dem Friedhof sind teilweise aus verwittertem Holz oder auch aus geschmiedetem Stahl gefertigt. Eine Grabstelle hat eine liebevolle Einfriedung erhalten. Obwohl die Schrift kaum zu entziffern ist, vermute ich, daß es sich hierbei um das Grab der Frau des Kapitäns der SWANILDA handelt. Die anderen Gräber stammen sicherlich von weiteren Schiffbrüchigen. In der späten Nachmittagssonne wirkt der Ort friedlich. Aber das ist eher die Ausnahme. Die meiste Zeit des Jahres ist es hier stürmisch und regnerisch, naß und kalt. Alten Beobachtungen zufolge, die gemacht wurden, als diese Kolonie noch bewohnt war, sollen pro Jahr durchschnittlich drei Meter Niederschlag fallen. Der Boden ist von einer torfigen Beschaffenheit, und darauf wachsen die Zwergbuchenwälder in unglaublicher Dichte. Die Cook-Bucht ist zugleich die engste Stelle der Staateninsel. Es sind nur wenige Minuten zu Fuß, bis man über eine leichte Anhöhe in die Vancouver-Bucht gelangt, die sich nach Süden hin öffnet. Als „das Ende der Erde" bezeichnete der Missionar Lucas Bridges diesen Teil der Welt. Und für das damalige geographische Verständnis hatte er auch recht. Südlich von uns liegt die Drake-Passage, dahinter ein anderer Kontinent, die Antarktis, über die man damals noch herzlich wenig wußte.

Wir hatten lange überlegt, ob wir einen Abstecher dorthin machen sollten. Weit ist es nicht mehr, je nach Wetter dauert die Überfahrt knapp eine Woche. Wir haben uns dagegen entschieden, obwohl die DAGMAR AAEN wohl derzeit die einzige Yacht sein dürfte, die ein Umweltverträglichkeitsgutachten für die Antarktis besitzt. Jetzt wollen wir uns lieber Feuerland und letztlich auch die Staateninsel ansehen. Während der zweiten Nacht, die wir hier in der Cook-Bucht verbringen, brist es kräftig auf. Ich mißtraue der Mooringtonne, nachdem wir verschiedentlich schlechte Erfahrungen damit gemacht haben. Wer weiß, wie lange sie hier schon liegt. Ich schätze, daß sie während des Falklandkrieges eingerichtet wurde. Wie sieht ihre Befestigung heute aus? Vorsichtshalber fieren wir den Anker und ziehen die Bremse der Ankerwinde nur locker an. Sollte die Tonne auf Wanderschaft gehen, würde das Geräusch der auslaufenden Kette sofort Alarm geben. Als der Wind schließlich wieder nachläßt, lassen wir den Anker, wo er ist, um die anderen nicht zu wecken – ein Fehler mit Folgen. Als wir den Anker hieven wollen, sitzt er bombenfest, offenbar hat er sich in der Verankerung der Tonne verfangen. Es nützt alles nichts; Morgan muß seinen Trokkentauchanzug anziehen und versuchen, das Problem zu lösen. Aber die Sicht ist schlecht, das Wasser mit 27 Metern tief und zudem eisig kalt. Der erste Tauchgang bringt nur die Gewißheit, daß sich etwas verhakt hat. Daraufhin gehen wir beide gemeinsam hinunter und versuchen mit Brechstangen, die Ankerkette von der Tonnenbefestigung zu lösen. Wir haben jeweils nur zwanzig Minuten Zeit zum Arbeiten, dann müssen wir auftauchen, um keine zusätzlichen Dekostops einlegen zu müssen. Trotzdem haben wir zur Sicherheit in sechs Metern Tiefe zusätzliche Preßluftflaschen deponiert.

Durch das Arbeiten am Grund wird enorm viel Sediment und Schlick aufgewirbelt, so daß die Sicht sehr schlecht ist. Zudem sind 27 Meter kein Pappenstiel. Wir müssen verschiedene Tauchgänge machen, um den Anker abzuschäkeln und die Kette Glied für Glied zu befreien. Wir brauchen dazu zwei Tage! Dann gehen wir unter Maschine voll zurück, und mit einem Ruck kommt die Kette frei. Morgan und ich sind nach diesen Tauchgängen bedient. Trotz der Trockentauchanzüge ist uns kalt geworden, und diese Arbeit unter Wasser zählt sicher nicht zu den schönsten ihrer Art. Das war der Preis, den wir für unsere Nachlässigkeit zahlen mußten. Die Mooringtonne – soviel können wir jetzt mit Sicherheit sagen – ist jedenfalls bestens verankert. Nach dieser unfreiwilligen Episode müssen wir uns beeilen. Jörg, Martin, Till, Jörn und ich müssen am 26. Januar von Montevideo aus nach Hause fliegen.

Am 6. Januar verlassen wir die Staateninsel. Bei kräftigen westlichen Winden kommen wir zügig voran. Bei 25 Knoten laufen wir tagsüber unter Klüver, Fock und zweifach gerefftem Großsegel, nachts binden wir zur Sicherheit das dritte Reff ein. Es wird zunehmend stürmischer und der Seegang nimmt eindrucksvolle Ausmaße an. Aber wir haben uns mittlerweile so an diese Art von Wetter gewöhnt, daß wir kaum ein Wort darüber verlieren, im Gegenteil, wir freuen uns über die gute Fahrt, die wir machen. Wir sind wieder im Atlantik, erst jetzt wird uns dieser Umstand so richtig bewußt. Im Sommer 1993 haben wir ihn im Norden verlassen, jetzt sind wir über den Süden zurückgekehrt. Wir laufen ein Etmal von 142 Seemeilen. Die Wetterkarte verheißt nichts Gutes. Eng gebündelt ziehen die Isobaren der Tiefdrucksysteme heran. Wir sind auf Höhe der Falklandinseln, als es richtig zu stürmen beginnt. Wir bergen das Großsegel, laschen Baum und Gaffel sturmfest und setzen stattdessen das leuchtend orangefarbene Trysegel. Klüver und Fock haben wir ebenfalls geborgen, einzig die kleine Sturmfock steht noch.

Unter dieser Sturmbesegelung laufen wir bei 40 bis 50 Knoten Wind aus Südwest immer noch ein Etmal von 120 Seemeilen. Hohe Seen laufen schräg von achtern auf, aber immer wieder hebt die DAGMAR AAEN das Heck rechtzeitig über die Wellenkämme, so daß keine See einsteigt. Das Schiff ist in seinem Element, und wir glauben förmlich zu spüren, wie es der alten Dame Spaß bringt, durch die stürmischen Seen zu pflügen. Ich habe andere Schiffe gesegelt, auch moderne, schnelle Kurzkieler. Nirgendwo habe ich ein so gutes Seeverhalten erlebt wie auf diesem Schiff. Die alten Schiffbauer wußten, worauf es ankam.

Wir passieren die Falklands in Sichtweite, der Wind hat jetzt konstante 50 Knoten erreicht, in Böen sind es sogar 60. Im Logbuch vermerke ich: „Sturm hat zugenommen, in Böen 60 Knoten. Im Laufe des Tages hat sich eine hohe, teilweise brechende See aufgebaut. Schiff liegt unter Try und Sturmfock sehr gut. Wasser über Deck." Im Laufe der Nacht läßt der Wind langsam nach, so daß wir die Sturmsegel abschlagen und wieder die Fock und das dreifach gereffte Groß setzen. Kurz darauf folgt der Klüver. Wir verlassen die „Furious Fifties" und am Nachmittag des 14. Januars auch die „Roaring Forties".

Damit sind wir wieder in gemäßigteren Breiten. Das Wasser nimmt eine tiefe, satte Blaufärbung an, es wird wärmer, und die Sonne gewinnt an Kraft. Es ist, als würden neue Lebensgeister geweckt. Die dicken Seestiefel verschwinden nach langer Zeit wieder unter Deck. Plötzlich sieht man die Leute mit T-Shirts an Deck stehen, obgleich es dafür dann doch noch ein wenig frisch ist. Jörn, der Bootsmann, hat nach langem Hin und Her eingewilligt, mir in stilgerechter Fortsetzung alter seemännischer Traditionen eine „Neunschwänzige Katze" anzufertigen, was nichts anderes als eine Peitsche ist, die früher zur Züchtigung aufsässiger Seeleute eingesetzt wurde. Daher kommt übrigens der Ausdruck „die Katze aus dem Sack lassen". Jörn sitzt auf dem Vorschiff und knüpft und näht voller Inbrunst kunstvolle Verzierungen an den Stiel – sie wird einen Ehrenplatz bekommen und ganz sicher keine Verwendung gegen den Bootsmann finden.

Am 17. Januar queren wir das riesige Mündungsgebiet des La Plata und laufen den Hafen von Punta del Este an. Das Einklarieren geht für südamerikanische Verhältnisse relativ zügig, die Offiziellen sind es in dieser Touristenhochburg gewohnt, mit ausländischen Yachten umzugehen. Entsprechend gesalzen sind die Liegegebühren. Für einen Platz an der Mooringtonne zahlen wir pro Tag 35 Dollar, ein Liegeplatz an einem Schwengel – wenn denn einer frei wäre – kostet für ein Schiff unserer Größe ganze 80 Dollar.

Bereits am nächsten Tag fahren wir den braunen, schlammigen La Plata aufwärts, bis am späten Nachmittag die Skyline von Montevideo auftaucht. Dort erwartet uns Manuel, ein Freund, der für uns vor Ort versucht hat, einen Liegeplatz zu ergattern. Das gestaltet sich schwieriger als erwartet. Der La Plata ist extrem flach, der einzige Yachthafen von Montevideo namens Buceo ist so winzig und flach, daß wir gleich zweimal kurz hintereinander Grundberührung haben. Wir dürfen uns daraufhin an die tiefste Stelle an der Pier legen, aber es ist klar, daß wir hier nicht bleiben können. Der Industriehafen Montevideos ist schmutzig, teuer und unsicher. Es gibt nicht viele Segler in Uruguay, die meisten Boote in den Häfen stammen aus dem benachbarten Argentinien. Langsam geraten wir in Zeitnöte. Noch immer haben wir keinen Liegeplatz, an dem wir das Schiff für zwei Monate festmachen können. Schließlich findet Manuel als rettender Engel einen kleinen Hafen namens Juan Lacasse, etwa siebzig Meilen stromaufwärts. Wir erreichen den Hafen am 20. Januar. Die Leute im Ort freuen sich über die Abwechslung, sie sind freundlich und aufgeschlossen, und trotz einer mitunter stinkenden Papierfabrik fühlen wir uns in diesem dörflichen Ort auf Anhieb wohl, was besonders wichtig für Kai, Morgan, Sigga und Thomas ist. Die vier werden abwechselnd das Schiff betreuen, während wir anderen nach Hause fliegen, wo jede Menge Arbeit auf uns wartet. Gut vertäut gegen die gefürchteten Pamperos und andere Stürme verlassen wir am 26. Januar das Schiff und fliegen nach Deutschland zurück. Seit der Abreise von Port Townsend liegen 15281 Seemeilen hinter uns.

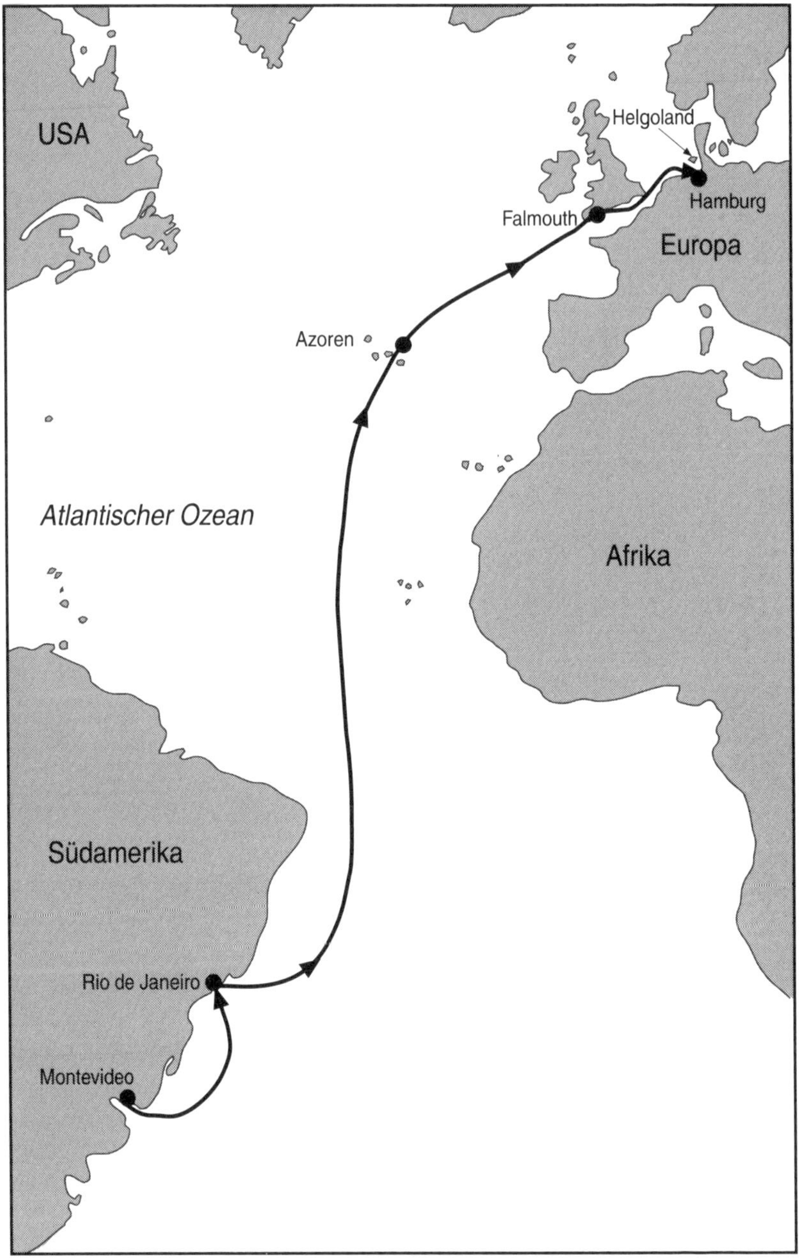
USA
Helgoland
Hamburg
Falmouth
Europa
Azoren
Atlantischer Ozean
Afrika
Südamerika
Rio de Janeiro
Montevideo

Epilog

Zwei Monate hektischer Betriebsamkeit liegen hinter mir. Während dieser beiden Monate war ich die wenigste Zeit zu Hause. Tagsüber saß ich im Auto oder in Hotels, abends stand ich auf der Bühne und hielt Vorträge über die gerade zurückliegende Reise. Wie üblich gab es tausend Dinge, die erledigt, entschieden, abgewickelt werden wollten. Der Einsatz ist hoch, und am Ende einer solchen Zeit fühle ich mich mitunter leer und ausgebrannt, aber auf der anderen Seite bringt sie auch Spaß. Und ohne diesen Einsatz und den von Elke, Rolf und Brigitte würde nichts laufen. Ohne diese stressige Seite funktioniert auch die andere, ruhigere nicht. Das Geld für das Privileg, solche Reisen unternehmen zu dürfen, will eben verdient werden.

Ich sitze nicht allein im Flugzeug nach Montevideo. Egon Fogtmann ist wieder dabei und auch Falk Mahnke, der während der ICESAIL-Expedition häufig als Koch an Bord gewesen ist. Er wird uns zusammen mit Harm Warnemünde, der ebenfalls im Flieger sitzt, bis Brasilien begleiten. Da das Flugzeug nur halb besetzt ist, haben wir uns auf die leeren Reihen verteilt und versuchen, so gut es geht zu schlafen.

Die letzte Etappe der langen Reise der DAGMAR AAEN liegt vor uns. Wir wollen das Schiff nach über fünf Jahren Reisedauer zurück nach Deutschland segeln. Am Flughafen in Montevideo steht Manuel, um uns abzuholen. Zusammen mit Harm und Falk wird er uns bis Rio begleiten. Eine unserer Reisetaschen kommt nicht an. Es ist natürlich die wichtigste, mit dem dringend benötigten Sortiment an Ersatzteilen. Da hätte ich auf meine Tasche mit T-Shirts und Unterhosen schon leichter verzichten können. Aber man versichert uns, daß die Tasche nachkommen wird. Ich bitte inständig darum, und tatsächlich taucht sie einen Tag später auf – so schlecht wie ihr Ruf sind die südamerikanischen Verhältnisse gar nicht.

Kai, Sigga, Morgan und Thomas haben eine gute und erlebnisreiche Zeit hinter sich. Zunächst das Augenscheinlichste: das Schiff glänzt in neuer Farbe, es wurde geschliffen, gepönt und lackiert, die Spuren der rauhen südlichen Breiten sind verschwunden. Die DAGMAR AAEN liegt unverrückbar vor zwei Heckankern, ihr Klüverbaum ragt weit nach vorn über den Steg hinaus. Die Crew hat von allen Seiten Unterstützung erfahren. Zufällig liefen gerade zu der Zeit, während das Schiff hier lag, die ICESAIL-Filme im Fernsehen. Das sorgte für allerhand Aufregung. Fortan war die DAGMAR AAEN der absolute Star im Ort, und der Crew hing der Nimbus des unerschrockenen Seefahrers an. Die vier hatten viele Freunde dazu gewonnen und konnten sich vor Einladungen kaum retten. Aber sie waren nicht nur an Bord. Mir war es wichtig, daß jeder nach einer so langen Reise einmal Urlaub vom Schiff nimmt. Thomas verlagerte seine Ferien von einem Schiff zum anderen und nahm die Einladung an, mit einer Charteryacht als Koch von Puerto Williams in die Antarktis und zurück zu segeln. Es muß eine tolle Reise gewesen sein, von der er uns lange vorschwärmt. Sigga hat sich erneut mit Pablo in Chile getroffen, wo die beiden unter anderem im Naturschutzpark Torres del Paine Bergtouren und Wanderungen unternommen haben. Nachdem Thomas und Sigga wieder zurück an Bord waren, fand Wachwechsel und Arbeitsablösung statt. Kai und Morgan, die bis dahin das Schiff bewacht und bearbeitet hatten, gingen jetzt in Urlaub und reisten gemeinsam in den Dschungel Brasiliens, wo sie sich insbesondere im Gebiet Pantanal aufgehalten haben, das als das größte Sumpfgebiet der Welt gilt. Sie zeigen sich tief beeindruckt von den Erlebnissen, auch wenn sie von Moskitos, Schnaken und Tausendfüßlern völlig zerbissen sind. Auf diese Art und Weise hat jeder ein wenig Abstand bekommen.

Am 10. April verlassen wir Juan Lacasse. Während der letzten Tage war es stürmisch, ein Pampero hatte unser Auslaufen um einen Tag verzögert, man spürt deutlich, daß es Herbst geworden ist. Schmutzigbraun klatschen die kurzen Wellen gegen den frisch gestrichenen Rumpf der DAGMAR AAEN. Ich mag den La Plata nicht sonderlich gern. Er ist so flach, daß wir ständig aufpassen müssen, wo wir fahren. Der Wasserstand ändert sich je nach Windrichtung und Stärke, Sandbänke verlagern sich, und die trüben Fluten sehen schmutzig und abweisend aus. Die Berufsschiffahrt fährt in eigens ausgebaggerten Rinnen. Wir umfahren die zahlreichen Bänke, suchen uns einen Weg durch die Untiefen, passieren erneut Montevideo – ohne zu stoppen – und atmen auf, als wir uns dem Mündungsgebiet nähern und das Wasser langsam an Klarheit wie auch an Tiefe gewinnt. In Punta del Este laufen wir ein. Der Hafen ist im Vergleich zum Januar nahezu leer. Die Preise sind entsprechend gefallen. Wir verproviantieren das Schiff, bunkern Diesel und schauen uns die Gegend und den Ort an, wozu wir im Januar nur wenig Gelegenheit hatten. Danach klarieren wir aus und beginnen die Heimreise.

Es ist eine weite Reise, die uns gerade zu Anfang herrlichstes Segeln beschert. Bei kräftigen bis stürmischen Winden läuft die DAGMAR AAEN mit 186 Seemeilen eines ihrer besten Etmale. Das entspricht einem Schnitt von fast acht Knoten. Die anderen Tage liegen immer noch bei 170 Meilen pro Tag, das ist für das Schiff eine recht gute Leistung. Die Route führt uns zunächst nach Brasilien, wo wir in San Sebastián einklarieren. Das dauert und könnte kaum umständlicher sein. Die Offiziellen sind aber ausnahmslos freundlich und höflich, bedauern selbst ihre umständliche Bürokratie und nehmen es gelassen – was bleibt auch anderes übrig. Wir liegen als Gäste im Yachtclub Ilhabela vor der gleichnamigen Insel, die wirklich so schön ist, wie ihr Name verspricht. Von hier aus segeln wir dicht unter Land, besuchen die Ilha Grande und bleiben dort eine Weile, um zu tauchen, uns die Insel anzusehen und noch einmal ein wenig tropische Vegetation zu genießen. Rio de Janeiro ist unser letzter Hafen in Südamerika. Die Ansteuerung von Rio ist eindrucksvoll. Die Stadt, so groß, gewaltig und gegensätzlich sie auch sein mag, liegt in eine einfach großartige Landschaft eingebettet. Und auch die brasilianische Lebensart, soviel wir während unseres kurzen Besuches davon mitbekommen, ist zugegebenermaßen faszinierend. Die schönen Frauen bescheren der männlichen Crew Atemnot und schlaflose Nächte. Manuel und mich beschäftigen von morgens bis abends die Behörden. Die brasilianische Bürokratie ist an Umständlichkeit kaum zu überbieten. Wir haben drei Tage gut zu tun, um endlich ausklarieren zu können. Nachdem Harm, Falk und Manuel ausgestiegen sind, setzen wir die Weiterfahrt mit nur sechs Personen fort.

Vor uns liegt Segeln im Passat, große Überraschungen hinsichtlich der Wetterentwicklung sind da nicht zu erwarten. Von Rio bis zu den Azoren brauchen wir dreiundvierzig Tage und legen dabei 4478 Seemeilen zurück. Wir folgen der alten Segelschiffsroute, braten in der Äquatorsonne und beobachten in sternenklaren Nächten, wie das Kreuz des Südens langsam hinter dem Horizont verschwindet und dafür das vertraute Bild des großen Wagens und des Polarsterns vor uns auftaucht. Wir verlieren das Gefühl für Zeit. Die ins Logbuch eingetragenen Zahlen über die gesegelten Tage haben für uns nur statistische Bedeutung. Wir leben in unserer eigenen kleinen Welt, und das sogar sehr gut. Wir freuen uns auf den Hafen von Horta, der auf der Azoreninsel Faial liegt. Zum einen erwartet uns dort Brigitte, um bei uns einzusteigen, zum anderen ist Horta zum Seglertreff mitten im Atlantik geworden. Es ist ein Knotenpunkt, an dem alle Routen zusammenlaufen, um sich anschließend wieder zu entwirren. Die Segler, die hierher kommen, haben alle einen weiten Weg hinter sich. Im Café Sport, der schon legendären Kneipe, trifft man sich, tauscht Erlebnisse aus, fachsimpelt oder ist ganz einfach ausgelassen und vergnügt. Es ist eine angenehme Atmosphäre. Das Publikum ist international, und die Schiffe sind so unterschiedlich und vielfältig wie die Menschen, die sie segeln. Wir erleben keine Wichtigtuer, keine Aufschneider, keine Segelprotze. Es ist klar, daß jeder, der hierher kommt, irgendwie etwas vom Segeln versteht – alles weitere zu sagen erübrigt sich. Schon bei der Ansteuerung sehen wir Brigitte auf dem Molenkopf stehen und winken. Wir machen fest und liegen im Päckchen mit anderen Traditionsseglern, die aus England, Schweden und Dänemark kommen. Die DAGMAR AAEN befindet sich in guter Gesellschaft. Wir sind in Europa, Hamburg ist plötzlich sehr nahe gerückt.

Die Überfahrt nach Falmouth in England ist ein vergleichsweise kurzes Stück. Wir haben einige Tage eingeplant, die wir hier verbringen wollen, um das Schiff vor dem großen Finale nochmals auf

Vordermann zu bringen. Tagelang schrubben, schleifen und malen wir, es wird aussortiert und weggeworfen, Tanks und Maschine neu gemalt, Drähte gelabsalt und die Bekleedung der Wanten geteert. Abschließend wird die gesamte Außenhaut gestrichen. Das Schiff sieht aus, als ob es aus der Werft käme und nicht von einer mehrjährigen Reise.

Dann feiern wir unter uns ein wenig vorgezogen und in aller Stille den Abschluß *unserer* Reise. In Hamburg wird es eine große Feier geben, aber das ist nicht das gleiche. Dann sind wir nicht mehr unter uns, haben das Schiff nicht mehr für uns allein. Kai ist seit fast drei Jahren ununterbrochen an Bord. Wie mag ihm zumute sein? Für ihn ist es sicher der krasseste Wechsel, plötzlich wieder an Land zu leben und sich dort einzugliedern. Es wird ihm nicht leicht fallen. Drei Jahre sind eine lange Zeit. Aber er hat bereits Pläne. Im Winter – wie sollte es anders sein – wird er helfen, die DAGMAR AAEN auf der Werft umzubauen bzw. von Grund auf zu überholen. Findig, wie er ist, und so vielseitig interessiert, wird er sicherlich neue Inhalte finden. Und doch weiß ich, wie es mir früher immer gegangen ist, wenn ich nach Monaten von einer Reise oder Expedition zurückkam. Inzwischen habe ich mich daran gewöhnt, aber früher war nach den ersten Tagen der Wiedersehensfreude eine Art Vakuum entstanden. Das Leben auf See ist anders als das Leben an Land. Wer ständig unterwegs ist, neue Länder, Menschen, Situationen und Klimazonen durchläuft, wird schnell zum Kosmopoliten. Ihm sind häufig andere Dinge wichtiger als den Menschen an Land.

Kai wird das spüren. Zunächst hat er Tausende von Dias zu sortieren, er wird vermutlich Fotoausstellungen machen, und er wird arbeiten müssen, um wieder Geld zu verdienen. Ein so geschickter Bootsbauer und Handwerker wie Kai wird stets Arbeit finden, schon jetzt liegen ihm Angebote vor. Und da die DAGMAR AAEN nach ihrer Generalüberholung weiterfährt – wer weiß, vielleicht ist er irgendwann wieder dabei.

Thomas weiß noch nicht genau, was er nach seiner Rückkehr machen wird. Wie Kai hat er einen festen Beruf, in dem er wohl jederzeit arbeiten könnte. Aber die Reise hat ihn unruhig und hungrig gemacht. Er möchte sich ein eigenes Boot kaufen, darauf leben und vielleicht um die Welt segeln. Er wird sich entscheiden müssen zwischen einer beruflichen Karriere, die seine seglerischen Ambitionen stark eingrenzen wird, und dem unsicheren, aber vielleicht reizvolleren Leben auf Booten. Thomas ist eine Frohnatur, den, glaube ich, nichts aus der Bahn wirft. So oder so – er wird mit seinem Entschluß zufrieden sein und vermutlich die geringsten Anpassungsschwierigkeiten haben.

Morgan ist von allen der jüngste. Er braucht sich sicherlich noch nicht festzulegen. Eine Berufsausbildung hat auch er, darüber hinaus ist er Tauchlehrer und sieht darin auch seine berufliche Zukunft. Tauchen ist für Morgan das wichtigste, und ich glaube auch, daß es für ihn wichtiger ist als Segeln – so engagiert er auf der Reise auch dabei war. Das kann ich auch verstehen. Tauchen bietet ein so breites Betätigungsfeld, daß es einen voll und ganz in Anspruch nimmt. Aber ich denke, daß er seinen Wohnort Eckernförde mit anderen Augen sehen wird. Kann sein, daß er ihm plötzlich zu klein erscheint. Er ist selbstbewußt geworden und hat eine eigene Persönlichkeit entwickelt. Ich bin gespannt darauf, was er in Zukunft machen wird. Und sicher wird er allein schon des Tauchens wegen häufiger auf der DAGMAR AAEN anzutreffen sein.

Sigga ist von allen am besten organisiert. Seit drei Jahren fährt sie auf Segelschiffen, jetzt will sie zurück nach Island, um ihr Geographiestudium abzuschließen. Sie hat schon an Bord klare Weichenstellungen getroffen, Schreiben an die Uni verschickt und weiß genau, was sie will. Ein Segelboot will sie auch, und ich bin sicher, daß sie bald eins haben wird, wenn nicht sie, wer sonst? Nicht nur, daß sie viel von der Materie versteht – sie ist über jeden Zweifel erhaben – es ist die gesunde Mischung zwischen knallhartem Realitätsbewußtsein und der Fähigkeit zu träumen. Beides in Einklang zu bringen, gelingt nur wenigen Menschen, Sigga gehört, glaube ich, dazu. Vom Segeln wird sie jedenfalls nicht mehr loskommen, und in ihrer Reiselust hat sie sich eh noch nie einengen lassen.

Wir anderen sind die Senioren an Bord. Egon, Brigitte und ich werden zusammen mit anderen Freunden weiter das Schiff fahren, neue Pläne gibt es dazu bereits. Aber trotzdem ist es auch für uns ein Schnitt. Wieder ist ein Projekt, eine Reise beendet. Und für uns ist es mehr als das Ende der SEA, ICE & MOUNTAINS-Expedition, es ist zugleich das Ende einer über fünfjährigen Expeditionsreise mit der DAGMAR AAEN. Eine Reise, die uns nach Spitzbergen geführt hat, die uns noch zur Zeit der alten Sowjetunion in die bis dahin verbotenen Teile der russischen Arktis reisen ließ. Wir durften als erstes westliches Schiff die Franz-Josef-Land-Inseln aufsuchen und uns dort völlig frei bewegen. Wir erreichten 81 Grad nördlicher Breite, erlebten den Militärputsch im Rußland der Perestroika und des Glasnost, verbrachten einen neun Monate langen Winter bei Temperaturen von unter −50° Celsius auf dem Jenissei-Fluß im Inneren Sibiriens. Niemals zuvor war ein westliches Schiff so tief ins Innere Sibiriens vorgestoßen. Niemals zuvor ist die Arktis von einer einzigen Expedition so umfassend bereist worden. Wir waren Zeitzeugen, als die alte Hammer-und-Sichel-Flagge eingeholt wurde, und die russische Flagge Nationalflagge wurde. Die Freunde, die wir in Rußland gewonnen haben, der Frust, den wir mit der Verwaltung erlebten, die Schwierigkeiten, die wir im polaren Packeis durchlitten, das alles verdichtet sich zu einem kompakten unauslöschbaren Erlebnis. Die Weiterfahrt nach Island und Grönland, nach Thule und schließlich die Durchfahrung der Nordwestpassage, an der so viele Schiffe vor uns gescheitert waren – es ließe sich noch so vieles hinzufügen. Das Ende der Reise bedeutet auch die Umsetzung der Idee Amundsens, der davon geträumt hatte, Nord- und Südamerika in einem Segelschiff zu umrunden.

Diese Reise hat so viele Eindrücke vermittelt, daß sie Gegenstand von insgesamt drei Büchern geworden ist. Das vorliegende bildet den Abschluß. Es sind insgesamt zehn Fernsehfilme entstanden, und doch geben auch sie nur einen Teil der Erlebnisfülle wieder. Das ist eben das Privileg, dabeigewesen zu sein und alles selbst miterlebt zu haben. Die viele Arbeit, die eine oder andere Enttäuschung, die man einstecken muß, zählt nichts im Vergleich zu dem, was eine solche Reise wiedergibt. Wir sind für alle Anstrengungen hundert- und tausendfach entlohnt worden. Nun ist diese Reise plötzlich zu Ende. Wir kreuzen unseren Kurs vom 19. April 1991, kurz nachdem wir Helgoland passiert haben und auf die Elbmündung zulaufen. Was war das damals für ein eigenartiges Gefühl, mit dem Bewußtsein loszufahren, daß es mehrere Jahre dauern würde, bevor wir die Elbe wieder aufwärts segeln würden. Aus den ursprünglich geplanten drei Jahren sind über fünf geworden. Und wenn ich vorhin von den jungen Crewmitgliedern gesagt habe, daß sie sich irgendwie verändert haben, wir haben es natürlich über diesen Zeitraum auch. Und das ist gut so, ansonsten würde man stagnieren. Die DAGMAR AAEN wieder zu Hause zu wissen, ist auch eine Erleichterung für mich wie für viele andere, die aus den verschiedensten Gründen mit der Expedition verbunden sind. Viele von ihnen kennen das Schiff noch nicht einmal, jetzt endlich haben sie dazu Gelegenheit. Wir werden das Schiff den Sommer hindurch auf Nord- und Ostsee segeln. Nur so, mit Freunden zusammen, einfach, weil wir nicht müde sind zu segeln, weil es uns Spaß bringt. In Wewelsfleth an der Stör auf dem Gelände der Peterswerft werden wir das Schiff von all dem Ballast befreien, der sich über Jahre hinweg an Bord angesammelt hat. Und im November wird die DAGMAR AAEN wieder in die Werft gehen, wo Christian Jonsson und seine Leute die alte Dame einmal auf Herz und Nieren untersuchen und, wo nötig, überholen.

Und dann? Es gibt natürlich neue Pläne. Abenteuerlich sind sie alle, und die Vorbereitungen dazu laufen bereits an. Vorerst freue ich mich aber auf einen Sommer zu Hause. Seit 1990 habe ich nur Winter in Deutschland erlebt. Es gibt so viele Dinge, auf die ich mich freue, und sie alle spenden ein wenig Trost. Denn auch wenn ich es nicht wahrhaben will, irgendwie zerreißt es mich doch, daß diese Reise beendet sein soll. Ich habe das noch niemals zuvor so intensiv empfunden. Und Brigitte empfindet es offenbar nicht anders. Sie sagt ganz unverblümt, daß sie lieber anderen fernen Zielen entgegensteuern würde, als nach Hause zu segeln. Kein anderer als Joseph Conrad kann dieses Gefühl besser in Worte fassen: *„Man glaubt Stürme zu Feinden gehabt zu haben, aber selbst als Feinde noch werden sie mit dem liebevollen Bedauern umfangen, das dem Vergangenen anhängt.“* Wie ich schon nach dem Ende der ICESAIL-Expedition sagte: Das Ende der einen Reise ist der Beginn einer neuen.

Anhang

Dagmar Aaen

1931 auf der N. P. Jensen-Werft in Esbjerg für den dänischen Reeder Mouritz Aaen gebaut. Er benennt das Schiff nach seiner Frau.

Länge:	18 m (ohne Klüverbaum)
Breite:	4,80 m
Tiefgang:	2,60 m
Baumaterial:	5,5 cm Eichenplanken auf Eichenspanten
Deck:	Oregonpine
Mast:	Douglasfichte
Segel:	1 Klüver, 1 Fock, 1 Toppsegel, Rah mit Breitfock, 1 Großsegel mit 3 Reffreihen, zusätzlich 1 Trysegel und 1 Sturmfock. Die Segel sind aus Dacron und wurden von der Segelwerkstatt Stade gefertigt.

Der Umbau zum Expeditionsschiff fand auf der dänischen Werft Skibs & Bådbyggeri in Gråsten statt. Abschlußarbeiten wurden auf der Peterswerft in Wewelsfleth durchgeführt.

Segelschiff Dagmar Aaen

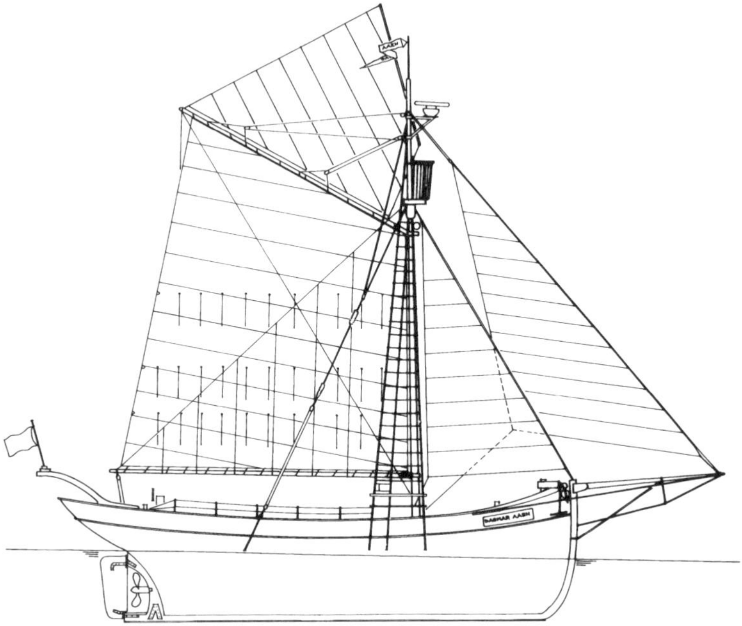

Spantenriß

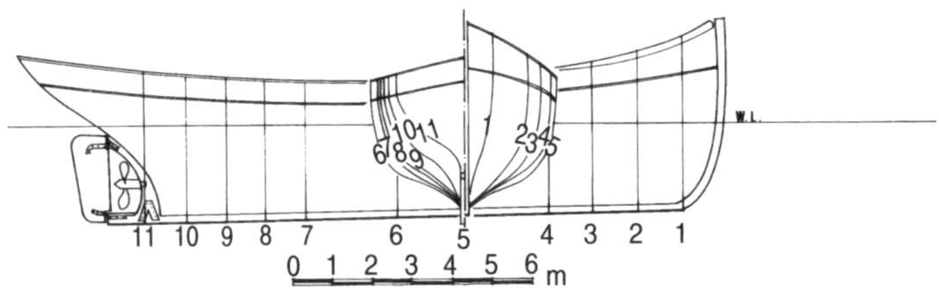

Decksplan

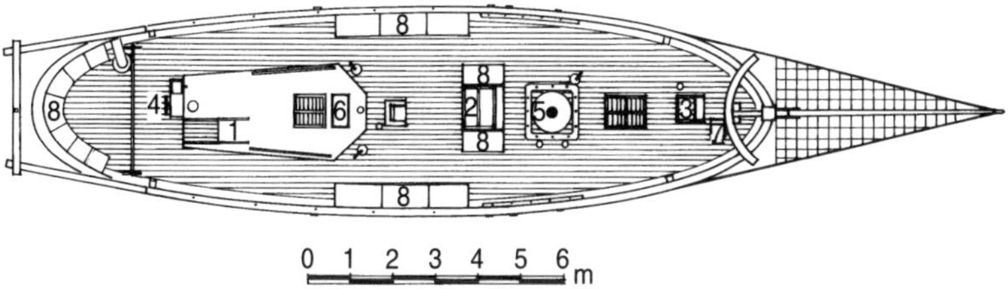

1 Niedergang Achterschiff
2 Niedergang Mittschiff
3 Niedergang Vorschiff
4 Ruder
5 Mast
6 Rettungsinsel
7 Winde
8 Backskisten

Einrichtung unter Deck

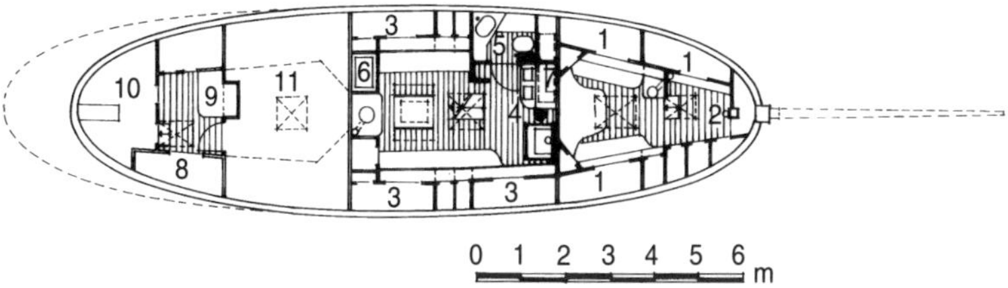

Vorschiff
1 Kojen (6 Stück)
2 Ankerkette

Mittschiff
3 Kojen (6 Stück)
4 Kombüse
5 WC
6 Frischwassertank
7 Fäkalientank

Achterschiff
8 Koje
9 Navigation, Funk
10 Stauraum
11 Maschinenraum, Tanks

Die Ausrüstung der Dagmar Aaen

Hauptmaschine
3 Zylinder Callesen Diesel Typ 425CO; max. 180 PS bei 500 Umdrehungen/min auf Verstellpropeller
2 angehängte Lichtmaschinen
2 angehängte Lenzpumpen/Feuerlöschpumpe
Generator
Typ Fischer Panda 12 kW; 220/380 Volt
Wassermacher
Sea Recovery SRC 400AF
Transportable Notlenzpumpe mit Benzinmotor
3 Deckslenzpumpen
Elektrik
4 Trockenbatterien à 200 Ah
Landanschluß
Stromversorgung 220, 380 und 24 V
Navigationsausrüstung
Furuno Radar FR 8031 D
Furuno GPS GP500
Magellan GPS
Furuno Loran LC 90 MK II
Furuno Echolot FMV 603
Vorausecholot
Furuno Wetterfax FA 208A mit Navtex
Navstar Transit 2000
AP-Navigator
Sextant Plath Classic
Ferngläser Steiner Commander II 7x50
2 Taschenrechner mit Navigationsprogrammen
Kompasse:
alter dänischer Schiffskompaß
VDO Fluxgate-Kompaß
Silva Peilkompaß Typ 80
VDO Windmeßanlage

Barometer
Meteobox
Anemometer
Schiffsuhren
Nautische Bücher
Nautisches Jahrbuch, Gezeitentafeln
Eisatlas
diverse Seehandbücher
Nautischer Funkdienst I – IV, Leuchtfeuerverzeichnis
diverse Fachbücher über Wetterkunde, Seemannschaft, Navigation, Funk, etc.
Seekarten
Funkausrüstung
Hagenuk Skanti TRP 7203 GW-/KW-Seefunkanlage, ausgerüstet mit Telex-Modul und Laptop mit integriertem Drucker
3 Stck. UKW-Handsprechfunkgeräte FM 55
Sailor-Semiduplex-UKW-Seefunkanlage RT 2048
Sicherheitsausrüstung
Survivalanzüge Dry Fashion
Secumar Rettungsweste Typ 15 Bolero mit Lifebeltsystem
2 Rettungsringe mit aufblasbarer Kadematic Mark I-Markierungsboje
Hand-/Suchscheinwerfer
1 Rettungsinsel Viking, 12 Personen wie bei Handelsschiffen üblich.
Enthalten sind zusätzlich Wärmedecken
Benzinkocher mit Topf und reichlich Brennstoff
Cathay (Pemmikan), Kaffee, Tee, Seenotverpflegung etc.;
diverse Seenotsignale
zusätzlich Signalpistole samt Munition
Notfunksender für „Mann über Bord"-Alarm
PLB 7 mit Peilempfänger HR 30
EPIRB-Seenot-Funkboje
Handfunkgerät, Magellan GPS-Empfänger
Bolzenschneider, Feueräxte, Feuerlöscher
Flex, Brecheisen, Schweißgeräte, Lecksegel etc.;
ferner gibt es 2 Kettensägen, um das Schiff aus dem Eis heraussägen zu können (eine elektrisch, eine mit Benzinmotor).

Bekleidung Jack Wolfskin
Wetterschutzbekleidung Pure Fantasy,
diverse Fleecepullover und -hosen
Funktionsunterwäsche Warm'n up
Daunenjacken
Meindl Gore-Tex Berg- und Seestiefel
Bergausrüstung
3 Parawings
3 Pulkas
6 Paar Ski Dynastar
6 Paar Tourenstiefel, Koflach/Varlo
Bergseile, Pickel, Steigeisen, Eisschrauben etc.
Gletscher- und Skibrillen, Uvex
2 Kugelkompasse, Onneken
GPS, Onneken, Silva
GPS, Magellan/Trailblazer
Zelte, Expedition Dome, Jack Wolfskin
Schlafsäcke, Expedition Bag, Jack Wolfskin (Spezialanfertigung für Arved Fuchs)
Rucksäcke aus der Sedac-Serie, Jack Wolfskin
6 Ortovox-Geräte
2 Funkgeräte, Spilsbury, SBX – MA
1 Solarmodul
Sonstiges
2 „Klepper Aerius I"-Expeditionsfaltboote
1 „Feathercraft"-Expeditionsfaltboot
Tauchausrüstung
Atemluftkompressor Bauer Utilus
Trockentauchanzüge Nokia
Vollgesichtsmasken mit integrierten Lungenautomaten
Lungenautomat Dräger, vereisungssicher
Flaschen, Stahl 10l
ABC-Ausrüstung
Tauchcomputer
Tiefenmesser, Kompaß
Wenoll-Rettungskoffer
Atemtherapiegerät bei Tauchunfällen

Schlauchboot Lomac mit GFK-Boden
Außenborder Yamaha 25 PS
Flugboot Polaris
Aus der Kombination Schlauchboot und Ultralight-Flugzeug ergibt sich das Flugboot Polaris
Startbahn: 80 m, Kapazität: 2 Personen
Heizung
Vorschiff: Reflex-Dieselofen mit separatem Tank
Mittschiff: Reflex-Dieselofen mit Warmwasserkreislauf in den Navigationsraum
Dieselherd „Dickinson Atlantic“ mit Backofen
Achterschiff: Heizkörper vom Dieselofen Mittschiff sowie vom Kühlwasserkreislauf der Hauptmaschine
Sanitär
„Albatros-Pump“-WC
Fäkalien-/Schmutzwassertank
Frischwassertank 450 l in Verbindung mit Druckwassersystem
Lenzsystem
Das Schiff ist in drei wasserdichte Segmente unterteilt. Jede Abteilung kann über vier verschiedene Pumpen mit jeweils eigener Lenzleitung gelenzt werden.
Selbst wenn drei Leitungen verstopfen sollten, bleibt eine immer noch frei, da Pumpen und Systeme unabhängig voneinander arbeiten.
Anker
2 Bügelanker 33 kg und 44 kg mit 400 m Kette
1 Stockanker mit 150 m Trosse
1 Handankerwinsch
1 Nirowinsch mittschiffs als Berge- und Warpwinsch vorgesehen
Werkzeug
Das Schiff ist mit allem Werkzeug ausgerüstet, das irgendwie Verwendung finden könnte.
Dazu gehören ein Autogen-Schweißgerät, elektrische Werkzeugmaschinen für Holz- und Metallarbeiten sowie ein umfangreiches Ersatzteillager.
Erste Hilfe
In Zusammenarbeit mit Ärzten sowie dem Roten Kreuz zusammen-

gestellt; von Aspirin bis zum Zahnbesteck sowie künstlicher Beatmung und Tropf ist alles vorhanden. Vor Antritt der Reise ist die gesamte Crew entsprechend geschult worden.

Proviant

Trekking-Mahlzeiten (gefriergetrocknet), Firma Schultheiss
Cathay (Pemmikan), Metzmacher
Grundnahrungsmittel für mehrere Monate.

Daten zur Reise der Dagmar Aaen

19. April 1991	Beginn der Reise in Hamburg. Über Dänemark, Norwegen und die Shetlandinseln geht es nach Spitzbergen mit einem Zwischenstopp auf der Bäreninsel. Bereits im Mai wird nördlich Spitzbergens der 80. Breitengrad überschritten. Aufsuchen der alten Walfangsiedlungen und anderer historischer Stätten.
1. Juli 1991	Nach einem Stopp in Kirkenes laufen wir am 1. Juli in die Hoheitsgewässer der damals noch bestehenden Sowjetunion ein. Erster Hafen ist Murmansk.
6. Juli 1991	Auslaufen Murmansk mit Kurs Weißes Meer. Erster Hafen ist Archangelsk. Es folgen die Orte Oenega und Mezen. Erhalten die offizielle Genehmigung, Franz-Josef-Land in der russischen Hocharktis anzulaufen. Damit ist die Dagmar Aaen das erste westliche Schiff seit Anfang des Jahrhunderts, das diese Genehmigung erhalten hat. Die Inselgruppe galt bis dahin als militärisches Sperrgebiet.
2. August 1991	Erreichen Franz-Josef-Land und gehen bei der Wilczek-Insel an Land. Wir suchen und finden einen „Steinmann" der

sogenannten „Tegetthoff"-Expedition, die diese Inselgruppe 1873 entdeckt hatte. In dem „Steinmann" entdecken wir u.a. ein verwittertes Papierfragment, das wir an uns nehmen, um es vor dem Verfall zu retten. Eine später mit großem technischen Aufwand des BKA in Wiesbaden vorgenommene Analyse ergibt, daß es sich hierbei um das Originalpapier über die Entdeckung und Besitzergreifung der Inselgruppe für Österreich-Ungarn handelt. Das Dokument ist von beträchtlichem historischen Wert. Es wurde dem Deutschen Schiffahrtsmuseum in Bremerhaven übergeben und ist dort als Exponat zu sehen.

August 1991 — Aufsuchen weiterer Inseln der Gruppe, der nördlichste Punkt wird mit 80° 52′ Nord erreicht. Zahlreiche Erkundungsflüge mit der Polaris, unserem bordeigenen Wasserflugzeug.

19. August 1991 — Erreichen das Mündungsgebiet der Petschora. Wir laufen den Ort Najan Mar an. Auf dem Weg dorthin erfahren wir über die Deutsche Welle von dem Militärputsch in der UdSSR. Den Nachrichten zufolge ist Gorbatschow abgesetzt und verhaftet worden. Die Militärs haben den Ausnahmezustand erklärt. Die für uns verantwortlichen Behörden fordern uns auf, entweder das Land zu verlassen oder auf dem Jenissei-Fluß zu überwintern – um unsere eigene Sicherheit zu gewährleisten, wie es heißt. Trotz idealer Eisbedingungen dürfen wir nicht durch die Nordostpassage segeln. Wir entschließen uns, trotz der politisch unsicheren Lage zu bleiben und willigen ein, am Jenissei zu überwintern.

3. September 1991 — Erreichen nach einer rund 700 Kilometer langen Flußfahrt den Ort Igarka am Jenissei. Dort bereiten wir das Schiff auf den langen Winter

	vor und lassen es in der Obhut einer kleinen Wintercrew zurück. Es ist der längste, kälteste und dunkelste Winter, den Schiff und Mannschaft je erlebt haben. Die Überwinterung dauert 9 Monate bei Temperaturen von bis zu –58° Celsius.
Winter 1991/92	Flaggenwechsel auf der DAGMAR AAEN. Die Ära der alten Sowjetunion ist endgültig vorbei. Die rote Hammer und Sichel-Flagge wird zum letzten Mal eingeholt und die russische Flagge gehißt.
21. Mai 1992	Eisaufbruch.
6. Juni 1992	Verlassen Igarka und segeln den Jenissei flußaufwärts. Erhalten zusätzlich die Genehmigung, den Fluß Kureika zu befahren. Wir befahren ihn bis zum Ort Svetlogorsk, danach beginnen die Wasserfälle.
20. Juni 1992	Verlassen Svetlogorsk und segeln flußabwärts bis zum Mündungsgebiet des Jenissei.
25. Juli 1992	Nach einer schwierigen Eisfahrt erreichen wir den Hafen von Dickson an der sibirischen Nordmeerküste. Werden dort aufgrund der schwierigen Eisverhältnisse in diesem Jahr sowie der zunehmenden Probleme mit den Behörden bis zum 23. August festgehalten.
24. August 1992	Verlassen Dickson und versuchen, eine Passage um das Kap Tscheljuskin zu finden.
13. September 1992	Das Eis ist in diesem Jahr undurchdringlich. Nach einer sehr schwierigen und gefährlichen Eisfahrt müssen wir nur 90 Seemeilen vor dem Kap und dem offenen Wasser umkehren. Ein Wettlauf mit dem einsetzenden Winter beginnt, den wir nur knapp für uns entscheiden können.
30. September 1992	Erreichen Tromsö (Norwegen), um zum zweiten Mal zu überwintern. Aufgrund der unsicheren politischen Lage in Rußland sowie der feh-

	lenden Wartungs- und Versorgungsmöglichkeiten für das Schiff haben wir uns entschlossen, Rußland vorerst den Rücken zu kehren.
20. April 1993	Beginn der dritten Etappe. Segeln nach Jan Mayen und bleiben dort mehrere Tage.
3. Mai 1993	Einlaufen Akureyri/Island. Zusammentreffen mit dem Dreimastschoner FRIDTJOF NANSEN und Beginn des „Internationalen Jugendtreffs“: Insgesamt erhalten 27 Jugendliche aus sechs Nationen die Gelegenheit, kostenlos auf den Segelschiffen aktiv um Island mitzusegeln.
4. Juni 1993	Ende der Jugendfahrt. Verlassen die Vestmannaeyjar mit Kurs Grönland.
13. Juni – 11. August	Befahrung der gesamten grönländischen Westküste bis nach Qaanaaq/Thule.
13. August 1993	Beginn der Durchfahrung der Nordwestpassage. Trotz schwerster Eispressungen und extremer Eisverhältnisse gelingt es der DAGMAR AAEN, aus eigener Kraft und ohne jede Unterstützung durch Eisbrecher oder andere Schiffe diese schwierige Passage zu meistern. Die DAGMAR AAEN ist erst das dritte Schiff, dem dies innerhalb eines Jahres ohne Eisbrecherhilfe gelungen ist. Zudem ist sie mit Abstand das älteste Schiff.
30. September 1993	Durchfahren die Beringstraße. Damit ist die Nordwestpassage erfolgreich beendet.
8. Oktober 1993	Nach schweren Herbststürmen erreichen wir Dutch Harbor auf den Aleuten. Beginn der dritten Überwinterung.
April 1994	Beginn der vierten Etappe. Segeln von Dutch Harbor direkt nach Victoria auf Vancouver Island/Kanada.
14. April 1994	Befahren die „Inside Passage“ von Vancouver bis nach Alaska. Segeln u.a. in die Glacier Bay, Icy Bay und weiter zur Kodiakinsel. Von dort

	geht es zu den Shumagininseln und schließlich mit zahlreichen Zwischenstopps nach Dutch Harbor.
23. Juli 1994	Auslaufen Dutch Harbor mit Kurs Nord. Durchfahren erneut die Beringsee mit dem Ziel, den noch ausstehenden Teil der Nordostpassage zu durchsegeln. Besuchen die Pribilofinseln und die St. Lawrenceinsel.
3. August 1994	Einlaufen in Prowidenija/Rußland. Trotz vorliegender Genehmigungen verzögert sich unsere Abfahrt in die Nordostpassage um zwei Wochen.
20. August 1994	Geraten kurz vor der De Long-Straße in die schwersten Eispressungen der gesamten Expedition. Es sind mit Abstand die schlimmsten Tage der gesamten Reise. An der DAGMAR AAEN wird eine Planke eingedrückt und nahezu die gesamte Ruderanlage durch Eiseinwirkung zerstört. Trotzdem kommen wir aus eigener Kraft frei und segeln danach rund 3000 Seemeilen durch die herbstlich stürmische Beringsee und den Nordpazifik zurück nach Victoria/Kanada. Beginn der vierten Überwinterung.
14. April 1995	Generalüberholung der DAGMAR AAEN auf einer Werft in Port Townsend/USA.
1. Mai 1995	Beginn von SEA, ICE & MOUNTAINS. Segeln über San Francisco nach Hawaii, Carolineinsel, Rangiroa, Tahiti, Moorea, Raiatea, Mopelia und Bora Bora. Von dort segeln wir nach Mururoa, um uns der Protestflotte gegen die französischen Nukleartests anzuschließen. Danach segeln wir über Pitcairn und die Osterinsel nach Chile.
22. Oktober 1995	Beginn der Patagonien-Expedition. Skidurchquerung des Patagonischen Inlandeises mit zahlreichen Erstbesteigungen von Bergen.

27. Dezember 1995	Umsegelung Kap Hoorns.
31. Dezember 1995	Puerto Williams auf der Insel Navarino im Süden Chiles.
3. Januar 1996	Durchsegeln die Le Maire-Straße und landen auf der Staateninsel an.
17. Januar 1996	Erreichen Punta del Este/Uruguay. Im kleinen Hafen Juan Lacasse finden wir einen Liegeplatz und bleiben dort zwei Monate.
10. April 1996	Auslaufen Juan Lacasse. Segeln über Brasilien und die Azoren zurück nach Hamburg. Dort endet am 11. Juli die Reise.
Gesamtdauer der Reise:	5 Jahre, 2 Monate und 22 Tage
Zurückgelegte Seemeilen:	52857

Danksagung

Zum Gelingen der Expedition SEA, ICE & MOUNTAINS haben folgende Personen und Unternehmen maßgeblich beigetragen. Ihnen schulde ich großen Dank – insbesondere auch für das Vertrauen, das sie mir und meinem Team entgegengebracht haben:
Der Firma Jack Wolfskin, besonders Manfred Hell und Peter Fichtl, aber auch allen anderen Mitarbeitern.
Der Firma Globetrotter Ausrüstung, die als erste „mit im Boot" war.
Meddy und Folker Schultheiss für die Trekkingmahlzeiten.
Der Albingia Versicherung für ihr Vertrauen.
Der Versicherungsmaklerei Griebel & Spahn, besonders Herrn Matthäus und Herrn Brox.
Der Firma Hagenuk, insbesondere Herrn Carlsson und Herrn Gröschl, für das Funktionieren der Kommunikation.
Der Firma Secumar für die Rettungswesten.
Der Firma Dornier mit ihrem Erderkennungs- und Daten-Service für die Satellitenaufnahmen, die uns den Weg durchs patagonische Eis gewiesen haben.
Der chilenischen Marine für ihre Unterstützung, insbesondere Herrn Almirante Jorge Martinez Busch.
Firma Messerschmidt, besonders Herrn Behnk, für die Schulung und die Wartung der Rettungsmittel.
Herrn Strübing von der Eiszentrale Hamburg.
MdB Jürgen Koppelin.
Dem Hessischen Rundfunk, besonders den Herren Dr. Jürgen Emig, Rupert Heigl und Bernd Arnold.
Frank Clausen für seinen unermüdlichen Einsatz als Kameramann.
Der Redaktion Fit for Fun, besonders Christian Personn.
Picture Press, besonders Petra Martens.
Firma Pro Freight für den schnellen und zuverlässigen Transport des Nachschubs weltweit.
Volker Gaese für das Lektorieren des Buchmanuskriptes.
Slava Melin für die Organisation in Rußland.
Egon Fogtmann für seinen Einsatz in allen technischen Belangen.

Kai Meibaum für das Ausharren auf der Dagmar Aaen über fast drei Jahre hindurch.
Till Gottbrath für die Fotos.
Dem Yachtclub Recreo in Valparaíso.
Allen Freunden und Helfern in Valparaíso, insbesondere Roswitha Jüllich de Ermter und ihrer Familie.
Dem Honorarkonsul René Schmidt in Puerto Montt.
Folgenden Materialsponsoren für ihren großzügigen Beitrag zur Ausrüstung der Expedition: Mike Menzel und Thomas Monath für die Dynastar-Ski, der Firma Exped AG, Wolfgang Haase, Krimmer Outdoor, Onneken Meßtechnik, Ortovox (Gerd Pfeffer), Ortlieb Sportartikel, Relags, Scandic Outdoor, Peter Schmitz, Secumar, Uvex Sports GmbH, ADS-Meßtechnik GmbH und Agfa-Gevaert AG.
Last but not least danke ich der Crew der Dagmar Aaen sowie ganz besonders Elke Hoffmann, Rolf Becker und Brigitte Ellerbrock – wie immer seid Ihr das Rückgrat der Expedition gewesen.
Allen anderen, die nicht namentlich genannt werden können oder möchten, sei ebenfalls an dieser Stelle nochmals ganz herzlich Dank gesagt.

Die Crew der Dagmar Aaen 1994-1996

Arved Fuchs

Brigitte Ellerbrock

Pablo Besser

Dave Featherby

Egon Fogtmann

Martin Friederichs

Jan-Peter Jansen

Günther Jüllich

Ragna Koch

Morgan Meinecke

Slava Melin

Frank Mertens

Karl Regenfelder

Hartmut Schäfer

Roger Schmidt